Meine Rezeptebibliothek 9

von Ute Marion Wilkesmann

Dies ist der neunte Band einer etwa 20-teiligen Reihe, in die ich meine mehr als 14.000 gesamten Rezepte einarbeite. Dieser Band umfasst die Zeit Juni 2014 bis April 2015, insgesamt sind das mehr als 850 Rezepte.

Meine Rezeptebibliothek 9

Juni 2014 bis April 2015

Von Ute Marion Wilkesmann

Bibliografische Information der Deutschen Nationalbibliothek:
Die Deutsche Nationalbibliothek verzeichnet diese Publikation in der Deutschen Nationalbibliografie; detaillierte bibliografische Daten sind im Internet über dnb.dnb.de abrufbar.

Verlag:
BoD · Books on Demand GmbH, In de Tarpen 42, 22848 Norderstedt
Druck:
Libri Plureos GmbH, Friedensallee 273, 22763 Hamburg

ISBN: 978-3-7597-8626-5

Vorwort

Die Reihenfolge dieser Bände bzw. Rezepte ist rein chronologisch. Statt eines Inhaltsverzeichnisses gibt es daher ein ausführliches Stichwortverzeichnis am Ende. Die meisten Bilder habe ich selbst aufgenommen. In diesem Zeitraum gab es einige Rezepte mit entweder gar keinen oder sehr eintönigen Fotografien. In diesen Fällen bat ich KIs um ein entsprechendes Foto. Alle Aufnahmen sind aus Kostengründen (Buchpreis) schwarzweiß.

Entschuldigen möchte ich mich für eventuell vorhandene Tipp- und/oder andere Fehler. Auch bei sorgfältiger Arbeit lassen sie sich nicht immer komplett vermeiden. Hier sei auch mein Dank an diejenigen gerichtet, die mir über die Jahre Fehler auf der Webseite gemeldet haben.

Die Oberbegriffe im Stichwortverzeichnis am Ende können von Band zu Band variieren, weil sich meine Küchenschwerpunkte über die Jahre verändert haben. Was ich 2003 noch in eine Rubrik fassen konnte, ist 2016 vielleicht besser in einer Oberkategorie und mehrere Unterkategorien aufgeteilt.

Persönliche Anmerkungen habe ich kursiv vom restlichen Text abgehoben. Es sind Texte, die beim Originalrezept stehen. Wenn ich heute etwas hinzufüge, ergänze ich außerdem das Datum.

Bei manchen Zutaten verweise ich auf einen älteren Band. Meist lässt sich diese Zutat einfach durch etwas anderes ersetzen. Wenn ich aber alles, was ich vorher aufgeschrieben habe, auch in jeden Band neu aufnehmen will, nimmt das wertvollen Platz für neue Rezepte, so meine Überlegung.

Eines kann ich garantieren: Meine Bücher enthalten ausnahmslos Alltagsrezepte, es wurden nicht nur die besten Dinge ausgesucht. Ich wünsche allen Lesern viel Spaß beim Durchblättern und Ausprobieren!

November 2024
Ute-Marion Wilkesmann

Allgemeines:

Ich verwende stets einen *Heißluftofen*. Im Laufe der Zeit bin ich dazu übergegangen, *Gewicht* nur noch in netto anzugeben, das heißt, nach Vorbereiten, Schälen, Entkernen usw. Ebenso wiege ich später Flüssigkeiten in Gramm ab.

Auch wenn ich vielleicht in zehn Rezepten *gleichartige Arbeitsvorgänge* vorgenommen habe, beschreibe ich sie jedes Mal neu. Wer will beim Kochen blättern? Es gibt wenige Ausnahmen: Stehen identische Anweisungen auf einer Doppelseite, verweise ich – wenn der Platz sonst verschwendet würde – auf das erste Rezept. Die *Gemüsepfanne* verwende ich mit Verweis auf das Vorwort.

Kartoffeln, Möhren, Äpfel usw. schäle ich nicht.

Bei den Rezepten für diesen Band habe ich mein *Getreide* selbst gemahlen. Das geht nicht nur mit der Mühle, sondern auch z. B. mit einem Thermomix. Wer beides nicht hat, dem empfehle ich gekauftes Mehl (Vollkornmehl oder Typ 1050). Es verbackt sich sogar etwas leichter als Mehl aus der *eigenen Mühle*, es kann aber zu leichten Unterschieden bei der Menge der Flüssigkeit kommen, die zugegeben wird. *Nackthafer* und *Nacktgerste* bedeuten keimfähige Getreide. Wer weder auf Rohkost noch auf Vollwerternährung nach Dr. Bruker besonderen Wert legt, nimmt einfach „normalen" Hafer bzw. „normale" Gerste.

Relativ sind *Mengenangaben:* Was für einen als Hauptspeise reicht, ist für den anderen nicht genug. Dennoch ist es ein Hinweis. Wenn ich bei einem Rezept keine Zahl der Portionen angebe, ist es ein Gericht für 1 Person.

Abkürzungen:

EL = Esslöffel

FKG = Abkürzung für Frischkorngericht nach Bruker mit eingeweichtem Getreide

fr. = frisch

geh. = gehäuft (vor der Einheit) bzw. gehackt (nach der Einheit)

gem. = gemahlen / ger. = gerieben / getr. = getr. TL = Teelöffel

LS = LS

Min. = Min.(n); Sek. = Sekunde(n), Std. = Std.(n)

MS = Messerspitze

P = Päckchen

Pr = Prise

TK = Tiefkühl

TM = Thermomix

Evtl. unbekannte Begriffe: *Garam Masala* ist eine indische Gewürzmischung (s. auch 6/4361). *Curry, Senf* und andere Zutaten, die man selbst machen oder kaufen kann, habe ich nicht immer mit einem Verweis auf ältere Bände gesetzt. *Cumin* und *Kreuzkümmel* sind Synonyme, dasselbe gilt für *Bataten* und *Süßkartoffeln*. Gelegentlich beziehe ich mich auf ältere Rezepte und verweise auf Band und Nummer (3/2008 bedeutet Band 3, Nr. 2008). Was ich immer wieder mitgebe, ist der Sauerteigansatz (im Vorwort). *Mr. Magic* und *Magic Maxx* sind Markennamen für zwei kleine, damals sehr preiswerte starke Mixer. Ich habe durchgängig versucht, die Markennamen durch „kleinen Mixer" zu ersetzen. Es könnte sein, dass ich das an der einen oder anderen Stelle übersehen habe. Den Markennamen *Vitamix* verwende ich synonym für Hochleistungsmixer. Statt im *Reiskochtopf* lässt sich Reis auch herkömmlich garen. *Peng-Schüsseln* sind Plastikschüsseln, deren Deckel mit „Peng" aufspringt, wenn die Hefe ausreichend gegangen ist. *Grüne Rosinen* finde ich sehr lecker, sie färben auch in der Verarbeitung nicht alles dunkel ein. Sie sind teurer, lassen sich in Gerichten geschmacklich gleichwertig durch normale Rosinen (Sultaninen, Weinbeeren) ersetzen.

Sauerteigansatz:
- 70 g Roggen/110 g Wasser
- 70 g Roggen/110 g Wasser
- 70 g Roggen/ 70 g Wasser

Ein schmales hohes Glasgefäß suchen. Schmal im Durchmesser sollte es sein, damit die Kontaktfläche mit der Luft nicht so groß ist. Die Höhe ist erforderlich, weil der Teig enorm geht. Locker das Sechsfache des ersten Ansatzes muss es fassen. 70 g Roggen fein mahlen und in dem Glasgefäß mit 110 g Wasser verrühren. Auf ein Fensterbrett über der Heizung stellen und mit einem Geschirrtuch abdecken. Nach 24 Std. 70 g Roggen mahlen und mit weiteren 110 g Wasser zu dem Ansatz geben und verrühren. Wieder abdecken. Nach weiteren 24 Std. nochmals 70 g Roggen mahlen und mit 70 g Wasser zu dem Ansatz geben, verrühren und abdecken. Nach weiteren 24 Std. ist der Sauerteig fertig.

Das Prinzip der Gemüsepfanne

Pfanne lieber zu groß als zu klein wählen. Angegebene Flüssigkeitsmenge in die Pfanne geben. Darauf die anderen Zutaten wie klein geschnittenes Gemüse usw. Deckel auflegen und auf höchster Einstellung zum Kochen bringen, bis Dampf unter dem Deckel austritt. Auf kleinste Einstellung bringen und 15 Min. dünsten. Dies ist eine durchschnittliche Zeitangabe. Je nach Rezept kann diese Zeit anders aussehen.

6139. Gemüse mit Brot, Juni 2014

Das Brot darf noch nicht altbacken sein, bei mir war es ein 6 Tage altes Randstück, ich fand's sehr lecker!

- 45 g Wasser
- 425 Gemüse (50 g Tomate, 140 g Salatbohnen, 20 g Zwiebel, 100 g Kohlrabi, 115 g Blumenkohl)
- Ca. 130 g Brot
- 15 g Olivenöl
- Salz

Wasser und Gemüse zu einer Gemüsepfanne ansetzen. Brot in mundgerechte Stücke schneiden, auf das Gemüse legen, Öl darüber gießen und 11 Min. garen. Dann salzen und alles gut verrühren und bei etwas höherer Einstellung noch 2 Min erhitzen.

6140. Mangocreme, Juni 2014

Ist total einfach, hat's ein bisserl in sich. Obwohl: 20 g Cashewnüsse pro Person sind ja nun für Nussliebhaber auch nicht sooo umwerfend.

Im Vitamix (0,9-Literbecher) gut verschlagen, in eine Schüssel umfüllen und kalt stellen:

- 40 g getrocknete Mango, in Stücken
- 20 g Cashewnussbruch
- 200 g Wasser

6141. Schoko-Stützcreme, Juni 2014

Im Vitamix zum Stocken schlagen (ca. 4,5 Min.):

- 30 g Sonnenblumenkerne
- 70 g Cashewnussbruch
- 50 g Naturreis
- 30 g Kakaonibs
- 75 g Honig
- 450 g heißes Leitungswasser

Tipp: *Schmeckt heiß / warm lecker als Schokopuddingcreme!!*

6142. Brot ohne Kneten mit Gehhilfe in 2 Stufen (XXIII) Stützcreme, Juni 2014

Vorläufer: 6125

Stufe 1 (12 Std. vorher):

- 500 g Roggen
- 500 g Wasser
- 150 g Sauerteig

Stufe 2 (Backen, bei mir ein Morgen).

- 1/4 P frische Hefe (10 g)
- 160 g lauwarmes Wasser
- 100 g Roggen
- 200 g Dinkel
- 1 EL Brotgewürz
- 1 gestr. EL Salz
- 100 g Herbe Stützcreme (6133 o. Ä.)
- 75 g Sonnenblumenkerne
- 1000 g Sauerteigansatz
- 15 g Butter für die Form

Verarbeitung wie in 6178 beschrieben.

6143. Schokoladen-Amerikaner, Juni 2014

Teig:
- 200 g Dinkel
- 1 EL Leinsamen
- 1 gute Prise Salz
- 1 P. Weinstein-Backpulver
- 2 TL Kakao (7 g)
- 1 EL Carob (15 g)
- 1 gestr. TL Natron
- 80 g flüssiger Honig
- 200 g Schoko-Stützcreme (8/6141)
- 1 EL (10 g) Olivenöl

Guss:
- 50 g Schoko-Stütz-creme
- 40 g Honig
- 1 TL Kakao (5 g)
- 30 g Kakaobutter

Dinkel und Leinsamen mischen, fein mahlen, Backpulver, Kakao, Carob und Natron hinzusieben und alle trockenen Zutaten miteinander mischen. Honig, Stützcreme, Zitronensaft und Öl hinzufügen, mit dem Handrührgerät gut verrühren. Mit einem Esslöffel 12 Teighäufchen auf zwei mit Dauerbackfolie ausgelegte Backbleche setzen. Mit der nassen Hand leicht in Form bringen. In den auf 160 °C vorgeheizten Ofen (Heißluft; vom Brotbacken noch heiß) schieben und 20 Min. bei 160 °C backen. Stäbchenprobe machen, auf einem Kuchengitter auskühlen lassen.

Für den Guss alle Zutaten bis auf Kakaobutter und Honig mit dem Schneebesen verquirlen. Kakaobutter und Honig zerlassen (auf niedrigster Stufe) und ebenfalls mit dem Schneebesen einrühren. Mit einem Spatel auf die abgekühlten Unterflächen der Amerikaner streichen. Kalt werden lassen. Guss wird nicht ganz fest.

6144. Kokoskappes, Juni 2014

Als Gemüsepfanne 13 Min.:
- 100 g Kokosmilch aus der Dose
- 150 g Wasser
- 250 g Frühkohl in Stücken
- 15 g getr. Tomaten in Streifen
- 100 g Roggen geflockt. Dann mit
- 1 gestr. TL Salz und
- 1 MS schw. Pfeffer würzen. Wenn es trocken ist, noch
- 50 g Wasser unterrühren.

6145. Vanillekugeln, Juni 2014
- 200 g Dinkel
- 50 g Naturreis
- 50 g Nackthafer
- 2 TL Weinsteinbackpulver
- 1/2 TL Natron
- 1 TL gem. Vanille
- 100 g gekochte weiße Bohnen
- 100 g Cashewnussbruch
- 20 g Olivenöl
- 125 g Honig
- 75 g Wasser

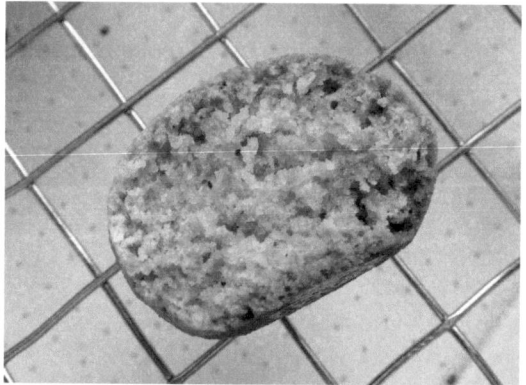

Getreide mischen und mahlen. Mit den restlichen trockenen Zutaten verrühren. Bohnen, Nüsse, Öl, Honig und Wasser im Vitamix auf der Höchststufe durchschlagen, bis keine Nüsse mehr übrig sind. Alles zusammen mit den Rührbesen eines Handrührgeräts kurz verrühren, bis alles gemischt ist. Ofen (Heißluft) auf 175 °C stellen. Mit den Händen kirsch- bis walnussgroße Kugeln formen und nebeneinander auf zwei mit Dauerbackfolie ausgelegte Backbleche setzen. Zwischendurch die Hände immer einmal wieder mit Wasser benetzen.

15 Min. bei 175 °C backen. Auf einem Kuchengitter auskühlen lassen.

6146. Brot ohne Kneten VIII (mit Quellstück), Juni 2014

Das letzte Brot in diesem Ofen und das letzte in Remscheid.

Vorläufer 7/6130

Stufe 1 (24 Std. vorher):
- 500 g Roggen
- 520 g Wasser
- 150 g Sauerteig

Quellstück:
- 200 g Roggen
- 200 g kochendes Wasser

Stufe 2 (Backen, bei mir ein Morgen):
- 100 g Roggen
- 75 g Sonnenblumenkerne
- 1 EL Brotgewürz
- 1 gestr. EL Salz
- 1 EL Apfelessig
- 1000 g Sauerteig (= Stufe 2)
- 50 g Wasser
- 15 g Butter für die Form

Stufe 1: Roggen fein mahlen, mit Wasser und altem Sauerteig mischen. In einer Plastiktüte ca. 12 Std. stehen lassen. Roggen und Dinkel sehr grob malen (Stufe 8 von 10, Hawos Novum), mit dem Wasser verrühren und Dose verschließen. Etwa 12 Std. stehen lassen.

Quellstück: Roggen sehr grob schroten (Stufe 8 von 10, Hawos Novum), mit dem Wasser verrühren und Dose verschließen. Etwa 12 Std. stehen lassen.

Stufe 2: Getreide fein mahlen und mit Salz, Sonnenblumenkernen und Brotgewürz mischen. Essig mit dem Quellstück verrühren, sodass es nicht mehr aneinander pappt. Mit dem Wasser zum Sauerteig geben und mit einem großen Löffel gründlich verrühren, bis kein Mehl mehr sichtbar ist. Eine 30-cm-Brotform, Profi-Email von Dr. Oetker, gut einfetten. Teig hineingeben, mit der nassen Hand herunterdrücken und glatt streichen. Mit einem scharfen Messer einschneiden.

Form in eine große Plastiktüte geben und 2,5 Std. gehen lassen. In den letzten 15 Min. den Ofen auf 230 °C (Heißluft) vorheizen. Brot mit Wasser einsprühen, 10 Min. bei 230 °C und 45 Min. bei 200 °C backen. Auf einem Gitterrost mit Wasser einsprühen und abkühlen lassen.

6147. Zucchiniko-Auflauf, Juni 2014

- 100 g Kokosmilch aus der Dose
- 100 g gekochte weiße Bohnen
- 15 g getr. Tomaten
- 12 g Essigpeperoni (7/4573)
- 10 g Peperoniessig
- 1 gestr. TL Salz
- 350 g Wasser

Im Vitamix gut verquirlen, bis die Tomaten nicht mehr stückig sind, und in eine Pfanne gießen.
- 80 g Spirali-Vollkornnudeln
- 70 g Linsensprossen (etwas länger als ideal)
- 60 g Frühlingszwiebeln (in Scheiben)
- 260 g Zucchini (in Scheiben

In der angegebenen Reihenfolge in die Pfanne geben. Deckel auflegen, in den kalten Herd schieben. 35 Min. bei 225 °C backen.

6148. Zucchini schnell mit Nudeln, Juni 2014

Als Gemüsepfanne 13 Min. dünsten:

- 10 g Erdnussöl
- 190 g Wasser
- 55 g Tomate in Stücken
- 7 g Knoblauch netto
- 260 g Zucchini in Scheiben
- 50 g Kokosmilch (Dose). Dann mit
- Salz und
- schwarzer Pfeffer bestreuen, unterrühren.

6149. Gemüsepfanne mit Brot, Juni 2014

Kein Resteessen! Ich hatte nur Appetit auf Brot als Beilage.
Gemüsepfanne, 12 Min.:

- 20 g Erdnussöl
- 35 g Wasser
- 1 Tomate (130 g) in Scheiben
- 90 g Zwiebelgrün von Lauchzwiebeln, klein geschnitten
- 265 g Frühkohl, klein geschnitten. Wenn das Gemüse fertig ist (ich fand 12 Min. gut) mit
- 1/2-1 TL Salz bestreuen,
- 25 g Manderdölcreme (8/6049)
- 100 g Wasser unterrühren und kurz aufkochen.

Mit 2 Scheiben Brot servieren.

6150. Zucchini-Fenchel-Gemüse, Juni 2014

Als Gemüsepfanne 13-14 Min.:

- 30 g Erdnussöl
- 30 g Wasser
- 220 g Zucchini in Scheiben
- 55 g Frühlingszwiebeln in Scheiben
- 1 Knoblauchzehe
- 155 g Fenchel gewürfelt
- 40 g Möhre in Scheiben; mit
- Salz (1 gestr. TL) und
- 1 MS schwarzen Pfeffer bestreuen,
- 115 g gekochte Kichererbsen,
- 40 g Kokosmilch und
- 20 g Cashonnenölcreme (6088 o. Ä.) unterrühren.

6151. Tonka-Dressing, Juni 2014

- 100 g Sonnenblumenöl
- 100 g Sonnenblumenkerne
- 150 g Apfelessig
- 40 g Salz
- 5 g schwarzer Pfeffer
- 100 g Honig
- 200 g Wasser
- 15 g Mango-Essig (5507)

Zusammen im Vitamix laufen lassen, bis es ganz glatt ist. Wird dann im Kühlschrank noch ein bisschen dickflüssiger: In einem Schraubglas im Kühlschrank aufbewahren. Die eine Tonkabohne in dem Essig schlägt so durch, dass selbst mit nur einer Beimischung von 15 g des Essigs der Geschmack deutlich beeinflusst wird.

6152. Pfannenpizza die Erste, Juni 2014

Teig:

- 100 g Dinkel, fein mahlen
- 1 gute Prise Salz
- 4 g Trockenhefe (1/2 Päckchen)
- 65 g Wasser
- 1 knapper TL Apfelessig

Zucchini:

- 50 g Wasser (35-40 g hätten gereicht!)
- 30 g Frühlingszwiebel in Scheiben
- 1 Knoblauchzehe abgezogen, in Scheiben
- 185 g Zucchini, in Scheiben

Tomatenbelag:

- 1 getr. Tomate (4 g) fein gewürfelt
- 60 g Tomate in Stücken
- 5 g Essigpeperoni (7/4573)
- 10 g Olivenöl
- Etwas Salz
- 20 g Wasser

Deckbelag:

- 50 g gekochte Kichererbsen
- 10 g Zitronensaft
- Eine gut Prise Salz
- 20 g Wasser
- 5 g Olivenöl

Teig: Die trockenen Zutaten vermischen, mit den Flüssigkeiten verkneten. Der Teig ist sehr weich. Nach etwa 4-5 Min. kneten zu einer Kugel formen und gut abgedeckt 30 Min. gehen lassen. In dieser Zeit die Beläge vorbereiten.

Zucchini: 9 Min. als Gemüsepfanne dünsten. Evtl. überstehendes Wasser abgießen und trinken :-) Leicht salzen. Die Pfanne reinigen und trocken wischen.

Tomatenbelag: Im kleinen Mixer, flaches Messer zu einer glatten Masse schlagen. Stehen lassen, es geliert. Mein Messer war heiß und rauchte.

Deckbelag: Im kleinen Mixer, hochstehendes Messer, glatt schlagen. Zitronensaft war zu viel, da wäre die Hälfte gut genug gewesen.

Fertigstellung: Den Teig mit reichlich Streumehl in Größe des Pfannenbodens auseinanderdrücken. Mehrmals mit der Gabel einstechen. Etwas Erdnussöl (bei mir waren es bestimmt 3 EL, die Dose war am Ende) in der 24-cm-Wollpfanne erhitzen auf Stufe 12 (von 15). Teig hineingeben, Hitze auf 7 von 15 stellen. Mit der Hand verrutschen, um sicherzustellen, dass der Teig nicht am Boden festhängt. Deckel auflegen (ob das richtig ist, weiß ich nicht, aber Backöfen sind ja auch geschlossen). 7 Min. braten. Die Teigplatte umdrehen, mit Tomatenbelag bestreichen. Die Zucchini darüber streuen und den Deckbelag darauf klecksen. Deckel wieder auflegen und weitere 7 Min. braten. Auf einen großen Teller rutschen lassen.

Hinweise: Brot, Brötchen und Pizza aus der Pfanne hatte ich lange schon mal geplant, aber ohne Notwendigkeit mache ich so etwas nicht. Aber jetzt ohne Backofen, ergab sich die Gelegenheit. Es schmeckte gut, jedoch sehe ich noch Verbesserungsmöglichkeiten. Die Hitze war wohl etwas zu hoch (8 von 15 bzw. 7 von 15 / 6 von 15 wäre besser gewesen), etwas zu viel Fett zum Backen, was bei einer beschichteten Woll-Pfanne gar nicht nötig ist. Hier könnte evtl. ATM interessant werden! Beim nächsten Mal würde ich für diese 24-cm-Pfanne 90 g Getreide und entsprechend weniger Flüssigkeit nehmen.

6153. Knoblauchkohl, Juni 2014

Als Gemüsepfanne 13 Min. dünsten:

- 100 g Spirali-Vollkornnudeln
- 15 g Knoblauch abgezogen in Scheiben
- 340 g Frühkohl, fein geschnitten
- 260 g Wasser
- 1 Prise Salz. Wenn gar, mit
- 2-3 Prisen Salz und
- 1 Prise schwarzem Pfeffer bestreuen,
- 1-2 EL Olivenöl und
- 10 g Zitronensaft darüber gießen und umrühren.

6154. Maulige Bärenbrötchen aus der Pfanne, Juni 2014

Teig:	Reiscreme im Vitamix:
• 200 g Dinkel	• 25 g Naturreis
• 5 g Trockenhefe (1/2 P)	• 25 g Cashewnüsse
• 1 EL Sonnenblumenöl	• 1 Prise Salz
• 20 g Honig	• 40 g Honig
• 125 g Reiscreme (siehe oben)	• 175 g Wasser
• 20 g Wasser	
• 25 g schwarze Maulbeeren (oder Rosinen o. Ä.)	

Reis in der Mühle, Cashewnüsse im kleinen Mixer fein mahlen. Mit den anderen Reiscremezutaten in einem Topf aufkochen lassen. Rühren oder warten, bis die Masse nicht mehr kochend heiß ist. 150 g im Mixer, flaches Messer, schlagen. Dann ist die Masse fast so glatt wie aus dem Vitamix.

Dinkel fein mahlen, mit den anderen Zutaten (Wasser erst nach und nach zugeben) außer den Maulbeeren gründlich verkneten. Der Teig ist etwas feucht. Zu einer Kugel unter Spannung formen, in einer abgedeckten Schüssel 30 Min. gehen lassen. Maulbeeren unterkneten und nochmals 30 Min. gehen lassen. Durchkneten, in 6 gleichmäßige Teiglinge schneiden (je etwa 62-68 g) und mit Hilfe von Streumehl zu flachen Brötchen formen. Mit Mehl bestäuben und unter Folie mit Handtuch 15 Min. gehen lassen.

Eine 24 cm-Pfanne mit wenigen Tropfen Öl bestreichen, auf 15 (von 15) erhitzen. Teiglinge nebeneinander in die Pfanne setzen, auf jeder Seite bei Stufe 6 (von 15) 7 Min. und dann auf Stufe 4 (von 15) nochmals 7 Min. braten.

6155. Fannenpfladen mit beißen Wohnen und Motaten, Juni 2014

Teig:	Deckschicht:
• 100 g Dinkel	• 100 g gekochte weiße Bohnen
• 25 g Nackthafer	• 4 g Salz
• 75 g Wasser	• 1 Prise schw. gem. Pfeffer
• 1 gute Prise Salz	• 55 g Kokosmilch
• 1 TL Trockenhefe (ca. 4 g)	• 3 g Essigpeperoni (7/4573)
• 1/2 TL Olivenöl zum Backen	
Belag:	
• 125 g Tomate, in Scheiben	

75 g Dinkel fein mahlen, mit Wasser, Hefe und Salz verrühren und ca. 3 Std. stehen lassen. Rest Dinkel und Hafer mahlen und einarbeiten. Zu einer Kugel formen und 15 Min. gehen lassen. Teig durchkneten, etwa in Größe der Pfanne mit den Händen mit Hilfe von Streumehl auseinanderdrücken (1- bis 2-mal wenden). Eine 24-cm-Pfanne dünn mit dem Öl bestreichen und auf stärkster Hitze heiß werden lassen. Teig hineingeben und 5 Min. bei mittlerer Hitze (6 von 15) mit geschlossenem Deckel braten. Umdrehen. Tomate auf den umgedrehten Fladen legen. Die Zutaten für die Deckschicht im kleinen Mixer glatt quirlen (flaches Messer). Mit einem Teelöffel auf den Tomatenscheiben verteilen, Deckel wieder auflegen und 10 Min. bei Stufe 6 braten. Auf 7 von 15 stellen und noch 5 Min. braten. Die Bohnenschicht bleibt flüssig.

6156. Nudeln mit Zwiebeln, Juli 2014

Ganz einfaches Gericht mit nur einer Pfanne in einem Umzugshaushalt. Angeregt von einem Muffinluff-Rezept.

- 125 g Vollkorn-Spirali
- 4 getr. Tomaten (also 4 Hälften)
- 500 g heißes Wasser
- 5 g Salz

Alles in eine Pfanne geben und sprudelnd kochen, ab Kochzeitpunkt ca. 6-7 Min. (je nach angegebener Kochzeit). Nudeln abgießen, Kochwasser auffangen. Bei mir waren es etwa 135 g. Damit als Gemüsepfanne 11 Min. dünsten:

- 160 g Gemüsezwiebeln klein geschnitten
- 15 g Knoblauch netto in Scheiben,
- die mitgekochten Tomaten, in Streifen
- 135 Kochwasser. Nach dem Kochen ist kein Salz nötig,
- 1 EL Olivenöl unterrühren.

Nudeln hinzugeben und alles gut miteinander erhitzen.

6157. Umzugsvorbereitungs-FKG, Juli 2014

- 3 EL Nackthafer
- 1 EL Leinsamen
- 1 EL Zitronensaft
- 1 EL Sahne
- 50 g Wasser
- 10 g Sonnenblumenkerne (1 gestr. EL)
- 1 kleine Birne (115 g)
- 1/2 Apfel (60 g)
- 1/2 Banane (50 g)
- 30 g Blaubeeren

1 EL Hafer mit dem Leinsamen mischen, grob schroten (5-6 von 9). Dann den restlichen Hafer schroten. Mit den Flüssigkeiten verrühren. Birne, Apfel und Banane klein schneiden hinzugeben und verrühren. Die Blaubeeren auf das Müsli streuen.

6158. Heißer Mangodrink, Juli 2014

- 100 g Mandelreisbrei (mit 350 g Wasser) (8/5978)
- 1 Dattel (15 g netto)
- 20 g getr. Mango
- 5 g Carob
- 3 g Ingwer ungeschält
- 320 g heißes Wasser

Im Vitamix 4 Min. auf der Höchststufe laufen lassen.

6159. Frühstück à la Agnes, Juli 2014

- 2 EL Nackthafer
- 1 EL Leinsamen
- 3 g Ingwer
- 1 kleine Birne (135 g)
- 1 Apfel (130 g)
- 15 g Zitronenfleisch vom Auspressen
- 10 g Sahne und
- 10 g Mandeln im Vitamix einige Sek. mit Hilfe des Stopfers pürieren. In eine Schüssel füllen, Rand mit
- 45 g Heidelbeeren bestreuen.

6160. Mangoldkartoffeln in exotischer Soße, Juli 2014

Die Würzidee von Mangold mit Knoblauch und Ingwer beruht auf einem der Rezepte, die lebegesund seinen Lieferungen beilegt.

Als Gemüsepfanne 13-14 Min.:

- 15 g Olivenöl
- 65 g Wasser
- 275 g Kartoffeln, gebürstet unter fließendem Wasser und in Scheiben
- 10 g Knoblauch in Scheiben (netto)
- 330 g Mangold (gewaschen gewogen, also ein bisschen mehr als „netto", in Streifen). Im Vitamix gut mischen:
- 15 g (=3) getrocknete Tomaten
- 3 g Ingwer, ungeschält (vorher in Stücke schneiden, sonst wird er nicht zerhackt bei der geringen Flüssigkeitsmenge; es hätte auch ruhig die doppelte Menge sein können)
- 70 g Mandelreisbrei (mit 350 g Wasser hergestellt) (8/5978)
- 25 g Cashonnenölcreme (6088 o. Ä.)
- 1 TL Salz
- 50-75 g Wasser, unter das Gemüse geben und gut verrühren.

6161. Peppiger Kakao, Juli 2014

- 55 g Mandelreisbrei (mit 350 g Wasser; 8/5978)
- 3 g Essigpeperoni
- 10 g Cashewnüsse
- 2 Datteln (40 g netto)
- 5 g Nackthafer
- 320 g heißes Wasser
- 2 TL Kakao (ca. 10 g)

Alle Zutaten bis auf den Kakao im Vitamix 2 Min. auf der Höchststufe schlagen. Dann das Kakaopulver hinzugeben, nochmals 2 Min. mixen.

Tipp: Die Peperoni ersetzen sehr schön den Ingwer, der mir ausgegangen ist & den ich nun vorm Umzug auch nicht mehr kaufen werde.

6162. Bandnudeln mit Sprossen, Juli 2014

- 150 g Bandnudeln
- 350 g Wasser (400 g wäre besser für Soße)
- 90 g Linsensprossen
- 1 gestr. TL Salz
- 20 g Cashonnenölcreme (6088 o. Ä.)
- 1 TL Senf
- 1 EL Olivenöl

Nudeln, Wasser, Sprossen und Salz in eine Pfanne geben und 10 Min. kochen. Die restlichen Zutaten vorsichtig unterrühren, evtl. kurz aufkochen lassen, damit die Soße dickt.

6163. Neue Pfannkuchen, Juli 2014

- 65 g Dinkel
- 25 g Sonnenblumenkerne
- 180 g Wasser und
- 3 g Salz im Vitamix ganz glatt schlagen
- 5 g Kokosöl in Pfanne zerlassen. Teig hineingießen und auf Stufe 7 (von 12) 5 Min. braten. Umdrehen.
- 1 Knoblauchzehe in dünnen Scheiben auf dem Pfannkuchen verteilen. Braten, bis von beiden Seiten braun.

6164. Rucola-Tonka-Dressing, Juli 2014

Im Vitamix laufen lassen, bis es ganz glatt ist. Wird dann im Kühlschrank noch ein bisschen dickflüssiger:

- 100 g Sonnenblumenöl
- 100 g Sonnenblumenkerne
- 150 g Apfelessig
- 45 g Salz
- 5 g schwarzer Pfeffer
- 100 g Honig
- 50 g Rucola, frisch gewaschen, ausgeschüttelt, aber noch ein wenig mit Wasser behaftet
- 125 g Wasser
- 15 g Mango-Essig (Mangoschalen in Essig konserviert)

In einem Schraubglas im Kühlschrank aufbewahren.

6165. Blumenkohl in Rucolasoße mit Kartoffeln, Juli 2014

Als Gemüsepfanne 13 Min.:

- 55 g Wasser
- 10 g Olivenöl
- 285 g Kartoffeln in Scheiben
- 250 g Blumenkohl in Rösschen

Für die Soße im Vitamix gut schlagen:

- 50 g Rucola-Tonka-Dressing (6164)
- 100 g Wasser
- 25 g Sonnenblumenkerne

Hinweis: Extra Salz war nicht erforderlich.

6166. Blumenzwiebel-Pfanne, Juli 2014

- 15 g Sonnenblumenöl
- 45 g Wasser
- 240 g Kartoffeln, sauber & in Scheiben
- 150 g Frühlingszwiebeln, ganz, klein geschnitten
- 150 g Blumenkohl in Röschen als Gemüsepfanne 14 Min. garen. Mit
- Salz und
- schwarzer Pfeffer bestreuen und gut durchrühren

6167. Tomatenkartoffeln, Juli 2014

Dies wird eine neue Serie. Die Gerichte sollen wenige Zutaten haben, nur Salz und maximal Pfeffer und kein bis sehr wenig Fett. Und das Wichtigste: Es soll lecker sein. :-) Das trifft für die heutige Pfanne zu.

- 50 g Wasser
- 385 g Kartoffeln (abgewaschen, in Scheiben,
- 1 Knoblauchzehe (3 g abgezogen), in Scheiben,
- 275 g Tomaten, geviertelt (größere achteln) als Gemüsepfanne 15 Min. dünsten.
- Salz (bei mir etwa 1 TL) und
- 1 Pr. schwarzer Pfeffer nach Geschmack unterrühren und
- 20 g Cashonnenölcreme (6088 o. Ä.) einrühren, bis sich diese gelöst hat.

6168. Paprika-Tomaten in Linsen, Juli 2014

Cremesoße ohne Fett? Ich empfehle eine Sauerteig-Reiscreme-Mischung!

- 100 g rote Linsen
- 210 g rote Paprika netto gewürfelt
- 150 g Tomaten gewürfelt
- 25 g Rucola in Streifen
- 250 g Wasser als Gemüsepfanne 14-15 Min. dünsten. Für die Soße
- 25 g Wasser
- 50 g Sauerteig mit
- 55 g **Reiscreme** (50 g Reis, 50 g Cashew, 300 g Wasser im Vitamix stocken lassen)
- 1 TL Salz
- 1 Prise schw. gem. Pfeffer verrühren mit einer Gabel, unter das Gemüse ziehen und kurz aufkochen lassen.

6169. Hot Milk, Juli 2014

- 60 g Reiscreme (6168)
- 20 g Honig
- 4 g Essigpeperoni
- 275 g Wasser im Vitamix 3-4,5 Min. (je nach Wassertemperatur) schlagen

6170. Bandnudeln Bolognese, Juli 2014

Als Gemüsepfanne 12 Min dünsten, dabei 1 x am Anfang umrühren:

- 250 g Wasser
- 50 g eingeweichte getr. Tomaten (23 g getr. Tomaten in 85 g Wasser, 24 Std.)
- 100 g Bandnudeln (Vollkorn)
- 1 große Tomate (150 g) in Stücken
- Etwas Salz
- 2 Knoblauchzehen, abgezogen, in Scheiben (7 g netto)
- 55 g Einweichwasser der Tomaten

Für den Bolognese-Effekt:

- 75 g Sauerteig
- 10 g Dinkelmehl
- 1 MS schwarzer gem. Pfeffer

Tipp: *Das Mehl wäre nicht nötig gewesen.*

6171. Saure Kartoffelplätzchen, Juli 2014

Reste machen erfinderisch.

- 75 g Sauerteig
- 265 g Kartoffeln netto
- 3 getr. Tomatenhälften (15-20 g)
- 1 gestr. TL Salz
- 1 Prise schwarzer Pfeffer
- 30 g Dinkelmehl (10 g wären genug)

Kartoffeln vorschneiden, Tomaten ebenfalls. Im Vitamix auf mittlerer Geschwindigkeit fein raspeln, wird ganz gut! Mit den restlichen Zutaten verrühren. In einer Keramikpfanne

- 1/2 TL Sonnenblumenöl verreiben

Erhitzen auf 10/15, die Kartoffelmasse hineingeben.

6172. Auberginen Wuppertal, Juli 2014

Ohne ein einziges Gramm Fett - und lecker!
Als Gemüsepfanne 12 Min. (13-14 Min. wären für die Nudeln und Zwiebeln besser gewesen, auch etwas mehr Wasser):

- 75 g Vollkorn-Bandnudeln aus Vollkornmehl
- 2 g Salz
- 55 g Tomate in Scheiben
- 1 Knoblauchzehe, abgezogen, in Scheiben
- 200 g Wasser
- 1 Aubergine (300 g nett)

6173. Fenchel mit Aubergine, Juli 2014

- 1 kleine Aubergine (155 g netto), in Halbscheiben
- 150 g Fenchel, netto, in kleinen Stücken
- 40 g Frühlingszwiebel, netto, kleingeschnitten
- 1 Knoblauchzehe, abgezogen & in Scheiben
- 50 g Buchweizen
- 220 g Wasser zusammen in einer 24-cm-Pfanne als Gemüsepfanne 14 Min. garen, dann
- 50 g Nackthafer flocken und mit
- 1 gestr. TL Salz
- 2 Prisen schw. gem. Pfeffer verrühren und kurz aufkochen.

Tipps: Besser wären: 250 g Wasser und 16 Min.

6174. Liebstöckel-Tonka-Dressing, Juli 2014

- 50 g Sonnenblumenöl
- 150 g Sonnenblumenkerne
- 145 g Apfelessig
- 40 g Salz
- 5 g schwarzer Pfeffer
- 100 g Honig
- 45 g Liebstöckel-Pesto (8/6001 oder Kräuter frisch)
- 150 g Wasser
- 10 g Mango-Essig (7/5507)

Im Vitamix laufen lassen, bis es ganz glatt ist. In einem Schraubglas im Kühlschrank aufbewahren.

6175. Einkorn-Leinsamen-Brötchen, Juli 2014

- 300 g Wasser
- 250 g Dinkel
- 250 g Einkorn
- 2 TL Salz
- 1 P Trockenhefe (9 g)
- 50 g Leinsamen

Wasser in den Thermomix geben. Getreide mischen, fein mahlen und mit Salz und Trockenhefe verrühren. Mit den Leinsamen in den Thermomix geben und 2,5 Min. auf der Knetstufe verarbeiten lassen. Aus dem Thermomix in eine Schüssel rutschen lassen und nochmals mit der befeuchteten

Hand durchkneten. Trotz der geringen Wassermenge war mein Teig recht feucht. Zu einer Kugel unter Spannung formen, abgedeckt bei 35 °C Ober-/Unterhitze 50 Min. gehen lassen. Nochmals gut durchkneten. Teig in 9 Teiglinge teilen, durchkneten und zu kleinen Kugeln unter Spannung formen. Auf ein Lochbackblech legen, mit einem Kaiserbrötchenformer eindrücken und mit Wasser einsprühen. Mit Garfolie abdecken und bei 35 °C Ober-/Unterhitze 30 Min. gehen lassen. Folie entfernen, mit Wasser einsprühen und auf 170 °C bringen (Brötchen habe ich im Ofen gelassen). 20-25 °C bei 170 °C backen.

6176. Auberginen in Bohnensoße, Juli 2014

Als Gemüsepfanne 10 Min.:

- 60 g Wasser
- 370 g Auberginen klein geschnitten, netto
- 20 g Frühlingszwiebel, klein geschnitten
- 1 Knoblauchzehe, abgezogen, in Scheiben

Für die **Bohnensoße** im Vitamix verquirlen:

- 100 g gekochte Sojabohnen (Lex)
- 3 getr. Tomatenhälften (15 g)
- 6 g Essigpeperoni
- 10 g Peperoniessig (7/4573)
- 1 TL Salz
- 10 g Cashewnüsse
- 125 g Wasser und
- 50 g Wasser zum Nachspülen und unter die Auberginen rühren und aufkochen.

6177. Rucola-Tonka-Dressing Light, Juli 2014

Mit 25 g Öl schmeckt das Dressing im Vitamix gemischt immer noch sehr lecker, es wird spannend sein, zu sehen, wie und ob es ganz ohne Öl geht.

Im Vitamix laufen lassen, bis es ganz glatt ist:

- 25 g Sonnenblumenöl
- 200 g Sonnenblumenkerne
- 145 g Apfelessig
- 40 g Salz
- 5 g schwarzer Pfeffer
- 100 g Honig
- 50 g Rucola, frisch gewaschen, ausgeschüttelt, aber noch ein wenig mit Wasser behaftet
- 200 g Wasser
- 10 g Mango-Essig

In einem Schraubglas im Kühlschrank aufbewahren.

6178. Brot ohne Kneten mit Gehhilfe in 2 Stufen (XXIV) Maisspur, Juli 2014

Vorläufer: 6142

Stufe 1 (12 Std. vorher):

- 475 g Roggen
- 500 g Wasser
- 200 g Sauerteig

Stufe 2 (Backen, bei mir ein Morgen):

- 1 P Trockenhefe
- 25 g Mais (Körner)
- 75 g Roggen
- 200 g Dinkel
- 2 EL Brotgewürz
- 1 EL Salz
- 15 g Apfelessig
- 175 g Wasser
- 1000 g Sauerteigansatz
- 80 g Sonnenblumenkerne
- 20 g Butter für die Form

Stufe 1: Roggen fein mahlen, mit Wasser und altem Sauerteig mischen. In einer Plastiktüte ca. 12 Std. stehen lassen. 150 g von der Stufe 1 abnehmen und in einem gut schließenden Schraubglas in den Kühlschrank stellen für das nächste Backen.

Stufe 2: 150 g Sauerteig als Ansatz verwahren. Hefe im Wasser auflösen. Getreide fein mahlen. Alle Zutaten zum Sauerteig geben und mit einem großen Löffel gründlich verrühren, bis kein Mehl mehr sichtbar ist. Eine 30-cm-Brotform, Profi-Email von Dr. Oetker, gut einfetten. Teig hineingeben, mit der nassen Hand herunterdrücken und glattstreichen. Mit einem scharfen Messer einschneiden. Form in eine große Plastiktüte geben und 60 Min. bei 35 °C gehen lassen. Ofen auf 250 °C (Heißluft) vorheizen (etwa 15 Min.), 1 Std. bei 190 °C backen. Mit Wasser einsprühen und auf einem Kuchengitter abkühlen lassen.

Anmerkung: Erstes Brot in Wuppertal, leider zum Verschenken, nicht für mich.

6179. Haferleckerli, Juli 2014

Angelehnt an ein Rezept von der Webseite Forks over Knives (dort heißen sie „Wholesome Oat Snackles" und sind zitiert aus „Let them Eat Vegan")

- 300 g Nackthafer
- 1 Prise Salz
- 1 TL Weinsteinbackpulver
- 1 TL Zimt
- 1 gute Prise gem. Muskatnuss
- 65 g Rosinen
- 25 g gek. Kichererbsen
- 90 g gek. Borlottibohnen
- 25 g Wasser (oder Kochwasser der Bohnen)
- 100 g Honig
- 25 g Wasser zum Nachspülen

150 g Hafer flocken, die anderen 150 g mahlen. Die trockenen Zutaten gut miteinander verrühren. Kichererbsen, Bohnen, 25 g Wasser und Honig im kleinen Becher eines kleinen Mixers ganz glatt schlagen und zum Hafergemisch geben. Den Becher mit 25 g Wasser nachspülen und ebenfalls zu dem Hafergemisch geben, alles gründlich verrühren. Mit den Händen ca. 20 Kugeln oder Ovale formen, nebeneinander auf ein Backblech setzen. Leicht flachdrücken. Den Ofen (Heißluft) auf 180 °C vorheizen. Plätzchen einschieben und 15 Min. backen.

Anmerkungen: Ich hatte die Kichererbsen und die Bohnen über, man kann also auch nur Kichererbsen oder nur Bohnen nehmen. – Mein neuer Backofen hat sogenannte Perfect-Clean-Bleche. Das funktioniert wirklich: Ich muss nichts einfetten, und sie lassen sich auch sehr leicht saubermachen. [Oktober 2024: Diese Perfect-Clean-Effekt verliert sich leider allmählich.]

6180. Möhrenkonzentrat, Juli 2014

- 310 g Möhrengrün
- 40 g Salz

Möhrengrün möglichst trocken in Stücke schneiden, einen großen Vitamixbecher füllen. Salz hinzufügen und langsam die Geschwindigkeit steigern, mit dem Stößel gegen drücken. Da alles anfangs sehr trocken ist, habe ich zweimal angehalten und mit einer Gabel alles neu vermengt. In ein Honigglas füllen, beschriften und im Kühlschrank aufbewahren. Zum Salzen von Gemüsespeisen.

6181. Rote-Bete-Pestocreme, Juli 2014

- 25 g Apfelessig
- 25 g geschälte Mandeln
- 220 g Rote-Bete-Grün
- 40 g getr. Softaprikosen
- 20 g Salz
- 15 g Essigpeperoni (7/4573) und
- 20 g Sonnenblumenöl

Im Vitamix auf der Höchststufe verarbeiten und in ein Schraubglas füllen; im Kühlschrank aufbewahren.

6182. Hummuslike Creme, Juli 2014

Im kleinen Mixer, kleiner Becher, flaches Messer, schlagen:

- 150 g gekochte Kichererbsen
- 5 g Knoblauch
- 10 g Apfelessig
- 2 g Salz
- 1 Prise Pfeffer schwarz
- 15 g weiße Mandeln
- 25 g Wasser

6183. Einkornleckerli, Juli 2014

Siehe Haferleckerli (6179) von gestern. Eric und mir schmecken diese noch besser.

300 g Einkorn

1 Prise Salz

1 TL Weinsteinbackpulver

1 TL gem. Vanille

80 g getr. Softaprikosen, in kleine Stücke geschnitten

120 g gek. Sojabohnen (Lex)

7 g Zitronenfleisch

100 g Wasser (oder Kochwasser der Bohnen)

95 g Honig

10-20 g Wasser zum Nachspülen

150 g Einkorn flocken, die anderen 150 g mahlen. Die trockenen Zutaten gut miteinander verrühren. Sojabohnen, 100 g Wasser und Honig im kleinen Becher eines kleinen Mixers ganz glatt schlagen und zum Einkorngemisch geben. Den Becher mit 10-20 g Wasser nachspülen und ebenfalls zu dem Einkorngemisch geben, alles gründlich verrühren. Mit den Händen kleine Ovale formen, nebeneinander auf ein Backblech setzen. Leicht flach drücken. Den Ofen (Heißluft) auf 180 °C vorheizen. Plätzchen einschieben und 15 Min. backen.

6184. Lochpizza, Juli 2014

Teig:

- 35 g gek. Sojabohnen
- 70 g Wasser
- 1 Prise Salz
- 125 g Dinkel
- 1/2 P Trockenhefe (4-5 g)

Gemüse:

- 2 Tomaten (160 g)
- 40 g gelbe Paprika
- 1 TL Pizzagewürz
- etwas Salz

Belag:

- 20 g Mandeln geschält
- 100 g gekochte Sojabohnen
- 5 g Zitronenfleisch
- 1 Prise Salz
- 50 g Wasser

Teig: Sojabohnen mit Wasser und Salz gut mixen. Dinkel fein mahlen, mit Trockenhefe verrühren. Dann mit dem Wasser mischen und gut durchkneten. Bei 40 °C im Ofen etwa 20 Min. gehen lassen (in dieser Zeit die anderen Zutaten zubereiten).

Gemüse: Tomaten in dünne Scheiben schneiden, Paprika würfeln.

Belag: Mandeln im kleinen Mixer, flaches Messer, fein mahlen. Die restlichen Zutaten hinzugeben und gut durchmischen.

Fertigstellung: Teig mit Hilfe von Streumehl auseinanderdrücken. Ich hätte weniger Flüssigkeit nehmen und auf einer anderen Fläche dann ausrollen sollen. So habe ich den Teig auf dem Lochblech auseinandergedrückt. Schon als ich das machte, ahnte ich, dass ich mir damit keinen Gefallen tue. Am Rand einen kleinen Rand hochdrücken. Gemüse auflegen, mit Salz und Pizzagewürz bestreuen. Den Belag gleichmäßig darüber verteilen.

Ofen auf 225 °C (Heißluft plus) vorheizen. Blech einschieben und 15-20 Min. bei 225 °C backen.

Fazit: Die Pizza war sehr lecker-knusprig, nur war das Reinigen des Lochblechs jetzt nicht unbedingt ein Vergnügen. Natürlich hatte sich der Teig in alle Löcher gedrückt und ich musste ihn da wieder herausbekommen. Was mich nur positiv wunderte, war, dass ich die Pizza immerhin in Hälften lösen und auf einen Teller geben konnte. Das Perfect-Clean-System ist schon wirklich gut!

6185. Rucola-Soya-Creme, Juli 2014

Gut als Butterersatz.

Im kleinen Mixer, kleiner Becher, flaches Messer, schlagen:

- 20 g Cashewnüsse, gemahlen
- 125 g gekochte Sojabohnen
- 10 g Apfelessig
- 2 g Salz
- 1 Prise Pfeffer schwarz
- 5 g Rucola
- 20 g Wasser

6186. Brot ohne Kneten mit Gehhilfe in 2 Stufen (XXV) etwas Mais, Juli 2014

Vorläufer 6178

Stufe 1 (12 Std. vorher):

- 500 g Roggen
- 500 g Wasser
- 150 g Sauerteig

Stufe 2 (Backen, bei mir ein Morgen):

- 1/2 P frische Hefe (20 g)
- 170 g lauwarmes Wasser
- 50 g Mais (Lex)
- 75 g Roggen
- 175 g Dinkel
- 2 EL Brotgewürz
- 1 gestr. EL Salz
- 10 g Apfelessig
- 10 g Mangoessig oder Apfelessig
- 75 g Sonnenblumenkerne
- 1000 g Sauerteigansatz
- 20 g Butter für die Form

Stufe 1: Siehe 6178.

Stufe 2: Hefe im Wasser auflösen. Getreide mischen, fein mahlen. Mit Salz und Sonnenblumenkernen mischen. Mit Hefewasser und Essig zum Sauerteig geben und mit einem großen Löffel gründlich verrühren, bis kein Mehl mehr sichtbar ist. Eine 30-cm-Brotform, Profi-Email von Dr. Oetker, gut einfetten. Teig hineingeben, mit der nassen Hand herunterdrücken und glatt streichen. Mit einem scharfen Messer mehrmals schräg einschneiden. Form in eine große Plastiktüte geben und 45 Min. bei 35 °C gehen lassen.

Ofen auf 250 °C (Heißluft) vorheizen (etwa 12 Min.), 60 Min. bei 190 °C backen.

6187. Rucola-Tonka-Dressing fettlos, Juli 2014

- 250 g Sonnenblumenkerne
- 150 g Apfelessig
- 40 g Salz
- 5 g schwarzer Pfeffer
- 80 g getr. Soft-Aprikosen
- 50 g Rucola, frisch gewaschen, ausgeschüttelt, noch ein wenig mit Wasser behaftet
- 325 g Wasser
- 20 g Mango-Essig

Im Vitamix laufen lassen, bis es ganz glatt ist (ist dann warm). Wird dann im Kühlschrank noch ein bisschen dickflüssiger. In einem Schraubglas im Kühlschrank aufbewahren.

6188. Mais-Omelette mit Gemüse, Juli 2014

Als Gemüsepfanne 12 Min. (15 wäre besser gewesen, denn das Gemüse gart mit dem Mais nicht mehr mit):

- 50 g Wasser
- 225 g Möhren
- 125 g Fenchel
- 5 g Rucola

Dann für das „Omelette":

- 100 g Mais in der Mühle fein mahlen, im Vitamix mischen mit
- 200 g Wasser
- 10 g Peperoniessig (7/4573)
- 5 g Essigpeperoni
- 1 EL Sonnenblumenöl
- 5 g Ingwer

Zum Gemüse geben und auf höherer Einstellung stocken lassen und immer wieder umdrehen. Ich hatte eine Keramikpfanne genommen, ich denke, die Alugusspfanne wäre besser gewesen.

6189. Mais-Omelette mit Steinpilzen, Juli 2014

- 25 g getr. Steinpilze in
- 300 g Wasser (250 g hätten gereicht) 1 Std. einweichen.

Als Gemüsepfanne 16 Min.:

- 40 g Einweichwasser
- 95 g abgetropfte Steinpilze
- 1 kleine Aubergine in Stücken (75 g netto)
- 10 g Knoblauch in Scheiben (netto)
- 1 TL Möhrenkonzentrat (6180 o. Ä.)

Dann für das „Omelette":

- 15 g geschälte Mandeln im kleinen Mixer mahlen,
- 50 g Mais in der Mühle fein mahlen, im kleinen Mixer mischen mit
- 130 g Einweichwasser
- etwas Salz
- etwas Pfeffer

Zum Gemüse geben und auf höherer Einstellung stocken lassen und immer wieder umdrehen. Eine halbe Std. wollte ich nicht warten.

Hinweis: War auch nicht besser als 6188. Irgendwas mache ich falsch, denn ich dachte, in der Alugusspfanne klappt das besser. Vermutlich einfach zu viel Wasser. Oder ich nehme doch Kichererbsenmehl.

6190. Rosmarin-Peperoni, August 2014

In ein mittelgroßes Schraubglas geben:

- 25 g Rosmarin (in zwei Lagen), abgestreifte Blättchen
- 125 g grüne Peperoni in Scheiben geschnitten
- 475 g Essig (bzw. die Menge, die man zum Auffüllen braucht).

Im Kühlschrank aufbewahren.

6191. Rosmarinessig, August 2014

In eine Flasche geben:

- Etwa 10 g. abgestreifte Rosmarinblättchen. Mit
- ca. 320 g Apfelessig auffüllen.

Im Kühlschrank aufbewahren.

6192. Pfifferlinge mit Rosmarin, August 2014

Als Gemüsepfanne ca. 15 Min. garen:

- 45 g Wasser
- 270 g Kartoffeln, festkochend, in Scheiben (netto)
- 115 g Pfifferlinge, leicht klein geschnitten (gewaschen gekauft)
- 115 g rote Paprika (netto), gewürfelt
- Nadeln von 1 Ästchen Rosmarin. Nach der Garzeit mit
- 1 gestr. TL Salz bestreuen,
- 1 TL Cashonnenölcreme (6088 o. Ä.) unterrühren.

6193. Hummuslike Creme II, August 2014

Die leckerste Variante

- 15 g weiße Mandeln im kleinen Mixer mit dem flachen Messer mahlen, hinzufügen:
- 13 g Zitronensaft und -fleisch
- 7 g Knoblauch (netto)
- 1 gute Prise Salz
- 1 Prise Pfeffer
- 125 g gekochte Kichererbsen
- 30 g Wasser und mit dem hochstehenden Messer durchschlagen.

6194. Dattelreis-Stützcreme, August 2014

- 100 g Datteln (die festeren, steinlosen = Deglet nour)
- 50 g Cashewnüsse
- 200 g kochendes Wasser
- 50 g Naturreis
- 200 g kochendes Wasser

Datteln, Cashewnüsse und 200 g Wasser im Vitamix bis zum Stocken schlagen. Reis in der Mühle mahlen, mit weiteren 200 g Wasser in den Vitamix geben und bis zum Stocken schlagen (ca. 2 Min.).

6195. Kakao vegan, August 2014

Im Vitamix 2 Min. schlagen auf der Höchststufe:

- 100 g Dattelreis-Stützcreme (6194 o. Ä.)
- 1 EL Kakaonibs (13 g)
- 10 g frischer Ingwer
- 300 g kochendes Wasser

6196. Peanut-Raisin-Hills, August 2014

- 50 g Mais
- 160 g Dinkel
- 1,5 TL Weinsteinbackpulver
- 1 TL gem. Vanille
- 1/2 TL Zimt
- 1 Prise Salz
- 225 g Dattelreis-Stützcreme (6194 o. Ä.)
- 55 g Wasser
- 40 g Sonnenblumenöl
- 65 g Akazienhonig
- 100 g grüne Rosinen
- 100 g gesalzene, geröstete Erdnüsse.

Erst den Mais, dann den Dinkel in der Getreidemühle fein mahlen und mit den anderen trockenen Zutaten verrühren. Stützcreme, Wasser, Öl und Honig hinzufügen, mit dem Handrührgerät (Rührbesen) zu einem glatten Teig verrühren. Rosinen und Erdnüsse unter den Teig ziehen (auf kleinster Stufe einarbeiten).

Mit einem Teelöffel Häufchen auf ein Backblech (Perfect Clean) setzen. In den auf 160 °C (Heißluft) vorgeheizten Ofen schieben. 30 Min. bei 160 °C backen und 5 Min. bei ausgeschaltetem Ofen nachbacken.

6197. Hummuslike Creme III, August 2014

Im Vitamix - viel glatter natürlich

- 110 g Wasser
- 30 Cashewnüsse
- 30 g Zitrone (am Stück)
- 15 g Knoblauch (netto)
- 1 TL Salz
- 1 Prise Pfeffer
- 250 g gekochte Kichererbsen

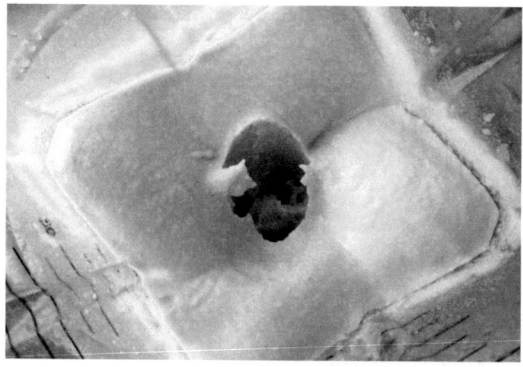

Mit dem Stößel gründlich verarbeiten. Wird superschön!

6198. Knäcke orientalisch, August 2014

- 150 g Dinkel
- 75 g Roggen und
- 25 g Buchweizen mischen und fein mahlen. Mit
- 1 TL Salz verrühren. Mit dem Schneebesen
- 20 g Sonnenblumenöl
- 225 g Hummuslike Creme III
- 250 g Wasser einrühren; dann
- 2 EL Leinsamen
- 2 EL Sonnenblumenkerne und
- 5 g Schwarzkümmel einarbeiten.
- Mit einem Teigschaber auf einem Perfect Clean-Blech ausstreichen. Ofen (Heißluft plus) auf 160 °C vorheizen und 40 Min. backen.

6199. Pfifferling-Tomatenfladen mit Rosmarin, Aug. 2014

- 1/4 Würfel Bio-Hefe (10 g) in
- 60 g Wasser auflösen.
- 125 g Dinkel fein mahlen, mit
- 1/2 TL Salz vermischen.
- 5 g Tamari und
- Hefewasser hinzugeben und gut durchkneten. Während des Durchknetens noch weitere
- 10 g Wasser einarbeiten. Zu einer Kugel unter Spannung formen, in eine Peng-Schüssel geben und warten (ca. 45 Min.), bis es „Peng" macht. Der Teig ging gut dank hoher Außentemperaturen.
- 4 Cocktailtomaten (50 g) vierteln und
- 60 g Pfifferlinge klein schneiden. Den Teig halbieren, zu zwei Fladen auseinanderdrücken (ca. 5 mm hoch) und auf ein Lochblech legen. Den einen Fladen mit Tomatenvierteln und etwas Pfifferlingen, den anderen mit den Pfifferlingen beleben.
- Rosmarinblättchen (ca. 1-2 TL) darüber verteilen, mit
- grobem Salz bestreuen und mit
- 1 EL Sonnenblumenöl bestreichen / beträufeln.

In den auf 160 °C heißen Ofen (Heißluft) schieben. Bei mir war der Ofen vom Knäckebrotbacken (20 Min. backen) bereits heiß.

Tipp: Der Teig war super aufgegangen, ob das am Lochblech liegt? Ich schiebe unter das Lochblech immer noch ein normales, um nicht den Ofen einzusauen. Heute hat sich das bewährt, da eine Tomate getropft hatte. Beim Übertragen vom Blech auf den Teller ist der Tomatenfladen leider gekippt.

6200. Brot ohne Kneten mit Gehhilfe in 2 Stufen (XXVI) Erdnuss, August 2014

Vorläufer 6186.

Stufe 1 (12 Std. vorher):
- 500 g Roggen
- 500 g Wasser
- 150 g Sauerteig

Stufe 2 (Backen, bei mir ein Morgen):
- 1/4 P frische Hefe (11 g)
- 150 g lauwarmes Wasser
- 75 g Roggen
- 225 g Dinkel
- 2 EL Bode Brotgewürz
- 1 gestr. EL Salz
- 20 g Peperoniessig
- 75 g Erdnüsse, gesalzen, geröstet
- 1000 g Sauerteigansatz
- 20 g Butter für die Form

Stufe 1: Siehe 6178.

Stufe 2: Hefe im Wasser auflösen. Getreide mischen, fein mahlen. Mit Salz, Brotgewürz und Erdnüssen mischen. Mit Hefewasser und Essig zum Sauerteig geben und mit einem großen Löffel gründlich verrühren, bis kein Mehl mehr sichtbar ist. Eine 30-cm-Brotform, Profi-Email von Dr. Oetker, gut einfetten. Teig hineingeben, mit der nassen Hand herunterdrücken und glatt streichen. Mit einem scharfen Messer mehrmals schräg einschneiden. Form in eine große Plastiktüte geben und 60 Min. bei 35 °C gehen lassen. Ofen auf 250 °C (Heißluft) vorheizen (etwa 12 Min.), 60 Min. bei 190 °C backen.

6201. Rosmarinbrötchen, August 2014

- 100 g Mais
- 400 g Dinkel
- 1/4 Würfel Biohefe (10 g)
- 265 g Wasser
- 1 EL Apfelessig
- 50 g Dattelreis-Stützcreme (6194 o. Ä.)
- 1 Ast Rosmarin frisch

Mais fein mahlen, anschließend Dinkel fein mahlen (reinigt die Mühle vom Mais). Hefe in 150 g Wasser auflösen. Mit 100 g des Mehls verrühren und 30 Min. abgedeckt stehen lassen. 100 g Wasser in den Thermomix geben, dazu 1 EL Apfelessig und die Stützcreme. Restmehl und Hefegemisch hinzufügen. Auf der Knetstufe 2,5 Min. kneten. Dann löst sich der Teig sehr gut aus dem Thermomix. Mit der Hand einige Min. nachkneten, dabei weitere 15 g Wasser (je nach Getreide evtl. mehr) einarbeiten. Zu einer Kugel unter Spannung formen und 30 Min. bei 35 °C gehen lassen.

Nochmals gut durchkneten. Zu 10 Brötchen je ca. 80 g formen. Nebeneinander auf das Lochblech setzen. Mit der Hand etwas flachdrücken, mit Rosmarinblättern belegen, einsprühen. Unter Gärfolie 30 Min. bei 40 °C gehen lassen. 25 Min. bei 175 °C backen.

6202. Gestütztes Eis, August 2014

Mir schmeckt das auch nicht besser als ohne Stützcreme. Und es hat den Nachteil, dass es keine Rohkost mehr ist. Ohne Früchte ist das vielleicht anders, also als Grundlage für ein Schokoeis zum Beispiel.

- 60 g Dattelreis-Stützcreme (6194 o. Ä.)
- 1 kleine Banane (geschält 90 g) im Vitamix pürieren,
- 190 g gefrorene Erd- und Blaubeeren und
- 100 g Eiswürfel hinzufügen.

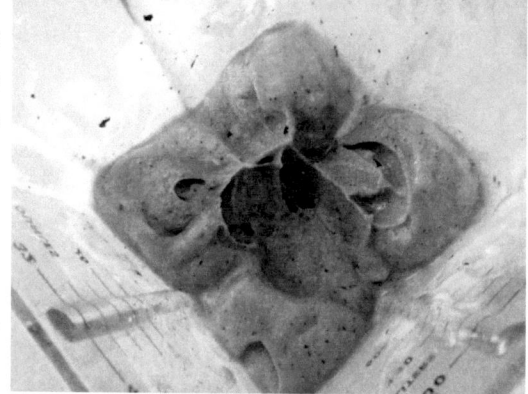

Im Vitamix mit dem Stößel bis zur Raute auf höchster Stufe laufen lassen:

6203. Auflauf mit Rosmarin, August 2014

In eine 20-cm-Wollpfanne:
- 3 g Öl zum Einpinseln
- 160 g gebackene Kartoffel ohne Schale, in Scheiben
- 175 g gekochte Kichererbsen
- 35 g Pfifferlinge, kleingeschnitten
- 195 g gebackene Aubergine, mit Schale, in Scheiben
- 120 g Cocktailtomaten halbiert

Für die Soße im Vitamix mischen:
- 40 g Sonnenblumenkerne
- 10 g Sonnenblumenöl
- 4 g Salz
- 10 g Tamari (kann auch wegfallen)
- 12 g Essigpeperoni (7/4573)
- 10 g Peperoniessig
- 1 Knoblauchzehe
- 300 g Wasser
- 15 g Naturreis und vorsichtig über das Gemüse gießen. Mit
- Rosmarinnadeln bestreuen

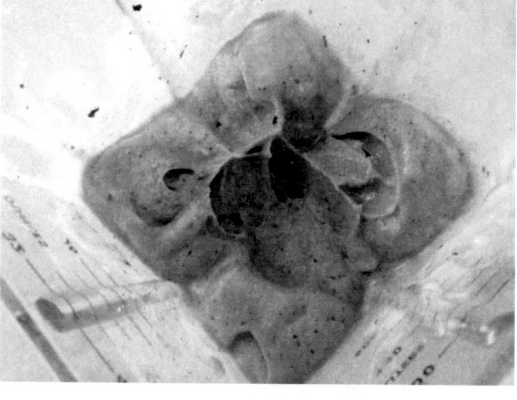

In den auf 225 °C (Heißluft) vorgeheizten Backofen schieben (Gitterrost) und 25 Min. ohne Deckel bei 200 °C backen.

6204. Mungbohnensuppe mit Steinpilzen, August 2014

Einfach, schnell und lecker. Wer keinen Schnellkochtopf hat, weicht die Mungbohnen ca. 8 Std. vorher in dem Wasser ein, die Pilze dann noch am Ende 1 Std. miteinweichen. Die Kochzeit könnte dann etwas länger sein.

- 100 g Mungbohnen
- 25 g getrocknete Steinpilze
- 1 Knoblauchzehe, abgezogen
- 450 g Wasser
- 1 gestr. TL Salz
- 1 Prise schwarzer gem. Pfeffer
- 1 geh. TL Cashonnenölcreme (6088 o. Ä.)

Mungbohnen mit Steinpilzen, Knoblauch und Wasser im Schnellkochtopf auf Stufe II 10 Min. kochen. Mit Salz und Pfeffer abschmecken. Cashonnenölcreme (oder ein Nussmus) einrühren und rühren, bis es sich gelöst hat. Dabei 1 x aufkochen.

6205. Tamari-Gewürzölcreme, August 2014

Im Vitamix mit dem Stößel vermischen:

- 200 g Cashewnussbruch
- 6 g Salz
- 20 g Tamari oder Sojasoße
- 100 g Sonnenblumenöl

Tipp: *Schön würzige Soßengrundlage.*

6206. Bohnenpfanne mit Rosmarin + Kartoffeln, Aug. 2014

- 100 g Wasser
- 15 g Möhrenkonzentrat
- 350 g Kartoffeln in Scheiben
- 8 g Knoblauch in Scheiben (netto)
- Rosmarinnadeln nach Belieben
- 70 g Gemüsezwiebel gewürfelt (netto)
- 365 g Salatbohnen (netto) in Stücken

In dieser Reihenfolge in eine 24-cm-Pfanne geben und als Gemüsepfanne 16 Min. dünsten. Im Mixer mischen (ich habe Reste im Vitamix verwertet):

- 50 g Tamari-Gewürzölcreme (6205)
- 50 g Wasser und
- 2 TL Dinkelmehl unter das Gemüse rühren und einmal aufkochen. Geschmacklich sehr lecker!

6207. Rucola-Tonka-Dressing fettlos Variante I, Aug. 2014

Im Vitamix laufen lassen, bis es ganz glatt ist (ist dann warm).

- 225 g Mandeln
- 150 g Apfelessig
- 35 g Salz
- 20 g Tamari (oder Wasser)
- 5 g schwarzer Pfeffer
- 65 g Datteln (Deglet nour)
- 60 g Rucola, frisch gewaschen, ausgeschüttelt, aber noch ein wenig mit Wasser behaftet
- 300 g Wasser
- 20 g Mango-Essig

In einem Schraubglas im Kühlschrank aufbewahren.

6208. Neutrale Maisstützcreme, August 2014

- 50 g Mais
- 60 g Sonnenblumenkerne
- 300 g kochendes Wasser
- 1 Prise Salz

Mais mahlen, ich habe es im Vitamix gemacht. Hat aber den Nachteil, dass er dann „unten" festsitzt. Restliche Zutaten hinzufügen und Vitamix ca. 2 Min. auf der Höchststufe laufen lassen. Diese Creme stockt nicht so sichtbar, daher muss man aufpassen. Bei mir kochte sie.

Tipp: *Eignet sich sowohl für Süßes als auch für Herzhaftes und verleiht eine schöne gelbe Farbe!*

6209. Kakao mit Mais, August 2014

Im Vitamix 2 Min. schlagen auf der Höchststufe:

- 75 g Neutrale Maisstützcreme (6208)
- 1 EL Kakaonibs (14 g)
- 20 g Honig
- 8 g frischer Ingwer
- 320 g kochendes Wasser

6210. Erdnuss-Rosinen-Häufchen, August 2014

- 200 g Weizen
- 50 g Dinkel
- 2 TL Weinsteinbackpulver
- 1 TL Natron
- 1 TL gem. Vanille
- 1/2 TL gem. getr. Ingwer
- 150 g Neutrale Maisstützcreme (6208)
- 30 g Sonnenblumenöl
- 115 g Akazienhonig
- 100 g grüne Rosinen
- 100 g gesalzene, geröstete Erdnüsse.

Weizen und Dinkel in der Getreidemühle fein mahlen und mit den anderen trockenen Zutaten verrühren. Stützcreme, Öl und Honig hinzufügen, mit dem Handrührgerät (Rührbesen) zu einem glatten Teig verrühren. Rosinen und Erdnüsse unter den Teig ziehen (auf kleinster Stufe einarbeiten).

Mit einem Teelöffel Häufchen auf ein Backblech (Perfect Clean) setzen. Mit dem nassen Teelöffel etwas flacher drücken. In den auf 160 °C (Heißluft) vorgeheizten Ofen schieben. 25-30 Min. bei 160 °C backen, evtl. 5 Min. bei ausgeschaltetem Ofen nachbacken.

6211. Kartoffelsalat, August 2014

An dem Kartoffelsalat war keine Unze Fett, kaum einmal Nüsse. Aber lecker war er! Die Soße hätte auch für mehr Kartoffeln gereicht.

- 100 g Neutrale Maisstützcreme
- 4 g Salz
- 10 g Senf mittelscharf
- 20 g Zitronensaft
- 50 g Wasser
- 360 g Pellkartoffeln (450 brutto)
- 20 g Zwiebeln

Kartoffeln im Schnellkochtopf mit 200 g Wasser 10 Min. garen. Schälen, wenn sie lauwarm sind.

Stützcreme, Salz, Senf, Zitronensaft und Wasser im kleinen Mixer verquirlen. Pellkartoffeln in Scheiben schneiden, Zwiebeln würfeln. Unter die Soße ziehen und zugedeckt im Kühlschrank mindestens 1 Std. ziehen lassen. Am Anfang erscheint die Soße zu salzig und zu sauer - aber das gibt sich, wie man das bei Kartoffelsalat kennt. Frisch muss der sehr pikant schmecken.

Hinweis: Ich denke, da kann sich jeder Mayonnaisesalat hinter verstecken. Dank des Mais hatte die Soße eine schöne Eigelbe :-) Farbe.

6212. Mungbratlinge, August 2014

- 250 g Mungbohnen
- 350 g kochendes Wasser
- 25 g Zwiebel
- 1 kleinere Möhre
- 60 g Neutrale Maisstützcreme (6208 o. Ä.)
- 1 TL Salz
- 2 MS schwarzer gem. Pfeffer

Mungbohnen grob schroten (Stufe 7/9, Hawos Novum). Mit kochendem Wasser aufgießen, gut verschließen und ca. 5 Std. quellen lassen. Die Zwiebel fein würfeln, die Möhre im kleinen Mixer mit dem hochstehenden Messer zerkleinern. Alle Zutaten mit den Händen verkneten. Etwa 10 Bratlinge daraus formen, auf ein Lochblech (Miele-Backofen) legen. Den Ofen auf 250 °C schnell vorheizen und bei 225 °C für 25 Min. backen. Dabei immer wieder mit Wasser einsprühen. Nach ca. 10 Min. drehen.

Hinweise: Schmecken warm und kalt. Das sind die ersten Bratlinge, die mir aus dem Backofen schmecken. Vielleicht hat geholfen, dass ich sie öfter mit Wasser eingespritzt habe?

6213. Rucola-Rosmarin-Knäcke, August 2014

- 250 g Weizen
- 50 g Rucola
- 1 TL Salz
- 5 g Essigpeperoni (7/4573)
- 150 g Wasser
- 30 g Mandeln
- 1 TL Natron
- etwas Rosmarin

Weizen fein mahlen. Rucola mit Salz, Peperoni, Wasser und Mandeln im Vitamix zu einer glatten Flüssigkeit schlagen. Mit Weizen und Rosmarin verrühren. Gibt einen feuchten, aber gut ausrollbaren Teig. Auf einem Backblech ausrollen und mit einem Teigrädchen in Stücke schneiden. In den auf 200 °C (Heißluft plus) vorgeheizten Ofen schieben und 25 Min. bei 180 °C backen.

6214. Rosmarinbohnen, August 2014

- 40 g Wasser
- 125-150 g Salatbohnen
- 1 TL Möhrenkonzentrat (6180 o. Ä.)
- etwas Rosmarin
- 1 geh. TL Tamari-Gewürzölcreme (6205 o. Ä.)

Wasser in eine kleine Pfanne geben. Enden von den Bohnen entfernen, Bohnen in 5-6 cm lange Stücke schneiden. Möhrenkonzentrat in das Wasser einrühren, Bohnen und Rosmarin hinzugeben und als Gemüsepfanne 15-16 Min. garen. Gewürzölcreme einrühren, fertig. Sehr fein!

6215. Brot ohne Kneten IX (mit Pesto), August 2014

Das erste reine Sauerteigbrot in Wuppertal. Vorläufer 6146.

Stufe 1 (24 Std. vorher):

- 500 g Roggen
- 520 g Wasser
- 150 g Sauerteig

Stufe 2 (Backen, bei mir ein Morgen):

- 300 g Roggen
- 2 EL Brotgewürz
- 1 gestr. EL Salz
- 70 g Rote-Bete-Pestocreme (6181 o. Ä.)
- 1000 g Sauerteig (= Stufe 2)
- 190 g Wasser
- 15-20 g Butter für die Form

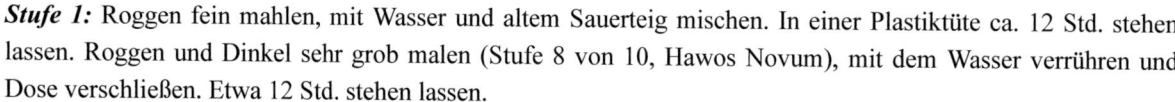

Stufe 1: Roggen fein mahlen, mit Wasser und altem Sauerteig mischen. In einer Plastiktüte ca. 12 Std. stehen lassen. Roggen und Dinkel sehr grob malen (Stufe 8 von 10, Hawos Novum), mit dem Wasser verrühren und Dose verschließen. Etwa 12 Std. stehen lassen.

Stufe 2: 150 g von der Stufe 1 abnehmen und in einem gut schließenden Schraubglas in den Kühlschrank stellen für das nächste Backen. Getreide fein mahlen und mit Salz und Brotgewürz mischen. Mit dem Wasser zum Sauerteig geben und mit einem großen Löffel gründlich verrühren, bis kein Mehl mehr sichtbar ist. Eine 30-cm-Brotform, Profi-Email von Dr. Oetker, gut einfetten. Teig hineingeben, mit der nassen Hand herunterdrücken und glatt streichen. Mit einem scharfen Messer einschneiden.

Form in eine große Plastiktüte geben und 2,5 Std. gehen lassen. In den letzten 15 Min. den Ofen auf 250 °C (Heißluft plus) vorheizen. Brot mit Wasser einsprühen, 10 Min. bei 225 °C und 45 Min. bei 190 °C backen. Auf einem Gitterrost mit Wasser einsprühen und abkühlen lassen.

6216. Vanille-Reisstützcreme, August 2014

- 50 g Naturreis im Vitamix fein mahlen, umfüllen
- 50 g Mandeln im Vitamix fein mahlen, umfüllen
- 2 g Vanillestange (ca. 4 cm) und
- 320 g kochendes Wasser mit den gemahlenen Zutaten in den Vitamix geben und 2 Min. auf der höchsten Stufe schlagen lassen.

Tipp: Ich finde nach wie vor, dass die Cremes besser werden, wenn ich die ungemahlenen Zutaten 4-5 Min. schlagen lasse.

6217. Vanillekakao, August 2014

Im Vitamix 2 Min. laufen lassen auf der Höchststufe:

- 60 g Vanille-Reisstützcreme (6216 o. Ä.
- ca. 2-3 cm Vanillestange (muss nicht)
- 15 g Kakaonibs
- 6 g Ingwer
- 20 g Honig

6218. Magerkakao I, Aug. 2014

Im Vitamix 2 Min. mixen:

- 45 g gek. Kichererbsen
- 6 g frischer Ingwer
- 2 cm Vanillestange
- 10 g Kakaonibs
- 15 g Honig
- 320 g kochendes Wasser

6219. Zitronenkekse, August 2014

- 125 g Kichererbsen
- 150 g Dinkel
- 2 TL Weinstein-Backpulver
- 1 TL Natron
- 1 kleine Zitrone ohne die Enden und ohne Kerne (60 g)
- 70 g Wasser
- 150 g Honig
- 80 g Vanille-Reisstützcreme (6216 o, Ä.)

Getreide und Kichererbsen mahlen und mischen. Mit Backpulver und Natron mischen. Die Zitrone in Scheiben schneiden und mit dem Wasser im Vitamix durchmixen. Mit Honig
und Stützcreme zum Mehl geben und mit einem Löffel verrühren. Teelöffelgröße Kugeln mit den Händen
formen und nebeneinander auf ein Perfect Clean Blech setzen. In den auf 160 °C vorgeheizten Ofen schieben
und 15-20 Min. backen.

Die Kekse sind durchaus lecker. Anfangs ist die Außenseite knusprig, dann werden sie aber etwas gummiartig.
Ich denke, bei den Keksen funktioniert das mit der Stützcreme nicht so gut.

6220. Kartoffel-Auberginen-Gratäng, August 2014

- 75 g Wasser
- 1 TL Möhrenkonzentrat
- 105 g Gemüsezwiebel (netto)
- 1 größere Knoblauchzehe
- 1 kleine Aubergine (160 g) (netto)
- 1 Tomate (100 g)
- 1 TL Cashonnenölcreme (6088 o. Ä.)
- 270 g Pellkartoffeln
- etwas Salz
- einige Nadeln Rosmarin
- 1-2 TL Sonnenblumenöl

Wasser in eine 20-cm-Wollpfanne geben. Möhrenkonzentrat
darin verrühren. Zwiebel geschält würfeln, Knoblauchzehe abgezogen in Scheiben schneiden. Mit der gewür-
felten Aubergine und der in Halbscheiben geschnittenen Tomate in die Pfanne geben. Als Gemüsepfanne 12
Min. dünsten. Cashonnenölcreme und ggf. etwas Salz unterrühren, bis die Flüssigkeit gebunden ist.

Die Kartoffeln in Scheiben schneiden und das Gemüse damit bedecken. Mit Salz und Rosmarin bestreuen und
mit dem Öl bepinseln. In den kalten Ofen und mit „Intensivbräunung" 15 Min. garen.

*Hinweis: Okay, in den 15 Min. ist es sehr heiß geworden und die Kartoffeln waren oben ansatzweise minimal
dunkelgelb. ;-) Das Intensivbräunen ist wohl besser geeignet, wenn ich eine ganze überbackene Speise herstelle,
bei der noch nichts vorbereitet ist. Grillen wäre hier wohl besser gewesen. Aber lecker war's - so oder so.*

6221. Ofenpommes mit Dip à la Daniela, August 2014

Zwei Portionen.

- 725 g Kartoffeln
- Salz
- Pfeffer

Kartoffeln gut unter fließendem Wasser abbürsten. In pomme-
sähnliche Streifen schneiden und nebeneinander auf ein Lochblech legen (Backpapier wie bei Daniela ist vermutlich prakti-
scher). Mit Salz und Pfeffer bestreuen. Ofen schnell vorheizen auf 250 °C, Blech einschieben. Alle 5 Min. mit Wasser
einsprühen. Nach 10 Min. wenden.

Bei mir waren die Kartoffeln bereits nach 16,5 Min. fertig -
ich hatte versäumt, von Schnellheizen auf Umluft zu stellen. (Dip nächste Seite.)

Dip:

- 1 kleine Tomate (60 g)
- 40 g gekochte Kichererbsen
- 1/2 TL Salz
- 1 MS schwarzer gem. Pfeffer
- 50 g Weintrauben
- 5 g Apfelessig

Im kleinen Mixer, hochstehendes Messer, verquirlen. Wenn es keine Weintrauben gibt, mehr Essig nehmen und etwas Honig hinzufügen.

Hinweis: *Eric ist der Dip zu fruchtig und zu sauer.*

6222. Heidelbeer-Softeis, August 2014

- 175 g frische Heidelbeeren
- 50 g gekochte weiße Bohnen (müssen sehr weich sein)
- 30 g Honig
- 190 g tiefgekühlte Bananenscheiben
- 30 g Eiswürfel
- Einige getr. Kokosstreifen

Heidelbeeren, Bohnen und Honig im Vitamix gut mischen. Banane und Eis mit dem Stößel einarbeiten. Wer es etwas fester möchte, nimmt mehr Eiswürfeln.

6223. Porree mit Kartoffeln, August 2014

2 Portionen.

- 100 g Wasser
- 520 g Kartoffeln
- 1 Knoblauchzehe
- 280 g Porree netto
- 75 g gekochte weiße Bohnen
- 1 TL Salz
- 20 g Zitronensaft
- 1 Prise schwarzer gem. Pfeffer

Wasser in eine 24-cm-Wollpfanne geben. Kartoffeln unter fließendem Wasser abbürsten, in Scheiben schneiden und in die Pfanne geben. Knoblauchzehe abziehen, in Scheiben schneiden und über die Kartoffeln streuen. Porree gut waschen, in feine Streifen schneiden und ebenfalls in die Pfanne geben. Auf höchster Einstellung zum Kochen bringen, bis Dampf unter dem Deckel austritt. Auf angemessener Einstellung 16 Min. dünsten lassen, ohne den Deckel abzuheben. Die restlichen Zutaten im kleinen Mixer verquirlen, unter das Gemüse rühren und kurz aufkochen lassen.

6224. Hummuslike Creme IV, August 2014

- 25 g Sesam ungeschält
- 15 g Mandeln
- 3 g Knoblauch (netto)
- 150 g gekochte weiße Bohnen
- 20 g Zitronenfleisch
- 1 TL Salz
- etwas schwarzer gem. Pfeffer
- 20-30 g Wasser

Sesam und Mandeln im kleinen Mixer mit dem flachen Messer mahlen. Restliche Zutaten hinzufügen und mit dem hochstehenden Messer gründlich mixen, 2-3 Mal mit dem Löffel nachrühren.

6225. Dattelreis-Stützcreme II, August 2014

Alle Zutaten in den Vitamix geben und bis zum Stocken schlagen lassen:

- 50 g Naturreis
- 50 g Mandeln
- 100 g Datteln (Deglet nour)
- 400 g Wasser

6226. Streifenkekse, August 2014

- 75 g Reis
- 150 g Weizen
- 150 g Dinkel
- 1/2 gestr. TL Salz
- 1 gestr. TL Vanillepulver
- 25 g Mandeln
- 100 g Dattelreis-Stützcreme II 6225 o. Ä.
- 150 g Honig
- 50 g Wasser

Getreide mischen und fein mahlen. Mandeln in einem kleinen Mixer ebenfalls fein mahlen. Die trockenen Zutaten vermischen, dann Öl, Stützcreme, Honig und Wasser mit den Knethaken des Handrührgerätes verkneten. Je nach Beschaffenheit des Teigs noch Wasser hinzugeben, er soll sehr weich sein, aber nicht bröckeln. Eine Kugel formen, Teigschüssel mit dem Teig in Plastik wickeln und etwa 10 Min. ruhen lassen.

Auf einem Backblech etwa 0,8-1 cm hoch ausrollen, in Stücke schneiden und mit dem Stipproller Löcher einbohren (oder eine Gabel dafür nehmen).

In den kalten Ofen schieben und bei 175 °C (Heißluft) 35 Min. backen lassen. Auf dem Blech sehr vorsichtig nochmals nachschneiden und ebenso vorsichtig auf ein Kuchengitter geben: Der Teig ist noch sehr brüchig! Auskühlen lassen und in einer gut schließenden Metalldose oder einem Glaskeksbehälter mit gut schließendem Deckel aufbewahren.

Hinweis: Das sollte mal Shortbread werden, aber Konsistenz und Geschmack stimmen da nicht - auch wenn die Kekse lecker sind.

6227. Muffins mit gelben Pflaumen, August 2014

- 100 g Haselnüsse
- 2 bittere Mandeln
- 110 g Dinkel
- 40 g Weizen
- 1 TL Vanille
- 1 Prise Salz
- 1 P (= 4 gestr. TL) Weinsteinbackpulver
- 1 TL Natron
- 250 g Dattelreis-Stützcreme II (6225 o. Ä.)
- 50 g Mineralwasser
- 100 g Honig

Haselnüsse und Mandeln im kleinen Mixer fein mahlen, Getreide in der Mühle fein mahlen, mit Vanille, Salz, Natron und Backpulver verrühren. Creme, Wasser und Honig hinzugeben, mit den Rührhaken eines Handrührgeräts alles miteinander gut mischen. In 20-24 Muffinförmchen jeweils 1 TL Teig füllen. Die Pflaumen vierteln, je 1/4 in den Teig drücken und mit einem 1 TL Teig abdecken. In den auf 175 °C vorgeheizten Ofen (Heißluft) geben und 25 Min. backen. Stäbchenprobe machen. Auf einem Gitterrost auskühlen lassen. Erst nach einigen Std. vorsichtig aus den Silikonformen nehmen.

Hinweis: Die gelben Pflaumen waren eine Fehllieferung des Bioladens, ich wollte „normale" Pflaumen. Sie schmecken fade, aber im Gebäck recht lecker.

6228. Munghaferbratlinge, August 2014

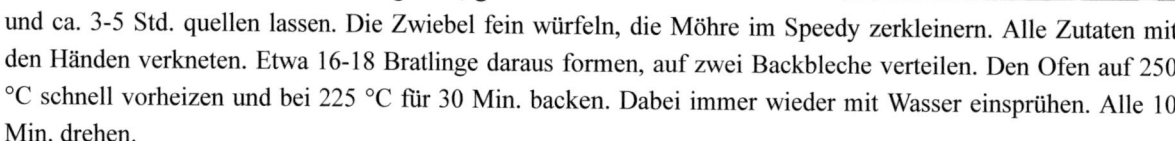

- 250 g Mungbohnen
- 125 g Nackthafer
- 575 g kochendes Wasser
- 75 g Zwiebel
- 140 g Möhre
- 135 gek. weiße Bohnen
- 80 g Dattelreis-Stützcreme II (6225 o. Ä.)
- 2 TL Salz
- 1/2 TL schwarzer gem. Pfeffer

Mungbohnen und Hafer grob schroten (Stufe 6/9, Hawos Novum). Mit kochendem Wasser aufgießen, gut verschließen und ca. 3-5 Std. quellen lassen. Die Zwiebel fein würfeln, die Möhre im Speedy zerkleinern. Alle Zutaten mit den Händen verkneten. Etwa 16-18 Bratlinge daraus formen, auf zwei Backbleche verteilen. Den Ofen auf 250 °C schnell vorheizen und bei 225 °C für 30 Min. backen. Dabei immer wieder mit Wasser einsprühen. Alle 10 Min. drehen.

Hinweis: Im Vergleich zum Lochblech brauche ich etwa 8 Min. länger. Das kann aber auch daran liegen, dass zwei Bleche im Ofen waren. – Schmecken warm und kalt.

6229. Neutrale Maisstützcreme II, August 2014

Vorläufer: 6208

- 100 g Mais
- 20 g Naturreis
- 100 g Sonnenblumenkerne
- 600 g kochendes Wasser
- 1 Prise Salz

Mais und anschließend Reis in der Getreidemühle mahlen. Kerne, Salz und Wasser in den Vitamix geben, gemahlenes Getreide darüber schütten und mit Hilfe des Stößels ca. 2 Min. auf der Höchststufe laufen lassen. Diese Creme stockt nicht sichtbar.

Hinweis: Die Zugabe von gemahlenem Getreide finde ich nach wie vor problematisch, weil ich erstens das Stocken nicht so deutlich bemerke und es zweitens häufig klumpt. Das geht dann zwar weg, aber der Becher ist mit Resten schwieriger sauber zu machen. Ich kaufe besser mal eine dicke Gummimatte zur Lärmreduzierung.

6230. Brot ohne Kneten mit Gehhilfe in 2 Stufen (XXVII) Rotkorn, August 2014

Vorläufer 6200.

Stufe 1 (12 Std. vorher):
- 500 g Roggen
- 500 g Wasser
- 150 g Sauerteig

Stufe 2 (Backen, bei mir ein Morgen):
- 1/2 P frische Hefe (20 g)
- 150 g lauwarmes Wasser
- 75 g Roggen
- 225 g Rotkornweizen (Hermann Kleider)
- 2 EL Brotgewürz
- 1 gestr. EL Salz
- 75 g Sesam ungeschält
- 2 EL Apfelessig
- 40 g Wasser (je nach Getreide auch weniger)
- 1000 g Sauerteigansatz
- 20 g Butter für die Form

Stufe 1: Siehe 6178.

Stufe 2: Hefe im Wasser auflösen. Getreide mischen, fein mahlen. Mit Salz, Brotgewürz und Sesam mischen. Mit Hefewasser und Essig zum Sauerteig geben und mit einem großen Löffel gründlich verrühren, bis kein Mehl mehr sichtbar ist. Wasser zugeben, bis eine geschmeidige Masse erreicht wird. Eine 30-cm-Brotform, Profi-Email von Dr. Oetker, gut einfetten. Teig hineingeben, mit der nassen Hand herunterdrücken und glattstreichen. Mit einem scharfen Messer mehrmals kreuzweise (Rauten) einschneiden. Form mit Gärfolie abdecken und 45 Min. bei 35 °C gehen lassen. Ofen auf 250 °C (Heißluft) vorheizen (etwa 12 Min.), 60 Min. bei 190 °C backen.

6231. Zitronen-Blüten-Knäcke, August 2014

- 250 g Rotkornweizen
- 1 TL Salz
- 100 + 50 g Wasser
- 30 g Mandeln
- 70 g Zitronenscheiben mit Schale, aber ohne Kerne
- 1 EL Gewürzblüten-Kräutermischung mit Blüten (o. Ä.)

Weizen fein mahlen. Salz mit Mandeln, 100 g Wasser und Zitronenscheiben im Vitamix zu einer glatten Flüssigkeit schlagen. Den Becher mit 50 g Wasser nachspülen, ebenfalls zum Teig geben. Mit der Kräutermischung verrühren. Gibt einen feuchten, aber gut ausrollbaren Teig. Auf einem Back-blech ausrollen und mit einem Teigrädchen in Stücke schneiden. In den auf 200 °C (Heißluft plus) vorgeheizten Ofen schieben und 25 Min. bei 180 °C backen.

6232. Bananenkakao, August 2014

Im Vitamix 2 Min. auf der Höchststufe laufen lassen:
- 55 g Neutrale Maisstützcreme II (6229)
- 10 g Kakaonibs
- 6 g Ingwer frisch (nach Belieben)
- 300 g kochendes Wasser. Dann
- 1 reife Banane (130 g) schälen, hinzufügen und nochmals einige Sek. durchschlagen.

Hinweis: *Ich hoffe, dass auf diese Weise die Inhaltsstoffe der Banane nicht zu viel Schaden erlitten haben.*

6233. Kartoffelsalat große Portion, August 2014

- 200 g Neutrale Maisstützcreme II (622)
- 9 g Salz
- 1/2 TL schwarzer gem. Pfeffern
- 25 g Senf mittelscharf
- 40 g Zitronensaft
- 100 g Wasser
- 1140 g Pellkartoffeln
- 50 g Zwiebeln

Für die Pellkartoffeln: ca. 1440 g Kartoffeln im Schnellkoch-topf mit 300 g Wasser 11 Min. garen. Schälen, wenn sie lau-warm sind.

Stützcreme, Salz, Senf, Zitronensaft und Wasser im Vitamix verquirlen. Pellkartoffeln in Scheiben schneiden, Zwiebeln würfeln. Unter die Soße ziehen und zugedeckt im Kühlschrank ca. 3-4 Std. ziehen lassen. Am Anfang erscheint die Soße zu salzig und zu sauer - aber das gibt sich, wie man das bei Kartoffelsalat kennt.

Hinweis: *Ich habe die doppelte Menge der Soße mit der ungefähr dreifachen Menge Kartoffeln vom letzten Mal angesetzt. Das passte genau.*

6234. Rucola-Tonka-Dressing fettlos Variante II, Aug. 2014

Variante 6207

- 195 g Cashewnüsse
- 150 g Apfelessig
- 30 g Salz
- 30 g Tamari (oder Wasser)
- 4 g schwarzer Pfeffer
- 65 g Datteln (die trockeneren)
- 70 g Rucola, frisch gewaschen, ausgeschüttelt, aber noch ein wenig mit Wasser behaftet
- 320 g Wasser
- 20 g Mango-Essig

Im Vitamix laufen lassen, bis es ganz glatt ist (ist dann warm). Wird dann im Kühlschrank noch ein bisschen dickflüssiger. In einem Schraubglas im Kühlschrank aufbewahren.

6235. Gartenpesto sauer, August 2014

Drei Sträuße Gartenkräuter - die kann ich gar nicht frisch essen. Also alle zusammen (für die Gartenbesitzerin vermutlich ein Frevel) in ein Pesto gepackt. Völlig ohne Öl. Essig und Salz sollten ausreichend konservieren, hoffe ich.

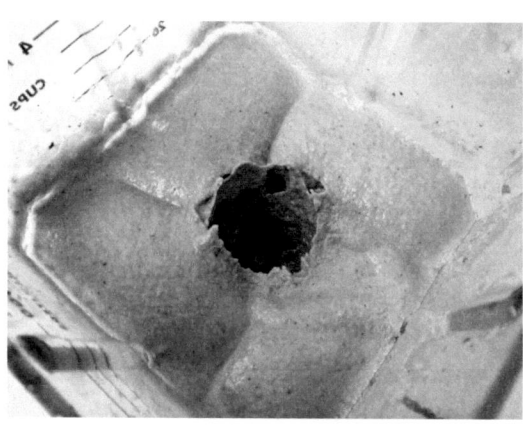

- 25 g Salz
- 60 g Honig
- 20 g Garam Masala
- 2 g gem. schwarzer Pfeffer
- 40 g Tamari (Rohkost)
- 145 g gemischte, gewaschene Gartenkräuter, vorgeschnitten

Im Vitamix sehr gut mit dem Stößel mischen. In ein mittelgroßes Schraubglas geben und geschlossen im Kühlschrank aufbewahren.

6236. Ungedeckter Pflaumenkuchen, August 2014

- 150 g Urmut (Kamut von H. Kleider)
- 250 g Weizen
- 1 P Weinsteinbackpulver
- 1 Prise Salz
- 1 TL Natron
- 200 g flüssiger Honig
- 50 g Mineralwasser
- 350 g Neutrale Maisstützcreme II (6229 o. Ä.)
- 750-1000 g Pflaumen brutto (habe vergessen, zu wiegen)

Getreide fein mahlen, mit gesiebtem Backpulver und Natron verrühren. Honig, Wasser und Stützcreme hinzugeben und mit den Rührbesen des Handrührgeräts gut vermischen. Der Teig sollte schwerreißend von den Rührbesen fallen. Eine Springform mit Alufolie (ich hatte kein Backpapier mehr) auskleiden, den Teig hineingeben und mit einem immer wieder in Wasser getauchten Teigspatel glatt streichen. Dicht mit Pflaumen belegen.

In den auf 180 °C vorgeheizten Ofen (Heißluft plus) auf den Gitterrost geben und 40 Min. bei 180 °C backen. Ofen ausstellen und 5 Min. nachbacken. Ich habe mit einem Stäbchen versucht, die Garprobe zu machen, das ist aber nicht so einfach, weil Obstteig immer nasser ist.

Die Form auf ein Gitterrost stellen. Mit einem Messer (Messerrücken nach vorne) vor allem die Pflaumenschicht vom Springformrand lösen. Komplett in der Form erkalten lassen, dann erst den Rand abnehmen.

6237. Kartoffeln mit Salat, überbacken, August 2014

Diese Woche habe ich meinen Kopfsalat trotz Besuch nicht geschafft. Da musste ich überlegen, was ich mit dem Salat mache. Einfrieren ist ja Blödsinn. Aber warum den Salat nicht kochen? Besser als ihn vergammeln lassen! Und geschmeckt's hat auch. Ich habe den noch festeren Salatkopf zum Kochen verwendet.

- 100 g Wasser
- 395 g Kartoffeln
- 300 g Kopfsalat
- 1 TL Salz
- 1 Prise schwarzer gem. Pfeffer
- 40 g Zitronenfleisch ohne Schale, ohne Kerne, ohne das weiße Innenstück
- 100 g Neutrale Maisstützcreme II (6229 o. Ä.)
- 20 g Cashonnenölcreme
- 100 g Wasser

Mit Wasser, Kartoffeln (gebürstet unter fließendem Wasser, in Scheiben) und Salat (gewaschen, ausgeschüttelt, in Streifen geschnitten) eine Gemüsepfanne herstellen und 15 Min. dünsten. Die restlichen Zutaten im Vitamix oder kleinen Mixer gut verquirlen. Den Grill auf 275 °C gestellt 5 Min. vorheizen, Soße über das Gemüse gießen und 5-10 Min. unter dem Grill überbacken.

Tipp: Meine Zitrone war etwas zu herb, weil ich sie teils schon zum Auspressen verwendet habe.

6238. Kartoffeln mit Porree + gelben Pflaumen, Aug. 2014

Ich koche normalerweise kein Obst. Aber irgendwie müssen die Pflaumen weg, die mir statt normaler geliefert wurden.
Als Gemüsepfanne 15 Min.:

- 75 g Wasser
- 1 TL Möhrenkonzentrat (6180 o. Ä.)
- 265 g Kartoffelscheiben
- 70 g Porree
- 125 g gelbe Pflaumen, ohne Kerne, klein geschnitten (brutto gewogen), erst in den letzten 8 Min. hinzufügen. Dann
- 1 geh. TL Gartenpesto sauer (6235 o. Ä. und
- Salz einrühren.

6239. Bohnenpfanne, August 2014

16 Min. Gemüsepfanne:
- 100 g Wasser
- 1 TL Möhrenkonzentrat (6180 o. Ä.)
- 455 g Kartoffeln, unter fließendem Wasser abgebürstet in Scheiben
- 470 g Salatbohnen netto, Spitzen abgeschnitten, in 3-5 cm langen Stücken
- 7 g Knoblauch netto, abgezogen, in Scheiben

Für die Soße im kleinen Mixer verquirlen und unter das Gemüse rühren:
- 55 g gekochte Sojabohnen
- 1 gestr. TL Salz
- 1 MS schwarzer gem. Pfeffer
- 20 g Peperoniessig (7/4573)
- 7 g Gartenpesto sauer
- 45 g Wasser; evtl.
- 30 g Wasser zum „Nachspülen" des Bechers.

6240. Hirse mit Steinpilzen, August 2014

- 20 g getr. Steinpilze mit
- 200 g kochendem Wasser übergießen und fest verschließen; mindestens 2 Std. stehen lassen. In einen Topf
- 100 g Hirse geben, dazu
- 2 Rosmarinäste
- 1 TL Möhrenkonzentrat (6180 o. Ä.)

Steinpilze abtropfen lassen, zu der Hirse geben. Das Einweichwasser auf 300 g auffüllen und zu der Hirse geben. Aufkochen (P), 10 Min. bei mittelstarker Hitze kochen (4-5) und 10 Min. auf kleiner Einstellung quellen lassen. Hätte 10 Min. mehr brauchen können, also für mich.

6241. Erdaprikosenstütze, August 2014

- 50 g Naturreis
- 50 g geröstete & gesalzene Erdnüsse
- 100 g Softaprikosen
- 3 cm Vanillestange
- 450 g kochendes Wasser

Alle Zutaten in den Vitamix geben und 2-3 Min. auf der Höchststufe laufen lassen. Diese Creme stockt nicht sichtbar.

6242. Erdnuss-Rosinen-Häufchen Variante 1, April 2014

Vorläufer: 6210.

- 200 g Rotkornweizen
- 50 g Weizen
- 2 TL Weinsteinbackpulver
- 1 TL Natron
- 1/2 TL gem. Vanille
- 1/2 TL gem. getr. Ingwer
- 150 g Erdaprikosenstütze (6241 o. Ä.)
- 20 g Sonnenblumenöl
- 15 g Mineralwasser
- 110 g Akazienhonig
- 100 g grüne Rosinen
- 100 g gesalzene, geröstete Erdnüsse.

Weizen in der Getreidemühle fein mahlen und mit den anderen trockenen Zutaten verrühren. Stützcreme, Öl, Wasser und Honig hinzufügen, mit dem Handrührgerät (Rührbesen) zu einem glatten Teig verrühren. Rosinen und Erdnüsse unter den Teig ziehen.

Mit einem Teelöffel Häufchen auf ein Backblech (Perfect Clean) setzen. Mit dem nassen Teelöffel etwas flacher drücken. In den auf 160 °C (Heißluft) vorgeheizten Ofen schieben. 25-30 Min. bei 160 °C backen, evtl. 5 Min. bei ausgeschaltetem Ofen nachbacken.

6243. Hummuslike Creme V, August 2014

- 20 g Sesam ungeschält
- 20 g Cashewnüsse
- 15 g Zitronenfleisch
- 10 g Knoblauch netto
- 150 g gekochte Kichererbsen
- 1 TL Salz
- Etwas schwarzer gem. Pfeffer
- 50 g Wasser

Sesam und Cashewnüsse im kleinen Mixer mit dem flachen Messer mahlen. Restliche Zutaten hinzufügen und mit dem hochstehenden Messer gründlich mixen, 2-3 Mal mit dem Löffel nachrühren. [*Die beste soweit!*]

6244. FoK-Kakao Nr. 2, August 2014

Im Vitamix auf der Höchststufe laufen lassen:

- 50 g gekochte Kichererbsen
- 15 g Kakaonibs
- 1 Dattel (Medjool, entsteint 25 g)
- 2-3 cm Vanillestange
- 2 Kardamomkapseln
- 340-350 g Wasser

Tipp: Es schmeckt auch ohne Nüsse! Wer es etwas sämiger möchte, gibt 2 TL Nackthafer oder Naturreis hinzu. Wer es gerne sehr süß mag, nimmt eine Dattel mehr.

6245. Ungedeckter Zwetschgenkuchen, August 2014

- 150 g Urmut (= Kamut von H. Kleider; oder Weizen)
- 250 g Rotkornweizen
- 1 P Weinsteinbackpulver
- 1 Prise Salz
- 1 TL Natron
- 1 gestr. TL Vanille
- 200 g flüssiger Honig
- 75 g Mineralwasser
- 350 g Erdaprikosenstütze (6241)
- 450 g Zwetschgen netto, halbiert (etwa 500 g brutto)

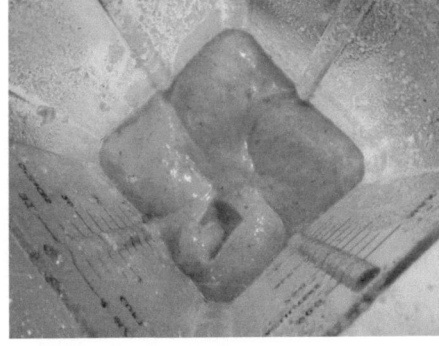

Getreide fein mahlen, mit gesiebtem Backpulver, Vanille und Natron verrühren. Honig, Wasser und Stützcreme hinzugeben und mit den Rührbesen des Handrührgeräts gut vermischen. Der Teig sollte schwer reißend von den Rührbesen fallen. Eine Springform mit Alufolie (ich hatte kein Backpapier mehr) auskleiden, den Teig hineingeben und mit einem immer wieder in Wasser getauchten Teigspatel glatt streichen. Dicht mit Pflaumen belegen. In den auf 180 °C vorgeheizten Ofen (Heißluft plus) auf den Gitterrost geben und 40 Min. bei 180 °C backen. Ofen ausstellen und 5 Min. nachbacken. Das Nachbacken war überflüssig.

Die Form auf ein Gitterrost stellen. Mit einem Messer (Messerrücken nach vorne) vor allem die Pflaumenschicht vom Springformrand lösen. Komplett in der Form erkalten lassen, dann erst den Rand abnehmen.

6246. Gartenkräuter-Dressing fettlos, August 2014

- 100 g Apfelessig
- 15 g Salz
- 20 g Tamari (oder Wasser)
- 90 g Sonnenblumenkerne
- 2 g schwarzer Pfeffer
- 40 g Honig
- 20 g getr. Tomaten
- 50 g Gartenpesto sauer
- 50 g Wasser
- 10 g Mango-Essig (oder Apfelessig)

Im Vitamix laufen lassen, bis es ganz glatt ist (ist dann warm). Wird dann im Kühlschrank noch ein bisschen dickflüssiger. In einem Schraubglas im Kühlschrank aufbewahren.

6247. Saure Linsen mit Pfifferlingen, August 2014

Als Gemüsepfanne 16 Min. (etwas höher stellen, damit es stetig kocht):

- 150 g Wasser
- 50 g rote Linsen und
- 60 g Pfifferlinge in Stückchen (vorgewaschen gekauft). Dann mit einem Löffel verquirlen:
- 10 g Rosmarinessig
- 1 gestr. TL Salz
- 1 Prise schwarzer Pfeffer
- 10 g Dinkel- oder Weizenmehl, unter die Linsen rühren und einmal aufkochen lassen.

6248. Getreidebratlinge, August 2014

- 250 g Mungbohnen
- 125 g Nackthafer
- 575 g kochendes Wasser
- 75 g Zwiebel
- 140 g Möhre
- 135 gek. weiße Bohnen
- 80 g Dattelreis-Stützcreme II (6225 o. Ä.)
- 2 TL Salz
- 1/2 TL gem. schwarzer Pfeffer

Mungbohnen und Hafer grob schroten (Stufe 6/9, Hawos Novum) und in eine Peng-Dose geben. Mit kochendem Wasser aufgießen, Dose gut verschließen und den Teig ca. 3-5 Std. quellen lassen. Die Zwiebel fein würfeln, die Möhre im Zerkleinerer zerkleinern. Alle Zutaten mit den Händen verkneten. Etwa 16-18 Bratlinge daraus formen, auf zwei Backbleche verteilen. Den Ofen auf 250 °C schnell vorheizen und 30 Min. bei 225 °C backen. Dabei immer wieder mit Wasser einsprühen. Alle 10 Min. drehen.

Hinweis: Im Vergleich zum Lochblech brauche ich etwa 8 Min. länger. Das kann aber auch daran liegen, dass zwei Bleche im Ofen waren. Schmecken warm und kalt. Gut dazu passen Pellkartoffel oder Saure Linsen mit Pfifferlingen (6247).

6249. Brot ohne Kneten X (mit Haselnüssen), August 2014

Vorläufer 6215.

Stufe 1 (24 Std. vorher):
- 500 g Roggen
- 520 g Wasser
- 150 g Sauerteig

Stufe 2 (Backen, bei mir ein Morgen):
- 200 g Roggen
- 100 g Rotkornweizen
- 2 EL Brotgewürz (Bode)
- 1 gestr. EL Salz
- 1000 g Sauerteig (= Stufe 2)
- 230 g Wasser
- 15-20 g Butter für die Form

Stufe 1: Siehe 6215.

Stufe 2: 150 g von der Stufe 1 abnehmen und in einem gut schließenden Schraubglas in den Kühlschrank stellen für das nächste Backen. Getreide fein mahlen und mit Salz, Haselnüssen und Brotgewürz mischen. Mit dem Wasser zum Sauerteig geben und mit einem großen Löffel gründlich verrühren, bis kein Mehl mehr sichtbar ist. Eine 30-cm-Brotform, Profi-Email von Dr. Oetker, gut einfetten. Teig hineingeben, mit der nassen Hand herunterdrücken und glatt streichen. Mit einem scharfen Messer einschneiden.

Form in eine große Plastiktüte geben und 2,5 Std. gehen lassen. Den Ofen auf 250 °C (Heißluft plus) vorheizen. Brot mit Wasser einsprühen, 55 Min. bei 190 °C backen und 5 Min. bei ausgeschaltetem Ofen nachbacken. Auf einem Gitterrost mit Wasser einsprühen und abkühlen lassen.

6250. FoK-Kakao Nr. 3, August 2014

Eine Anregung von Agnes, für Cremigkeit Kartoffeln zu benutzen.

- 50 g Pellkartoffel
- 5 g Kakaonibs
- 3 g Kakaopulver
- 1 Dattel (25 g)
- 2-3 cm Vanillestange
- 3 Kardamomkapseln und
- 340 g Wasser im Vitamix auf der Höchststufe laufen lassen:

6251. Pizza mit Pfifferlingen, August 2014

Ebenfalls aufgrund einer Anregung von Agnes, Kartoffeln stärker zum Dicken zu verwenden.

Teig:
- 130 g Rotkornweizen
- 10 g frische Bio-Hefe (1/4 P)
- 85 g Wasser
- Etwas Salz

Gemüse:
- 30 g Wasser
- 75 g Pfifferlinge
- 20 g getr. Tomaten
- etwas Salz

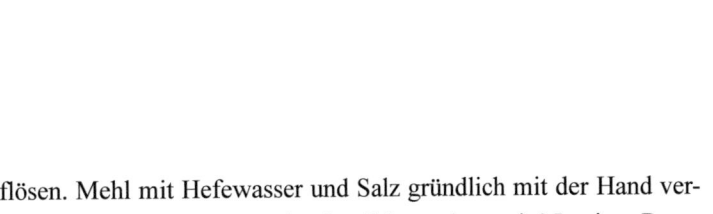

Soße:
- 75 g Pellkartoffeln
- 100 g gekochte Kichererbsen
- 1 TL Salz
- 5 g Rosmarinessig
- 100 g Wasser

Weizen fein mahlen. Hefe in 80 g Wasser auflösen. Mehl mit Hefewasser und Salz gründlich mit der Hand verkneten, dabei noch 5 g Wasser einarbeiten. Bei anderem Getreide kann das deutlich weniger sein! In einer Pengschüssel ca. 25 Min. bei 35 °C gehen lassen.

In der Zwischenzeit aus klein geschnitten Pfifferlingen (vorgewaschen) und fein geschnittenen Tomaten eine Gemüsepfanne (12 Min.) herstellen. Mit etwas Salz abschmecken. Die Soßenzutaten (Kartoffeln vorgeschnitten) im kleinen Mixer mit dem hochstehenden Messer zu einer glatten Creme verarbeiten.

Ofen auf 230 °C (Heißluft) vorheizen. Teig in beliebiger Größe mit den Händen auseinanderdrücken, dabei Streumehl zu Hilfe nehmen. Auf ein Lochblech legen, am Rand einen kleinen Wulst bilden. Das Gemüse darauf verteilen, darüber mit einem Löffel die Kartoffelcreme streichen. Stehen lassen, bis der Ofen heiß ist. Einschieben und 25 Min. bei 225 °C backen.

Anmerkung: *War die Hefe zu alt? Auf dem Blech ist der Teig überhaupt nicht mehr gegangen und war kross, fast wie Knäckebrot. Das kann gelegentlich lecker sein, aber zu meinem Belag war das nicht so toll. Den Kartoffelbelag fand ich auch nicht so ganz gut, da ist Stützcreme für meinen Geschmack besser.*

6252. Spitzkohl mit Paprika, August 2014

- 100 g Wasser
- 210 g Kartoffeln, abgebürstet unter fließendem Wasser und in Scheiben geschnitten
- 210 g Spitzkohl netto, in Streifen geschnitten
- 1 kleine orangefarbene Paprikaschote, gewürfelt, 45 g netto
- 70 g weiße gekochte Bohnen
- 5 g Salz
- 5 g Essigpeperoni (7/4573)
- 30 g Wasser
- 15 g Tamari-Gewürzölcreme (6205 o. Ä.)

Aus Wasser, Kartoffeln, Spitzkohl und Paprikaschote eine Gemüsepfanne herstellen: Deckel auflegen, auf höchster Einstellung zum Kochen bringen. Auf eine sehr kleine Einstellung drehen und 15 Min. dünsten, ohne den Deckel abzuheben. Die restlichen Zutaten im kleinen Mixer mixen und unter das Gemüse rühren.

6253. Mangold-Pfanne mit Cremesoße, August 2014

Eigentlich wollte ich das Rezept nicht aufschreiben, aber es war so lecker und cremig und Eric so begeistert. Zum Glück hatte ich einen Teil doch gewogen. 2 Hauptmahlzeiten.

Gemüsepfanne 16 Min.:

- 100 g Wasser
- 500 g Kartoffeln, unter fließendem Wasser gebürstet, in Scheiben
- 2 abgezogenen Knoblauchzehen in Scheiben
- 240 g Mangold, gewaschen, trocken geschleudert, in Streifen

Für die Soße:

- 100 g gekochte weiße Bohnen
- 10 g Zitronenfleisch
- 1 TL Salz
- 1 geh. TL Tamari-Gewürzölcreme (6205 o. Ä.)
- Wasser (ich schätze 40 g)

Im kleinen Mixerverquirlen. Unter das Gemüse rühren, den Becher mit noch etwas Wasser (15 g?) nachspülen, zum Gemüse geben. Einmal kurz aufkochen lassen.

6254. Hirse mit Gemös, August 2014

- 100 g Hirse
- 250 g Wasser
- 40 g Wasser
- 1 TL Möhrenkonzentrat (6180 o. Ö.)
- 150 g Spitzkohl, netto, klein geschnitten
- 125 g rote Paprika, gewürfelt
- 7 g Zitronenfleisch
- 25 g Cashonnenölcreme (6088 o. Ä.)
- 50 g Wasser
- Etwas Salz
- Petersilie

Hirse 3-4 Std. in 250 g Wasser einweichen. Auf höchster Einstellung zum Kochen bringen, 5-10 Min. auf kleinerer Einstellung köcheln lassen. Weitere 10 Min. auf kleinster Stufe quellen lassen.

Aus Wasser, Möhrenkonzentrat, Spitzkohl und Paprika eine Gemüsepfanne herstellen, ich musste mehr als 20 Min köcheln. Zitronenfleisch, Cashonnenölcreme. Salz und 30 g Wasser im kleinen Mixer verquirlen. Gemüse und Soße unter die Hirse mischen. Becher mit 20 g Wasser nachspülen, ebenfalls unterrühren. Auf dem Teller mit etwas Petersilie dekorieren.

6255. Hummuslike Creme VI, August 2014

Jetzt wirklich das Beste :-)

- 40 g Sesam ungeschält
- 45 g Cashewnüsse
- 15 g Zitronenfleisch
- 13 g Knoblauch netto
- 250 g gekochte Kichererbsen
- 1 TL Salz
- Etwas gem. schwarzer Pfeffer
- 125 g Wasser

Alles Zutaten in den Vitamix geben und wirklich gut durchmischen.

Tipp: *Einzige Verbesserungsmöglichkeit: Etwas mehr Wasser, wenn man es etwas cremiger möchte. Ich könnte das Zeug so löffeln.*

6256. Rucola-Petersilien-Dressing fettlos, August 2014

- 200 g Sonnenblumenkerne
- 165 g Apfelessig
- 30 g Salz
- 30 g Tamari (oder Wasser)
- 3 g gem. schwarzer Pfeffer
- 55 g Softaprikosen
- 120 g Rucola, frisch gewaschen, ausgeschüttelt, aber noch ein wenig mit Wasser behaftet
- 20 g Petersilie
- 330 g Wasser

Im Vitamix (1,4-Liter-Becher) laufen lassen, bis es ganz glatt ist (ist dann warm). Wird dann im Kühlschrank noch ein bisschen dickflüssiger. In einem Schraubglas im Kühlschrank aufbewahren.

6257. Gewürzstütze, August 2014

- 50 g Naturreis
- 50 g geröstete & gesalzene Erdnüsse
- 5 cm Vanillestange
- 3 Schoten Kardamom
- 10 Koriandersamen
- 350 g kochendes Wasser

Reis flocken. Alle Zutaten in den Vitamix geben und ca. 4 Min. (1,4-Liter-Becher) auf der Höchststufe bis zum Stocken laufen lassen. Der 0,9-Liter-Becher ist deutlich schneller! Die Gewürze sind sehr dezent.

6258. Gewürzkakao, August 2014

- 115 g Gewürzstütze (6257)
- 13 g Kakaonibs (1 EL)
- 1 entsteinte Dattel Medjool (17 g netto)
- 6 g Ingwer
- 300 g kochendes Wasser

Alle Zutaten 2 Min. auf der Höchststufe im Vitamix mischen.

6259. Erdnuss-Rosinen-Häufchen Variante 2, Aug. 2014

Vorläufer 6242

- 200 g Rotkornweizen
- 50 g Buchweizen
- 2 TL Weinsteinbackpulver
- 1/2 TL gem. Vanille
- 1/2 TL gem. getr. Ingwer
- 150 g Gewürzstütze (6257 o. Ä.)
- 20 g Sonnenblumenöl
- 20 g Mineralwasser
- 130 g Akazienhonig
- 100 g grüne Rosinen
- 100 g gesalzene, geröstete Erdnüsse.

Getreide in der Getreidemühle fein mahlen und mit den anderen trockenen Zutaten verrühren. Stützcreme, Öl, Wasser und Honig hinzufügen, mit dem Handrührgerät (Rührbesen) zu einem glatten Teig verrühren. Rosinen und Erdnüsse unter den Teig ziehen.

Mit einem Teelöffel Häufchen auf ein Backblech (Perfect Clean) setzen. Mit dem nassen Teelöffel etwas flacher drücken. In den auf 160 °C (Heißluft) vorgeheizten Ofen schieben. 30 Min. bei 160 °C backen, mit Wasser einsprühen und 5 Min. bei ausgeschaltetem Ofen nachbacken.

6260. Feige Gewürzstütze, August 2014

- 50 g Naturreis
- 60 g geröstete & gesalzene Erdnüsse
- 6 cm Vanillestange
- 4 Schoten Kardamom
- 1/2 Koriandersamen
- 2 g getr. Orangenschale
- 100 g Feigen (Softfeigen) vorgeschnitten
- 450 g kochendes Wasser

Alle Zutaten in den Vitamix geben und ca. 3 Min. auf der Höchststufe mit Hilfe des Stößels (sonst stockt es zu früh) bis zum Stocken laufen lassen.

6261. Ungedeckter Zwetschgenkuchen V 2, August 2014

Vorläufer: 6254

- 150 g Urmut (Kamut von H. Kleider)
- 250 g Rotkornweizen
- 1 P Weinsteinbackpulver
- 1 Prise Salz
- 1 TL Natron
- 1 gestr. TL Vanille
- 200 g flüssiger Honig
- 105 g Mineralwasser
- 350 g Feige Gewürzstütze (6260)
- 700 g große Zwetschgen netto, halbiert (etwa 800 g brutto)

Getreide fein mahlen, mit gesiebtem Backpulver, Vanille und Natron verrühren. Honig, Wasser und Stützcreme hinzugeben und mit den Rührbesen des Handrührgeräts gut vermischen. Der Teig sollte reißend von den Rührbesen fallen. Den Boden einer Springform mit Backpapier auskleiden, den Teig hineingeben und mit einem immer wieder in Wasser getauchten Teigspatel glatt streichen. Dicht mit Pflaumen belegen, abwechselnd mit der Schnittfläche nach oben oder unten. In den auf 180 °C vorgeheizten Ofen (Heißluft plus) auf den Gitterrost geben und 40 Min. bei 180 °C backen.

Die Form auf ein Gitterrost stellen. Mit einem Messer (Messerrücken nach vorne) vor allem die Pflaumenschicht vom Springformrand lösen. Komplett in der Form erkalten lassen, dann erst den Rand abnehmen.

6262. Flüssigbratlinge, August 2014

- 125 g Mungbohnen
- 180 g Nackthafer
- 125 g Rotkornweizen
- 600 g heißes Wasser
- 90 g Zwiebel (netto)
- 130 g Möhre
- 150 gekochte Kichererbsen
- 50 g Sonnenblumenkerne
- 50 g Feige Gewürzstütze (6260 o. Ä.)
- 2 TL Salz
- 1/2 TL schwarzer gem. Pfeffer
- 10 g Leinsamen
- 45 g Weizen

Mungbohnen, 125 g Hafer und Weizen grob schroten (Stufe 6/9, Hawos Novum). Mit Wasser aufgießen, gut verschließen und 12-14 Std. quellen lassen. Die Zwiebel mit der Möhre (vorgeschnitten) im Zerkleinerer zerkleinern. Leinsamen mit 55 g Hafer und dem Weizen mahlen. Alle Zutaten mit dem Handrührgerät (Knethaken) verkneten. Abgedeckt 30 Min. ruhen lassen. Mit einem Esslöffel Bratlinge auf zwei Backbleche setzen, mit den nassen Händen herausstehende Ecken eindrücken. Den Ofen auf 225 °C vorheizen und 30 Min. backen. Nach ca. 10 Min. drehen.

6263. Champerginen indisch angehaucht, August 2014

- 60 g Wasser
- 145 g Aubergine (netto)
- 200 g Champignons
- 1 TL Salz
- 250 g gekochte Kichererbsen
- 50 g Feige Gewürzstütze
- 20 g Tamari-Gewürzölcreme
- 12 g Essigpeperoni
- 10 g Peperoniessig
- 1 MS Curry (selbstgemacht)
- 35 g Wasser (zuviel)

Wasser, Aubergine (in Scheiben) und halbierte Champignons als Gemüsepfanne 12 Min. dünsten. Kichererbsen unterrühren. Die restlichen Zutaten im kleinen Mixer verquirlen und unterrühren. Auf gewünschte Soßendicke einkochen - für die Pfanne, da 20 cm im Durchmesser, hätten 30 g Wasser gereicht und auch im Mixer wären max. 20 g genug gewesen.

6264. Würziger Kakao, August 2014

Im Vitamix auf höchster Stufe 2-3 Min. mischen:

- 95 g gekochte Kichererbsen
- 2 Kardamomkapseln
- Ca. 10 Koriandersamen
- 6 cm Vanillestange
- 1/4 TL gem. Zimt
- 1 Prise gem. Muskat
- 5 g frischer Ingwer
- 15 g Kakaonibs
- 5 g Cashewnüsse
- 2 getr. Soft-Feigen (35 g)
- 350 g Wasser

Tipps: Reicht für 2 Becher. Feigen süßen nicht stark, wer es also richtig süß möchte, gibt etwas Honig hinzu oder nimmt Datteln.

6265. Kartoffelgemüsepfanne indisch, August 2014

- 40 g Wasser
- eine Tomate (90 g), gewürfelt
- eine kleine Aubergine (140 g netto), in Halb- oder Viertel-scheiben
- 160 g Mangold (netto), in feine Streifen geschnitten; mehr Strunk als Blätter
- eine kleine Scheibe Zitrone (ohne Schale), 8 g
- 20 g Petersilie, fein geschnitten
- 20 g Sonnenblumenöl
- 1 TL Salz
- 1 TL Garam Marsala
- 100 g Wasser
- 250 g heiße Pellkartoffeln (geschält gewogen, in Scheiben)

40 g Wasser, die Tomate, Aubergine und den Mangold in eine 24-cm-Pfanne geben. Als Gemüsepfanne 12 Min. dünsten. Zitronenscheibe vor dem Schneiden mit Petersilie, Öl, Salz, Gewürz und 50 g Wasser im kleinen Mixer mixen. Zu dem Gemüse geben und den Becher mit 50 g Wasser nachspülen. Mit dem Gemüse verrühren. Die Kartoffelscheiben hinzufügen, nochmals gut durchrühren und wenn nötig erhitzen.

6266. Pushbohnen mit Kartoffeln und Zwiebeln, Sep. 2014

2 Hauptmahlzeiten.

Gemüsepfanne 16 Min.:

- 460 g Kartoffeln, unter fließendem Wasser gebürstet in Scheiben
- 1 rote Zwiebel in dünnen Scheiben, geschält, 80 g
- 240 g Buschbohnen, Spitzen abgeschnitten, in 2-3 cm Stücke geschnitten
- 100 g Wasser
- 1 TL Möhrenkonzentrat (6180 o. Ä.)

Für die Soße:

- 75 g gekochte Borlotti-Bohnen
- 13 g Zitronenfleisch
- 1 Prise gem. schwarzer Pfeffer
- 1 TL Salz
- 1 gut geh. Tl Tamari-Gewürzölcreme (30 g; 6205 o. Ä.)
- Wasser (30 g)

im kleinen Mixer verquirlen. Unter das Gemüse rühren, den Becher mit noch etwas Wasser (20 g) nachspülen, zum Gemüse geben. Einmal kurz aufkochen lassen.

6267. Brot ohne Kneten mit Gehhilfe in 2 Stufen (XXVIII) Rotandeln, Sep. 2014

Vorläufer 6230. War für Michael gedacht, aber der hat kurzfristig abgesagt. Daher leider erst am frühen Abend eingefroren.

Stufe 1 (12 Std. vorher):

- 500 g Roggen
- 500 g Wasser
- 150 g Sauerteig

Stufe 2 (Backen, bei mir ein Morgen):

- 1/2 P frische Hefe (20 g)
- 100 g lauwarmes Wasser
- 100 g Roggen
- 200 g Rotkornweizen (Hermann Kleider)
- 2 EL Brotgewürz
- 1 gestr. EL Salz
- 75 g Mandeln geschält
- 1 EL Apfelessig
- 100 g Wasser (je nach Getreide auch weniger)
- 1000 g Sauerteigansatz
- 20 g Butter für die Form

Stufe 1: Roggen fein mahlen, mit Wasser und altem Sauerteig mischen. In einer Plastiktüte ca. 12 Std. stehen lassen. 150 g von der Stufe 1 abnehmen und in einem gut schließenden Schraubglas in den Kühlschrank stellen für das nächste Backen.

Stufe 2: Hefe im Wasser auflösen. Getreide mischen, fein mahlen. Mit Salz, Brotgewürz und Mandeln mischen. Mit Hefewasser und Essig zum Sauerteig geben und mit einem großen Löffel gründlich verrühren, bis kein Mehl mehr sichtbar ist. Wasser zugeben, bis eine geschmeidige Masse erreicht wird. Eine 30-cm-Brotform, Profi-Email von Dr. Oetker, gut einfetten. Teig hineingeben, mit der nassen Hand herunterdrücken und glattstreichen. Mit einem scharfen Messer mehrmals kreuzweise (Rauten) einschneiden. Form mit Gärfolie abdecken und 45 Min. bei 35 °C gehen lassen.

Ofen auf 250 °C (Heißluft) vorheizen, 55 Min. bei 190 °C backen und 5 Min. nachbacken.

6268. Hirse mit Paprichel, September 2014

20 Min., erst aufkochen, dann köcheln:

- 100 g Hirse
- 20 g Rosinen grün
- 160 g Paprika gewürfelt, netto
- 145 g Fenchel gewürfelt, netto
- Etwas Salz
- 300 g Wasser

Im kleinen Mixer verquirlen:

- 15 g geschälte Mandeln
- 1 TL Garam Masala
- 1 gestr. TL Salz
- 1 Knoblauchzehe
- 30 + 20 g Wasser (20 g zum Nachspülen). Unterrühren, aufkochen.

6269. Schlummertrunk, September 2014

Im Vitamix 2 Min:

- 1,5 EL Sonnenblumenkerne
- 1,5 EL grüne Rosinen
- 1 geh. Kichererbsen
- 300 g Wasser

6270. Schokomangopudding, September 2014

Zutaten im Vitamix schlagen, bis es ganz glatt ist. Dabei wird die Masse lauwarm.

- 40 g getr. Mango
- 35 g Cashewnussbruch
- 1 große Dattel, entsteint (ca. 17 g)
- 1 leicht geh. EL Kakaonibs
- 300-350 g Wasser (je nachdem, wie fest oder cremig es werden soll).

6271. Hummuslike Creme VII Perfekt, Sep. 2014

Besser geht nicht. Das ist dann nur noch Tagesstimmung, ob man es vielleicht ein wenig saurer oder knoblauchlastiger möchte. Schmeckt zu Focaccia, Ofen-Pommes à la Daniela (so im Foto) und auch zu Pellkartoffeln. Oder einfach so :-)

- 40 g Sesam ungeschält
- 45 g Cashewnüsse
- 18 g Zitronenfleisch
- 10 g Knoblauch netto
- 250 g gekochte Kichererbsen
- 1 TL Salz
- Etwas gem. schwarzer Pfeffer
- 170 g Wasser

Alle Zutaten in den Vitamix geben und wirklich gut durchmischen.

6272. Kartoffeltorte mit Bohnen, September 2014

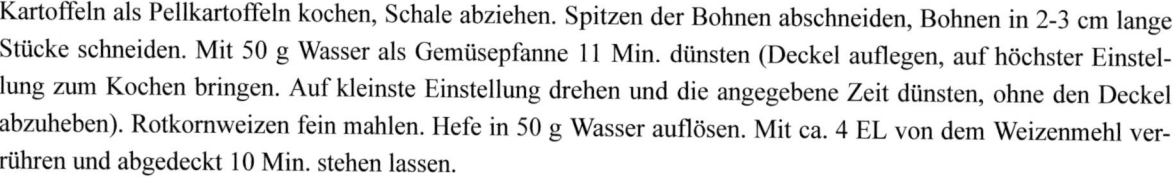

Für 2 Personen. – Ich hielt's für einen Reinfall, Eric rief an und war restlos begeistert, die demolierte Optik sei gar nicht schlimm gewesen, aber es sei sooo lecker! Nun denn :-) Es wäre vermutlich besser, das ganze in einer gut eingefetteten kratzfesten Form zu backen. Ich dachte nur, es geht auch so.

- 600 g Kartoffeln
- 200 g Buschbohnen, netto
- 200 g Rotkornweizen
- 1/4 P frische Bio-Hefe
- 50 g + 50 g + 100 g + 50 g Wasser
- 2-3 TL Salz

Kartoffeln als Pellkartoffeln kochen, Schale abziehen. Spitzen der Bohnen abschneiden, Bohnen in 2-3 cm lange Stücke schneiden. Mit 50 g Wasser als Gemüsepfanne 11 Min. dünsten (Deckel auflegen, auf höchster Einstellung zum Kochen bringen. Auf kleinste Einstellung drehen und die angegebene Zeit dünsten, ohne den Deckel abzuheben). Rotkornweizen fein mahlen. Hefe in 50 g Wasser auflösen. Mit ca. 4 EL von dem Weizenmehl verrühren und abgedeckt 10 Min. stehen lassen.

140 g Kartoffeln mit 100 g Wasser und etwas Salz verquirlen. Zusammen mit dem Hefewasser zu dem Rest Mehl geben und verrühren. Der Teig ist sehr weich. Abgedeckt gehen lassen, bis er „schaumig" ist (15 Min. bei 40 °C). Eine Springform mit Backpapier auslegen. Teig bis auf 1 EL (ca. 40 g) darin mit einem Spatel verstreichen. Dabei einen kleinen Rand hochziehen.

260 g der Kartoffeln in Scheiben schneiden, auf dem Teig verteilen. Darüber die Bohnen streuen. 135 g Kartoffeln + Salz + 50 g Wasser + 40 g Teig im kleinen Mixer verquirlen, über die Bohnen geben. Ofen auf 225 °C vorheizen, Springform einschieben und 25 Min. bei 200 °C backen.

Wer nachbackt, sollte keinen Rand hochziehen, das ist gar nicht nötig, dann bleibt der Springformrand auch sauber. Eventuell könnte auch weniger Wasser im Teig helfen. Der Teig ist im Übrigen sehr schön locker!

6273. Datterige Gewürzstütze, September 2014

- 50 g Naturreis, geflockt
- 60 g Haselnüsse
- 3 cm Vanillestange
- 4 Schoten Kardamom
- 1/2 TL Koriandersamen
- 5 g frische Zitronenschale
- 1/2 TL gem. Zimt
- 1/2 TL gem. Ingwer
- 1 Prise gem. Muskatnuss
- 100 g Datteln (Softdatteln) halbiert
- 500 g kochendes Wasser

Alle Zutaten in den Vitamix geben und ca. 3 Min. auf der Höchststufe mit Hilfe des Stößels (sonst stockt es zu früh) bis zum Stocken laufen lassen. *Auch alleine schon recht lecker.*

6274. Würziger Kakao Variante, Sep. 2014

Im Vitamix auf höchster Stufe 2-3 Min. mischen:
- 60 g Datterige Gewürzstütze (6273)
- 65 g gekochte Kichererbsen
- 5 g frischer Ingwer
- 18 g Kakaonibs
- 2 getr. Soft-Datteln
- 1 TL Honig
- 350 g Wasser

Reicht für 2 Becher.

6275. Ungedeckter Pflaumenkuchen Version 2, September 2014

Vorläufer 6261.

- 150 g Urmut (Kamut von H. Kleider)
- 250 g Rotkornweizen
- 1 P Weinsteinbackpulver
- 1 Prise Salz
- 1 TL Natron
- 1 gestr. TL Vanille
- 200 g flüssiger Honig
- 120 g Mineralwasser
- 340 g Datterige Gewürzstütze (warm waren das 350 g) (6273)
- 700 g große runde Pflaumen netto, halbiert & geviertelt (etwa 800 g brutto)

Getreide fein mahlen, mit gesiebtem Backpulver, Vanille und Natron verrühren. Honig, Wasser und Stützcreme hinzugeben und mit den Rührbesen des Handrührgeräts gut vermischen. Der Teig sollte reißend von den Rührbesen fallen. Den Boden einer Springform mit Backpapier auskleiden, den Teig hineingeben und mit einem immer wieder in Wasser getauchten Teigspatel glatt streichen. Dicht mit Pflaumen belegen, abwechselnd mit der Schnittfläche nach oben oder unten.

In den auf 180 °C vorgeheizten Ofen (Heißluft plus) auf den Gitterrost geben und 40 Min. bei 180 °C backen.

Die Form auf ein Gitterrost stellen. Mit einem Messer (Messerrücken nach vorne) vor allem die Pflaumenschicht vom Springformrand lösen. Komplett in der Form erkalten lassen, dann erst den Rand abnehmen.

6276. Kartoffelpuffer vom Blech, September 2014

Für zwei Personen

- 475 g Kartoffeln brutto
- 125 g rote Zwiebeln brutto
- 15 g Petersilie
- 1 TL Salz
- 1 Prise Pfeffer
- 50 g Datterige Gewürzstütze (6273)
- 50 g Mais

Kartoffeln gründlich unter fließendem Wasser abbürsten, grob vorschneiden. Zwiebeln schälen, je nach Größe vierteln oder achteln. Petersilie grob vorschneiden. Mais in der Mühle fein mahlen. Alle Zutaten außer dem Mais im Thermomix mischen: 10 Sek. auf Stufe 4, 2 Sek. auf Stufe 8. Dann den Mais zugeben und 1,5 Min. kneten.

Den Ofen auf 220 °C vorheizen. Je ca. 2 EL Kartoffelmasse auf ein Backblech (Perfect Clean) setzen und etwas flach drücken. In den Ofen schieben und 15 Min. backen. Mit einem Kunststoffpfannenwender wenden und noch 10 Min. backen. Die Kartoffelpuffer lösten sich sehr schlecht vom Blech. Deshalb denke ich, dass eine Anfangstemperatur von 250 °C besser wäre. Vielleicht sogar das Blech erhitzen und den Teig auf das heiße Blech geben? Lecker waren sie auf jeden Fall!

6277. Paprikagemüse, September 2014

- 50 g Wasser
- 1 TL Möhrenkonzentrat (6180 o. Ä.)
- 3 Tomaten (190 g) klein geschnitten
- 1/2 große gelbe Paprika (140 g netto), gewürfelt
- 95 g rote Zwiebeln (netto), abgezogen & gewürfelt
- 1 gestr. TL Salz
- 1 Prise schwarzer Pfeffer
- 35 g Datterige Gewürzstütze (6273 o. Ä.)

Wasser, Möhrenkonzentrat, Tomaten, Paprika und Zwiebeln 15 Min. als Gemüsepfanne dünsten. Salz, Pfeffer und Stützcreme unterrühren, noch etwas köcheln, damit Flüssigkeit verdampft. Evtl. am Anfang auch nur 20 g Wasser nehmen, da das Gemüse Wasser zieht.

6278. Tomatendip, der Eric schmeckt, September 2014

Im kleinen Mixer, kleiner Becher, verquirlen:

- 120 g gekochte Sojabohnen
- 2 kleine Tomaten (95 g)
- 1 TL Salz
- Etwas gem. schwarzer Pfeffer
- 35 g Tomatenmark
- 1 TL Essig
- 1 Knoblauchzehe (7 g)
- 35 g Wasser

6279. Ofenkartoffeln, September 2014

Nach einem Rezept von Daniela

- Ca. 600-650 g nicht zu große Kartoffeln für 2 Personen
- 1-2 TL Salz
- 5-7 g Öl

Kartoffeln längs halbieren, Schnittfläche mit Salz bestreichen und die Kartoffeln Seite an Seite auf ein Perfect-Clean-Blech legen. Mit dem Öl von außen einpinseln, in den kalten Ofen schieben, Schnellaufheizen auf 220 °C, dann Heißluft plus 220 °C, insgesamt 27 Min. 25 Min. hätten auch gereicht.

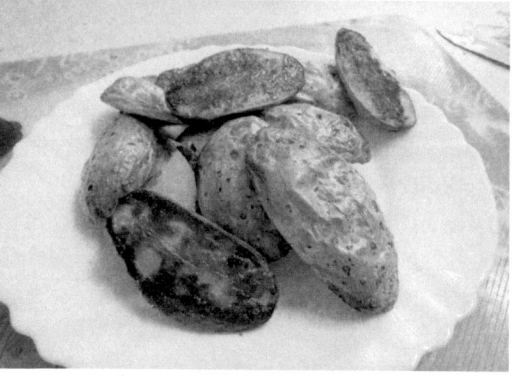

6280. Bohnenpfanne mit Schuss Hokkaido, Sep. 2014

2 Personen

Gemüsepfanne 16 Min.:

- 100 g Wasser
- 400 g Kartoffeln, unter fließendem Wasser gebürstet in Scheiben
- 1 rote Zwiebel in dünnen Scheiben, geschält, 55 g
- 325 g Salatbohnen (flache Bohnen), Spitzen abgeschnitten, in 2-3 cm Stücke geschnitten
- 100 g Hokkaido (netto), in Streifen

Für die Soße:

- 85 g gekochte Borlotti-Bohnen
- 10 g Zitronenfleisch
- 1 Prise gem. schwarzer Pfeffer
- 1 TL Salz
- 1 gute Prise Muskat uns
- Wasser (50 g)

Im kleinen Mixer verquirlen. Unter das Gemüse rühren, den Becher mit noch etwas Wasser (50 g) nachspülen, zum Gemüse geben. Einmal kurz aufkochen lassen.

6281. Hummuslike Creme VIII noch perfekter, Sep. 2014

Vorläufer 6271. Perfekter ist ja eigentlich Quatsch, aber Eric schmeckte es noch besser.

- 40 g Sesam ungeschält
- 45 g Cashewnüsse
- 22 g Zitronenfleisch (hätte ruhig noch mehr sein können)
- 10 g Knoblauch netto
- 250 g gekochte Kichererbsen
- 1 TL Salz
- Etwas schwarzer gem. Pfeffer
- 1 Prise gem. Kreuzkümmel / Cumin und
- 200 g Wasser in den Vitamix geben und gut durchmischen.

6282. Apfelstützer, Sep. 2014

Ist ein bisschen säuerlich, aber nicht so „komisch" wie von Zitronen.

- 50 g Naturreis, geflockt
- 50 g geschälte Mandeln
- 100 g getr. Apfelringe
- 500 g kochendes Wasser

Alle Zutaten in den Vitamix geben und ca. 3 Min. auf der Höchststufe mit Hilfe des Stößels (sonst stockt es zu früh) bis zum Stocken laufen lassen. Auch alleine schon recht lecker.

6283. Berliner Brot I, September 2014

Vorläufer Bd. 1/81 – die Aufgabe bestand für mich darin, 1. den Farinzucker und 2. das Apfelkraut geschmacklich unter-zubringen. Daher geröstete Gerste (für den Malzeffekt) und die Stützcreme mit Apfelringen.

- 100 g Nacktgerste
- 310 g Rotkornweizen
- 1/2 TL Koriandersamen
- 1 Prise Muskatnuss
- 1 gute Prise Salz
- 10 g Zimt
- 30 g Kakaopulver
- 300 g Honig
- 1 P Backpulver
- 215 g Apfelstützer (6282 o. ä. Stützcreme)
- 150 g Mineralwasser
- 200 g ganze Haselnüsse

Gerste ungemahlen gut rösten und abkühlen lassen. Mit dem Rotkornweizen mischen. Den ersten Teil mit den Koriandersamen, dann den Rest fein mahlen (der Rest „reinigt" die Mühle vom Koriander). Mit den trockenen Zutaten vermischen. Apfelstützer und Wasser hinzugeben, mit dem Handrührgerät vermischen. Je nach Getreide-sorte mit dem Wasser erst probieren. Zum Schluss die Haselnüsse vorsichtig unterziehen.

Mit Hilfe eines immer wieder in Wasser getauchten Teigschabers 7-8 mm hoch auf einem Backblech verteilen; das Blech ist nicht ganz voll.

In den kalten Ofen schieben und 40 Min. bei 180 °C (Umluft) backen. Vorsichtig in Stücke schneiden und auf einem Gitterrost auskühlen lassen. *Ist einfach zu zäh.*

6284. Rucola-Petersilien-Dressing, etwas Öl, September 2014

- 25 g geschälte Mandeln
- 75 g Haselnüsse
- 85 g Sonnenblumenkerne
- 30 g Sonnenblumenöl
- 180 g Apfelessig
- 30 g Salz
- 30 g Tamari (oder Wasser)
- 2 g schwarzer Pfeffer
- 20 g getrocknete Apfelringe
- 5 g „Scharfmacher" Gewürz Sonnentor
- 125 g Rucola
- 25 g Petersilienstängel
- 350 g Wasser

Im Vitamix (1,4-Liter-Becher) laufen lassen, bis es ganz glatt ist (ist dann warm). Wird dann im Kühlschrank noch ein bisschen dickflüs-siger. In einem Schraubglas im Kühlschrank aufbewahren.

6285. Kartbohnen aus dem Ofen, September 2014

2 Hauptmahlzeiten.

Kartoffeln:

- 415 g Kartoffeln netto, abgebürstet, in Scheiben
- 275 g flache Bohnen netto, Spitzen abgeschnitten, in 2-3 cm lange Stücke geschnitten
- 1 rote Zwiebel (45 g netto), geschält, in Scheiben

Soße:

- 400 g Wasser
- 1 TL Salz (7 g)
- 85 g Hokkaidokürbis, netto, vorgeschnitten
- 115 Kartoffeln (s. o.)
- 6 g Ingwer, ungeschält
- 10 g Knoblauch geschält
- 13 g Sonnenblumenöl

Die Zutaten für die Kartoffeln in eine ofenfeste Form in der angegebenen Reihenfolge geben. Die Soßenzutaten im Vitamix glatt mixen. Über das Gemüse gießen. Deckel auflegen. In den kalten Ofen auf den Gitterrost stellen und 40 Min. bei 225 °C, dann ohne Deckel noch 20 Min. bei 225 °C backen.

6286. Knuspertasse, September 2014

- 1 EL Nackthafer
- 1 EL Naturreis
- 1 EL Leinsamen
- 1 Banane (90 g netto)
- 75 g Erdbeeren (netto)

Getreide mit dem Leinsamen mischen und flocken. In den großen Becher des kleinen Mixers geben. Banane in Stück schneiden, hinzufügen. Geputzte Erdbeeren gegebenenfalls halbieren oder vierteln, auch in den Becher geben. Mit dem hochstehenden Messer schlagen. In eine Tasse füllen.

Hinweis: *Es ist nicht sehr viel. Durch den Reis angenehm knusprig.*

6287. Sonntagskakao, September 2014

Im Vitamix 3,5 Min. auf der Höchststufe:

- 1 EL Kakaonibs
- 1 EL Cashewnussbruch
- 1 EL Nackthafer
- 1 Stück frischer Ingwer (Größe einer Kleinfingerbeere)
- 1 geh. TL Honig
- ca. 350 g Wasser

Hinweis: *Kann sein, dass ich den Kakao so schon einmal beschrieben habe.*

6288. Hummuslike Creme IX noch perfekter 2, Sep. 2014

Etwas mehr Zitronensaft, minmal weniger Nüsse. Da die Kichererbsen besser durchgekocht waren, war das Ganze noch einen Tacken flüssiger. Aber immer noch sehr lecker. – Vorläufer 6281.

- 40 g Sesam ungeschält
- 40 g Cashewnüsse
- 26 g Zitronenfleisch (hätte ruhig noch mehr sein können)
- 10 g Knoblauch netto
- 250 g gekochte Kichererbsen

- 1 TL Salz
- Etwas gem.
- Pfeffer
- 1 Prise gem. Kreuzkümmel / Cumin
- 200 g Wasser

Alle Zutaten in den Vitamix geben und wirklich gut durchmischen.

6289. Ungedeckter Pflaumenkuchen Version 3, Sep. 2014

Vorläufer 6275

- 105 g Urmut (Kamut von H. Kleider)
- 45 g Weizen
- 250 g Rotkornweizen
- Ca. 10 Koriandersamen
- 1 P Weinsteinbackpulver
- 1 Prise Salz
- 1 TL Natron
- 1 gestr. TL Vanille
- 1 gestr. TL Zimt
- 1 gestr. TL gem. Ingwer
- 215 g flüssiger Honig
- 150 g Mineralwasser
- 350 g Apfelstützer (6282 o. Ä.)
- 700 g große runde Pflaumen netto, halbiert & geviertelt (etwa 800 g brutto)

Getreide fein mahlen, mit gesiebtem Backpulver, Gewürzen und Natron verrühren. Honig, Wasser und Stützcreme hinzugeben und mit den Rührbesen des Handrührgeräts gut vermischen. Der Teig sollte reißend von den Rührbesen fallen. Den Boden einer Springform mit Backpapier auskleiden, den Teig hineingeben und mit einem immer wieder in Wasser getauchten Teigspatel glatt streichen. Dicht mit Pflaumen belegen, abwechselnd mit der Schnittfläche nach oben oder unten.

In den auf 180 °C vorgeheizten Ofen (Heißluft plus) auf den Gitterrost geben und 35 Min. bei 180 °C backen, bei ausgestelltem Ofen 5 Min. nachbacken. Die Form auf ein Gitterrost stellen. Mit einem Messer (Messerrücken nach vorne) vor allem die Pflaumenschicht vom Springformrand lösen. Komplett in der Form erkalten lassen, dann erst den Rand abnehmen.

6290. Kartoffelbrötchen klimagegart, September 2014

- 500 g Rotkorndinkel (Lex)
- 100 + 200 g Wasser
- 1/2 Würfel Biohefe (20 g)
- 65 g Kartoffeln
- 2 TL Salz

Getreide fein mahlen. Hefe in 100 g Wasser auflösen. 200 g Wasser mit Kartoffeln und Salz im Vitamix durchmixen. Alle Zutaten zusammen mit der Hand ca. 10 Min. kneten. Zu einer Kugel unter Spannung formen und in einer Pengschüssel bis zum „Peng" gehen lassen. Das waren hier ca. 45 Min. Kräftig durchkneten und zu einer Rolle formen. Bei mir wog das Teigstück 850 g. Das ergab genau 10 Brötchen zu 85 g. Jeweils 85 g abwiegen, mit Hilfe von Streumehl zu kleinen Kugeln unter Spannung formen und nebeneinander auf ein Lochblech setzen. Mit einer Schere oben einschneiden und mit Wasser einsprühen. Mit Gärfolie abdecken und 25 Min. gehen lassen. Gegen Mitte der Gehzeit habe ich das Klimagaren, manuell 1 Dampfstoß, begonnen. Bei 190 °C habe ich die Brötchen eingeschoben und 20 Min. bei 200 °C gebacken. Da ich keinen Dampfstoß gesehen habe, habe ich selbst nochmals eingesprüht.

Klopfprobe machen, mit Wasser einsprühen und auf einem Kuchengitter auskühlen lassen.

Hinweis: Der erste Test des Klimagarens. Ich bin mir nicht sicher, ob das wirklich funktioniert hat. Aber die Brötchen sind lecker.

6291. Zwiebelknusperzungen, September 2014

2 Personen

Teig:

- 125 g Rotkorndinkel (Lex)
- 125 g Rotkornweizen (Kleider)
- 1 EL Peperoniessig (7/4573)
- 1/2 Würfel Bio-Hefe
- 140 g Wasser
- 1 Prise Salz

Roter Belag:

- 3 St. getr. Tomatenhälften (ca. 15 g)
- 2 EL Tomatenmark (50 g)
- 1 Prise Salz
- 1 gestr. TL Honig (ca. 6 g)
- 100 g Wasser

Gemüsebelag:

- 2 rote Zwiebeln (75 g netto; rote sind milder)
- 1 große Knoblauchzehe
- 1 Tomate (95 g)

Weiße Soße:

- 60 g Cashewnüsse
- 10 g Zitronenfleisch
- 1 gestr. TL Salz
- 1 gute MS gem. Schabziegerklee
- 1 EL Naturreis
- 225 g Wasser

Teig: Getreide mischen und mahlen. Essig hinzugeben. Hefe in 100 g Wasser auflösen. Mit Salz und Restwasser zum Mehl geben und mit der Hand ca. 7-10 Min. kneten. Zu einer Kugel unter Spannung formen und in einer Peng-Schüssel bei 40 °C etwa 30-35 Min. gehen lassen. **Roter Belag:** Alle Zutaten im Vitamix zu einer glatten Creme verarbeiten. **Gemüsebelag:** Zwiebeln und Knoblauchzehe schälen, alles in dünne Scheiben schneiden. Zwiebeln in Ringe aufteilen. **Weiße Soße:** Zitronenfleisch in Stücke schneiden, Reis flocken. Alles zusammen im Vitamix laufen lassen, bis es leicht stockt (ca. 4 Min.) **Fertigstellung:** Teig wiegen und in zwei gleiche Teile teilen (bei mir je 200 g). Jedes Teil nochmals gut durchkneten und mit Hilfe von Streumehl zu zwei Zungen auseinanderdrücken, die nebeneinander auf ein Backblech passen. Nebeneinander auf ein Lochblech legen. Einen kleinen Rand hochziehen. Den roten Belag darauf verteilen, mit Zwiebeln und Knoblauch bestreuen. Die Tomatenscheiben darauf verteilen, sie decken nicht alles ab. Die weiße Soße mit einem Esslöffel darüber gießen, sie deckt nicht alles ab. Backofen auf 225 °C erhitzen. Blech einschieben, 20 Min. bei 225 °C backen.

6292. Mangotraum, September 2014

2 Desserts.

- 2 EL Nackthafer mit
- 1 EL Leinsamen und
- 1 EL Naturreis flocken.
- 1 mittelgroße Banane (ca. 95 g netto) in Stücke schneiden, über die Flocken geben. Im Vitamix
- 40 getr. Mango
- 35 g Cashewnussbruch und
- 275 g Wasser zu einer glatten Creme mischen. Auf die Bana

- 1 frische mittelgroße Mango schälen, das Fleisch vom Kern schneiden und in Würfel schneiden. Über die Creme geben.

6293. Steinpilze mit Ofenkartoffeln, September 2014

Kartoffeln (für 2 Personen):
- 300-350 g Kartoffeln
- 1 TL Salz
- 2 TL Sonnenblumenöl

Steinpilzpfanne (für 1 Person):
- 25 g Wasser
- 1 Tomate (110 g), gewürfelt
- 160 g Steinpilze, klein geschnitten
- 1 kleine Zwiebel, geschält & in dünnen Scheiben (30 g netto)
- 100 g Hummuslike Creme IX Noch perfekter 2 (6288)
- etwas Salz

Kartoffeln quer halbieren, die Schnittflächen mit Salz einreiben. Mit der Steinfläche nebeneinander auf ein PerfectClean-Backblech setzen. Mit Öl bepinseln. In den kalten Backofen schieben. Insgesamt 25 Min. backen: erst den Ofen mit Schnellheizen auf 220 °C bringen, die restliche Zeit mit Heißluft Plus backen. Aus Wasser, Tomate, Pilzen und Zwiebeln eine Gemüsepfanne herstellen (16 Min. dünsten). Creme unterziehen, mit Salz abschmecken und kurz aufkochen lassen. Mit den Kartoffeln servieren.

6294. Casherdölcreme, September 2014

Im Vitamix mit dem Stößel gut verarbeiten, bis es cremig ist. Wird heiß. 1,4-L-Becher:
- 400 g Cashewnussbruch
- 200 g geröstete, gesalzene Erdnüsse
- 50 g Sonnenblumenöl

6295. Bananenkakao II, September 2014

Im Vitamix (1,4-Liter) 3 Min. laufen lassen auf der Höchststufe:
- 30 g Casherdölcreme (6294 o. Ä.)
- 1 Banane (100 g netto)
- 15 g Kakaonibs
- 1 MS gem. Vanille
- 1 Dattel entsteint (18 g)
- 340 g Wasser

6296. Senfkohl (Endiviensalat) in Senfsoße, Sep. 2014

2 Hauptmahlzeiten.
- 60 g Wasser
- 1 TL Möhrenkonzentrat (6180) und
- 350 g Pak Choi (= Salat! Gewaschen, ausgewrungen, in Streifen) als Gemüsepfanne 10 Min.

Für die Soße im kleinen Mixer mischen:
- 1 TL Salz
- 1 MS gem. schwarzer Pfeffer
- 25 g mittelscharfer Senf
- 10 g Zitronenfleisch
- 3 g Honig
- 50 g Cashewnussmus (1 EL Öl auf 400 g Cashewnussbruch)
- 10 g Weizenmehl und
- 50 g Wasser. Unter das Gemüse rühren und kurz aufkochen.

Ich habe für 2 Personen 520 g Pellkartoffeln dazu serviert (je nach Größe im Schnellkochtopf, Stufe II, 10-12 Min; meine Kartoffeln waren mittelgroß, da waren 12 Min. gerade richtig). Richtig große Kartoffeln brauchen länger. – Am nächsten Tag habe ich bemerkt, dass dies gar kein Pak Choi war, sondern Salat. Lecker.

6297. Berliner Brot II, September 2014

Muss ein paar Tage vorher geplant werden.

- 100 g Nacktgerste
- 170 g Rotkorndinkel (oder Dinkel)
- 180 g Rotkornweizen (oder Weizen)
- 50 g Roggen
- 1/2 TL Koriandersamen
- 1/2 TL Anissamen
- 1 Prise Muskatnuss
- 1 gute Prise Salz
- 12 g Zimt
- 35 g Kakaopulver
- 1 P Backpulver
- 1 TL Natron
- 350 g Honig
- 60 g Casherdölcreme (6294 o. Ä.)
- 280 g Apfelstützer (6297 o. ä. Stützcreme)
- 170 g Mineralwasser
- 200 g ganze Haselnüsse

Gerste zum Keimen ansetzen, bis mehrere Keime aus einem Korn kommen, ca. 0,5 cm lang. Abspülen und auf einem Backblech ausbreiten. Bei 60-80 °C etwa 3 Std. trocknen. Das kann je nach Ofen anders sein. Abkühlen lassen. In einer trockenen Pfanne auf relativ hoher Einstellung braun rösten. Wer es etwas süßlicher mag, röstet bei niedrigerer Temperatur. In zwei Portionen im kleinen Mixer (oder einem anderen Gerät) fein mahlen.

Restliches Getreide mit den Samen mischen und fein mahlen. Die restlichen trockenen Zutaten in einer kleinen Schüssel vermischen und durch ein Sieb zum Mehl geben. Honig, Creme, Apfelstützer und Wasser hinzugeben. Gerste ungemahlen gut rösten und abkühlen lassen. Mit dem Rotkornweizen mischen. Den ersten Teil mit den Koriandersamen, dann den Rest fein mahlen (der Rest „reinigt" die Mühle vom Koriander). Mit den trockenen Zutaten vermischen. Apfelstützer und Wasser hinzugeben, mit dem Handrührgerät vermischen. Je nach Getreidesorte, mit dem Wasser erst probieren. Zum Schluss die Haselnüsse vorsichtig unterziehen.

Mit Hilfe eines immer wieder in Wasser getauchten Teigschabers 7-8 mm hoch auf einem Backblech verteilen; das Blech ist nicht ganz voll. In den kalten Ofen schieben und 35 Min. bei 180 °C (Umluft) backen. Vorsichtig in Stücke schneiden und auf einem Gitterrost auskühlen lassen. Ich habe den Teig leider nicht sofort vom Blech nehmen können, vielleicht lag es daran, dass er stark bröselt.

Schmeckt aber und ist nicht so „lederartig".

6298. Apfelstützer II, September 2014

- 120 g getr. Apfelringe
- 255 g kochendes Wasser
- 300 g gekochte Kichererbsen

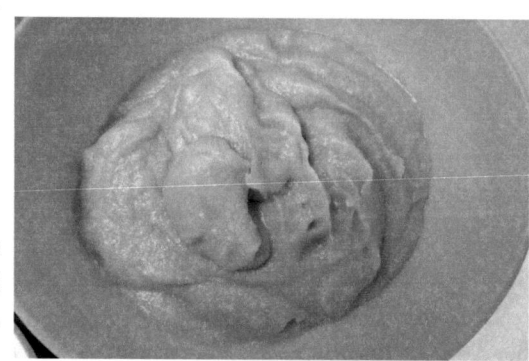

Apfelringe mit dem Wasser übergießen und ca. 1 Std. stehen lassen. Mit den Kichererbsen in den Vitamix geben und gründlich mit Hilfe des Stößels zu einer glatten Creme verarbeiten.

6299. Faule Brötchen, September 2014

- 50 g Roggen
- 100 g Weizen
- 350 g Rotkornweizen
- 2 gestr. TL Salz
- 1 Päckchen Trockenhefe (9 g)
- 320 g Wasser

Getreide zusammen fein mahlen, mit Salz und Trockenhefe mischen. Wasser hinzugeben und erst mit dem Mehl verrühren, dann kurz mit der Hand durchkneten, bis keine Mehlnester mehr sichtbar sind. In eine Pengschüssel geben und 12 Std. in den Kühlschrank geben.

Nach dem Aufstehen morgens aus dem Kühlschrank nehmen und die Tagesroutine absolvieren, das sind bei mir ca. 1,5 Std. Teig auf einer bemehlten Fläche zu einer Stange formen und in 10 etwa gleichgroße Teile schneiden. Mit Hilfe von Streumehl kleine Stangen formen und nebeneinander auf ein Lochblech setzen. Ofen im Modus Klimagaren mit 1 manuellen Dampfstoß auf 220 °C vorheizen. Brötchen einschieben, Temperatur auf 200 °C stellen und nach 2 Min. den Dampfstoß auslösen. Insgesamt 20 Min. bei 200 °C backen. Auf ein Gitterrost geben, mit Wasser einsprühen.

6300. Apfel-Pflaumenkuchen, September 2014

- 100 g Mais (Lex)
- 300 g Rotkornweizen (oder Weizen)
- 1 gute Prise Salz
- 1 P Weinsteinbackpulver
- 1 TL Natron
- 1 gestr. TL Vanille
- 1 gestr. TL Zimt
- 1 gestr. TL gem. Ingwer
- 340 g Apfelstützer II (warm 350 g) (6298 o. Ä.)
- 200 g cremiger Honig
- 50 g Casherdölcreme (6294 o. Ä.)
- 50 g Wasser
- 175 g Mineralwasser
- Ca. 400 g große runde Pflaumen netto, halbiert (brutto)
- 1 größerer Apfel (180-200 g)

Getreide fein mahlen, mit gesiebtem Backpulver, Gewürzen und Natron verrühren. Wasser mit Casherdölcreme im kleinen Mixer verquirlen, damit sich das nicht als Klumpen im Teig festsetzt. Honig, Cashewwasser, Mineralwasser und Stützcreme hinzugeben und mit den Rührbesen des Handrührgeräts gut vermischen. Der Teig sollte leicht reißend von den Rührbesen fallen. Den Boden einer Springform mit Backpapier auskleiden, den Teig hineingeben und mit einem immer wieder in Wasser getauchten Teigspatel glatt streichen.

Eine Hälfte dicht mit Pflaumenhälften belegen, abwechselnd mit der Schnittfläche nach oben oder unten. Den Apfel vierteln, jedes Viertel in Scheiben schneiden und die Viertelscheiben dachziegelartig auf die zweite Teig-hälfte geben. In den auf 180 °C vorgeheizten Ofen (Heißluft plus) auf den Gitterrost geben und 35 Min. bei 180 °C und 15 Min. bei 160 °C backen.

Die Form auf ein Gitterrost stellen. Mit einem Messer (Messerrücken nach vorne) vor allem die Pflaumenschicht vom Springformrand lösen. Komplett in der Form erkalten lassen, dann erst den Rand abnehmen.

6301. Pak Choi in Tomatensoße, September 2014

Als Gemüsepfanne 15 Min. dünsten:
- 50 g Wasser
- 300 g Pak Choi in Streifen geschnitten
- 2 Tomaten (140 g) gewürfelt
- 1 Zwiebel (75 g netto), gewürfelt

Für die Soße im kleinen Mixer vermixen:
- 10 Essigpeperoni (7/4573)
- 10 g Peperoniessig
- 20 g Tomatenmark
- 1 TL Salz
- 1 MS schwarzer Pfeffer
- 1 MS Paprika edelsüß
- 75 g Wasser

Unter das Gemüse rühren und aufkochen. Parallel Nudeln kochen:
- 100 g Maroni-Dinkelnudeln (o. Ä.)

6302. Endivie in Tomatensoße, September 2014

2 Hauptmahlzeiten.

Als Gemüsepfanne, 12 Min.:

- 50 g Wasser
- 1 TL Möhrenkonzentrat (6180 o. Ä.)
- 340 g fester Endiviensalat (in Streifen)
- 1 Tomate (110 g) in Würfeln
- 1 Knoblauchzehe, abgezogen, in Scheiben

Für die Soße im kleinen Mixer mixen:

- 1 TL Salz
- 1 MS schwarzer gem. Pfeffer
- 1 MS Paprika edelsüß
- 30 g Tomatenmark
- 75 g gekochte Sojabohnen
- 6 g Honig
- 10 g Peperoniessig (7/7543)
- 4 g Essigpeperoni
- 20 g Cashewnussmus (1 EL Öl auf 400 g Cashewnussbruch)
- 50 g Wasser

Unter das Gemüse rühren und kurz aufkochen.

Hinweis: *Ich für 2 Personen 520 g Pellkartoffeln dazu serviert (je nach Größe im Schnellkochtopf, Stufe II, 10-12 Min; meine Kartoffeln waren mittelgroß, da waren 12 Min. gerade richtig). Richtig große Kartoffeln brauchen länger.*

6303. Pak Choi in Erdnusssoße, September 2014

Zwei Hauptmahlzeiten.

Als Gemüsepfanne 16 Min.

- 100 g Wasser
- 455 g Kartoffeln, gewaschen, in Scheiben
- 295 g Pak Choi
- 25 g grüne Rosinen
- 1 Knoblauchzehe, abzogen in Scheiben

Soße (im kleinen Mixer):

- 40 g Erdnüsse
- 85 g Sojabohnen gekocht
- 5 g Essigpeperoni
- 10 g Peperoniessig
- 20 g Honig
- 1 TL Salz
- 1/4 TL Paprika edelsüß
- 50 g Wasser, zum Nachspülen des Bechers nochmal ca.
- 40 g Wasser. Unterrühren, kurz aufkochen.

6304. Dattelreis-Stützcreme III, September 2014

Es ist eine halbe Menge. Recht flüssig.

- 50 g Dattelwürfel (demeterhof Schwab)
- 150 g Wasser
- 25 g Naturreis
- 25 g geschälte Mandeln
- 100 g Wasser
- 3 cm Vanillestange

Dattelwürfel in 150 g heißem Wasser (heiß aus der Leitung) ca. 2-3 Std. einweichen. Mit den restlichen Zutaten im Vitamix bis zum Stocken auf der Höchststufe mixen. Es stockt nur leicht, da es relativ flüssig ist.

6305. Pak Choi scharf mit Nudeln, September 2014

Als Gemüsepfanne 15-16 Min. dünsten:

- 60 g Wasser
- 15 g Möhrenkonzentrat (6180 oder Gemüsebrühkonzentrat)
- 300 Pak Choi, kleingeschnitten
- 10 g Knoblauch in Scheiben, netto

Für die Soße im kleinen Mixer mischen:

- 15 g Zitronenfleisch
- 1 gestr. TL Curry
- 1 gestr. TL Garam Masala
- 1/2 TL Salz
- 10 g Dattelwürfel (Demeterhof Schwab)
- 10 g geschälte Mandeln
- 60 g Nudelkochwasser
- 7 g Essigpeperoni (7/4573)
- 10 g Honig

Unter das Gemüse rühren und kurz aufkochen. Die Soße wird dünnflüssig. Wer es fester möchte, nimmt weniger Wasser. Für die Nudeln fand ich die Soße gut.

Nudeln:

- 100 g Maroni-Dinkel-Nudeln (aus Mehl, Biohof Lex)
- 1 TL Salz
- Wasser

Hinweis: Laut Anweisung Kochzeit 7 Min., ich habe 9 Min. gebraucht.

6306. Brot ohne Kneten, Gehhilfe, 2 St. (XXIX) programmiert, September 2014

Vorläufer: 6267. – Das Experiment an diesem Brot war, dass ich es habe backen lassen, während ich spazieren ging.

Stufe 1 (12 Std. vorher):

- 500 g Roggen
- 520 g Wasser
- 150 g Sauerteig

Stufe 2 (Backen, bei mir ein Morgen):

- 1/2 P frische Hefe
- 150 g lauwarmes Wasser
- 75 g Roggen
- 100 g Nackthafer
- 125 g Rotkornweizen
- 1 TL Brotgewürz
- 1 gestr. EL Salz
- 1 EL Apfelessig
- 25 g brauner Leinsamen (2 gestr. EL)
- 1000 g Sauerteigansatz
- ca. 20 g Butter für die Form

Stufe 1: Roggen fein mahlen, mit Wasser und altem Sauerteig mischen. In einer Plastiktüte ca. 12 Std. stehen lassen. 150 g von der Stufe 1 abnehmen und in einem gut schließenden Schraubglas in den Kühlschrank stellen für das nächste Backen.

Stufe 2: Hefe im Wasser auflösen. Roggen, Hafer und Weizen fein mahlen und mit Salz und Leinsamen mischen. Mit Hefewasser und Apfelessig zum Sauerteig geben und mit einem großen Löffel gründlich verrühren, bis kein Mehl mehr sichtbar ist. Eine 30-cm-Brotform, Profi-Email von Dr. Oetker, gut einfetten. Teig hineingeben, mit der nassen Hand herunterdrücken und glatt streichen. Mit einem scharfen Messer einschneiden. Form in eine große Plastiktüte geben und 45 Min. gehen lassen. Ofen auf 225 °C (Heißluft) vorheizen (etwa 10 Min.), programmieren: 50 Min, 190 °C und backen.

6307. Apfel-Pflaumenkuchen halbhoch, September 2014

Vorläufer 6300.

- 50 g Nackthafer
- 150 g Dinkel
- 1 gute Prise Salz
- 2 TL Weinsteinbackpulver
- 1 knapper TL Natron
- 1/2 gestr. TL Vanille
- 1/2 gestr. TL Zimt
- 1/2 gestr. TL gem. Ingwer
- 170 g Dattelreis-Stützcreme III (6304 o. ä. Stützcreme)
- 100 g cremiger Honig
- 15 g Sonnenblumenöl
- g Mineralwasser
- Ca. 400 g große runde Pflaumen netto, halbiert (brutto)
- 2 mittelgroße Äpfel (180-200 g)

Getreide fein mahlen, mit gesiebtem Backpulver, Gewürzen und Natron verrühren. Stützcreme, Honig, Öl und Wasser hinzugeben und mit den Rührbesen des Handrührgeräts gut vermischen. Der Teig ist recht flüssig. Den Boden einer Springform mit Backpapier auskleiden, den Teig hineingeben und glatt streichen.

Eine Hälfte dicht mit Pflaumenhälften belegen, abwechselnd mit der Schnittfläche nach oben oder unten. Den Apfel vierteln, jedes Viertel von der Außenseite in Scheiben schneiden, die aber unten noch zusammenhängen und die Viertel mit der ungeschälten Fläche nebeneinander auf die zweite Teighälfte geben.

In den auf 180 °C vorgeheizten Ofen (Heißluft plus) auf den Gitterrost geben und 45 Min. bei 180 °C backen. Die Form auf ein Gitterrost stellen. Mit einem Messer (Messerrücken nach vorne) vor allem die Pflaumenschicht vom Springformrand lösen. Komplett in der Form erkalten lassen, dann erst den Rand abnehmen.

6308. Ofenkartoffel mit Kohlrabi-Möhrengemüse in Erdnusssoße, September 2014

2 Hauptmahlzeiten

Ofenkartoffeln:
- 600-700 g kleinere Kartoffeln
- 1 gestr. TL Salz
- 1 EL Sonnenblumenöl (wird nicht ganz verbraucht).

Gemüse:
- 50 g Wasser
- 1 TL Möhrenkonzentrat (6180 oder Gemüsebrühextrakt)
- 275 g Kohlrabi (netto; 1 mittlere Kohlrabi)
- 95 g Möhre (netto, 1 mittelgroße)

Soße:
- 75 g Dattelreis-Stützcreme III (6304 o. Ä.)
- 5 g Essigpeperoni (7/4573)
- 10 g Peperoniessig
- 30 g Erdnüsse, geröstet & gesalzen
- 30 g Wasser
- 1 gestr. TL Salz
- 1/4 TL Paprika edelsüß

Kartoffeln waschen, bürsten und längs durchschneiden. Mit dem Finger Salz auf die Schnittflächen streichen und mit der Schnittfläche nach unten nebeneinander auf ein PerfectClean-Blech legen. Öl auf den Teller mit dem Salz geben und ganz dünn auf die Kartoffel oben streichen. In den kalten Ofen schieben und 25 Min. bei 220 °C backen. *Gemüse:* Zubereiten, wenn die Kartoffeln im Ofen sind. Kohlrabi schälen, in feine Streifen schneiden. Möhre in Scheiben schneiden. Alles in einer Pfanne 15 Min. als Gemüsepfanne dünsten. Für die *Soße* alles im kleinen Mixer sehr gut mixen. Unter das Gemüse rühren und einmal kurz aufkochen. Gibt nicht viel Soße, aber für Ofenkartoffel finde ich das besser so.

6309. Dressing ohne Frisch, September 2014

Im Vitamix:

- 125 g Sonnenblumenkerne
- 125 g Apfelessig
- 20 g Salz
- 1/2 TL gem. Pfeffer
- 20 g Tamari
- 30 g Senf
- 30 g Honig
- 20 g Gartenpesto sauer (6235 o. Ä.)
- 125 g Wasser

6310. Ofen-Hokkaido, September 2014

- 285 g Kürbis netto
- ca. 1 TL Salz
- 1-2 TL Sonnenblumenöl.

In Spalten schneiden. Mit einer Mischung aus Salz und etwas Öl sehr dünn bestreichen, mit der anderen Seite auf ein PerfektClean-Blech legen. 20-25 Min. bei 220 °C

6311. Hokkaido normal, Oktober 2014

2 Hauptmahlzeiten.

Als Gemüsepfanne 16 Min.:

- 100 g Wasser
- 470 g Kartoffeln, Scheiben
- 1 Zwiebel (70 g netto), Scheiben
- 2 Knoblauchzehen
- 370 g Hokkaido, in Spalten/Würfel

Für die Soße im kleinen Mixer:

- 85 g gekochte weiße Bohnen
- 1 TL Salz
- 1/4 TL schwarzer Pfeffer
- 1/2 TL Paprika edelsüß
- 10 g Rosmarinessig (6191 oder Apfelessig)
- 20 g Cashewnüsse
- 100 g Wasser (40 g davon zum Nachspülen)

Unterrühren, kurz aufkochen.

6312. Weißkohl mit Steinpilzen, Oktober 2014

- 25 g getr. Steinpilze
- 150 g kochendes Wasser
- 170 g Kartoffeln, in Würfeln
- (100 g Einweichwasser)
- 210 g Weißkohl
- 1 TL Pilzsalz (Geschenk; o. Ä.)
- 1 gestr. TL Garam Masala
- 10 g Peperoniessig (7/4573)
- 50 g gek. Borlottibohnen (o. Ä.)
- 30 + 30 g Wasser

Pilze in dem Wasser 1-2 Std. quellen lassen. Aus Kartoffeln, 100 g Einweichwasser, kleingeschnittenem Weißkohl eine Gemüsepfanne zubereiten (16 Min.). Die restlichen Zutaten, aber nur mit 30 g Wasser im kleinen Mixer verschlagen. In die Pfanne geben, Becher mit 30 g Wasser nachspülen. Kurz aufkochen.

Hinweis: *Irgendwie passten die Sachen nicht optimal zusammen. Nur Kartoffeln mit Weißkohl wäre leckerer gewesen. Mit dem Pilzsalz kann ich mich nicht anfreunden, obwohl es so lieb gemeint war.*

6313. Haferbrot vom Pizzastein, Oktober 2014

Angelehnt an ein Rezept aus dem Begleitbüchlein des Miele-Pizzasteins.

- 100 g Wasser
- 1/2 Würfel Bio-Hefe (20 g)
- 100 g Nackthafer
- 400 g Rotkornweizen (o. Ä.)
- 2 TL Salz
- 150 g + 10 g Wasser
- 2 EL Rosmarinessig (6191 o. Ä.)

Hefe in 100 g Wasser auflösen. Getreide mischen und fein mahlen, mit dem Salz mischen. Hefewasser, Mehl, Salz, 150 g Wasser und Essig im Thermomix auf der Knetstufe 2 Min. kneten. Mit der Hand noch 10 g Wasser unterkneten. Zu einer Kugel unter Spannung formen und in einer Pengdose 45 Min. gehen lassen.

In den letzten 15 Min. den Pizzastein in den Ofen geben, 45 Min. auf 280 °C Ober-/Unterhitze vorheizen.

Teig gut durchkneten, zu einem länglichen Leib formen. 3 Mal schräg einschneiden, mit Wasser einsprühen und unter Gärfolie 30 Min. gehen lassen. Genug Mehl auf den Teigschieber geben, Brot auflegen und auf den Stein gleiten lassen. Ofen auf 230 °C einstellen und 25 Min. backen lassen. Ofen ausstellen und Brot noch 10 Min. auf dem Stein nachbacken lassen.

Hinweis: *Nicht schlecht. Geht super. Reißt mir zu stark auf, was auch am Teig liegen könnte. Ist aber jetzt keine „Offenbarung".*

6314. Dattelreismais-Stützcreme, Oktober 2014

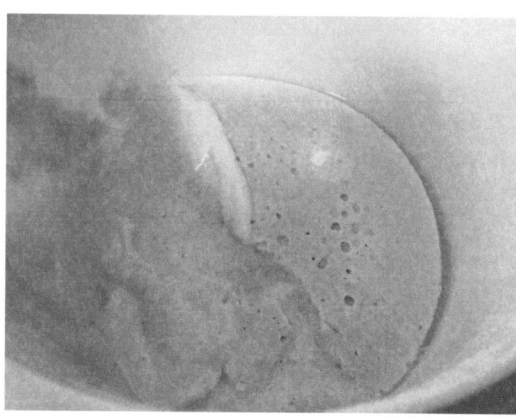

- 37 g Naturreis
- 20 g Mais
- 50 g Dattelwürfel (demeterhof Schwab)
- 50 g geschälte Mandeln
- 4 cm Vanillestange
- 1 Prise Salz
- 500 g Wasser

Zutaten im Vitamix bis zum Stocken auf der Höchststufe mixen. Es stockt nur leicht, da es relativ flüssig ist. Es hat auch recht lange gedauert, deutlich mehr als 4 Min. 30 Sek. Nach dem Abkühlen eine schöne glatte Creme.

6315. Apfel-Pflaumenkuchen halbhoch II, Oktober 2014

Vorläufer: 6307

- 50 g Nackthafer
- 150 g Weizen
- 1 gute Prise Salz
- 2 TL Weinsteinbackpulver
- 1 knapper TL Natron
- 1/2 gestr. TL Vanille
- 1/2 gestr. TL gem. Ingwer
- 170 g Dattelreismais-Stützcreme (6314 o. Ä.)
- 100 g cremiger Honig
- 10 g Sonnenblumenöl
- 110 g Mineralwasser
- Ca. 400 g sehr große runde Pflaumen netto, geviertelt und eingeschnitten (brutto)
- 2 mittelgroße Äpfel (180-200 g), geviertelt und eingeschnitten

Anordnung wie auf dem Foto. Backzeit 45 Min., sonst wie Vorläufer.

6316. Kartoffel-Kohlrabi-Auflauf mit Zwiebeln, Oktober 2014

In eine ofenfeste Form geben:

- 290 g Kartoffeln, unter fließendem Wasser abgebürstet, in Scheiben (netto)
- 150 g Zwiebel, geschält & gewürfelt (netto)
- 175 g Kohlrabi, in feinen Streifen (netto)

Im Vitamix gründlich verquirlen:

- 65 g Dattelreismais-Stützcreme (6314 o. Ä.)
- 1 gestr. TL Salz
- 1/2 TL Korianderkörner
- 1 MS schwarzer Pfeffer
- 25 g Senf
- 30 g Sonnenblumenkerne
- 300 g Wasser. Über das Gemüse gießen, Becher mit
- 50 g Wasser nachspülen, ebenfalls zum Gemüse geben.

In den auf 180 °C vorgeheizten Ofen geben und 45-50 Min. backen.

6317. Dressing ohne Frisch V2, Oktober 2014

Im Vitamix:

- 150 g Wasser
- 150 g Apfelessig
- 150 g Sonnenblumenkerne
- 20 g Salz
- 1/2 TL gem. Pfeffer
- 20 g Tamari
- 45 g Senf
- 55 g Honig
- 55 g Gartenpesto sauer (6235 o. Ä.)

6318. Doppelkartoffel mit Weißkohl, Oktober 2014

2 Hauptmahlzeiten.

Als Gemüsepfanne 16 Min. dünsten:

- 105 g Wasser
- 325 g Kartoffeln netto (unter Wasser abgebürstet, in Scheiben)
- 230 g Weißkohl in feinen Streifen, netto
- 160 g Süßkartoffel, ungeschält, gewürfelt, netto

Für die Soße im kleinen Mixer verquirlen:

- 20 g Cashewnüsse
- 10 g Nackthafer
- 1 TL Salz
- 1/4 TL gem. schwarzer Pfeffer
- 1 EL Apfelessig
- 1 gestr. TL Honig
- 50 bis 150 g Wasser

Mit 50 g Wasser anfangen. Die Wassermenge richtet sich danach, wie viel von dem ursprünglichen Wasser verkocht ist. Bei mir war das ganz weg, daher habe ich zweimal Wasser nachgefüllt, daher die „bis 150 g".

Hinweis: *Der Kohl und die beiden Kartoffeln harmonieren phantastisch.*

6319. Currypfanne, Oktober 2014

2 Hauptmahlzeiten.

Als Gemüsepfanne 16 Min. dünsten:

- 100 g Wasser
- 390 g Kartoffeln, gebürstet unter fließendem Wasser, in Scheiben
- 90 g Süßkartoffel, gewürfelt
- 220 g Möhren in Scheiben
- 95 g Weißkohl, in feinen Streifchen

Für die Soße (kleiner Mixer):

- 30 g Cashewnussbruch
- 10 g Nackthafer (beides mahlen), dann mit
- 1/2 TL Curry (z. B. selbstgemacht)
- 1 TL Salz
- 1 Medjool Dattel (23 g)
- 10 g Rosmarinessig
- 100-200 g Wasser mixen, unterziehen, aufkochen.

6320. Haferbrot vom Blech, Oktober 2014

- 100 g Wasser
- 1/2 Würfel Bio-Hefe (20 g)
- 100 g Nackthafer
- 400 g Rotkornweizen
- 2 TL Salz
- 150 g + 10 g Wasser
- 2 EL Apfelessig

Hefe in 100 g Wasser auflösen. Getreide mischen und fein mahlen, mit dem Salz mischen. Hefewasser, Mehl, Salz, 150 g Wasser und Essig im Thermomix auf der Knetstufe 2,5 Min. kneten. Mit der Hand noch 10 g Wasser unterkneten. Zu einer

Kugel unter Spannung formen und in einer Pengdose 45 Min. bei 35 °C (Ofen) gehen lassen.

Teig gut durchkneten, zu einem länglichen Laib formen. 3 Mal schräg einschneiden, mit Wasser einsprühen und unter Gärfolie 30 Min. gehen lassen. Ofen in den letzten Min. mit dem Lochblech für Klimagaren (Wasserdampf) auf 250 °C vorheizen. Genug Mehl auf den Teigschieber geben, Brot auflegen und auf das Backblech gleiten lassen.

Ofen auf 200 °C einstellen und 35 Min. backen lassen. Ofen ausstellen und Brot noch 10 Min. nachbacken lassen.

Hinweis: *Geht gleichmäßiger auf als das Brot auf dem Pizzastein und schmeckt mehr nach Brot (Zitat Eric); ich: weniger „teigig".*

6321. Hokkaido-Püree mit Austernpilzen, Oktober 2014

Als Gemüsepfanne (alles netto) 18 Min.

50 g Wasser

- 265 g Kürbis in Spalten
- 1 TL Möhrenextrakt (6180); Kürbisse im Vitamix mit
- 30 g Cashewnüssen gemahlen
- 10 g Nackthafer gemahlen
- 1 gestr. TL Salz
- 1 Prise schwarzer Pfeffer

Als Gemüsepfanne 12 Min.:

- 5 g Kokosöl
- 25 g Wasser
- 200 g Austernpilze; mit
- Salz und
- Pfeffer abschmecken

6322. Kürbis auf Hafer, Oktober 2014

- 125 g Nackthafer schroten (Stufe 5/9, Hawos Novum)
- 100 g Kichererbsen mit
- 1 gestr. TL Salz
- 1 MS gem. schwarzer Pfeffer
- 20 g Cashewnüssen und
- 50 g Wasser mixen, zum Hafer geben, Becher mit
- 25 g Wasser nachspülen und ebenfalls zum Hafer geben. Alle Zutaten gut verrühren und in einer Pizzaform (Perfect-Clean, daher nicht eingefettet) ausstreichen, etwa 7-8 mm dick, d. h. eine 28 cm-Form ist nicht voll ausgefüllt. Mit Spalten von
- 170 g Hokkaidokürbis (netto) belegen, mit einer Mischung aus
- Paprika edelsüß 1/2 TL und
- Salz 1/2 TL bestreuen, zum Rest auf dem Teller
- 1 EL Öl geben, verrühren und die Spalten damit bestreichen.

In den auf 220 °C vorgeheizten Ofen geben und 20-25 Min. bei 210 °C backen.

6323. Kürbis auf Hafer Nr. 2, Oktober 2014

2 Hauptspeisen. Vorläufer 6322.

Teig:

- 125 g Nackthafer schroten (Stufe 5/9, Hawos Novum)
- 40 g Brot (in diesem Fall ein Hefebrot) mit
- 1 gestr. TL Salz
- 1 MS schwarzer gem.Pfeffer
- 20 g Sonnenblumenkernen und
- 200 g Wasser mixen (bei mir: Vitamix), zum Hafer geben. Alle Zutaten gut verrühren und in einer 28-cm Pizzaform (PerfectClean, daher nicht eingefettet) ausstreichen. Mit Spalten von
- 400 g Hokkaidokürbis belegen, die Lücken mit
- 2 Knoblauchzehen, abzogen, in Scheiben, füllen. Belegen mit einer Mischung (Vitamix) aus
- 40 g Cashewnussbruch
- Salz 1/2 TL
- 35 g Kürbis
- 10 g Apfelessig
- 100 g bestreichen. In den auf 220 °C vorgeheizten Ofen geben und 25-30 Min. bei 210 °C backen.

6324. Ofenkartoffeln mit Schicht, Oktober 2014

2 Hauptmahlzeiten.

- ca. 500 g Kartoffeln
- 1 TL Salz
- 1/2 TL Paprika edelsüß
- 1/2 TL flüssiger Honig
- 1 EL Öl

Kartoffeln waschen, der Länge nach durchschneiden. Die Schnittfläche mit Salz bestreichen und Kartoffeln mit der Schnittfläche nebeneinander in eine 28-cm-Pizzaform (Perfect Clean) setzen. Den Rest Salz mit Paprika, Honig und Öl verrühren und mit einem Pinsel auf die runde Seite der Kartoffeln auftragen.

In den kalten Ofen schieben, auf 220 °C (Heißluft Plus) stellen und 25 Min. backen.

6325. Monsterflorentiner, Oktober 2014

Teig:

- 200 g Nackthafer, grob geschrotet (Stufe 5-6/9)
- 1 Prise Salz
- 1 gestr. TL Natron
- 1/2 TL gem. Vanille
- 1 gestr. TL Spekulatiusgewürz (Brecht) (optional)
- 100 g Dattelstücke
- 100 g Wasser
- 25 g Hirse
- 150 g Wasser

Belag:

- 100 g Haselnüsse
- 100 g Honig
- 60 g Hirsecreme o. ä. Stützcreme
- Hafer mit Salz, Natron und Spekulatiusgewürz mischen. Dattelstücke mit 100 g Wasser im Vitamix glatt schlagen. Masse zum Hafer geben, einen großzügigen Rest im Vitamix lassen (wer keinen Vitamix hat, müsste die Datteln evtl. einweichen; dann geht natürlich nicht alles so fix).
- 60 g Hirse und 150 g Wasser in den Vitamix füllen und bis zum Stocken laufen lassen (bzw. im Topf aufkochen).

Ca. 100 g dieser Masse zum Hafer geben und alles gut mit einem Löffel verrühren. In eine 28-cm-Pizzaform geben, mit einem nassen Spatel gleichmäßig verteilen. Wer keine Perfect-Clean-Form hat, muss einfetten. Haselnüsse grob hacken (z. B. im Zerkleinerer), mit Honig und 85 g der Hirsemasse verrühren. Mit einem Löffel auf dem Teig verteilen. In den auf 220 °C vorgeheizten Ofen schieben. 15 Min. bei 200 °C und 10 Min. bei 160 °C backen.

Hinweis: Geht superschnell, innerhalb von einer Std. maximal fix und fertig und auch warm sehr lecker! Ich schätze mal, dass die 2,5-fache Menge für ein Backblech ausreicht. Langsamer ist das auch nicht. So reicht es für 4-5 hungrige Personen.

6326. Einkorn-Weizenbrot vom Blech, Oktober 2014

- 100 g Wasser
- 1/2 Würfel Bio-Hefe (20 g)
- 100 g Einkorn
- 400 g Weizen
- 2 TL Salz
- 2 TL Brotgewürz
- 2 EL Apfelessig
- 150 g + 25 g Wasser

Hefe in 100 g Wasser auflösen. Getreide mischen und fein mahlen, mit Salz und Brotgewürz mischen. Hefewasser, Mehl, 150 g Wasser und Essig im Thermomix auf der Knetstufe 2,5 Min. kneten. Mit der Hand noch 25 g Wasser unterkneten. Zu einer Kugel unter Spannung formen und in einer Pengdose 40-45 Min. bei 35 °C (Ofen) gehen lassen. Teig gut durchkneten, zu einem länglichen Leib formen. 3 Mal schräg einschneiden, mit Wasser einsprühen und unter Gärfolie 30 Min. gehen lassen. Ofen in den letzten 15 Min. mit dem Lochblech für Klimagaren (Wasserdampf) auf 250 °C vorheizen. Brot auf das Backblech legen.

Ofen auf 200 °C einstellen und 35 Min. backen lassen. Ofen ausstellen und Brot noch 10 Min. nachbacken lassen. Den ersten Dampfstoß nach dem Einschieben, den zweiten nach 30 Min. Backzeit abgeben.

6327. Hokkaido und Erdnuss, Oktober 2014

2 Hauptmahlzeiten.

Gemüsepfanne:

- 110 g Wasser
- 430 g Kartoffeln netto
- 260 g Kürbis netto
- 140 g Weißkohl

Soße:

- 40 g Erdnüsse gesalzen & geröstet
- 1 TL Salz
- 1/2 TL Paprika edelsüß
- 13 g Zitronenfleisch
- 25 g Tomatenmark
- 100 + 50 g Wasser (die 50 g zum Nachspülen; alles im kleinen Mixer)

6328. Datteldressing, Oktober 2014

Im Vitamix länger laufen lassen, wird warm - die Datteln sind sonst nicht fein genug:

- 150 g Sonnenblumenkerne
- 100 g gehackte Datteln (Schwab)
- 155 g Apfelessig
- 155 g Wasser
- 20 g Senf
- 20 g Tamari
- 20 g Salz
- 5 g Gewürz „Scharfmacher" o. Ä.

6329. Spinat mit Hokkaido auf Kartoffeln, Oktober 2014

2 Hauptmahlzeiten.

Als Gemüsepfanne 16 Min. dünsten:

- 100 g Wasser
- 390 g Kartoffeln, unter fließendem Wasser abgebürstet, in Scheiben
- 210 g Hokkaido in Streifen, ungeschält
- 220 g Spinat (gewaschen gewogen, kurz ausgeschwenkt)

Im Vitamix mischen:

- 90 g Datteldressing
- 1 TL Salz
- 120 g Wasser

Unterrühren, kurz aufkochen.

6330. Korianderbrötchen, Oktober 2014

10 Stück zu je ca. 84-87 g (Teiglinge)

- 100 g Wasser
- 1/2 Würfel Biohefe (20 g)
- 230 g Rotkornweizen
- 270 g Weizen
- 1 gestr. TL Koriandersamen (mit dem ersten Teil des Getreides)
- 2 getr. TL Salz
- 50 g Sonnenblumenkerne
- 200 g Wasser (die letzten 20 g per Hand eingearbeitet)

Im Thermomix kneten, dann mit der Hand. 45 Min. bei 35 °C gehen lassen, 10 Brötchen zu je ca. 85 g formen, gehen lassen. Der Rest hat nicht ganz geklappt. Es sollte sein Klimagaren bei 200 °C, 25 Min. *Foto mit Konfitüre auf den Hälften.*

6331. Zitronenhaferkekse à la FoK, Oktober 2014

http://www.forksoverknives.com/recipes/chewy-lemon-oatmeal-cookies/. Meine Version:

- 200 g Dattelstücke
- 100 g Wasser
- 100 g gekochte Sojabohnen
- 1 EL Apfelessig
- 100 g Nackthafer zum Flocken
- 150 g Nackthafer zum feinen Mahlen (Stufe 2/9, Hawos Novum)
- 75 g Walnüsse, gehackt (Zerkleinerer)
- 2 TL Kakaopulver (5-6 g)
- 1 gestr. TL gem. Vanille
- 1 gestr. TL Natron
- 1 Prise Meersalz
- 50 g Zitronenfleisch
- 50 g Wasser

Dattelstücke mit Wasser, Sojabohnen und Essig zu einer glatten Paste mixen. Das geht im Vitamix recht einfach. Ansonsten, wie im Original beschrieben, die Datteln einweichen und mit einem Mixer alles mixen.

Geflockten Hafer, Hafermehl, Walnüsse, Kakao, Vanille, Natron und Salz miteinander verrühren. Paste aus dem Vitamix hinzufügen. Zitronenfleisch klein schneiden, mit 50 g Wasser in den Vitamix geben und gut mixen. Zum Hafer geben und mit einem Löffel gründlich verrühren. Zwischen den feuchten Händen Kugeln etwas größer als Walnüsse formen und leicht flach drücken. Eng nebeneinander auf ein Backblech (Perfect Clean, sonst mit Backpapier auslegen) setzen und in den auf 135 °C vorgeheizten Backofen schieben. 35-45 Min. backen.

Tipp: Da ich Zest fälschlich als Zitronenfleisch verstanden hatte, schmecken die Kekse nicht so arg nach Zitrone. Es müsste Schale sein. Aber die Schale von zwei Zitronen finde ich persönlich ziemlich heftig.

6332. Zuckerhut mit Spinat in Senfsoße, Oktober 2014

Kartoffeln:

- 250-270 g Kartoffeln brutto
- Salz

Kartoffeln gut unter fließendem Wasser abbürsten, längs halbieren. Schnittfläche mit Salz einreichen, mit der Schnittfläche nach unten auf ein PerfectClean Blech setzen. 25 Min. bei 220 °C backen.

Gemüse:

- 50 g Wasser
- 215 g Zuckerhut in Streifen
- 100 g Spinat, gewaschen, ausgewrungen, in Streifen geschnitten in eine Pfanne geben und 12 Min. als Gemüsepfanne dünsten. Für die Soße im kleinen Mixer:
- 20 g Senf
- 40 g gek. Sojabohnen
- 1 gestr. TL Salz
- 1 Stück Essigpeperoni (5 g) (7/4573)
- 10 g Honig
- 10 g Peperoniessig und
- 30 g Wasser verquirlen. Unter das Gemüse rühren, mit
- 20 g Wasser nachspülen und auch zum Gemüse geben.

Hinweis: Der Zuckerhut behält die Bitterkeit auch nach dem Kochen. Entsprechend sollte man würzen. Mit meiner Soße war's lecker. Zufall :-)

6333. Neutrale Maisstützcreme III, Oktober 2014

- 50 g Mais
- 25 g Sonnenblumenkerne
- 350 g Wasser

Alle Zutaten im Vitamix bis zum Stocken schlagen (ca. 4 Min.). Es ist grauer, wenn man alles auf einmal zubereitet.

Hinweis: Diesmal habe ich den Mais nicht vorgemahlen. Irgendwie erinnere ich mich, dass die anderen Cremes besser schmeckten.

6334. Aniskakao, Oktober 2014

- 70 g Neutrale Maisstützcreme III (6333 o. Ä.)
- 5 g Kakaonibs
- 10 g Cashewnüsse
- 1 Sternanis
- 3 cm Vanillestange
- 1 entsteinte weiche Dattel (25 g netto)
- 5 g frischer Ingwer
- 10 g Nackthafer
- 380 g Wasser

4 Min. im Vitamix auf höchster Stufe.

6335. Kartoffellebkuchen, Oktober 2014

Nach einem Rezept aus dem Internet; die Seite gibt es nicht mehr.

- 250 g Haselnüsse
- 250 g Dinkel
- 1 P Backpulver
- 1 Prise Salz
- 260 g Kartoffeln in Schale kochen, leicht abkühlen lassen und Schale abziehen = 235 g netto
- 105 g gekochte Sojabohnen
- 1 Prise Salz
- 130 g Neutrale Maisstützcreme III (6333 o. Ä.)
- 300 g Honig
- 45 g Sonnenblumenöl
- 1 P Lebkuchengewürz (5 g)
- 1 TL Zimt
- 75 g Wasser
- 100 g Orangeat (z. B. 6460)

Haselnüsse im Thermomix mahlen, nicht ganz fein. Umfüllen.

Kartoffel (vorgeschnitten), Sojabohnen, Salz, Stützcreme Honig und Öl im Thermomix zu einer glatten Creme mixen. Dinkel fein mahlen, mit Backpulver, Gewürzen und Salz mischen. Die Kartoffelcreme hinzugeben. Wasser darüber gießen und mit dem Handrührgerät zu einem schweren Rührteig verarbeiten. Orangeat unterziehen. Alles auf einem Backblech ausstreichen (Perfect Clean) und in den auf 180 °C vorgeheizten Ofen schieben. 45 Min. backen, bis die Lebkuchen durchgebacken sind (Stäbchenprobe).

Hinweis: Lösen sich extrem schlecht vom Blech. Sind innen immer noch nicht richtig gar, außen trocken. Geschmack ist okay, das ist aber auch alles.

6336. Bratlinge mit Hokkaido, Oktober 2014

- 125 g Mungbohnen
- 125 g Nackthafer
- 350 g kochendes Wasser
- 40 g Zwiebel (netto)
- 150 g Hokkaido (ohne Kerne)
- 2 TL Salz
- 120 g Neutrale Maisstützcreme III (6333 o. Ä.)
- 1/2 TL schwarzer gem. Pfeffer
- 20 g Leinsamen
- 45 g Sonnenblumenkerne

Mungbohnen und Hafer grob schroten (Stufe 4 von 9, Hawos Novum). Mit kochendem Wasser aufgießen, ca. 3 Std. quellen lassen. Die Zwiebel fein würfeln, den Hokkaido im Zerkleinerer zerkleinern. Alle Zutaten mit den Knethaken verkneten. Etwa 16 Bratlinge daraus formen, auf ein Backblech (Perfect Clean) legen. Den Ofen auf 225 °C (Umluft) vorheizen. 30 Min. backen. Nach 10 Min drehen.

6337. Kartoffelsalat klein, Oktober 2014

- 75 g Neutrale Maisstützcreme III (6333 o. Ä.)
- 1 TL Salz
- 15 g Senf mittelscharf
- 15 g Zitronenfleisch
- 45 g Wasser
- 400 g Pellkartoffeln * (450 g brutto)
- 40 g Zwiebeln

* Für die Pellkartoffeln: ca. 450 g Kartoffeln im Schnellkochtopf mit 250 g Wasser 11 Min. garen. Schälen, wenn sie lauwarm sind.

Stützcreme, Salz, Senf, Zitronenfleisch und Wasser im kleinen Mixer verquirlen. Pellkartoffeln in Scheiben schneiden, Zwiebeln würfeln. Unter die Soße heben und zugedeckt im Kühlschrank mindestens 1 Std. ziehen lassen. Dank des großen Senfanteils ging die Farbe einigermaßen, trotz der leicht grau-beigen Stützcreme.

6338. Brot ohne Kneten Gehhilfe in 2 St. (XXX), Okt. 2014

Vorläufer 6306.

Stufe 1 (12 Std. vorher):

- 500 g Roggen
- 520 g Wasser
- 150 g Sauerteig

Stufe 2 (Backen, bei mir ein Morgen):

- 1 P Trockenhefe
- 100 g Roggen
- 200 g Weizen
- 1 gestr. EL Salz
- 75 g Sesam, ungeschält
- 2 EL Apfelessig
- 160 g lauwarmes Wasser
- 1000 g Sauerteigansatz
- Ca. 20 g Butter für die Form

Stufe 1: siehe 6306.

Stufe 2: Getreide mischen und fein mahlen. Mit Salz, Trockenhefe und Sesam mischen. Mit Wasser und Apfelessig zum Sauerteig geben und mit einem großen Löffel gründlich verrühren, bis kein Mehl mehr sichtbar ist. Eine 30-cm-Brotform, Profi-Email von Dr. Oetker, gut einfetten. Teig hineingeben, mit der nassen Hand herunterdrücken und glatt streichen. Mit einem scharfen Messer einschneiden. Backen wie in 6306.

6339. Lebkuchen nicht roh, Oktober 2014

Das Rezept ist angelehnt an ein Rohkost-Rezept (von der Seite https://nordischroh.com/; *der exakte Link funktioniert nicht mehr* [Okt. 2024]), das mir eine Leserin empfahl. Sie hatte sie in Rohkost hergestellt und mir Probeexemplare geschickt. Lecker. Da ich kein Dörrgerät mehr habe und auch Erdmandeln nicht mag, habe ich eine „Normal"-Version daraus gemacht:

Für den Lebkuchen:
- 250 g Datteln
- 250 g Feigen
- 400 g kochendes Wasser
- 250 g Weizen, gemahlen
- 150 g Mandeln, gemahlen mit
- 5 g getr. Orangenschale
- 1 P Weinsteinbackpulver
- 1 TL Natron
- 1 Prise Salz
- 1 TL Ingwer, gerieben und getrocknet
- 1 P Lebkuchengewürz von Brecht (5 g)
- 1 geh. TL Zimt

Für die Glasur:
- 40 g Kakaobutter
- 40 g Kokosöl
- 85 g Honig
- 25 g Kakao
- 1 geh. TL Lebkuchengewürz

Datteln halbieren. Von den Feigen die Stiele abschneiden. Beides in einer Pengdose mit dem kochenden Wasser übergießen und ca. 3 Std. gut verschlossen stehen lassen. Wasser abgießen - eignet sich hervorragend zum Auffüllen auf einen Kakao. Die Fruchtmasse im Vitamix oder einem anderen Mixer homogen mischen.

Weizen in der Getreidemühle, Mandeln mit der Orangenschale im kleinen Mixer fein mahlen. Gewürze und Salz hinzugeben und trocken gut verrühren. Fruchtgemisch hinzugeben und mit den Knethaken eines Handrührgeräts gut vermischen. Etwa 8 bis 10 mm hohe Lebkuchen formen, leicht flachdrücken. Es gibt 20 Stück, die bei mir genau auf ein Backblech passten. Ofen auf 200 °C erhitzen, die Lebkuchen einschieben. Auf 160 °C stellen und 10 Min. backen, dann weitere 30 Min. (20 wäre besser) bei 140 °C backen.

Für die Glasur Kakaobutter, Kokosöl und Honig sanft bei niedriger Temperatur schmelzen (max. 40 Grad). Mit einem Induktionsherd ist das einfach. Anschließend mit Kakaopulver und Lebkuchengewürz gut vermengen (kleiner Schneebesen). Lebkuchen auf der Oberseite bestreichen, in den Kühlschrank stellen. Wiederholen. Beim dritten Mal die Unterseiten bestreichen, und auf die jetzt feste Oberseite legen.

6340. Pastinaken mit Kartoffeln, Oktober 2014

2 Hauptmahlzeiten.

Gemüsepfanne 16 Min.:
- 120 g Wasser
- 380 g Kartoffeln in Scheiben
- 450 g Pastinaken in Scheiben

Soße:
- 100 g Kichererbsen
- 1 geh. TL Salz
- 10 g Zitronenfleisch
- 20 g Sonnenblumenkerne
- 140 g Wasser (je nach Rest in Gemüsepfanne weniger!)

Soße in das Gemüse einrühren.

6341. Zwiebelpizza vom Pizzastein, Oktober 2014

Teig:
- 200 g Weizen
- 50 g Einkorn (o. Ä.)
- 1 EL Rosmarinessig
- 1/2 Würfel Bio-Hefe
- 130 g Wasser
- 1 EL Sonnenblumenöl
- 1 gestr. TL Salz

Roter Belag:
- 2 EL Tomatenmark (50 g)
- 1 Prise Salz
- 1 Prise schw. gem. Pfeffer
- 1 gestr. TL Honig (ca. 6 g)
- 75 g Wasser

Gemüse:
- 85 g Zwiebel netto
- 1 große Knoblauchzehe
- 1 Tomate (110 g)
- 1 TL Pizzagewürz

Weiße Soße:
- 60 g Cashewnüsse
- 10 g Zitronenfleisch
- 1 gestr. TL Salz
- 1 MS gem. Schabzie-gerklee
- 25 g Hirse
- 200 g Wasser

Teig: Getreide mischen und mahlen. Essig hinzugeben. Hefe in 100 g Wasser auflösen. Mit Salz, Restwasser und Öl zum Mehl geben und mit der Hand ca. 7-10 Min. kneten. Jetzt den Pizzastein in den Ofen geben: 40 Min./280 °C, Ober- und Unterhitze. Teig zu einer Kugel unter Spannung formen und in einer Peng-Schüssel etwa 30-35 Min. gehen lassen. **Roter Belag:** Alle Zutaten im kleinen Mixer zu einer glatten Creme verarbeiten. **Gemüse:** Zwiebeln und Knoblauchzehe schälen, alle drei in dünne Scheiben schneiden. Zwiebeln in Ringe aufteilen. **Weiße Soße:** Alles zusammen im Vitamix laufen lassen, bis es leicht stockt (ca. 4 Min.)

Fertigstellung: Pizzastein 40 Min. auf Ober-/Unterhitze 280 °C vorheizen. Teig nochmals gut durchkneten und mit Hilfe von etwas Streumehl in Größe des Pizzasteins ausrollen. Teigschieber gut mit feinem Dinkelschrot bestreuen. Teig darauf geben, einen Rand bilden und ggf. nochmals „vergrößern". Den roten Belag darauf verteilen, Pizzagewürz darüber streuen, mit Zwiebeln und Knoblauch bestreuen. Die Tomatenscheiben darauf verteilen, sie decken nicht alles ab. Die weiße Soße mit einem Esslöffel darüber gießen, auch sie deckt nicht alles ab. Teig einschieben, Temperatur auf 250 °C stellen und 10 Min. backen. Ofen ausstellen und 5 Min. nachbacken.

Tipp: *Sowohl von der Tomaten- als auch der weißen Soße hatte ich über, da ich den Teig ja nicht so breit ausrollen konnte. Ich habe es zusammengegossen, gibt es morgen Abend vielleicht zu Kartoffeln.*

6342. Brot ohne Kneten mit Gehhilfe in 2 Stufen (XXXI) Trockenhefe, Oktober 2014

Für M. und G. :-); Vorläufer 6338
Stufe 1 (12 Std. vorher): s. 6338.
Stufe 2 (Backen, bei mir ein Morgen):
- 1 P Trockenhefe (9 g)
- 100 g Roggen
- 200 g Weizen
- 1 gestr. EL Salz
- 1 geh. EL Brotgewürz
- 75 g Leinsamen
- 2 EL Apfelessig
- ca. 60 g lauwarmes Wasser
- 1000 g Sauerteigansatz
- Ca. 20 g Butter für die Form

Stufe 1: Siehe 6338.

Stufe 2: Getreide mischen und fein mahlen. Mit Salz, Trockenhefe und Leinsamen mischen. Mit Wasser und Apfelessig zum Sauerteig geben und mit einem großen Löffel gründlich verrühren, bis kein Mehl mehr sichtbar ist. Eine 30-cm-Brotform, Profi-Email von Dr. Oetker, gut einfetten. Teig hineingeben, mit der nassen Hand herunterdrücken und glatt streichen. Mit einem scharfen Messer einschneiden.

Form in eine große Plastiktüte geben und 90 Min. bei 35 °C gehen lassen. Ofen auf 250 °C (Heißluft) vorheizen (etwa 10 Min.), klimagaren 50 Min, 190 °C und dann im abgeschalteten Ofen 10 Min. nachbacken lassen.

6343. Haferkartoffelecken mit Hokkaido, Oktober 2014

Ecken:

- 125 g Hafer schroten (Stufe 5/9, Hawos Novum)
- 200 g Kartoffeln, vorbereitet, im Speedy zerkleinern
- 100 g Sojabohnen mit
- 1 gestr. TL Salz
- 1 MS schwarzer gem. Pfeffer
- 30 g Sonnenblumenkernen und
- 50 g Wasser mixen, zum Hafer geben, Becher mit
- 20 g Wasser nachspülen und ebenfalls zum Hafer geben.

Alle Zutaten gut verrühren und in einer Pizzaform (Perfect-Clean, daher nicht eingefettet; 28 cm) ausstreichen, etwa 7-8 mm dick. In den kalten Backofen schieben und 25 Min. bei 220 °C backen (hätten ruhig noch ein paar Min. mehr sein können).

Hokkaido:

- 50 g Wasser
- 375 g Hokkaido in Stücken
- 1 Knoblauchzehe als Gemüsepfanne 12 Min. dünsten; für die Soße im Magic
- 1 TL Salz
- 1 TL Senf
- 50 g Sojabohnen
- 100 g Wasser vermischen, unterrühren, Becher mit
- 25 g Wasser nachspülen, ebenfalls unterrühren.

Die „Haferplatte" aus der Form nehmen, in Ecken schneiden und mit dem Gemüse servieren.

6344. Zitronenhaferkekse à la FoK V2, Oktober 2014

Vorläufer: 6331

- 200 g Datteln
- 100 g Wasser
- 100 g gekochte Sojabohnen
- 1 EL Apfelessig
- Schale von 2 Zitronen (5 g)
- 1/2 geschälte Zitrone, ohne Kerne, ohne Schale
- 100 g Nackthafer zum Flocken
- 150 g Nackthafer zum feinen Mahlen (Stufe 2/9, Hawos Novum)
- 75 g Walnüsse, gehackt (Zerkleinerer)
- 2 TL Kakaopulver (5-6 g)
- 1 TL gem. Vanille
- 1 gestr. TL Natron
- 1 Prise Meersalz

Datteln halbieren und in 100 g Wasser über Nacht einweichen. Sojabohnen, Zitronenschale, 1/2 Zitrone und Essig zu einer glatten Paste mixen. Das geht im Vitamix recht einfach.

Geflockten Hafer, Hafermehl, Walnüsse, Kakao, Vanille, Natron und Salz mit einander verrühren. Paste aus dem Vitamix hinzufügen. Zitronenfleisch klein schneiden, mit 50 g Wasser in den Vitamix geben und gut mixen. Zum Hafer geben und mit einem Löffel gründlich verrühren. Zwischen den feuchten Händen Kugeln etwas größer als Walnüsse formen und leicht flach drücken. Eng nebeneinander auf ein Backblech (Perfect Clean, sonst mit Backpapier auslegen) setzen und in den auf 135 °C vorgeheizten Backofen schieben. 45 Min. backen

Hinweis: *Sie schmecken jetzt deutlich zitroniger! Die geschälten Zitronen entkernen und mit Wasser zu Zitronenschaum verarbeiten.*

6345. Lebkuchen nicht roh V2, Oktober 2014

Für die Lebkuchen:

- 250 g Datteln
- 250 g Feigen
- 400 g Wasser
- 200 g Weizen, gemahlen
- 200 g gem. Mandeln, mit
- 2 g getr. Orangenschale
- 1 P Weinsteinbackpulver
- 1 TL Natron
- 1 Prise Salz
- 1 geh. getr. TL Ingwer
- 10 g Lebkuchengewürz
- 1 geh. TL Zimt

Für die Glasur:

- 40 g Kakaobutter
- 30 g Kokosöl
- 85 g Honig
- 25 g Kakao (schwach entöl)
- 1 geh. TL Lebkuchengewürz

Datteln halbieren. Von den Feigen die Stiele abschneiden. Beides in einer Pengdose mit dem Wasser übergießen und über Nacht gut verschlossen stehen lassen. Wasser abgießen - eignet sich hervorragend zum Auffüllen auf einen Kakao (eher für 2). Die Fruchtmasse im Vitamix oder einem anderen Mixer homogen mischen.

Weizen in der Getreidemühle, Mandeln mit der Orangenschale im Thermomix fein mahlen. Die Gewürze und Salz hinzugeben und trocken gut verrühren. Das Fruchtgemisch hinzugeben und mit den Knethaken eines Handrührgeräts gut vermischen. Mit Hilfe eines Esslöffels und den Händen etwa 8 bis 10 mm hohe Lebkuchen formen, leicht flachdrücken. Es gibt 20 Stück, die bei mir genau auf ein Backblech passten.

Ofen auf 200 °C erhitzen, die Lebkuchen einschieben. Auf 160 °C stellen und 10 Min. backen, dann weitere 25 Min. bei 140 °C backen.

Für die Glasur Kakaobutter, Kokosöl und Honig bei niedriger Temperatur schmelzen (max. 40 °C). Anschließend mit Kakaopulver und Lebkuchengewürz gut vermengen (kleiner Schneebesen). Lebkuchen auf der Unterseite bestreichen, nebeneinander in Portionen auf ein Brettchen stellen und in den Kühlschrank setzen. Wichtig ist, die Brettchen Stück für Stück in den Kühlschrank zu tun, dann können die ersten schon kühlen, während man die nächsten bestreicht. Wenn die Schokolade einigermaßen fest ist, das erste Brettchen aus dem Kühlschrank nehmen. Lebkuchen herunternehmen, Brettchen mit Haushaltsfolie bespannen. Lebkuchen nun auf der Oberseite dick mit Schokolade bestreichen und mit der Unterseite auf die Folie setzen. In den Kühlschrank stellen. So fortfahren, bis alle Lebkuchen beidseitig bestrichen sind. Die Schokolade reichte bei mir exakt für alle Lebkuchen.

Tipp: Ich hatte den Fehler gemacht, die Lebkuchen auf ein großes Brett zu setzen, dadurch waren die ersten nicht eher „kalt". Beim nächsten Mal würde ich die Lebkuchen erst im Kühlschrank abkühlen, bevor ich die Schokolade auftrage. So wird die Schokolade ein bisschen schneller hart, als wünschenswert ist.

6346. Bohnenlebkuchen, Oktober 2014

Vorläufer: 6335.

- 150 g Haselnüsse
- 45 g Walnüsse
- 55 g Pekannüsse
- 250 g Dinkel
- 1 Päckchen Backpulver
- 1 Prise Salz
- 300 g gekochte Sojabohnen
- 1 Prise Salz

- 300 g Honig
- 50 g Sonnenblumenöl
- 1 P Lebkuchengewürz Brecht (5 g)
- 1 TL Zimt
- 75 g Wasser
- 100 g Orangeat z. B. 6460)

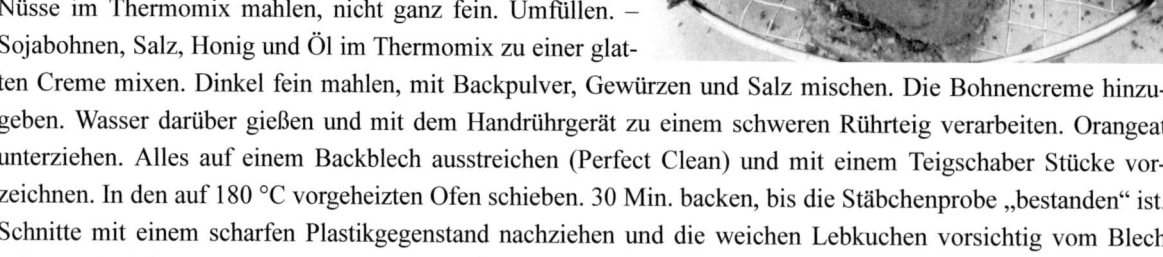

Nüsse im Thermomix mahlen, nicht ganz fein. Umfüllen. – Sojabohnen, Salz, Honig und Öl im Thermomix zu einer glatten Creme mixen. Dinkel fein mahlen, mit Backpulver, Gewürzen und Salz mischen. Die Bohnencreme hinzugeben. Wasser darüber gießen und mit dem Handrührgerät zu einem schweren Rührteig verarbeiten. Orangeat unterziehen. Alles auf einem Backblech ausstreichen (Perfect Clean) und mit einem Teigschaber Stücke vorzeichnen. In den auf 180 °C vorgeheizten Ofen schieben. 30 Min. backen, bis die Stäbchenprobe „bestanden" ist. Schnitte mit einem scharfen Plastikgegenstand nachziehen und die weichen Lebkuchen vorsichtig vom Blech nehmen. Auf einem Kuchenrost auskühlen lassen.

6347. Einweich-Kakao, Oktober 2014

- 85 g einer 1:1 Feigen-Dattelmischung, über Nacht eingeweicht und püriert (hier: Rest im Vitamix)
- 15 g Cashewnüsse (3 TL)
- 13 g Ingwer
- 8 g Kakaonibs (2 TL)
- 4 g Kakaopulver (1 TL)
- 20 g Nackthafer
- ca. 320 g Wasser

Im Vitamix 4,5 Min. auf der Höchststufe laufen lassen.

6348. Hokkaido mit Schnellkochtopfreis, Oktober 2014

2 Hauptspeisen

Reis:
- 200 g Reis
- 500 g Wasser (1:2,5)

Hokkaido:
- 75 g Wasser
- 330 g Kürbis klein geschnitten
- 70 g Zwiebel fein gewürfelt

Soße:
- 25 g Tomatenmark
- 1 TL Salz
- 1/4 TL schwarzer Pfeffer
- 1 Essigpeperoni (ca. 4 g) (7/4573)
- 10 g Zitronenschaum
- 30 g Cashewnüsse
- 100 g Wasser, nachspülen
- 50 g Wasser

Reis: Im Schnellkochtopf auf Stufe II 9 Min. kochen und dann langsam abdampfen lassen. War noch zu viel Wasser drin und etwas zu körnig! Also musste ich offen kochen lassen. Das nächste Mal würde ich 11 Min. versuchen. *Gemüse*: Gemüsepfanne 12 Min. *Soße*: Im kleinen Becher eines kleinen Mixers verquirlen.

6349. Trockenfruchtsüßes Dressing, Oktober 2014

Im Vitamix:
- 150 g Apfelessig
- 150 g Sonnenblumenkerne
- 110 g Einweichsaft von 250 g Datteln + 250 g Feigen + 400 g Wasser
- 75 g Wasser
- 30 g Tamari
- 20 g Salz
- 1/2 TL Pfeffer
- 50 g Gartenpesto sauer (6235 o. Ä.)

6350. Hokkaido-Porree-Gemüse, Oktober 2014

Mit Pellkartoffeln; für zwei Personen
- ca. 480-500 g Kartoffeln im Schnellkochtopf garen.

Gemüse, als Gemüsepfanne (15 Min.):
- 100 g Apfelsaft
- 125 g Porreeringe
- 205 g Hokkaidostücke

Für die Soße im kleinen Mixer mixen:
- 1 TL Salz
- 1/4 TL Pfeffer
- 1 gestr. TL Curry (selbstgemacht)
- 50 g Borlottibohnen gekocht
- 15 g geschälte Mandeln
- 30 g Apfelsaft (reiner Saft)
- 30 g Wasser. Unter Gemüse, kurz aufkochen und mit den Pellkartoffeln servieren.

6351. Pizzazungen Hokkaido, Oktober 2014

Teig:
- 250 g Weizen, gemahlen
- 1 TL Salz
- 1 P Trockenhefe (9 g)
- 2 EL Rosmarinessig (6191 o. Ä.)
- 140 g Wasser mit den Knethaken vom Rührgerät, dann manuell. Gehen 75 Min. bei RT, 25 Min. bei 35 °C

Rote Schicht:
- 35 g Tomatenmark
- Salz
- Pfeffer
- 10 g Rosmarinessig und
- 30 g Wasser mit dem Löffel verrühren.

Hokkaido:
- 300 g ohne Kerne in Streifen
- 1 Knoblauchzehe in Scheiben
- 1-2 TL Pizzagewürz

Weiße Deckschicht (Magic):
- 155 g Sojabohnen gekocht
- 1 TL Salz
- Schabziegerklee
- 30 g Cashewnüsse
- 10 g Zitronenschaum o. Ä. und
- 50 g Wasser (hätte mehr sein können!) Im kleinen Mixer verquirlen.

Je eine Zunge aus 210 g Teig auf das Lochblech geben. Teigrand einwölben. Schichten auftragen. Ofen Ober-/Unterhitze auf 280 °C vorheizen, einschieben, Temperatur auf 260 °C, 15 Min. backen. Hatte auf 3. Schieben eingeschoben, 2 wäre besser gewesen.

6352. Blaubeerriegel à la FOK, Oktober 2014

Rezept nach http://www.forksoverknives.com/recipes/banana-blueberry-bars/ [Okt. 2024: Link noch aktiv.]
- 150 g entsteinte Datteln
- 300 g (statt 375 g!) Apfelsaft (100% Saft, ohne Vitamin-C-Zusatz)
- 275 g Nackthafer (180 g flocken, 95 g mahlen)
- 1 TL Zimt
- 1/4 TL Muskat
- 1 TL gem. Vanille
- 3-4 reife Bananen (375 g)
- 150 g Blaubeeren (gefroren)
- 75 g Pekannüsse, grob zerkleinert mit den Händen

Datteln halbieren, 15 Min. im Apfelsaft einweichen. 24-cm-Springform mit Backpapier auslegen. Trockene Zutaten miteinander vermengen. Bananen und Einweichsaft im Thermomix zu einer cremigen Masse rühren, Datteln hinzugeben und nochmals durchmixen, sodass sie etwas stückig bleiben. Bananenmischung zu den trockenen Zutaten geben, mit einem Löffel gut verrühren. Nüsse und Blaubeeren unterziehen. In die Springform geben. In den auf 190 °C vorgeheizten Ofen geben und 35 Min. backen. Stäbchenprobe machen. Auf einem Gitterrost auskühlen lassen, Rand vorsichtig entfernen. In Riegel schneiden. Evtl. einfrieren.

Hinweis: Das Foto auf der Webseite lügt mal wieder. Die Riegel werden weder so hell noch so trocken. Und ich habe schon deutlich weniger Flüssigkeit genommen. Sie schmecken nicht schlecht, aber sind einfach zu nass, um sie z. B. mitzunehmen. Die Stäbchenprobe war aber trocken.

6353. Hot Hokkaido, Oktober 2014

Für 2 Personen. Hot im englischen Sinne von „scharf". Mein Gast fand's noch okay.

15 Min. als Gemüsepfanne:

- 100 g Wasser
- 320 g Kartoffeln
- 100 g Lauch
- 340 g Kürbis (relativ grob geschnitten, netto)

Soße im kleinen Mixer:

- 1 TL Salz
- 1/4 TL gem. schwarzer Pfeffer
- 1/2 TL gem. getr. Ingwer
- 10 g Zitronenschaum
- 80 g gekochte Borlottibohnen
- 100 g Wasser

6354. Lebkuchen nicht roh V3, Oktober 2014

Vorläufer 6345.

Für den Lebkuchen:

- 250 g Datteln
- 250 g Feigen
- 430 g Wasser (50 g für Rezept verwahren).
- 175 g Weizen, gemahlen
- 225 g Mandeln, gemahlen mit
- 4 g frische Zitronenschale
- 1 P Weinsteinbackpulver
- 1 geh. TL Natron
- 1 Prise Salz
- 1 geh. TL getr. Ingwer
- 10 g Lebkuchengewürz
- 1 geh. TL Zimt
- 1 Prise Koriander

Für die Glasur:

- 40 g Kakaobutter
- 30 g Kokosöl
- 50 g Agavendicksaft
- 25 g Kakao
- 1 geh. TL Lebkuchengewürz

Datteln halbieren. Von den Feigen die Stiele abschneiden. Beides in einer Pengdose mit dem Wasser übergießen und etwa 12 Std. gut verschlossen stehen lassen. Wasser abgießen - eignet sich hervorragend zum Auffüllen auf einen Kakao. Die Fruchtmasse mit der Zitronenschale und 50 g vom Einweichwasser im Vitamix oder einem anderen Mixer homogen mischen.

Weizen in der Getreidemühle, Mandeln im Thermomix fein mahlen. Gewürze und Salz hinzugeben und trocken gut verrühren. Das Fruchtgemisch hinzugeben und mit den Knethaken eines Handrührgeräts gut vermischen. Mit Hilfe eines Esslöffels und den Händen etwa 8 bis 10 mm hohe Lebkuchen formen, leicht flachdrücken. Es gibt 24 Stück, die bei mir genau auf ein Backblech passten.

Ofen auf 225 °C erhitzen (normalerweise erhitze ich auf 200 °C, der Ofen war aber heiß von Bratlingen), die Lebkuchen einschieben. Auf 160 °C stellen und 10 Min. backen, dann weitere 20 Min. bei 140 °C backen.

Für die **Glasur** Kakaobutter, Kokosöl und Agavendicksaft bei niedriger Temperatur schmelzen (max. 40 Grad). Mit einem Induktionsherd ist das einfach. Anschließend mit Kakaopulver und Lebkuchengewürz gut vermengen (kleiner Schneebesen). Lebkuchen, möglichst im Kühlschrank vorgekühlt, auf der Unterseite bestreichen, nebeneinander in Portionen mit der Unterseite nach oben auf ein Frühstücksbrettchen stellen und diese in den Kühlschrank setzen. Wichtig ist, die Brettchen Stück für Stück in den Kühlschrank zu tun, dann können die ersten schon kühlen, während man die nächsten bestreicht. Wenn die Schokolade einigermaßen fest ist, das erste Brettchen aus dem Kühlschrank nehmen. Lebkuchen herunternehmen, Brettchen mit Haushaltsfolie bespannen. Lebkuchen nun auf der Oberseite mit Schokolade dick bestreichen und mit der Unterseite auf die Folie setzen. In den Kühlschrank stellen. So fortfahren, bis alle Lebkuchen beidseitig bestrichen sind. Die Schokolade reichte bei mir exakt für alle Lebkuchen.

6355. Kichererbsenbratlinge, Oktober 2014

- 300 g Kichererbsen (Rohgewicht)
- 48 g Petersilie (1 Bund)
- 1 Zwiebel (100 g brutto)
- 1 große Knoblauchzehe (6 g netto)
- 1 geh. TL Salz
- 1/4 TL gem. schwarzer Pfeffer
- 60 g Sonnenblumenkerne
- 100 g Nackthafer
- 35 g Leinsamen
- 50 g Cashewnüsse
- 75 g Wasser

Kichererbsen 24 Std. in Wasser einweichen. Abgießen. Mit Petersilie, Zwiebel, Knoblauch, Salz und Pfeffer 1 Min. auf Stufe 6 im Thermomix zerkleinern. Hafer mit Leinsamen mahlen, hinzugeben. Cashewnüsse im Magic zu einer Milch mit dem Wasser verarbeiten, ebenso zu der Masse geben und gut durchkneten.

Etwa 20 Bratlinge daraus formen, auf ein Backblech (PerfectClean) legen. Den Ofen auf 225 °C (Umluft) vorheizen, 30 Min. backen. Nach 10 Min. wenden.

6356. Hummuslike Creme X Industrial Scale, Oktober 2014

Es hätte wieder noch mehr Zitrone sein können.

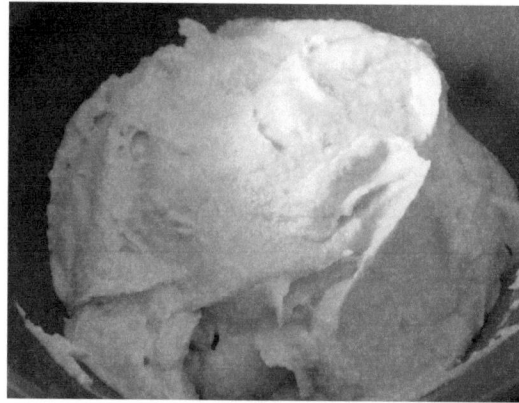

- 80 g Sesam ungeschält
- 100 g Cashewnüsse
- 45 g Zitronenfleisch (hätte ruhig noch mehr sein können)
- 13 g Knoblauch netto
- 590 g gekochte Kichererbsen
- 2 TL Salz
- Etwas schwarzer gem. Pfeffer
- 1 Prise gem. Kreuzkümmel / Cumin
- 1 Prise gem. getr. Ingwer und
- 355 g Wasser im Vitamix gut mixen.

6357. Neutrale Maisstützcreme IV, Oktober 2014

Vorläufer: 6333.

- 100 g Mais
- 250 g Naturreis
- 95 g Cashewnussbruch
- 600 g kochendes Wasser
- 1 Prise Salz

Mais und dann Reis in der Getreidemühle mahlen. Kerne, Salz und Wasser in den Vitamix geben, gemahlenes Getreide darüber schütten und mit Hilfe des Stößels ca. 2 Min. auf der Höchststufe laufen lassen. Diese Creme stockt nicht sichtbar, ist aber dick-cremig.

6358. Hokkaidosuppe, November 2014

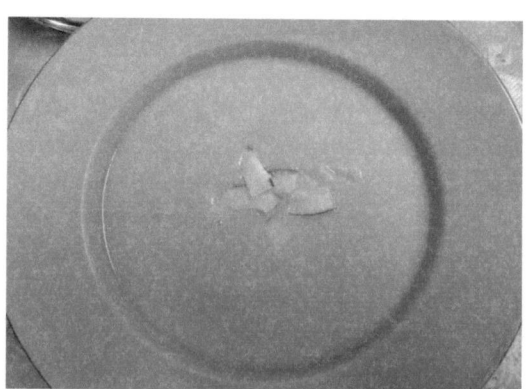

- 400 g Hokkaido in Stücke geschnitten
- 400 g Wasser
- 1 Knoblauchzehe, abgezogen und
- 1 TL Salz im Thermomix 15 Min. auf 100 °C (sobald es blubbert, auf 90 °C runterdrehen) kochen.
- 1 Prise gem. Muskat
- 1 gute Prise gem. Kreuzkümmel
- 40 g Erdnussmus o. Ä. und
- 1 EL Peperoniessig (7/4573) hinzufügen. 20 Sek. auf Stufe 10 pürieren.

6359. Kartoffelsalat für 5, November 2014

Vorläufer 6337

- 1340 g Pellkartoffeln (netto)
- 220 g Neutrale Maisstützcreme IV (6357)
- 10 g Salz
- 1/4 TL schwarzer gem. Pfeffer
- 30 g Senf mittelscharf
- 30 g Zitronensaft
- 10 g Zitronenschaum
- 120 g Wasser
- 75 g Zwiebeln

Am Vorabend für die Pellkartoffeln: ca. 1600 g Kartoffeln im Schnellkochtopf mit 300 g Wasser 14 Min. garen (richtet sich nach der Größe). Schälen, wenn sie lauwarm sind. Am nächsten Morgen Stützcreme, Salz, Senf, Zitronensaft, -schaum und Wasser im Vitamix verquirlen. Pellkartoffeln in Scheiben schneiden, Zwiebeln würfeln. Unter die Soße ziehen und zugedeckt im Kühlschrank ca. 8 Std. ziehen lassen.

6360. Süßkartoffel-KH-Hokkaido-Salat, November 2014

Mit z. B. der Jupiter in feine Streifen schneiden:

- 385 g Hokkaido (netto)
- 450 g Süßkartoffeln
- 1 Kohlrabi (250 g netto)

Für die Soße im Vitamix:

- 75 g Cashewnüsse
- 35 g Rosmarinessig (Essig, in dem Rosmarin eingeweicht wurde)
- 10 g Tamari
- 1 TL Salz
- Etwas schwarzer gem. Pfeffer
- 1 LS Zimt
- 20 g Agavendicksaft (oder Honig, für Nichtveganer) und
- 75 g Wasser gut miteinander vermengen. Das Dressing ist nicht superreichlich, aber ist genug für alles.

6361. Dünne Haferfladen, November 2014

- 125 g Nackthafer schroten (5/9, Hawos)
- 100 g gekochte Sojabohnen mit
- 1 gestr. TL Salz
- 1 MS schwarzer gem. Pfeffer
- 1/2 TL Natron
- 20 g Cashewnüssen und
- 50 g Wasser mixen, zum Hafer geben. Becher mit
- 25 g Wasser nachspülen, ebenfalls zum Hafer geben. Mit einem Löffel gut verrühren.

Mit nassen Händen in einer 28-cm-Perfect-Clean-Pizzaform auseinanderdrücken. Backofen (Klimagaren) auf 215 °C vorheizen, einschieben. 10 Min. auf 210 °C und 10 Min. auf 175 °C backen. Auf einen Gitterrost geben und in 6 Tortenstücke schneiden. Sehr lecker zu Suppe.

6362. Angesäuertes Hefemissgeschickbrot, Nov. 2014

Phase 1 (Donnerstag Abend):

- 200 g Weizen fein mahlen, mit
- 200 g Wasser
- 1 TL Salz und
- 1 P Trockenhefe (9 g) verrühren. Gut abgedeckt bei RT gehen lassen.

Phase 2 (Freitag Morgen):

- Teig von Phase 1
- 100 g Weizen fein gemahlen und
- 100 g Wasser verrühren. Gut abgedeckt 12 Std. gehen lassen.

Phase 3 (Freitag Abend):

- Teig von Phase 2
- 200 g Einkorn feingemahlen
- 1 TL Salz
- 50 g Wasser: Miteinander verrühren, gut abgedeckt stehen lassen.

Backen (Samstag morgen):

- Teig von Phase 3
- 100 g Einkorn
- 100 g Weizen
- 1 TL Salz
- 40 g Wasser

Getreide fein mahlen, mit Salz und Wasser in Phase 3 einkneten. Der Teig ist sehr klebrig, und genau das ist das Problem. Ich habe das Brot dann als Ganzes gar nicht mehr gehen lassen. Mit viel Streumehl in Form gebracht, Klimagaren 250 °C, einschieben. 30 Min. bei 200 °C backen.

Hinweise: Am Donnerstagabend wollte ich Focacciateig mit Trockenhefe ansetzen. Ich hatte die Trockenhefe vor Zugabe der Flüssigkeit einfach oben drauf gestreut. Aber kaum kam das Wasser hinzu, klumpte die Hefe. Also half nur eines: entsorgen. Alles in einen Plastikbeutel gegeben, gut zugebunden, morgens wollte ich es in den Kompost bringen. Am Freitagmorgen aber war der Beutel schön prall, der Teig schien gleichmäßig. Also habe ich ihn einfach noch zweimal verlängert.

Am Samstagmorgen habe ich ihn verbacken, was aber extrem schwierig war, der angesäuerte Teig klebte überall, nur nicht an sich selbst. Mit Hilfe von Unmengen von Streumehl habe ich dann noch ein Brot hinbekommen. Was sicher auch mit auf das Klimagaren zurückgeht, denn das Brot als Ganzes hatte keine Gehzeit mehr, da ich Bedenken hatte, dass es mir auseinanderläuft.

6363. Mandellebkuchen, November 2014

- 75 g tiefgekühlte Brotwürfel (oder älteres Brot)
- 200 g kochendes Wasser
- 175 g Neutrale Maisstützcreme IV (6357 o. Ä-)
- 275 g Honig
- 45 g Akazienhonig oder Agavendicksaft, nach Wunsch, falls nicht süß genug
- 35 g Weizen
- 240 g Dinkel
- 125 g Einkorn
- 55 g Wasser
- 1 P Weinstein-Backpulver
- 1 TL Natron
- 10 g Lebkuchengewürz
- 1 TL Zimt gem.
- 1 TL Ingwer gem.
- 1 TL gem. Vanille
- 200 g Mandeln, ungeschält
- 50 geschälte Mandeln

Brotwürfel in eine verschließbare Plastikschüssel geben, mit kochendem Wasser übergießen und 1-3 Std. stehen lassen. Die Brotmasse mit Stützcreme, Honig und Akazienhonig im Vitamix glatt schlagen. Getreide mischen und fein mahlen. Gewürze hinzusieben und einmal durchrühren. Brotsuppe zum Getreide geben und mit dem Handrührgerät zu einem schwerfallenden Rührteig verarbeiten, ich habe noch 55 g Wasser hinzugefügt. Wer keinen Akazienhonig/Agavendicksaft hinzugibt, muss evtl. etwas mehr Wasser unterarbeiten. Auf kleiner Einstellung die 200 g Mandeln unterziehen.

Ofen (Heißluft) auf 200 °C vorheizen. Teig mit einem Spatel möglichst gleichmäßig auf einem (Perfect Clean)-Backblech verteilen. Mit einem Spatel 5 x 5 Stücke vorschneiden und je 2 geschälte Mandeln auf den Teig geben.

In den heißen Ofen schieben und 30 Min. bei 160 °C backen, 5 Min. im ausgestellten Ofen nachbacken lassen. Mit einem scharfen Messer die Schnitte ganz vorsichtig nachschneiden, aber ohne das Blech zu verkratzen. Etwas abkühlen lassen, mit einem Kunststoffpfannenwender die Stücke voneinander trennen und vorsichtig vom Backblech nehmen. Auf einem Gitterrost auskühlen lassen.

6364. Das totale Resteessen, Nov. 2014

Der Besuch gestern hat zwar die Lebkuchen komplett verputzt, auch noch vom Hummus mitgenommen, aber dennoch hatte ich beträchtliche Reste. Ich habe daraus einen Auflauf für 2 Personen gemacht. Meine Problemzutaten waren:
- 4 relativ trockene Bratlinge (6355 z. B.)
- Ordentliche Portion Hokkaido-Süßkartoffelsalat (6359) und
- Größere Menge Stützcreme (siehe Basics – Stützcreme)
Da ich alles schon gut vorher zubereitet hatte, wollte ich die Sachen nicht mehr „mit in die Woche" schleppen. Also gab es das Folgende:

Für das Gemüse:
- 4 kleine Kichererbsenbratlinge (140 g), gewürfelt
- 435 g Süßkartoffel-KH-Hokkaido-Salat (mit Dressing)
- 1 Tomate (80 g), gewürfelt
- 75 g Neutrale Maisstützcreme IV (6357 o. Ä.)
- 100 g Wasser
- 1 TL Salz
- 1/4 TL Pfeffer, beides in dem Wasser verrührt

Alle Zutaten in einer passenden Schüssel gut miteinander vermengen und in eine ofenfeste Form geben (24-cm-Alugusspfanne).

Guss:
- 175 g Hummuslike Creme X Industrial Scale (6356)
- 140 g Neutrale Maisstützcreme IV
- 1 TL Salz
- 1/2 TL Curry
- 10 g Rosmarinessig (6191 oder einfachen Apfelessig)
- 3 g Essigpeperoni (7/4573)
- 100 g Wasser

Die Zutaten für den Guss im Vitamix gründlich durchmixen und über das Gemüse gießen. Bei mir gab das gerade eine ausreichende Menge für einen Guss. Deckel auflegen, in den kalten Ofen geben und 20 Min. bei 225 °C backen. Den Deckel abnehmen und 20 Min. bei 220 °C zu Ende backen.

6365. Spekulatiuskekse, November 2014

Vorläufer: 6344.

- 200 g Softdatteln
- 100 g Wasser
- 100 g gekochte Kichererbsen
- 100 g Apfel
- 1 EL Apfelessig
- 100 g Nackthafer zum Flocken
- 150 g Einkorn zum feinen Mahlen
- 75 g Pekannüsse, gehackt
- 2 TL Kakaopulver (5-6 g)
- 1 TL gem. Vanille
- 1 geh. TL Spekulatiusgewürz
- 1 gestr. TL Natron
- 1 Prise Meersalz

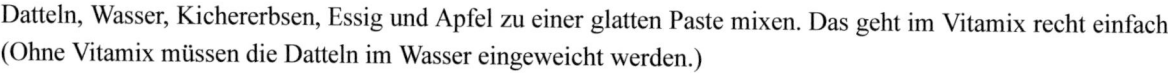

Datteln, Wasser, Kichererbsen, Essig und Apfel zu einer glatten Paste mixen. Das geht im Vitamix recht einfach. (Ohne Vitamix müssen die Datteln im Wasser eingeweicht werden.)

Geflockten Hafer, Einkornmehl, Nüsse, Kakao, Vanille, Spekulatiusgewürz, Natron und Salz mit einander verrühren. Paste aus dem Vitamix hinzufügen. Mit einem Teelöffel Teigstück abstechen und eng nebeneinander auf ein Backblech (PerfectClean, sonst mit Backpapier auslegen) setzen und in den auf 135 °C vorgeheizten Backofen schieben. 45 Min. backen.

Tipp: *Bloß nicht lauwarm probieren ... sie verschwinden dann sehr schnell. ;-)*

6366. Lebkuchen nicht roh V4, November 2014

Vorläufer: 6354.

Lebkuchen:
- 250 g Datteln
- 250 g Feigen
- 440 g Wasser (75 g für Rezept verwahren)
- 175 g Dinkel, gemahlen
- 225 g Mandeln, gemahlen mit
- 4 g frische Zitronenschale
- 1 P Weinsteinbackpulver
- 1 geh. TL Natron
- 1 Prise Salz
- 1 geh. TL getr. Ingwer
- 1 geh. TL gem. Vanille
- 10 g Lebkuchengewürz (Brecht o. Ä.)
- 1 geh. TL Zimt
- 2-3 Prisen Koriander

Glasur:
- 40 g Kakaobutter
- 30 g Kokosöl
- 85 g Honig
- 25 g Kakao
- 1 geh. TL Lebkuchengewürz

Datteln und Feigen (je nach Größe halbiert oder gedrittelt) in einer Pengdose mit dem Wasser übergießen und etwa 12 Std. gut verschlossen stehen lassen. Wasser abgießen (eignet sich hervorragend zum Auffüllen auf einen Kakao (eher für 2.). Die Fruchtmasse mit der Zitronenschale und 75 g vom Einweichwasser im Vitamix oder einem anderen Mixer homogen mischen. Dinkel in der Getreidemühle, Mandeln im Thermomix fein mahlen. Die anderen trockenen Zutaten zu diesem Gemisch hinzusieben. Das Fruchtgemisch hinzugeben und mit den Knethaken eines Handrührgeräts gut vermischen. Mit Hilfe eines Esslöffels und den feuchten Händen etwa 8 bis 10 mm hohe Lebkuchen formen, leicht flachdrücken. Es gibt 21 Stück, die bei mir genau auf ein Backblech passten. Ofen auf 225 °C erhitzen, die Lebkuchen einschieben. Auf 160 °C stellen und 10 Min. backen, dann weitere 20 Min. bei 140 °C backen.

Für die *Glasur* Kakaobutter, Kokosöl und Honig bei niedriger Temperatur schmelzen (max. 40 Grad). Weiteres Vorgehen wie bei 6354 beschrieben.

6367. Crêpes hahaha, November 2014

Heute habe ich meine schöne neue Crêpes-Pfanne eingeweiht. Der Tipp (mir gelingen sie nie), mit geringerer Hitze zu backen war super, ein Crêpe dauerte 20 Min.. Also habe ich die Hitze hochgedreht, war aber wohl mal wieder zu ungeduldig. Der Teig eh zu salzig. Und als ich ihn dünn verteilte, riss er. Den kleinen Teigrest habe ich dann nicht dünn verteilt. Sah von außen einigermaßen aus, war aber innen noch flüssig. Also doch zu dünn der Teig? Seufz.

- 25 g Dinkel
- 25 g gekochte Sojabohnen
- 1 MS Natron
- 100 g Wasser
- 1 MS Kokosöl

Dinkel mahlen. Sojabohnen mit Natron und Wasser im kleinen mixen, mit dem Schneebesen in den Dinkel einrühren. Im Kühlschrank 2,5 Std. ruhen lassen.

Kokosöl in die Crêpes-Pfanne einreiben. Auf Stufe 8 erhitzen. Als es dann endlich einmal heiß war: Teig hineingeben und verteilen. Irgendwann auf 7 heruntergeschaltet (von 14), half auch nicht wirklich.

Tipp: *Vielleicht sollte ich es doch einmal mit Reis- oder Maisbrei versuchen.*

6368. Kokosmakronen, November 2014

- 100 g gekochte Sojabohnen (oder weiße Bohnen) mit
- 100 g Honig und
- 50 g Wasser glatt schlagen.
- 1 Prise Salz und
- 1/4 TL Vanille hinzugeben.
- 175 g Kokosraspeln einrühren.

Mit den Händen kleine Pyramiden formen (bei mir 24 Stück) und nebeneinander auf ein PerfectClean-Backblech setzen. Ofen auf 160 °C vorheizen. Blech einschieben, 15 Min. bei 150 °C und 15 Min bei 140 °C backen.

6369. Brot ohne Kneten mit Gehhilfe in 2 Stufen (XXXII) Einkorn, November 2014

Vorläufer 6342. – Ein Versuch, abends zu backen.

Stufe 1 (12 Std. vorher):
- 500 g Roggen
- 520 g Wasser
- 150 g Sauerteig

Stufe 2 (Backen, bei mir abends):
- 1/2 P frische Hefe (20 g)
- 100 g lauwarmes Wasser
- 75 g Roggen
- 225 g Rotkornweizen (Hermann Kleider)
- 2 EL Bode Brotgewürz
- 1 gestr. EL Salz
- 45 g Mandeln ungeschält
- 30 g Leinsamen
- 1 EL Apfelessig
- 100 g Wasser (je nach Getreide auch weniger)
- 1000 g Sauerteigansatz
- 20 g Butter für die Form

Stufe 1: Siehe 6338.

Stufe 2: Getreide mischen und fein mahlen. Weiter wie bei 6338, unterschiedliche Zutaten bitte beachten.

6370. Hokkaido und Mairübchen mit Schnell-kochtopfreis, November 2014

Für 2 Personen.

Reis:

- 200 g Reis
- 500 g Wasser (1:2,5; wegen Rest besser 400 g)

Im Schnellkochtopf auf Stufe II 11 Min. kochen und dann langsam abdampfen lassen.

Gemüsepfanne 12 Min.:

- 100 g Wasser
- 150 g Naevet (Mairübchen), in feinen Streifen - roh scharf, aber gekocht lecker, schmecken ein bisschen wie Kohlrabi
- 240 g Kürbis klein geschnitten
- 1 Knoblauchzehe in Scheiben

Soße im kleinen Becher:

- 20 g Tomatenmark
- 1 TL Salz
- 1/4 TL schwarzer Pfeffer
- 1 Essigpeperoni (ca. 5 g) (7/4573)
- 20 g Zitronenschaum
- 2 EL Einweichflüssigkeit von Trockenfrüchten (oder 20 g Honig)
- 20 g Sonnenblumenkerne
- 75 g Wasser

6371. Hokkaido-Gemüsetopf, November 2014

Für 5 Personen, vorbereitet morgens.

Gemüse (netto, klein geschnitten):

- 240 g Mairübchen
- 580 g Hokkaido
- 190 g Möhre
- 830 g Kartoffeln (dünn geschnitten, da länger gar als das schnelle andere Gemüse); alles in eine Pengdose gegeben, Kartoffeln nochmals extra in Küchenfolie, damit sie nicht oxidieren und ich sie als erstes rausnehmen kann - sie sollen nach unten.

Soße (Vitamix):

35 g Sonnenblumenkerne

105 g gek. Sojabohnen

1 TL Salz

20 g Senf

5 g Essigpeperoni (7/4573)

10 g Peperoniessig

1 gute Prise schwarzer Pfeffer

15 g Einweichwasser von Trockenfrüchten o. Ä.

100 g Wasser

Im Schnellkochtopf mit 250 g Wasser 5 Min. Stufe II. Kartoffeln sind etwas angesetzt, das Ganze war etwas zu weich. 4 Min. hätten gereicht. Aber noch lecker.

6372. Teenoppen, November 2014

Im Originalrezept Teestangen von Dr. Oetker (S. 54 des Plätz-chenbuchs) wird der Teig solange kaltgestellt, bis man Rollen formen kann. Ich hatte aber keine Zeit.

- 100 g Honigmarzipan mit einer Mischung (kleiner Mixer) aus
- 125 g gek. Sojabohnen
- 75 g Wasser
- 100 g Honig
- 20 g Öl mit den Rührbesen eines Handrührgeräts möglichst glatt schlagen; kleine Reststückchen Marzipan „lösen" sich, wenn
- 250 g Einkorn, gemahlen, gemischt mit
- 1 TL Vanille
- 1 Prise Salz portionsweise zugegeben werden. Gut durchschlagen.

Mit einem immer wieder in Wasser getauchten Teelöffel Noppen abstechen und mit der glatten runden Oberseite nach oben nebeneinander auf ein Backblech (bei PerfectClean, sonst Backfolie) setzen. Den Ofen auf 140 °C vorheizen und die Noppen 35 Min. bei 140 °C backen. Auf ein Kuchengitter heben und abkühlen lassen.

6373. Böses Dressing, November 2014

Im Vitamix ganz glatt schlagen:

- 200 g Sonnenblumenkerne
- 200 g Wasser
- 200 g Rosmarinessig (6191 o. Ä.)
- 30 g Tamari
- 50 g Ahornsirup
- 25 g Salz
- 50 g Gartenpesto sauer (6235 o. Ä.)
- 1 g schwarzer Pfeffer
- 125 g Rucola

Anmerkung: Ich sitze hier mit 400 ml Ahornsirup, den ich für den vega-nen Besuch gekauft hatte. Ich werde ihn verwenden. Dressings finde ich gut, da ist der Anteil nicht so hoch. Was mir auffiel: Ich brauche sehr viel weniger Ahornsirup, um Süße in das Dressing zu bekommen. Da frage ich mich, was denn für Umwelt und meine Gesundheit besser ist: 125 g Honig in ein Dressing oder 60 ml Ahornsirup? Leider wüsste ich niemanden, der mir diese Frage objektiv beantworten könnte.

6374. Grünkohl in Tomatensoße, November 2014

Im Schnellkochtopf auf Stufe II (recht früh runtergedreht) 4-5 Min.:

- 400 g Tomatenstücke aus der Dose mit Saft
- 100 g Wasser
- 1 TL Salz
- 60 g Zwiebel netto, gewürfelt
- 410 g Kartoffel, in Scheiben
- 285 g Grünkohl netto, meist ohne Stängel

Soße aus:

- 50 g gek. Sojabohnen
- 6 g Mehl
- 50 g Wasser
- Pfeffer
- 1 TL Salz

Hinweis: War okay, aber kein Highlight.

6375. Dünne Haferfladen orientalisch, November 2014

Vorläufer: 6364

- 75 g Nackthafer und
- 50 g Einkorn (o. Ä.) schroten (5/9, Hawos), mit
- 1 knapp gestr. TL Salz
- 1 MS gem. Pfeffer
- 1 TL Kreuzkümmel
- 1/2 TL Natron verrühren.
- 100 g gekochte Sojabohnen mit
- 20 g Cashewnüssen und
- 50 g Wasser mixen, zum Getreide geben. Becher mit
- 25 g Wasser nachspülen, ebenfalls zum Getreide geben. Mit einem Löffel gut verrühren.

10-20 Min. ruhen lassen. Mit nassen Händen in einer 28-cm-Perfect-Clean-Pizzaform auseinanderdrücken. Backofen auf 215 °C vorheizen, einschieben. 10 Min. auf 210 °C und 10 Min. auf 175 °C backen. Auf einen Gitterrost geben und in 6 Tortenstücke schneiden. Sehr lecker zu Suppe.

6376. Spekulatiusrondelle, November 2014

- 250 g Dinkel mit
- 1 gehackten bitteren Mandel fein mahlen,
- 1 Prise Salz
- 1 guter TL Spekulatiusgewürz (Brecht) und
- 1/2 TL Natron unterrühren. Im kleinen Mixer
- 100 g gekochte Sojabohnen,
- 50 g Öl und
- 120 g cremiger Honig glatt mixen. Den Becher mit
- 25 g Wasser nachspülen.

Alles zusammen mit einem Löffel verrühren, dann kneten. Zu einer Rolle (ca. Durchmesser 4-5 cm) formen und in Haushaltsfolie gepackt, im Kühlschrank 3-4 Std. stehen lassen. Mit einem Messer feine Scheiben (2-3 mm) abschneiden, nebeneinander auf ein PerfectClean-Backblech legen, die Menge reicht gerade aus. In zwei Reihen die Kekse in der Mitte mit einem Löffel etwas eindrücken, mit:

- Kirschmus (Tarpa, nur Honig & Obst) die Dellen füllen, zwei Reihen mit
- geschälten Mandeln, halbiert, belegen.

Ofen auf 160 °C (Heißluft plus) vorheizen, Blech einschieben und 12 Min. backen. Ofen ausstellen und 5 Min. nachbacken. Auf einem Gitterrost auskühlen lassen.

6377. Fruchtsüße I, November 2014

Für Lebkuchen

- 250 g Datteln
- 250 g Feigen
- 440 g Wasser

Früchte über Nacht in dem Wasser einweichen. Flüssigkeit abtropfen lassen und auffangen. Eingeweichte Früchte mit 75 g vom Einweichwasser im Vitamix pürieren.

6378. Fruchtsüße II, November 2014

- 200 g getrocknete Aprikosen
- 200 g getrocknete Feigen
- 500 g Wasser
- 4 g Zitronenschale frisch

Früchte über Nacht in dem Wasser einweichen. Flüssigkeit abtropfen lassen und auffangen. Eingeweichte Früchte mit 100 g vom Einweichwasser und der Zitronenschale im Vitamix pürieren.

Tipp: Das überschüssige Einweichwasser eignet sich gut zum Süßen aller Speisen.

6379. Reisadventscreme, November 2014

Im Vitamix bis zum Stocken laufen lassen (ca. 5 Min.):

- 125 g Fruchtsüße II (6378 o. Ä.)
- 50 g Naturreis
- 1 Sternanis
- 50 g Mandeln
- 400 g Wasser

6380. Voradventskakao, November 2014

Im Vitamix 4,30 Min. laufen lassen:

- 100 g Reisadventscreme (6379 o. Ä.)
- 4 g frischer Ingwer
- 3 TL Kakaonibs
- 3 TL Cashewnussbruch
- 1 TL Kakaopulver, schwach entölt
- 1 TL Honig oder 3 EL Einweichwasser Trockenfrüchte
- 330 g Wasser

6381. Kokosmakronen Version II, November 2015 2014

Vorläufer 6368

- 50 g Reisadventscreme (6379 o. Ä.) mit
- 100 g Honig und
- 200 g Kokosraspeln verrühren.

Mit den Händen kleine Pyramiden formen (bei mir 24 Stück) und nebeneinander auf ein PerfectClean-Backblech setzen. Ofen auf 160 °C vorheizen. Blech einschieben, 30 Min. bei 135 °C backen und 5 Min. bei ausgeschaltetem Ofen nachbacken lassen.

Hinweis: Nicht immer sind gekochte (Soja)bohnen gerade vorhanden. Also war es die Aufgabe, leckere Kokosmakronen eher mit einer Reiscreme herzustellen. Was gelang!

6382. Stollenkuchen, November 2014

- 200 g grüne Rosinen
- 125 g Orangeat (z. B. 6460)
- 35 g Pampelmusat (oder 160 g Orangeat)
- 1 Würfel Bio-Hefe (42 g)
- 100 g Wasser
- 300 g Einkorn
- 700 g Dinkel
- 1 gestr. TL gem. Kardamom
- 10 g Lebkuchengewürz
- 1 TL gem. Zimt
- 1 gute Prise Salz
- 75 g Reisadventscreme (6379)
- 585 g Fruchtsüße II (6378)
- 160 g Honig
- 125 g Mandeln
- 200 g Honigmarzipan
- Butter zum Einfetten der Form

Mandeln im Zerkleinerer hacken, mit Rosinen, Orangeat und Pampelmusat mischen und eine Weile ziehen lassen. Hefe in 100 g Wasser auflösen. Getreide mischen und mahlen, mit Gewürzen und Salz vermengen. Mit Hefewasser, Creme, Fruchtsüße und Honig zu einem nicht zu festen Teig verarbeiten (Knethaken). In einer abgedeckten Schüssel 30 Min. bei 35 °C (Heißluft) gehen lassen. Rosinenmischung hinzugeben, gut einarbeiten. 1 Std. bei 40 °C gehen lassen. Eine 30 cm-Kastenform mit Butter (ca. 18 g) einfetten, die Hälfte des Teigs hineingeben. Marzipan in Scheiben schneiden und auflegen, mit dem Teigrest abdecken und mit der nassen Hand glattstreichen. In einer Plastiktüte 30 Min. bei 40 °C gehen lassen. Ofen auf 175 °C stellen und 40 Min. backen. Einen Schönheitspreis bekam er nicht - aber aufgeschnitten sieht er schön aus und schmecken tut er lecker!

6383. Rosenkohl in Hafersoße, November 2014

Für 2 Personen

Als Gemüsepfanne 16 Min. (hätte ruhig etwas mehr sein dürfen):
- 15 g Kokosöl
- 90 g Wasser
- 450 g Kartoffeln, abgebürstet, in Scheiben
- 65 g Zwiebel netto, in Halbscheiben
- 405 g Rosenkohl, geputzt, halbiert

Für die Soße (unter Gemüse rühren und kurz aufkochen):
- 15 g Mandeln mit
- 15 g Nackthafer im kleinen Mixer fein mahlen, hinzufügen:
- 1 TL Salz
- 6 g Zitronenscheibe
- 1 MS schwarzer Pfeffer
- 45 g Reisadventscreme (6379 o. Ä.)
- Muskat gem.
- 150 g Wasser (je nach weggekochtem Wasser)

6384. Hokkwirkartoffelpfanne, November 2014

Für 2 Personen

Als Gemüsepfanne 16 Min:
- 100 g Wasser
- 10 g Sonnenblumenöl
- 400 g Kartoffeln netto in Scheiben
- 205 g Wirsing in Streifen
- 240 g Hokkaido gewürfelt (netto)

Für die Soße (kleiner Mixer), mixen, unterrühren und aufkochen:
- 20 g Sonnenblumenkerne
- 10 g Sonnenblumenöl
- 1 TL Salz
- 1 MS schwarzer Pfeffer
- 1/2 gestr. TL Gewürz „Scharfmacher" (Sonnentor)
- 50 g Wasser

Hinweis: Extrem lecker! Ob das auch das bisschen Fett ist, das den Geschmack so gut macht?

6385. Geharme Brötchen, November 2014

- 30 g Nacktgerste
- 20 g Nackthafer
- Ca. 450 g Dinkel
- 1/2 Würfel Bio-Hefe (20 g) aufgelöst in
- 100 g Wasser plus
- 200 g Wasser
- 1 EL Apfelessig
- 2 TL Salz
- 1 TL „Scharfmacher" Gewürz von Sonnentor
- 2-3 EL Sesam ungeschält

Gerste und Hafer bei 70 °C (30 Min.) und 80 °C (10 Min.) erhitzen. Das war nicht heiß genug! Da ist die Pfanne vielleicht nicht so bequem, aber dafür geht's schneller und sicher auch preiswerter. So schmeckt man das in den Brötchen gar nicht. Abgekühltes Getreide mit Dinkel auf 500 g auffüllen und fein mahlen. Hefe in Wasser auflösen. Alle Zutaten bis auf den Sesam in den TM geben und 2,5 Min. auf der Knetstufe kneten. Nochmals mit der Hand kurz durchkneten und eine Kugel unter Spannung formen (Teig klebte bei mir ein bisschen).

Teigkugel in eine leicht geölte Peng-Dose geben und bei 40 Min. bei 35 °C gehen lassen. Durchkneten und 10 Brötchen zu 81-83 g Teiggewicht als kleine Kugeln unter Spannung formen. Mit der Oberseite in den Sesam drücken. Nebeneinander auf ein Lochblech setzen.

In den kalten Ofen schieben, Klimagaren auf „Auto" und 175 °C stellen, 30 Min. backen, evtl. noch 5 Min. im ausgeschalteten Ofen nachbacken.

6386. Lasagne mit Pastinake, November 2014

2 Personen

Teig:
- 160 g Dinkel
- 10 g Sonnenblumenöl
- 75 g Wasser
- 1 gute Prise Salz

Füllung:
- 100 g Pastinake, netto
- 50 g Roggen
- 200 g passierte Tomaten (gekauft)
- 100 g Wasser
- 3 g Salz
- 10 g Sonnenblumenöl

Belag:
- 10 g Sonnenblumenöl
- 3 g Salz
- 35 g Sonnenblumenkerne
- 13 g Apfelessig
- 125 g Wasser

Teig: Dinkel fein mahlen, mit den anderen Zutaten zu einem fest, aber elastischen Teig verkneten. Abgedeckt ca. 30 Min. ruhen lassen Halbieren und jede Hälfte etwas unterschiedlich in zwei Teile teilen (55 g + 65-67 g) und in den Größen einer Porzellanform ausrollen. Den Ofen (Heißluft) auf 230 °C vorheizen. *Füllung:* Pastinake im Zerkleinerer fein raspeln. Roggen flocken. Tomaten, Wasser, Salz und Öl im kleinen Mixer verquirlen. Alle Zutaten in einer kleinen Schüssel vermischen. *Belag:* Die Zutaten für den Belag im kleinen Mixer verquirlen.

Fertigstellung: Jeweils ein Viertel der Füllung (= 3 EL) auf den Boden der Lasagneform geben. Die kleinere Teigplatte auflegen, nochmals mit je 3 EL Füllung bedecken und die zweite Teigplatte auflegen. Den Belag gleichmäßig auf beide Formen verteilen. Beide Formen in Alufolie einwickeln. Überschüssigen Teig zu einer Kugel rollen und ebenfalls in Alufolie wickeln.

In den Ofen geben (auf einem Backblech). 30 Min. bei 225 °C backen (beim Einschieben war mein Ofen bei 115 °C), Alufolie abnehmen und weitere 10 Min. backen.

6387. Sellerie-Selleraido, November 2014

2 Personen; Gewichte netto

Als Gemüsepfanne 16 Min.:

- 10 g Kokosöl
- 90 g Wasser
- 380 g Kartoffeln in Scheiben
- 50 g Zwiebel gewürfelt
- 200 g Sellerie
- 245 g Hokkaido

Im kleinen Mixer Soße herstellen, einrühren, kurz aufkochen:

- 20 g Sonnenblumenkerne
- 10 g Sonnenblumenöl
- 5 g Essigpeperoni (7/4573)
- 10 g Peperoniessig
- 10 g Ahornsirup
- 55 g Wasser

6388. Dünne Haferfladen auf dem Blech

Vorläufer 6375

- 175 g Nackthafer und
- 75 g Einkorn schroten (5 von 10, Hawos), mit
- 1 TL Salz
- 1 gute Prise Koriander gem.
- 1 TL Natron verrühren.
- 200 g gekochte Borlottibohnen mit
- 40 g Cashewnüssen und
- 175 g Wasser mixen, zum Getreide geben. Becher mit
- 25 g Wasser nachspülen, ebenfalls zum Getreide geben. Mit einem Löffel gut verrühren.

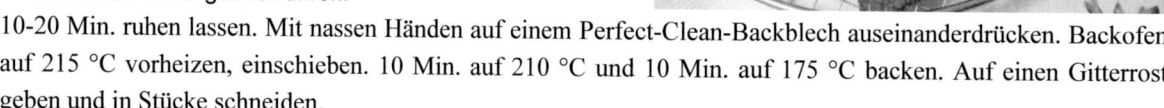

10-20 Min. ruhen lassen. Mit nassen Händen auf einem Perfect-Clean-Backblech auseinanderdrücken. Backofen auf 215 °C vorheizen, einschieben. 10 Min. auf 210 °C und 10 Min. auf 175 °C backen. Auf einen Gitterrost geben und in Stücke schneiden.

6389. Kokostaler, November 2014

- 200 g Dinkel fein mahlen, mit.
- 250 g Kokosraspeln
- 1 Prise Salz
- 1 gestr. TL gem. Vanille und
- 1 P Weinsteinbackpulver mischen.
- 200 g Honig mit
- 100 g Butter in einer Pfanne erwärmen, bis beide flüssig sind.

Buttermasse mit der Kokosmischung verrühren (Holzlöffel). Mit den Händen zusammenpressen, Portionen abnehmen und zu Talern pressen. Nebeneinander auf ein Perfect-Clean Blech legen, in dieser Zeit den Ofen auf 160 °C vorheizen. Einschieben und 20 Min. backen. Ich habe noch einige Min. mehr gebacken, das war aber eigentlich zu viel.

6390. Hafertaler, November 2014

- 200 g Dinkel fein mahlen, mit
- 250 g Nackthafer, geflockt
- 1 P Weinsteinbackpulver mischen
- 1 Prise Salz
- 1 gestr. TL gem. Vanille mischen.
- 200 g Honig mit
- 100 g Butter in einer Pfanne erwärmen, bis beide flüssig sind.

Buttermasse mit der Hafermischung verrühren (Holzlöffel). Mit den Händen zusammenpressen, Portionen abnehmen und zu Talern pressen. Nebeneinander auf ein Perfect-Clean Blech legen, in dieser Zeit den Ofen auf 160 °C vorheizen. Einschieben und 20 Min. backen.

6391. Lasagne mit Sellerie, November 2014

2 Personen

Teig:
- 65 g Dinkel
- 95 g Weizen
- 10 g Sonnenblumenöl
- 75 g Wasser
- 1 gute Prise Salz

Belag:
- 10 g Sonnenblumenöl
- 5 g Salz
- 65 g Sonnenblumenkerne
- 15 g Apfelessig
- 200 g Wasser

Füllung:
- 95 g Sellerie, netto
- 20 g Möhre
- 50 g Roggen
- 265 g passierte Tomaten
- 105 g Wasser
- 5 g Salz
- 10 g Sonnenblumenöl

Teig: Getreide fein mahlen, mit den anderen Zutaten zu einem fest, aber elastischen Teig verkneten. Abgedeckt ca. 30 Min. ruhen lassen Halbieren und jede Hälfte etwas unterschiedlich in zwei Teile teilen (55 g + 65-67 g) und in den Größen einer Porzellanform ausrollen. Den Ofen (Heißluft) auf 230 °C vorheizen. *Füllung*: Gemüse im Zerkleinerer fein raspeln. Roggen flocken. Alle Zutaten in einer kleinen Schüssel vermischen. *Belag*: Die Zutaten für den Belag im Vitamix verquirlen. *Fertigstellung:* Jeweils ein Viertel der Füllung (= 4 EL) auf den Boden der Lasageform geben. Die kleinere Teigplatte auflegen, nochmals mit je 4 EL Füllung bedecken und die zweite Teigplatte auflegen. Den Belag gleichmäßig auf beide Formen verteilen. Beide Formen in Alufolie einwickeln. In den Ofen geben (auf einem Backblech). 25 Min. bei 225 °C backen (beim Einschieben war mein Ofen bei 195 °C), Alufolie abnehmen und weitere 15 Min. backen.

6392. Dressing ohne frisch mit Öl, November 2014

Im Vitamix gründlich mixen:
- 90 g Sonnenblumenöl
- 150 g Sonnenblumenkerne
- 20 g Salz
- 55 g Ahornsirup
- 190 g Apfelessig
- 25 g Tamari
- 1 TL Scharfmacher (Gewürz von Sonnentor)
- 210 g Wasser
- 20 g Senf
- 50 g Gartenpesto sauer (6235 o. Ä.)

6393. Nusstaler, November 2014

- 200 g Dinkel fein mahlen, mit
- 250 g Haselnüsse gemahlen (TM 10 Sek./Stufe 6; 6 Sek./Stufe 10),
- 1 Prise Salz und
- 1 TL gem. Zimt mischen.
- 200 g Honig mit
- 50 g Butter in einer Pfanne erwärmen, bis beide flüssig.
- 50 g Wasser untermischen.

Buttermasse mit Wasser Nussmischung verrühren (Löffel). Mit den Händen durchkneten, Portionen abnehmen und zu Talern pressen. Nebeneinander auf ein Perfect-Clean Blech (oder Dauerbackfolie/Backpapier) legen, in dieser Zeit den Ofen auf 160 °C vorheizen. Einschieben und 20 Min. backen.

6394. Kartoffeln mit Zwiebeln Italianesco, Nov. 2014

2 Personen

Gemüsepfanne 16 Min:

- 95 g Wasser
- 380 g Kartoffeln in Scheiben
- 255 g Zwiebel netto
- 3 Knoblauchzehen (8 g netto)

Soße:

- 100 g gekochte Sojabohnen
- 100 g passierte Tomaten (lebegesund)
- 15 g Zitronensaft
- 1 TL Salz
- 1/4 TL schwarzer Pfeffer: Nach Verquirlen im kleinen Mixer:
- 1 TL Pizzagewürz einrühren

Die Soße unter das Gemüse geben, gut mit dem Kochwasser vermischen und kurz aufkochen lassen.

6395. Kokostaler honig-vegan, November 2014

- 200 g Dinkel fein mahlen, mit
- 250 g Kokosraspeln
- 1 Prise Salz
- 1 gestr. TL gem. Vanille mischen.
- 200 g Honig mit
- 100 g Kokosöl in einer Pfanne erwärmen, bis beide flüssig sind; ziemlich hoch erhitzen, sonst ist das Kokosöl komplett getrennt. Eine richtige Mischung habe ich nicht erreicht.
- 50 g Wasser

Kokosölmasse mit der Kokosmischung und Wasser verrühren (Plastiklöffel). Mit den Händen zusammenpressen, Portionen abnehmen und zu Talern pressen. Nebeneinander auf ein Perfect-Clean Blech (35 Stück) legen, in dieser Zeit den Ofen auf 160 °C vorheizen. Einschieben und 20 Min. backen.

Hinweis: Gehen nicht ganz so gut wie mit Butter und benötigen eigenartigerweise etwas Wasser. Geschmacklich auch sehr lecker.

6396. Rahmspinat mit Kartoffeln, November 2014

Für 2 Personen

Als Gemüsepfanne 16 Min.:

- 100 g Wasser
- 400 g Kartoffeln in Scheiben
- 245 g Spinat (ungewaschen 225 g; Wurzelenden entfernt, in feine Streifen geschnitten)
- 2 Knoblauchzehen (7 g netto)

Soße:

- 35 g Cashewnüsse im kleinen Mixer fein mahlen, dann mit den folgenden Zutaten verquirlen
- 100 g gek. Sojabohnen
- 1 TL Salz
- 1 Prise Muskatnuss
- 1/4 TL schwarzer Pfeffer
- 5 g Peperoniessig (7/4573) einrühren und den Becher noch mit schätzungsweise
- 25 g Wasser nachspülen.

6397. Hummuslike Soy-Creme

- 40 g Sesam ungeschält
- 50 g Cashewnüsse
- 30 g Zitronenfleisch
- 10 g Knoblauch netto
- 300 g gekochte Sojabohnen (sehr wenig Flüssigkeit)
- 1 TL Salz
- etwas schwarzer gem. Pfeffer
- 1 Prise gem. Kreuzkümmel / Cumin
- 1 Prise gem. getr. Ingwer
- 175 g Wasser

Alle Zutaten in den Vitamix geben und wirklich gut durchmischen.

6398. Dünne Haferfladen, sonnig, November 2014

Vorläufer 6390

- 125 g Nackthafer schroten (5/9, Hawos)
- 20 g gem. Sonnenblumenkerne (kleiner Mixer) und
- 100 g gekochte Sojabohnen mit
- 1 gestr. TL Salz
- 1 MS schwarzer gem. Pfeffer
- 1/2 TL Natron
- 50 g Wasser mixen, zum Hafer geben. Becher mit
- 25 g Wasser nachspülen, ebenfalls zum Hafer geben. Mit einem Löffel gut verrühren.

Etwas ruhen lassen. Mit nassen Händen in einer 28-cm-Perfect-Clean-Pizzaform auseinanderdrücken. Backofen (Klimagaren) auf 215 °C vorheizen, einschieben. 10 Min. auf 210 °C und 10 Min. auf 175 °C backen. Auf einen Gitterrost geben und in 6 Tortenstücke schneiden. Sehr lecker zu Suppe.

6399. Lebkuchen optimal, November 2014

Vorläufer 6366.

Für die Lebkuchen:

- 250 g Datteln
- 250 g Feigen
- 450 g Wasser (100 g für das Rezept verwahren).
- 4 g frische Zitronenschale
- 175 g gem. Weizen
- 225 g gem. Mandeln mit
- 1 P Weinsteinbackpulver
- 1 geh. TL Natron
- 1 Prise Salz
- 1 geh. TL getr. Ingwer
- 1 geh. TL gem. Vanille
- 10 g Lebkuchengewürz
- 1 geh. TL Zimt

Für die *Glasur*:

- 45 g Kakaobutter
- 25 g Kokosöl
- 80 g Honig
- 25 g Kakao (Rohkost)
- 1 geh. TL Lebkuchen-gewürz

Datteln und Feigen (je nach Größe halbiert oder gedrittelt) in einer Pengdose mit dem Wasser übergießen und etwa 12 Std. gut verschlossen stehen lassen. Wasser abgießen - eignet sich hervorragend zum Süßen von Kakao. Die Fruchtmasse mit der Zitronenschale und 100 g vom Einweichwasser im Vitamix oder einem anderen Mixer homogen mischen.

Dinkel in der Getreidemühle, Mandeln im Thermomix fein mahlen. Die anderen trockenen Zutaten zu diesem Gemisch hinzusieben. Das Fruchtgemisch hinzugeben und mit den Knethaken eines Handrührgeräts gut vermischen. Etwas ruhen lassen. Mit Hilfe eines Esslöffels und den feuchten Händen etwa 8 bis 10 mm hohe Lebkuchen formen, leicht flachdrücken. Es gibt 20 Stück, die bei mir genau auf ein Backblech passten.

Ofen auf 225 °C erhitzen, die Lebkuchen einschieben. Auf 160 °C stellen und 10 Min. backen, dann weitere 20 Min. bei 140 °C backen.

Für die *Glasur* Vorgehen wie bei 6354 beschrieben.

6400. Brot ohne Kneten mit Gehhilfe in 2 Stufen (V. XXXIII) Sojabohnen, November 2014

Vorläufer 6342.

Stufe 1 (12 Std. vorher): s. 6338

Stufe 2 (Backen, bei mir ein Abend):

- 1/2 P frische Hefe (20 g)
- 100 g lauwarmes Wasser
- 100 g Roggen
- 50 g Nacktgerste
- 150 g Weizen
- 165 g gekeimte Sojabohnen (von 50 g)
- 1 gestr. EL Salz
- 125 g Wasser (je nach Getreide auch weniger)
- 1000 g Sauerteigansatz
- 18 g Butter für die Form

Stufe 1: siehe 6338. **Stufe 2:** Hefe im Wasser auflösen. Getreide mischen, fein mahlen. Salz mit Sojabohnen und 100 g Wasser im Vitamix mahlen. Zum Getreide geben, mit 25 g Wasser nachspülen. Hefewasser zum Sauerteig geben und mit einem großen Löffel gründlich verrühren, bis kein Mehl mehr sichtbar ist. wird. Eine 30-cm-Brotform, Profi-Email von Dr. Oetker, gut einfetten. Teig hineingeben, mit der nassen Hand herunterdrücken und glatt streichen. Mit einem scharfen Messer mehrmals schräg einschneiden. Form mit Gärfolie abdecken und 45 Min. bei 35 °C gehen lassen. Ofen auf 230 °C (Heißluft) vorheizen, 55 Min. bei 190 °C backen und 5 Min. nachbacken.

Hinweis: Das Brot ist zu nass!

6401. Rosenkohl in O-Soße, November 2014

2 Personen

Als Gemüsepfanne 16 Min:

- 100 g Wasser
- 380 g Kartoffeln in Scheiben
- 1 Knoblauchzehe (7 g), abgezogen
- 375 g Rosenkohl (von 500 g brutto), geputzt, halbiert

Für die Soße

- 40 g Cashewnüsse im kleinen Mixer mahlen, hinzugeben
- 1 TL Salz
- 50 g Hummuslike Soy-Crem (6397 o. Ä.)
- 1 geschälte Orange (140 g netto)
- 1 MS Curry
- 125-150 g Wasser

Unterrühren und heiß werden lassen, möglichst nicht kochen (wegen des Obstes).

Tipp*: Ich brauchte deshalb für die Soße so viel Wasser, weil ich am Anfang nicht aufgepasst hatte und mir fast die ganzen zu Beginn 100 g Wasser weggedampft waren.*

6402. Stangensellerie-Vorspeise, November 2014

Gemüse:

- 300 g Stangensellerie, gewaschen, in feine Streifen geschnitten (mit Jupiter)
- 150 g Kaki, gewürfelt, mit der Hand

Soße (im Vitamix):

- 35 g Cashewnüsse
- 180 g Orange (netto)
- 7 g Salz
- 11 g Essigpeperoni (7/4573)
- 175 g Wasser

Soße getrennt in einem großen Becher des kleinen Mixers aufbewahren.

6403. Hafertaler knackig, November 2014

- 195 g Dinkel fein mahlen, mit
- 225 g Nackthafer, geflockt
- 1 Prise Salz
- 1 gestr. TL gem. Vanille mischen.
- 200 g Honig mit
- 50 g Sonnenblumenkernen und
- 100 g Butter in einer Pfanne erwärmen, bis die Flüssigkeit fast kocht.

Buttermasse mit der Hafermischung verrühren (Holzlöffel). Mit den Händen zusammenpressen, Portionen abnehmen und zu Talern pressen. Nebeneinander auf ein Perfect-Clean Blech legen, in dieser Zeit den Ofen auf 160 °C vorheizen. Einschieben und 20 Min. backen.

6404. Lasagne vegetarisch für drei, November 2014

Teig (24 Std. vorher zubereiten, 12 Std. in Pengdose im Kühlschrank aufbewahren):

- 200 g Weizen
- 1 Prise Salz
- 10 g Sonnenblumenöl
- 100 g Wasser (mit 90 g anfangen)

Weizen mahlen, mit den anderen Zutaten zu einem glatten, geschmeidigen Teig verarbeiten (mit der Hand 5-10 Min. kneten) und zu einer Kugel unter Spannung formen.

Füllung:

- 155 g Stangensellerie, netto
- 75 g Roggen
- 450 g passierte Tomaten
- 150 g Wasser
- 10 g Salz

Gemüse im Zerkleinerer fein raspeln. Roggen flocken. Alle Zutaten in einer kleinen Peng-Schüssel vermischen.

Belag (Vitamix):

- 30 g Sonnenblumenöl
- 7 g Salz
- 100 g Sonnenblumenkerne
- 20 g Apfelessig
- 310 g Wasser

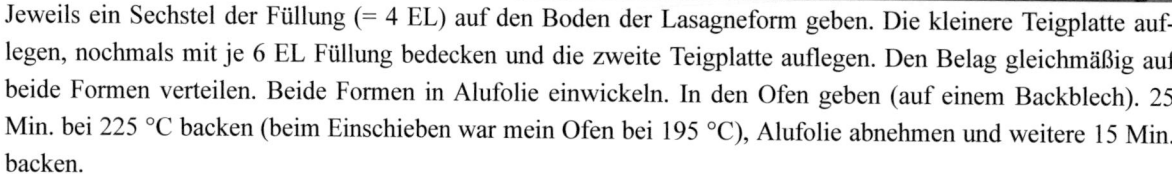

Jeweils ein Sechstel der Füllung (= 4 EL) auf den Boden der Lasagneform geben. Die kleinere Teigplatte auflegen, nochmals mit je 6 EL Füllung bedecken und die zweite Teigplatte auflegen. Den Belag gleichmäßig auf beide Formen verteilen. Beide Formen in Alufolie einwickeln. In den Ofen geben (auf einem Backblech). 25 Min. bei 225 °C backen (beim Einschieben war mein Ofen bei 195 °C), Alufolie abnehmen und weitere 15 Min. backen.

6405. Geleinte Haferfladen, November 2014

Vorläufer 6398.

- 250 g Nackthafer schroten (5/9, Hawos), mit
- 1 TL Salz
- 1 MS schwarzer gem. Pfeffer
- 30 g Leinsamen
- 1 TL Natron mischen. Im Vitamix
- 50 Cashewnüsse
- 190 g gekochte Sojabohnen mit
- 125 g Wasser im Vitamix mixen, zum Hafer geben. Becher mit
- 25 g Wasser nachspülen, ebenfalls zum Hafer geben. Mit einem Löffel gut verrühren.

Etwas ruhen lassen. Mit nassen Händen auf einem Perfect-Clean-Backblech auseinanderdrücken. Backofen auf 215 °C vorheizen, einschieben. 10 Min. auf 210 °C und 10 Min. auf 175 °C backen. Auf einen Gitterrost geben und in Stücke schneiden. *Sehr lecker zu Suppe.*

6406. Würzstütze, November 2014

Im Vitamix zum Stocken bringen (über 5 Min.):

- 1/2 Vanillestange (1 g)
- 1/2 Zimtstange (4 g)
- 2 g Koriandersamen
- 2 Kardamonkapseln
- 2 Bittermandeln
- 50 g Hirse
- 380 g Wasser

6407. Schoko-Spekulatius, November 2014

Teig:

- 250 g Weizen, fein gemahlen
- 2 TL Natron
- 115 g Honig
- 1 TL gem. Vanille
- 1 TL Spekulatiusgewürz (Brecht)
- 1 Bittermandel
- 50 g Mandeln, mit der Bittermandel im kleinen Mixer gemahlen
- 125 g Würzstütze (6257 o. Ä.)
- 100 g Butter

Für die Schokolade

- 45 g Kakaobutter
- 25 g Kokosöl
- 80 g Honig
- 25 g Kakao

Die Teigzutaten mit den Knethaken zu einer gleichmäßigen Masse verarbeiten. In Haushaltsfolie wickeln, zu einer gleichmäßigen viereckigen „Rolle" drücken und 1 Std. in den Kühlschrank legen. Dann in 2 mm-dicke Scheiben schneiden, nebeneinander auf ein PerfectClean-Blech legen. Ofen auf 160 °C vorheizen und 10-12 Min. backen. Auf ein Gitterrost legen und erkalten lassen.

Für die Glasur Kakaobutter, Kokosöl und Honig bei niedriger Temperatur schmelzen. Anschließend mit einem Schneebesen mit dem Kakaopulver gut vermengen). Die Kekse damit dick bestreichen, bei mir reichte es für 2 Durchgänge.

Hinweis: Die Schokolade war eine Rettungsmaßnahme, denn so für sich waren die Kekse überhaupt nicht süß genug.

6408. Mangoldauflauf, November 2014

Für 2 Personen.

Zutaten in der gleichen Reihenfolge in eine ofenfeste Form geben:

- 80 g Wasser
- 160 g Kartoffeln in Scheiben
- 260 g Mangold, in Streifen
- 40 g Selleriestange in Scheiben
- 40 g Zwiebel, netto, in Scheiben
- 1 Knoblauchzehe
- 200 g Kartoffeln in Scheiben
- 20 g Haferfladenkrümel (Geleinte Haferfladen 6405), Semmelbrösel oder weglassen

Im Vitamix die Soße mischen aus:

- 90 g Würzstütze (6406 o. Ä.)
- 45 g passierte Tomaten
- 375 g Wasser
- 15 g Zitronenscheibe
- 2 TL Salz
- 1 gute Prise gem. schwarzer Pfeffer
- 40 g Mandeln
- 20 g Nackthafer

Über das Gemüse gießen und den Deckel auflegen. In den Ofen schieben (auf den Gitterrost). Ofen auf 225 °C stellen, 20 Min. backen. Deckel abnehmen und weitere 40 Min. backen.

6409. Mangold mit Reis, Dezember 2014

Reis:

- 200 g Reis
- 400 g Wasser im Schnellkochtopf 11 Min. & langsam abdampfen lassen. *Besser, aber mal mit 350 g probieren!*

Mangold als Gemüsepfanne:

- 75 g Wasser
- 250 g Mangold
- 85 g Radicchio

Soße:

- 50 g (beliebiges) Salatdressing
- 1 gestr. TL Salz
- 100 g gekochte Kichererbsen

Salatdressing, Salz und Kichererbsen unter das Gemüse ziehen und kurz aufkochen.

6410. Blumenkohl italienisiert, Dezember 2014

2 Personen

Als Gemüsepfanne 15 Min.:

- 100 g Wasser
- 400 g Kartoffeln, netto, in dünnen Scheiben, ungeschält
- 360 g Blumenkohlröschen (den Strunk habe ich von der Hand als Rohkost vorher gegessen)

Soße:

- 60 g Erdnüsse, gesalzen & geröstet, im kleinen Mixer gemahlen, gemischt im Mixer mit
- 150 g passierten Tomaten
- 1 gestr. TL Salz
- 1 MS schwarzer Pfeffer
- 100 g Wasser;
- 50 g Wasser zum Nachspülen, dann
- 1 TL Pizzagewürz

6411. Peteressing, Dezember 2014

Im Vitamix lauwarm laufen lassen:

- 50 g Sonnenblumenöl
- 50 g Ahornsirup
- 200 g Wasser
- 100 g Essig
- 30 g Tamari
- 125 g Sonnenblumenkerne
- 1 TL Scharfmacher (Gewürz)
- 1 MS gem. schwarzer Pfeffer
- 20 g Salz
- 10 g Senf
- 85 g Petersilie

6412. Dünne Haferfladen, italienisch, Dezember 2014

Vorläufer 6405.

- 75 g Nackthafer mit
- 50 g Einkorn schroten (5/9, Hawos)
- 20 g gem. Cashewkerne (kleiner Mixer) und
- 100 g gekochte Sojabohnen mit
- 1 gestr. TL Salz
- 1 MS schwarzer gem. Pfeffer
- 1/2 TL Natron
- 50 g Wasser mixen, zum Hafer geben. Becher mit
- 25 g Wasser nachspülen, ebenfalls zum Hafer geben. Mit einem Löffel gut verrühren.
- 1 TL Pizzagewürz einarbeiten.

Herstellung analog zum Vorläufer.

6413. Hummuslike Soy-Creme, kleinere Menge, Dez. 2014

Vorläufer: 6397

- 25 g Sesam ungeschält
- 30 g Cashewnüsse
- 15 g Zitronenfleisch
- 8 g Knoblauch netto
- 200 g gekochte Sojabohnen (sehr wenig Flüssigkeit)
- 1 TL Salz
- Etwas schwarzer gem. Pfeffer
- 1 Prise gem. Kreuzkümmel / Cumin
- 1 Prise gem. getr. Ingwer
- 125 g Wasser

Alle Zutaten in den Vitamix geben und wirklich gut durchmischen.

6414. Hafertaler mit Rosinen, Dezember 2014

Vorläufer 6403

- 200 g Weizen fein mahlen, mit
- 250 g Nackthafer, geflockt
- 55 g grünen Rosinen
- (1 P Weinsteinbackpulver)
- 1 Prise Salz und
- 1 gestr. TL gem. Vanille mischen.
- 200 g Honig mit
- 100 g Butter in einer Pfanne erwärmen, bis beide flüssig sind.

Buttermasse mit der Hafermischung verrühren (Holzlöffel). Mit den Händen zusammenpressen, Portionen abnehmen und zu Talern formen. Nebeneinander auf ein Perfect-Clean Blech legen, in dieser Zeit den Ofen auf 160 °C vorheizen. Einschieben und 20 Min. backen.

Tipp: *Ich habe kein Backpulver reingetan, weil ich das beim Notieren des 1. Rezepts vergessen hatte. Daher hier in Klammern.*

6415. Kokostaler mit Buchara

Vorläufer 6395

- 200 g Dinkel fein mahlen, mit
- 250 g Kokosraspeln
- 1 Prise Salz
- 1 gestr. TL gem. Vanille
- 100 g Buchara Weinbeeren (zu groß!) und
- 1 P Weinsteinbackpulver mischen
- 200 g Honig mit
- 100 g Butter in einer Pfanne erwärmen, bis beide flüssig sind.

Buttermasse mit der Kokosmischung verrühren (Holzlöffel). Mit den Händen zusammenpressen, Portionen abnehmen und zu Talern pressen. Nebeneinander auf ein Perfect-Clean Blech legen, in dieser Zeit den Ofen auf 160 °C vorheizen. Einschieben und 20 Min. backen.

6416. Lebkuchen optimal-minimal, Dezember 2014

Vorläufer 6399

Für den Lebkuchen:
- 250 g Datteln
- 250 g Feigen
- 450 g Wasser (100 g für das Rezept verwahren).
- 4 g frische Zitronenschale
- 15 g Buchara-Weinbeeren
- 175 g Weizen, gem.
- 225 g Mandeln, gem. mit
- 1 P Weinsteinbackpulver
- 1 geh. TL Natron
- 1 Prise Salz
- 1 geh. TL Ingwer, getr.
- 1 geh. TL gem. Vanille
- 10 g Lebkuchengewürz
- 1 geh. TL Zimt

Für die Glasur:
- 40 g Kakaobutter
- 30 g Kokosöl
- 80 g Honig
- 25 g Kakao (Rohkost)
- 1 geh. TL Lebkuchen-gewürz

Datteln und Feigen (je nach Größe halbiert oder gedrittelt) in einer Pengdose mit dem Wasser übergießen und etwa 12 Std. gut verschlossen stehen lassen. Wasser abgießen - eignet sich hervorragend zum Süßen von Kakao. Die Fruchtmasse mit der Zitronenschale, 100 g vom Einweichwasser und den Buchara-Weinbeeren im Vitamix oder einem anderen Mixer homogen mischen. Weizen in der Getreidemühle, Mandeln im TM fein mahlen. Die anderen trockenen Zutaten zu diesem Gemisch sieben. Das Fruchtgemisch zufügen und mit den Knethaken eines Handrührgeräts gut vermischen. Etwas ruhen lassen (15-20 Min.). Mit Hilfe eines Esslöffels und den feuchten Händen etwa 8 bis 10 mm hohe Lebkuchen formen, leicht flachdrücken. Es gibt 21 Stück, die bei mir genau auf ein Backblech passten. Ofen auf 225 °C erhitzen, die Lebkuchen einschieben. Auf 160 °C stellen und 10 Min. backen, dann weitere 20 Min. bei 140 °C backen.

Für die *Glasur* Kakaobutter, Kokosöl und Agavendicksaft bei niedriger Temperatur schmelzen (max. 40 Grad). Weiteres Vorgehen wie in 6354 beschrieben.

6417. Paprika mit Reis, Dezember 2014

2 Personen

Reis:
- 200 g Naturreis mit
- 350 g Wasser im Schnellkochtopf 11 Min. garen, dann auf Stufe 2 langsam über 6 Min. abdampfen lassen, Rest ohne Herd abdampfen.

Paprikagemüse als Gemüsepfanne, 12 Min:
- 10 g Kokosöl
- 90 g Wasser
- 410 g Paprika netto
- 20 g weiße Porreeringe (Zwiebelersatz)
- 10 g Knoblauchscheiben

Soße:
- 100 g gekochte Sojabohnen
- 100 g passierte Tomaten (lebe gesund)
- 1 TL Salz
- 1 Essigpeperoni
- 4 g Honig
- 25 g Wasser; nicht im kleinen Mixer:
- 1-2 EL gehackte Petersilie

6418. Reis im Schnellkochtopf (so geht's), Dezember 2014

- 200 g Vollkornreis
- 340-350 g Wasser

11 Min. auf Stufe II, dann auf schwache Hitze und dort abdampfen lassen (ca. 6-8 Min.)

6419. Haselnusslebkuchen, Dezember 2014

Für den Lebkuchen:
- 250 g Datteln
- 250 g Feigen
- 450 g Wasser (100 g für das Rezept verwahren).
- 6 g frische Orangenschale
- 175 g gem. Weizen
- 225 g gem. Haselnüsse
- 1 P Weinsteinbackpulver
- 1 geh. TL Natron
- 1 Prise Salz
- 1 geh. TL getr. Ingwer, gem.
- 1 geh. TL gem. Vanille
- 10 g Lebkuchengewürz
- 1 geh. TL Zimt

Für die Glasur:
- 40 g Kakaobutter
- 30 g Kokosöl
- 200 g Honig *(sollte 85 g sein)*
- 25 g Kakao (Rohkost)
- 1 geh. TL Lebkuchengewürz

Datteln und Feigen (je nach Größe halbiert oder gedrittelt) in einer Pengdose mit dem Wasser übergießen und etwa 12 Std. gut verschlossen stehen lassen. Wasser abgießen - eignet sich hervorragend zum Süßen von Kakao. Die Fruchtmasse mit der Zitronenschale, 100 g vom Einweichwasser und den Buchara-Weinbeeren im Vitamix oder einem anderen Mixer homogen mischen.

Weizen in der Getreidemühle, Haselnüsse im TM fein mahlen. Die anderen trockenen Zutaten zu diesem Gemisch sieben. Das Fruchtgemisch hinzufügen und mit den Knethaken eines Handrührgeräts gut vermischen. Etwas ruhen lassen (15-20 Min.). Mit Hilfe eines Esslöffels und den feuchten Händen etwa 8 bis 10 mm hohe Lebkuchen formen, leicht flachdrücken. Es gibt 21 Stück, die bei mir genau auf ein Backblech passten.

Ofen auf 225 °C erhitzen, die Lebkuchen einschieben. Auf 160 °C stellen und 10 Min. backen, dann weitere 20 Min. bei 140 °C backen.

Für die Glasur Kakaobutter, Kokosöl und Honig bei niedriger Temperatur schmelzen (max. 40 °C Mit einem Induktionsherd ist das einfach. Anschließend mit Kakaopulver und Lebkuchengewürz gut vermengen (kleiner Schneebesen). Lebkuchen, möglichst im Kühlschrank vorgekühlt, auf der Unterseite bestreichen, nebeneinander in Portionen auf ein Frühstücksbrettchen stellen und diese in den Kühlschrank setzen. Mit der Oberseite fortfahren. Die Schokolade wird von der Konsistenz her sehr schön mit diesem Übermaß an Honig, aber schmeckt viel zu süß.

6420. Paprikasch, Dezember 2014

Als Gemüsepfanne 15 Min.
- 80 g Wasser
- 20 g Sonnenblumenöl
- 400 g Kartoffelscheiben
- 295 g Paprika rot und grün, netto, in Streifen
- 50 g Porreeringe (grün)
- 2 Knoblauch, in Scheiben

Soße im Mixer:
- 50 g Erdnüsse (gesalzen & geröstet)
- 1 Clementine (70 g netto)
- 1 EL Peperoniessig
- 1 Stück Essigpeperoni (7/4573)
- 1 TL Salz
- 1/4 TL Pfeffer schwarz.
- 50 g gekochte Sojabohnen
- 25 g Wasser

6421. Chocolate-Chips Hafertaler, Dezember 2014

Vorläufer 6414

- 200 g Einkorn fein mahlen, mit
- 250 g Nackthafer, geflockt
- 2 geh. EL Kakaonibs
- 1 P Weinsteinbackpulver
- 1 Prise Salz und
- 1 gestr. TL gem. Vanille mischen.
- 200 g Honig mit
- 100 g Butter in einer Pfanne erwärmen, bis beide flüssig sind.

Buttermasse mit der Hafermischung verrühren (Holzlöffel).

Mit den Händen zusammenpressen, Portionen abnehmen und zu Talern formen. Nebeneinander auf ein Perfect-Clean Blech legen, in dieser Zeit den Ofen auf 215 °C vorheizen. Einschieben und 20 Min. bei 160 °C backen. (Sonst vorgeheizt auf 160 °C, was besser scheint, war ein Versehen).

6422. Knoblauch-Dressing, Dezember 2014

Im Vitamix lauwarm laufen lassen:

- 50 g Sonnenblumenöl
- 50 g Ahornsirup
- 200 g Wasser
- 100 g Essig
- 20 g Tamari (Sojasoße)
- 20 g Salz
- 125 g Mandeln
- 1 TL Scharfmachergewürz (Sonnentor)
- 13 g frischer Knoblauch, netto
- 20 g Salz
- 15 g Senf
- 10 g Petersilie (vorwiegend Stängel)

6423. Cürbis-Kurry, Dezember 2014

Als Gemüsepfanne 15 Min.:

- 10 g Sonnenblumenöl
- 90 g Wasser
- 400 g Kartoffeln, ungeschält, unter fließendem Wasser gebürstet, in Scheiben / Halbscheiben
- 65 g Porree, grüner Teil, in feinen Ringen
- 310 g Hokkaido-Kürbis, netto, ungeschält, in 1-3 x 2 cm große Stücken
- 10 g Knoblauch, grob gewürfelt

Für die Soße:

- 15 g Zitronenfleisch
- 1 kleine Banane (90 g netto)
- 1 TL Salz
- 1/2 TL Curry
- 5 g Essigpeperoni (7/4573)
- 1/4 TL getr. Gem. Ingwer
- 20 g Cashewnüsse
- 50 g Wasser

Soße unterrühren, kurz aufkochen.

6424. Hummuslike Creme apart, Dezember 2014

6356 Vorläufer

- 25 g Sesam ungeschält
- 30 g Cashewnüsse
- 14 g Zitronenfleisch
- 11 g Knoblauch netto (etwas zu viel)
- 200 g gekochte Kichererbsen
- 1 TL Salz
- Etwas schwarzer gem. Pfeffer
- 1 Prise gem. Zimt
- 1 Prise gem. getr. Ingwer
- 150 g Wasser

Alle Zutaten in den Vitamix geben und wirklich gut durchmischen.

6425. Dünne Haferfladen im Kichertakt, Dezember 2014

Vorläufer 6414

- 125 g Nackthafer schroten (5/9, Hawos) mit
- 1/2 TL Natron und
- 1 Prise Zimt mischen.
- 20 g Cashewkerne
- 100 g gekochte Kichererbsen
- 1 gestr. TL Salz
- 1 MS schwarzer gem. Pfeffer
- 100 g Wasser mixen, zum Hafer geben. Becher mit
- 25 g Wasser nachspülen, ebenfalls zum Hafer geben. Mit einem Löffel gut verrühren.

Etwas ruhen lassen. Mit nassen Händen in einer 28-cm-Perfect-Clean-Pizzaform auseinanderdrücken. Mehrmals mit einer Gabel einstechen. Backofen (Klimagaren) auf 215 °C vorheizen, einschieben. 10 Min. auf 210 °C und 10 Min. auf 175 °C backen. Auf ein Gitterrost geben und in 6 Tortenstücke schneiden.

Hinweis: Mit den Kichererbsen gibt es eine etwas trockene Konsistenz.

6426. Bunter Billigtopf, Dezember 2014

Für 2 Personen. – Wirsing und Paprika sind aus der „Billig-gemüseecke", genauso die Banane.

Als Gemüsepfanne 16 min. garen:

- 10 g Sonnenblumenöl
- 70 g Wasser
- 300 g Kartoffeln, gewaschen, in Scheiben
- 135 g Kürbis (ungeschält, ohne Kerne) in Stücken
- 175 g gelbe Paprika (netto) in kurzen Streifen
- 135 g Wirsing (gewaschen, ausgewrungen) in Streifen

Für die Soße im kleinen Mixer mischen:

- 125 g Hummuslike Creme apart (6424)
- 1 kleine geschälte Banane (75 g)
- 1/2 TL Salz
- 10 g Wasser
- 10 g Peperoniessig (7/4573)

Soße unter das Gemüse rühren, Becher mit

- ca. 25 g Wasser nachspülen,

ebenfalls unter das Gemüse geben und kurz aufkochen.

6427. Chocolate-Raisin-Oat Bikkies, Dezember 2014

- 200 g Weizen fein mahlen, mit
- 250 g Nackthafer, geflockt
- 2 geh. EL Kakaonibs (30 g)
- 50 g Rosinen
- 1 P Weinsteinbackpulver
- 1 Prise Salz und
- 1 gestr. TL gem. Vanille mischen.
- 200 g Honig mit
- 100 g Butter in einer Pfanne erwärmen, bis beide flüssig sind.

Buttermasse mit der Hafermischung verrühren (Holzlöffel). Mit den Händen zusammenpressen, Portionen abnehmen und zu Talern formen. Nebeneinander auf ein Perfect-Clean Blech legen, in dieser Zeit den Ofen auf 160 °C vorheizen. 20 Min. bei dieser Temperatur backen.

6428. Rosenkohlauflauf, Dezember 2014

Für 2-3 Personen

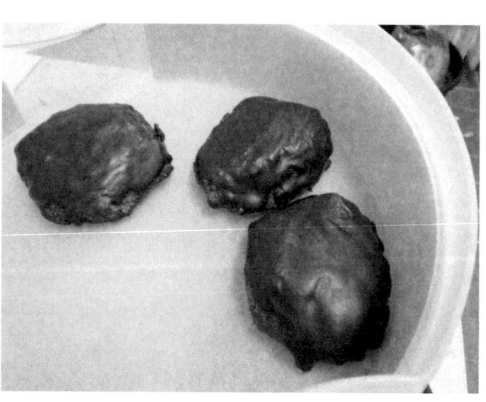

- 400 g Kartoffeln, gewaschen, in Scheiben (netto)
- 440 g Rosenkohl, geputzt, d.h. schlechte Blätter entfernt, Strunk kreuzweise eingeschnitten
- 100 g Maronen, vorgekocht (aus der Fertigpackung)

Diese Zutaten in eine ofenfeste Pfanne mit Deckel schichten. Für die Soße im Vitamix schlagen:

- 45 g geschälte Mandeln
- 60 g gekochte Kichererbsen
- 115 g Hummuslike Creme apart (6424 o. Ä.)
- 1 TL Salz
- 1 MS schwarzer Pfeffer
- 65 g Kürbis, ungeschält, ohne Kerne
- 400 g Wasser

Die Soße vorsichtig über das Gemüse gießen. Deckel auflegen und auf dem Gitterrost in den kalten Ofen schieben. 30 Min. bei 225 °C mit geschlossenem, und 25 Min. mit offenem Deckel garen.

6429. Lebkuchen optimal-minimal II, Dezember 2014

Vorläufer 6416

Für den Lebkuchen:

- 250 g Datteln
- 250 g Feigen
- 450 g Wasser (100 g für das Rezept verwahren).
- 6 g frische Orangenschale
- 175 g Weizen, gemahlen
- 225 g geschälte Mandeln
- 1 Päckchen Weinsteinbackpulver
- 1 geh. TL Natron
- 1 Prise Salz
- 1 geh. TL Ingwer, getrocknet
- 1 geh. TL gem. Vanille
- 10 g Lebkuchengewürz
- 1 geh. TL Zimt

Für die Glasur:

- 40 g Kakaobutter
- 30 g Kokosöl
- 80 g Honig
- 25 g Kakao
- 1 TL Lebkuchengewürz

Herstellung analog zum Vorläufer: Einweichen, Fruchtmasse mit der Zitronenschale, 100 g vom Einweichwasser und den Buchara-Weinbeeren im Vitamix oder einem anderen Mixer homogen mischen. Weizen in der Getreidemühle, Mandeln im TM fein mahlen. Die anderen trockenen Zutaten zu diesem Gemisch sieben. Das Fruchtgemisch zufügen und mit den Knethaken eines Handrührgeräts gut vermischen. Etwas ruhen lassen (15-20 Min.). Mit Hilfe eines Esslöffels und den feuchten Händen etwa 8 bis 10 mm hohe Lebkuchen formen, usw.

6430. Sonnige Hafertaler, Dezember 2014

Vorläufer: 6414

- 65 g Weizen und
- 135 g Dinkel fein mahlen.
- 125 g Nackthafer und
- 125 g Sonnenblumenkerne flocken (Vorsicht! Flocker sind da teils sehr empfindlich); mit
- 1 P Weinsteinbackpulver
- 1 Prise Salz und
- 1 gestr. TL gem. Vanille mischen.
- 200 g Honig mit
- 100 g Butter in einer Pfanne erwärmen, bis sie aufkochen.

Buttermasse mit der Hafermischung verrühren (Holzlöffel). Mit den Händen zusammenpressen, Portionen abnehmen und zu Talern formen. Nebeneinander auf ein Perfect-Clean Blech legen, in dieser Zeit den Ofen auf 160 °C vorheizen und 20 Min. bei 160 °C backen.

6431. Haselnuss-Rösti-Lebkuchen, Dezember 2014

6429 Vorläufer

Für den Lebkuchen:

- 250 g Datteln
- 250 g Feigen
- 450 g Wasser (100 g für das Rezept verwahren).
- 25 g Orangeat (z. B. 6460)
- 175 g Weizen, gemahlen
- 245 g Haselnüsse
- 1 Päckchen Weinsteinbackpulver
- 1 geh. TL Natron
- 1 Prise Salz
- 1 geh. TL Ingwer, getrocknet
- 1 geh. TL gem. Vanille
- 10 g Lebkuchengewürz
- 1 geh. TL Zimt
- 2 EL Sahne (ca. 20 g)

Für die Glasur:

- 45 g Kakaobutter
- 25 g Kokosöl
- 80 g Honig
- 25 g Kakao (Rohkost)
- 1 geh. TL Lebkuchengewürz

Datteln und Feigen (je nach Größe halbiert oder gedrittelt) in einer Pengdose mit dem Wasser übergießen und etwa 12 Std. gut verschlossen stehen lassen. Wasser abgießen - eignet sich hervorragend zum Süßen von Kakao. Die Fruchtmasse mit dem Orangeat und 100 g vom Einweichwasser im Vitamix oder einem anderen Mixer homogen mischen.

Haselnüsse in einer Pfanne rösten, bis sie duften. Weizen in der Getreidemühle, Nüsse im Thermomix fein mahlen. Die anderen trockenen Zutaten zu diesem Gemisch hinzusieben. Das Fruchtgemisch und die Sahne hinzugeben und mit den Knethaken eines Handrührgeräts gut vermischen. Etwas ruhen lassen. Mit Hilfe eines Esslöffels und den feuchten Händen etwa 8 bis 10 mm hohe Lebkuchen formen, leicht flachdrücken. Es gibt 22 Stück, die bei mir genau auf ein Backblech passten.

Ofen auf 225 °C erhitzen, die Lebkuchen einschieben. Auf 160 °C stellen und 10 Min. backen, dann weitere 20 Min. bei 140 °C backen.

Für die Glasur Kakaobutter, Kokosöl und Honig bei niedriger Temperatur schmelzen (max. 40 Grad). Mit einem Induktionsherd ist das einfach. Anschließend mit Kakaopulver und Lebkuchengewürz gut vermengen (kleiner Schneebesen). Lebkuchen, möglichst im Kühlschrank vorgekühlt, auf der Unterseite bestreichen, nebeneinander in Portionen auf ein Frühstücksbrettchen stellen und diese in den Kühlschrank setzen. Wichtig ist, die Brettchen Stück für Stück in den Kühlschrank zu tun, dann können die ersten Lebkuchen schon kühlen, während man die nächsten bestreicht. Wenn die Schokolade einigermaßen fest ist, das erste Brettchen aus dem Kühlschrank nehmen. Lebkuchen herunternehmen, Brettchen mit Haushaltsfolie bespannen. Lebkuchen nun auf der Oberseite mit Schokolade dick bestreichen und mit der Unterseite auf die Folie setzen. In den Kühlschrank stellen. Fortfahren, bis alle Lebkuchen beidseitig bestrichen sind. Die Schokolade reichte bei mir exakt für alle Lebkuchen.

6432. BW-Pudding, Dezember 2014

- 40 g Cashewnussmus (250 g Cashewkerne / 45 g Sonnenblumenöl)
- 10 g Mandeln
- 40 g Buchweizen ungemahlen
- 50 g Datteln ohne Steine
- 400 g Wasser

In einem Hochleistungsmixer bis zum Stocken laufen lassen.

6433. Schokocremeeis, Dezember 2014

- 10 g Mandeln mit
- 40 g Wasser zu einer Mandelmilch verschlagen. Hinzufügen:
- 3 entsteinte Datteln (ca. 20 g)
- 2 kleine Bananen, in Scheiben eingefroren (190 g netto)
- 1 geh. EL BW-Pudding 6432 (oder süße Stützcreme) (65 g) (oder 1 EL Mandelmus)
- 1 EL Kakao (20 g)
- 1 EL Walnüsse und je nach Hochleistungsmixer zu einem Eis verarbeiten. Wird fast fließfähig.

In eine Schüssel umfüllen und mit Kekskrümeln bestreuen (Beispiel Dekoration als Resteverwertung, geh. Nüsse oder Kokosraspeln sind genauso gut).

6434. Brüsseler Sprossen with Mustard Sauce, Dez. 2014

Als Erstes den Reis starten, der bleibt im Schnellkochtopf lange heiß.

- 200 g Reis
- 350 g Wasser
- 1 gute Prise Salz

Gemüse:

- 50 g Wasser..
- 15 g Sonnenblumenöl
- 240 g Rosenkohl netto, halbiert
- 125 g Hokkaido in Stücken (ungeschält, ohne Kerne)
- 80 g Wirsing in Streifen

Soße:

- 1 TL Salz
- 1 MS schwarzer gem. Pfeffer
- 2 g Kekskrümel (Resteverwertung, nicht erforderlich)
- 30 g Cashewnussmus (250 g Nüsse/45 g Sonnenblumenöl)
- 55 g BW-Pudding (6432)
- 15 g Senf
- 20 g Wasser

Reis: Den Reis im Schnellkochtopf als Erstes garen, er bleibt dort lange heiß. Stufe II im Schnellkochtopf 11 Min. garen, dann 10 Min. auf Stufe 2 und 1 langsam abdampfen lassen, evtl. die letzten Min., wenn das Gemüse noch gart nach dieser Zeit, vom Herd nehmen. *Gemüse:* Als Gemüsepfanne 15 Min. garen. *Soße und Fertigstellung:* Soßenzutaten im kleinen Mixer verquirlen. Soße unter das Gemüse rühren. Den Becher mit 60-80 g Wasser nachspülen, ebenfalls unter das Gemüse geben.

6435. Ofenkartoffeln mit Allerlei, Dezember 2014

Für 2 Personen; Gemüsereste in einer Gemüsepfanne sind immer lecker.

- Ca. 500 g kleine Kartoffeln

Längs halbieren, die Schnittfläche mit Salz einreiben. Mit der Schnitt-fläche nebeneinander in eine 28-cm-PerfectClean-Pizzaform setzen. In den kalten Ofen auf ein Gitterrost schieben. 20-25 Min. bei 220 °C (Heißluft) backen.

Als Gemüsepfanne 13 Min. dünsten:

- 55 g Wasser
- 10 g Kokosöl
- 175 g Wirsing, netto, in Streifen
- 100 g gelbe Paprika, netto, in Streifen
- 20 g feine Porreeringe
- 125 g Kürbis, ungeschält ohne Kerne, in Stücken

Für die Soße im kleinen Mixer verquirlen und unter das Gemüse rühren:

- 90 g passierte Tomaten (Lebegesund)
- 1 TL Salz
- 1 MS gem. Pfeffer
- 50 g Wasser
- 20 g Sahne

6436. Knoblauch-Voratsdressing, Dezember 2014

Im Hochleistungsmixer lauwarm laufen lassen:

- 50 g Sonnenblumenöl
- 55 g Ahornsirup oder Saft eingeweichter Trockenfrüchte
- 200 g Wasser
- 100 g Essig
- 20 g Shoyu (Sojasoße)
- 20 g Salz
- 125 g Mandeln
- 20 g frischer Knoblauch, netto
- 25 g Senf

Tipp: *Nicht nur im Salat schmeckt das Dressing - als Dip z. B. für Ofenkartoffeln ist es ebenfalls ausgezeichnet geeignet. In ein Schraubglas gefüllt hält es sich ca. 2 Wochen.*

6437. Bananenkekse, Dezember 2014

Immer wieder lese ich von Plätzchen, die nur mit Banane gesüßt werden. Ich hab's probiert... der Teig war einfach nicht süß genug. Wer es vegan möchte, nimmt ein veganes Süßungsmittel statt des Honigs. Ähnlich: 6430.

- 310 g Banane netto (3 kleine Bananen)
- 150 g Nackthafer
- 1/2 TL gem. Vanille
- 1 Prise Salz
- 100 g Mandeln
- 100 g Roggen
- 50 g Honig

Die geschälten Bananen im Mixer glatt schlagen (z. B. im kleinen Mixer, großer Becher). Hafer flocken. Mandeln grob mahlen (z. B. im kleinen Mixer). Roggen fein mahlen. Alle Zutaten mit den Rührbesen des Handrühr-geräts zu einer formbaren Masse verarbeiten. Etwa walnussgroße Teigmengen abnehmen, zwischen den immer wieder angefeuchteten Händen flachdrücken. Nebeneinander auf ein PerfectClean-Backblech (oder entsprechend vorbereiten) legen. In den kalten Ofen schieben und 30 Min. bei 160 °C backen. Auf einem Gitterrost auskühlen lassen.

6438. Heidelbeercreme-Eis, Dezember 2014

Ca. 3 Portionen (für 2 recht viel).

In einem Hochleistungsmixer:

* 2 kleinere Bananen (170 g netto)
* 40 g Cashewnussmus (250 g Nüsse / 40 g Sonnen-blumenöl)
* 50 g Einweichflüssigkeit von Trockenfrüchten (450 g Wasser / 500 g Datteln und Feigen; 12 Std.) gut verquirlen. Hinzugeben:
* 250 g gefrorene Heidelbeeren
* 90 g Eiswürfel und mit dem Stopfer auf höchster Geschwindigkeit zu Eis verarbeiten.

Tipp: Für Süßschnäbel sehr gut geeignet, sonst vielleicht einen Spritzer Zitronensaft hinzufügen.

6439. Sternhagelvoller Kakao, Dezember 2014

Im Hochleistungsmixer 4-7 Min. auf der Höchststufe laufen lassen:

* 3 TL Kakaonibs
* 2 entsteinte größere Datteln
* 1 TL Kakaopulver (schwach entölt)
* 2 Scheiben Ingwer (oder je nach Geschmack)
* 1 x Sternanis
* 1 TL Hirse
* 300-350 g Wasser

6440. Dünne Haferfladen optimal Dezember 2014

Vorläufer 6430.

* 125 g Nackthafer schroten (5/9, Hawos), mit
* 1/2 TL Natron mischen.
* 20 g geschälte Mandeln im kleinen Mixer mahlen, mit
* 100 g gekochten Sojabohnen
* 1 gestr. TL Salz
* 1 MS schwarzer gem. Pfeffer und
* 55 g Wasser mixen, zum Hafer geben. Becher mit
* 25 g Wasser nachspülen, ebenfalls zum Hafer geben. Mit einem Löffel gut verrühren.
* 5 g Sesam ungeschält
* 1 Prise Schwarzkümmel

Mit einem Silikonteigspatel oder den Händen (nass) in einer 28-cm-Perfect-Clean-Pizzaform (oder auf einem mit Dauerbackfolie/Backpapier ausgelegten Backblech) auseinanderdrücken. 6 Tortenstücke vorzeichnen, mit Sesam und Schwarzkümmel bestreuen.

Backofen (Klimagaren) auf 225 °C vorheizen, einschieben. 10 Min. auf 210 °C und 10 Min. auf 175 °C backen. Auf einen Gitterrost geben und in 6 Tortenstücke schneiden.

6441. Säuerlicher Sojastreich, Dezember 2014

Im kleinen Mixer, flaches Messer, gut mixen:

* 100 g gekochte Sojabohnen
* 1/2 TL Salz
* 15 g Peperoniessig (7/4573)
* 1 Knoblauchzehe, geschält & in Scheiben (2 g netto)
* 25 g Wasser
* 1 Olive als Dekoration

Tipp: Passt gut zu frischem Brot und Fladen, etwa 1-2 Portionen.

6442. Porrierte Pastinaken, Dezember 2014

Für 2 Personen

Gemüsepfanne 16 Min. aus:

- 100 g Wasser
- 350 g Kartoffeln, gewaschen, ungeschält, in Scheiben
- 200 g Pastinake, netto, in Scheiben oder Halbscheiben
- 140 g Porree, in Scheiben
- 2 Knoblauchzehen, abgezogen, in Scheiben (11 g)
- 20 g grüne Rosinen
- 25 g Cashewnüsse

Für die Soße im kleinen Mixer mixen:

- 100 g gekochte Sojabohnen
- 15 g Peperoniessig (7/4573)
- 1 Stück Essigpeperoni (5 g)
- 1 gestr. TL Salz
- 75 g Wasser;
- 1 Mandarine als Dekoration

Unter das Gemüse rühren und einmal kurz aufkochen. Auf dem Teller mit einer halben Mandarine dekorieren.

6443. Winter Brekkie (FKG), Dezember 2014

- 2 EL Nackthafer
- 1 EL Leinsamen
- 1 EL Sonnenblumenkerne
- 1 Apfel 90 g
- 1 Banane 95 g geschält
- 2 Clementinen zu je 60 g netto
- 1 Scheibe Zitronenfleisch (8 g)

Nackthafer in der Mühle schroten (Stufe 5/9, Hawos Novum). Leinsamen und Sonnenblumenkerne flocken (Sonnenblumenkerne nur ganz langsam in den Flocker gleiten lassen, nie zu viel auf einmal). Mischen.

Apfel, Banane und 1 Clementine vorschneiden, mit dem Zitronenfleisch im kleinen Mixer zu einem groben Brei verarbeiten (hochstehendes Messer). Über das Getreide gießen, mit der zerteilten zweiten Clementine dekorieren.

6444. Soja-Kakao, Dezember 2014

Im Vitamix, höchste Stufe ca. 5 Min.

- 30-35 g Mischung aus eingeweichten Feigen/Datteln (aus der Lebkuchenzubereitung)
- 1 EL Einweichflüssigkeit (s.o.)
- 15 g Kakaonibs (3 TL)
- 1 g Lebkuchengewürz
- 50 g gekochte Soja- oder weiße Bohnen (nur Sojabohnen von Lex! sonst besser weiße Bohnen)
- 5 g Ingwer frisch (nach Belieben - sehr gut als Vorbeugung gegen Erkältungen)
- 335 g Wasser

Die Wassermenge richtet sich nach der Menge der Zutaten und der Tasse, die verwendet wird. Ich habe eine große Tasse und weiß aus Erfahrung, dass 330-350 g Wasser da genau richtig sind.

6445. Chocolate-Raisin Bikkies herb, Dezember 2014

- 150 g Dinkel und
- 50 g Roggen fein mahlen, mit
- 250 g Nackthafer, geflockt
- 2 geh. EL Kakaonibs (30 g)
- 50 g grüne Rosinen
- 1 P Weinsteinbackpulver (gesiebt)
- 1 Prise Salz und
- 1 gestr. TL gem. Vanille mischen.
- 200 g Honig mit
- 80 g Butter in einer Pfanne mit
- 45 g Sahne erwärmen, bis die Masse kurz aufgekocht hat.

Buttermasse mit der Hafermischung verrühren (Holzlöffel). Mit den Händen zusammenpressen, Portionen abnehmen und zu Talern formen. Nebeneinander auf ein Perfect-Clean Blech (oder Blech mit Dauerbackfolie/Backpapier) legen, in dieser Zeit den Ofen auf 160 °C vorheizen. 20 Min. bei dieser Temperatur backen.

6446. Lebkuchen optimal-minimal III, Dezember 2014

Vorläufer 6429

Für den Lebkuchen:

- 250 g Datteln
- 250 g Feigen
- 460 g Wasser (100 g für Rezept verwahren).
- 8 g frische Zitronenschale
- 175 g Dinkel, gemahlen
- 225 g ungeschälte Mandeln
- 1 P Weinsteinbackpulver
- 1 geh. TL Natron
- 1 Prise Salz
- 1 geh. TL Ingwer, getrocknet
- 1 geh. TL gem. Vanille
- 10 g Lebkuchengewürz
- 1 Prise gem. Muskatnuss
- 1 geh. TL Zimt

Für die Glasur:

- 40 g Kakaobutter
- 30 g Kokosöl
- 80 g Honig
- 20 g Kakao
- 10 g Carob

Datteln und Feigen (je nach Größe halbiert oder gedrittelt) in einer Pengdose mit dem Wasser übergießen und etwa 12 Std. gut verschlossen stehen lassen. Wasser abgießen. Die Fruchtmasse mit der Orangenschale und 100 g vom Einweichwasser im Vitamix oder einem anderen Mixer homogen mischen.

Weizen in der Getreidemühle, Mandeln im TM fein mahlen. Die anderen trockenen Zutaten zu diesem Gemisch hinzusieben. Das Fruchtgemisch hinzugeben und mit den Knethaken eines Handrührgeräts gut vermischen. Etwas ruhen lassen. Mit Hilfe eines Esslöffels und den feuchten Händen etwa 8 bis 10 mm hohe Lebkuchen formen, leicht flachdrücken. Es gibt 20 Stück, die bei mir genau auf ein Backblech passten.

Ofen (Heißluft) auf 225 °C erhitzen, die Lebkuchen einschieben. Auf 160 °C stellen und 10 Min. backen, dann weitere 20 Min. bei 140 °C backen.

Für die Glasur Kakaobutter, Kokosöl und Honig bei niedriger Temperatur schmelzen (max. 40 Grad). Anschließend mit Kakaopulver und gesiebtem Carob gut vermengen (kleiner Schneebesen). Lebkuchen, möglichst im Kühlschrank vorgekühlt, auf der Unterseite bestreichen, nebeneinander in Portionen auf ein Frühstücksbrettchen stellen und diese in den Kühlschrank setzen. Wichtig ist, die Brettchen Stück für Stück in den Kühlschrank zu tun, dann können die ersten schon kühlen, während man die nächsten Lebkuchen bestreicht. Wenn die Schokolade einigermaßen fest ist, das erste Brettchen aus dem Kühlschrank nehmen. Die Glasur in der Zwischenzeit auf dem Wasserbad warmhalten. Lebkuchen herunternehmen, Brettchen mit Haushaltsfolie bespannen. Lebkuchen nun auf der Oberseite mit Schokolade dick bestreichen und mit der Unterseite auf die Folie setzen. In den Kühlschrank stellen. So fortfahren, bis alle Lebkuchen beidseitig bestrichen sind. Die Schokolade reichte bei mir nur knapp für alle Lebkuchen, da ich 23 statt sonst 20 hatte.

Tipp: Diese Glasur war besonders gelungen. Ob es an dem Carob liegt oder weil es mehr „Feststoffe" war?

6447. Schoko-Kekse, Dezember 2014

Vorläufer: 6437

- 150 g Dinkel und
- 50 g Roggen fein mahlen, mit
- 250 g Nackthafer, geflockt
- 50 g Kakaonibs
- 40 g Kakao, gesiebt mit
- 10 g Carob und
- 1 P Weinsteinbackpulver (gesiebt)
- 1 Prise Salz mischen.
- 235 g Honig mit
- 100 g Butter in einer Pfanne erwärmen, bis die Masse kurz aufgekocht hat.

Buttermasse mit der Hafermischung verrühren (Holzlöffel). Mit den Händen zusammenpressen, Portionen abnehmen und zu Talern formen. Nebeneinander auf ein Perfect-Clean Blech (oder Blech mit Dauerbackfolie/ Backpapier) legen, in dieser Zeit den Ofen auf 160 °C vorheizen. 20 Min. bei dieser Temperatur backen.

6448. Roter Reis mit Pastinöhre, Dezember 2014

Für 2 Personen

Reis:
- 200 g roter Reis (oder anderen Vollkornreis)
- 2 TL (10 g) Kräutermischung „Kräuter-Dip"
- 350 g Wasser

Reis mit Kräutermischung in 350 g Wasser (325 g hätten auch gereicht) 11 Min. auf Stufe II garen. Über 10 Min. langsam abdampfen lassen.

Pastinöhre:

Als Gemüsepfanne 15 Min. garen:
- 65 g Wasser
- 220 g Pastinake netto, in Scheiben / Halbscheiben / Streifen
- 135 g Möhre in Scheiben

Für die Soße im kleinen Mixer gut verquirlen, unter das Gemüse rühren und kurz aufkochen:

1/2 Apfel (55 g) in Würfeln

10 g Zitronenscheibe

1 TL Salz

45 g gek. Sojabohnen

15 g Senf

100 g Wasser (evtl. weitere 25 g zum Nachspülen)

6449. Röggeli (FKG), Dezember 2014

- 2 EL Roggen und
- 1 EL Leinsamen in eine Schüssel flocken.
- 1 kleine Banane (95 g netto) in Scheiben oder Halbscheiben schneiden,
- 110 g Birne (1/2 große) würfeln,
- 1 Clementine (60 g netto) in Stücke teilen. Das Obst zum Roggen geben, alles gut durchmischen und mit
- 15 g Walnüssen bestreuen.

Hinweise: Ist herzhaft im Biss, nicht so nass (dem einen oder anderen vielleicht zu trocken), zur Abwechslung mag ich das) und man schmeckt die Einzelzutaten gut heraus. – Ich nehme für mich meist nur noch 2 EL Getreide in das FKG, weil ich sehr oft noch Kakao anschließend trinke. Da finde ich das zu mächtig.

6450. Restlicher Kakao, Dezember 2014

Im Hochleistungsmixer 4-7 Min. laufen lassen:

- 10 g Kakaonibs
- 20 g Plätzchenkrümel vom Vortag (vom Backblech gesammelt)
- 105 g Einweichwasser von Datteln/Feigen (500 g) + 460 g Wasser (für Lebkuchen)
- 5 g Nackthafer
- 260 g Wasser

6451. Kräuterdip-Brötchen, Dezember 2014

- 100 g warmes Wasser
- 1/2 P frische Biohefe (ca. 21 g)
- 100 g Wasser
- 75 g Sojabohnen
- 2 gestr. TL Salz
- 450 g Dinkel
- 50 g Buchweizen
- 2 TL Kräuterdip (www.maiersgenuss.de) o. Ä.
- 50 + 20 g Wasser

Hefe mit einem Löffel in 100 g Wasser auflösen. Die Bohnen mit dem Salz in 100 g Wasser zu einer glatten Flüssigkeit mixen (kleiner Mixer). Dinkel und Buchweizen fein mahlen, in den Thermomix geben. Die Flüssigkeiten hinzugeben und die jeweiligen Behälter mit den 50 g Wasser nachspülen, ebenfalls in den Thermomix geben. Auf der Knetstufe 2 Min. kneten. Auf eine glatte Fläche geben und mit der Hand nochmals gut durchkneten, dabei schrittweise weitere 20 g Wasser einarbeiten.

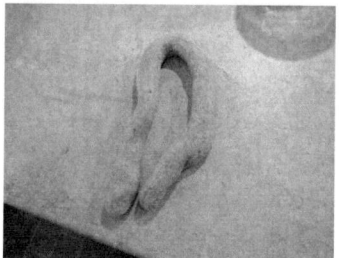

Zu einer Kugel unter Spannung formen und in einer geschlossenen Peng-Dose 30 Min. bei 35 °C (Ober-/Unterhitze) gehen lassen. Wer keinen Ofen mit dieser Einstellung hat, muss die Gehzeit dementsprechend verlängern, bis der Teig sich deutlich vergrößert hat bzw. die Peng-Dose „ploppt".

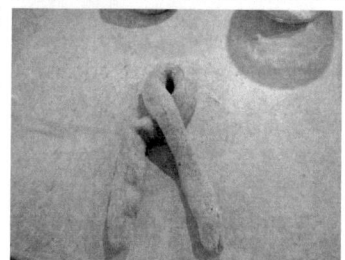

Nochmals mit der Hand durcharbeiten. Mein Teigstück wog 840 g. Für 10 Brötchen bedeutet das 84 g / Brötchen. Teig erst in zwei Teile teilen (abwiegen, je 420 g), einen Teil zu einer Kugel unter Spannung formen und zur Seite legen. Vom zweiten Teil jeweils 84 g schwere Teiglinge abwiegen.

Jeden Teigling kurz durchkneten, zu einer 2 Handbreiten langen Rolle formen. Ein U mit der Rundung nach oben legen, die beiden Teigenden miteinander verkreuzen, und zweimal wiederholen. Die unteren beiden Enden unter das Brötchen liegen und etwas zusammendrücken.

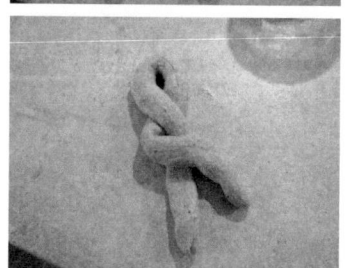

Auf ein Perfect-Clean-Lochblech (oder ein mit Backpapier ausgelegtes Backblech) legen. Mit Wasser einsprühen. Mit Gehfolie abdecken und 15 Min. bei 35 °C gehen lassen.

Aus dem Ofen nehmen und den Ofen (Klimagaren) auf 250 °C aufheizen, dabei ein zweites Blech einschieben, damit Staub aus dem Lochblech später nicht den Ofen verschmutzt.

Einschieben, Klimagaren starten und 20 Min. bei 190 °C garen. Klopfprobe machen, auf ein Gitterrost geben, mit Wasser einsprühen und abkühlen lassen.

6452. Mörinaken-Puffer, Dezember 2014

Reicht für 2 Personen als Beilage.

- 1 kleinere Pastinake (85 g netto)
- 280 g Möhren (netto) und
- 15 g Porree (netto), vorgeschnitten, im Thermomix auf Stufe 4 grob zerkleinern. Mit
- 2 TL Aioli (www.maiersgenuss.de) und
- 1/2 TL Salz vermischen.

Im kleinen Mixer:

- 100 g gekochte Sojabohnen mit
- 50 g Wasser verquirlen, hinzugeben. Becher mit
- 30 g Wasser nachspülen, ebenfalls hinzufügen.
- 3 EL Dinkel (ca. 50 g) flocken, unter das Gemüse rühren.

Aus dem Teig mit den Händen vorsichtig 12 frikadellengroße Puffer formen und auf ein Perfect-Clean-Backblech legen (oder Dauerbackfolie benutzen). Während dieser Zeit den Ofen auf 200 °C vorheizen. Insgesamt 30 Min. backen, nach 20 Min. ganz, ganz vorsichtig mit einem Pfannenwender umdrehen.

Tipp: *Dazu schmeckt lecker ein kleiner Salat aus Eisbergsalat, etwas gelber Paprika und Standarddressing.*

6453. Hoisin-Soße vegan, Dezember 2014

Im Vitamix pürieren:

- 50 g Essigpeperoni (7/4573)
- 15 g Shoja (oder Tamari / andere Sojasoße)
- 50 g Apfelessig
- 50 g Cashewnussmus (200 g Cashews / 40 g Sonnenblumenöl)
- 55 g entsteinte Datteln
- 50 g Mandeln
- 25 g Knoblauchzehen netto
- 3 g gem. schwarzer Pfeffer
- 10 g Salz

Wer keine Essigpeperoni hat, kann 2-3 getrocknete Chilischoten verwenden. Im Schraubglas im Kühlschrank aufbewahren. Geht zurück auf ein Rezept aus 2013.

6454. Gingerette (FKG), Dezember 2014

2 Personen

Abends:

- 6 EL Sechskorngetreide schroten und in ca.
- 160 g Wasser (in 2 Portionen) über Nacht einweichen.

Morgens:

- 2 EL Leinsamen
- 18 g Zitronenfleisch
- 3 g frischer Ingwer
- 195 g Apfelsine (netto)
- 175 g Banane (2 kleine netto)
- 140 g Apfel (1 mittelgroßer)
- 30 g Cashewnüsse

Leinsamen über das eingeweichte Getreide flocken. Alle anderen Morgenzutaten außer den Cashewnüssen im Hochleistungsmixer pürieren, über das Getreide verteilen. Cashewnüsse als Dekoration darüber streuen.

6455. Kakao mit veganem Saft, Dezember 2014

Im Hochleistungsmixer 4-7 Min. laufen lassen:

- 2 TL Kakaonibs (8 g)
- 115 g Einweichflüssigkeit von Datteln+Feigen (500 g) in 460 g Wasser
- 15 g Hirse
- Ingwer nach Geschmack
- 250 g Wasser (je nach Tassengröße)

6456. Ofenkartoffeln mit Rattattatouille, Dezember 2014

2 Personen

Ofenkartoffeln:

- 480 g Kartoffeln, gewaschen, längs in Hälften geschnitten
- 1 TL Salz, die Schnittseiten damit einreiben.

Kartoffeln mit der Schnittfläche nach unten auf eine 28-cm-Pizzaform „PerfectClean" (oder Dauerbackfolie usw.) legen. In den Ofen schieben, „Schnellheizen" einstellen. Sobald 230 °C erreicht sind, 20 Min. backen lassen. In dieser Zeit das Gemüse vorbereiten.

Rattattatouille, als Gemüsepfanne (13 Min):

- 25 g Hoisin-Soße vegan (6453) mit 100 g Wasser gut verquirlen, mit
- 4 g Sonnenblumenöl in eine Pfanne geben, dazu
- 75 g Möhre, in dünnen Scheiben
- 1 Zucchini (240 g netto, in Scheiben)
- 1 Aubergine (280 g netto, gewürfelt)

Für die Soße:

- 50 g Kichererbsen
- 15 g Cashewnussmus
- 1 TL Salz
- 1 geh. TL Kräuter-Dip (Maiers-Genuss.de), 5 g
- 80 g Wasser im kleinen Mixer verquirlen, unter das Gemüse rühren und aufkochen.

6457. Schokokos-Kekse, Dezember 2014

- 200 g Dinkel fein mahlen, mit
- 200 g Kokosraspeln
- 50 g Kakaonibs
- 30 g Kakao, gesiebt mit
- 10 g Carob und
- 1 P Weinsteinbackpulver (gesiebt)
- 1/2 TL Vanille
- 1 Prise Salz mischen.
- 205 g Honig mit
- 100 g Butter in einer Pfanne erwärmen, bis die Masse kurz aufgekocht hat
- 2 EL Sahne (20 g)

Buttermasse mit der Kokosmischung verrühren (z. B. Holzlöffel), wenn der Teig sich nicht gut zusammenpressen lässt, die Sahne noch ein-

arbeiten. Portionen abnehmen und zu Talern pressen. Nebeneinander auf ein Perfect-Clean Blech (oder Blech mit Dauerbackfolie/Backpapier) legen, in dieser Zeit den Ofen auf 160 °C vorheizen. 20 Min. bei dieser Temperatur backen.

6458. Creme brüllend (FKG), Dezember 2014

Vorabend:
- 6 EL Dinkel schroten (5/9, Hawos Novum), auf 2 Schüsselchen verteilen, darüber
- 160 g Wasser gießen und über Nacht abgedeckt quellen lassen.

Morgens:
- 1/2 Birne (120 g)
- 1 Orange (195 g netto)
- 1 Banane (95 g netto)
- 40 g Sahne
- 1 Clementine (60 g brutto)

Von der geschälten Orange 2 Spalten zur Seite legen. Birne, restliche Orange, Banane und Sahne pürieren (Vitamix). Über das Getreide verteilen. In die Mitte je eine Orangenspalte setzen, die geschälte Clementine in Stücke teilen und ebenfalls als Deko verwenden.

6459. Carobisierter Kicherkakao, Dezember 2014

Im Hochleistungsmixer 4-7 Min. laufen lassen:
- 10 g (2 TL) Kakaonibs
- 5 g Carob
- 4 g frischer Ingwer
- 1 große Dattel, 25 g netto
- 40 g gekochte Kichererbsen
- 340 g Wasser (richtet sich nach der Tasse)

Tipp: Das Wasser hier im Rezept stammt aus einem Honigglas: Wenn ich keinen Honig mehr herausbringen kann, fülle ich das Glas mit Wasser und lasse es 12-24 Std. stehen, dann hat sich der Honig gelöst.

6460. Orangeat, Dezember 2014

Es gibt schon ein Orangeat-Rezept von mir, aber heute mache ich das anders. Ich sammle nicht mehr:
- Frische Orangenschale
- Flüssiger Honig

Jeweils von der benutzten Orangenmenge die Schale mit einem Messer in kleine Würfel schneiden. In ein Schraubglas geben, Honig darüber gießen und das Glas gut verschließen. Ab und an drehen, damit sicher der Honig verteilt. So viele Tage weitermachen, bis das Glas voll ist. Dann im Kühlschrank aufbewahren.

Wenn man sehr lange braucht, um die entsprechende Menge zusammenzubekommen, fängt die Masse an zu gären. Das wird alkoholisch, was auch seinen eigenen Reiz hat.

6461. Röggelchen de luxe (FKG), Dezember 2014

2 Personen

Vorabend:
- 6 EL Roggen
- 160 g Wasser

Roggen schroten und auf zwei Schüsselchen verteilen. Wasser vorsichtig darüber gießen und abgedeckt über Nacht stehen lassen (nicht im Kühlschrank). Für „Morgens" siehe nächste Seite.

Morgens:

- 2 EL Leinsamen
- 2 Äpfel (280 g)
- 1 Apfelsine (175 g netto)
- 1 kleine Banane (90 g netto)
- 1 Stück Möhre (80 g)
- 1 Clementine (75 g netto)
- 2 EL Sahne
- 1,5 TL Kakaonibs (Rohkostqualität)

Leinsamen flocken und über das eingeweichte Getreide verteilen. Einen Apfel würfeln, über den Leinsamen streuen. Den zweiten Apfel mit Apfelsine, Banane und Möhrenstück pürieren (z. B. im Vitamix). Auf die Schüsseln verteilen. Clementine in Stücke teilen, die Stücke am Rand senkrecht in die Schüsselchen stellen, Sahne darüber gießen und mit Kakaonibs bestreuen.

Tipp: Die Möhren schmeckt man nicht heraus, sie geben eine schöne Farbe. Genommen habe ich sie, weil sie ein wenig schrumpelig waren - gar nicht geeignet für Salat und auch gekocht nicht mehr wirklich schön. Aber zu gut zum Wegwerfen.

6462. Carrot Coca, Dezember 2014

Ebenfalls eine Art und Weise, nicht mehr ansehnliche Möhren nachhaltig verschwinden zu lassen.

Im Hochleistungsmixer 4-7 Min. mixen:

- 50 g Möhre
- 10 g Kakaonibs
- 1 TL Kakaopulver (5 g)
- 5 g Ingwer (nach Belieben)
- 2 TL Hirse (10 g)
- 1 entsteinte Dattel (20 g)
- 335 g Wasser

6463. Nussreiscreme 2, Dezember 2014

Vorläufer 8/6097

Im Hochleistungsmixer 4-5 Min. laufen lassen, bis es stockt:

- 50 g Langkornreis
- 25 g geschälte Mandeln
- 350 g Wasser

6464. Verbuchte KokoRoScho-Taler, Dezember 2014

Vorläufer 6457

- 175 g Dinkel und
- 25 g Roggen fein mahlen, mit
- 200 g Kokosraspeln
- 2 geh. EL Kakaonibs (30 g)
- 50 g grüne Rosinen
- 1 P Weinsteinbackpulver (gesiebt)
- 1 Prise Salz und
- 1 gestr. TL gem. Vanille mischen.
- 200 g Honig mit
- 100 g Butter in einer Pfanne mit
- 20 g Sahne erwärmen, bis die Masse flüssig ist.

Buttermasse mit der Kokosmischung verrühren (Holzlöffel).

Mit den Händen (immer wieder nass gemacht) zusammenpressen, Portionen abnehmen und zu Talern formen Nebeneinander auf ein Perfect-Clean Blech (oder Blech mit Dauerbackfolie/Backpapier) legen, in dieser Zeit den Ofen auf 160 °C vorheizen. 20 Min. bei dieser Temperatur backen.

6465. Aioli-Dip, Dezember 2014

Reicht für 2 Personen als Vorspeise mit Gemüsesticks oder kleinen Minibrötchen.

- 75 g Nussreiscreme 2 (6463 o. Ä.)
- 50 g Cashewnussmus (hier: 250 g Cashew / 40 g Öl)
- 1 geh. TL „Ajoli-Gewürzmischung" von Maiersgenuss.de *
- 1/2 TL Salz

Einfach sorgfältig mit einem Teelöffel verrühren und: fertig.

Jede andere Gewürzmischung oder getrocknete Kräuter gehen natürlich auch.

6466. Minibrötchen, Dezember 2014

- 200 g Dinkel
- 50 g Buchweizen
- 1 TL Salz
- 1/2 P Bio-Hefe (21 g)
- 100 g Wasser
- 60 g Nussreiscreme 2 (6463 o. Ä.)
- 5-6 g Sonnenblumenöl

Getreide mischen und fein mahlen. Salz hinzugeben. Hefe in Wasser auflösen. Mit der Nussreiscreme zum Getreide geben. Erst mit einem Löffel verrühren, dann mit der Hand einige Min. (3-4) gut durchkneten. In einer Pengdose 60 Min. gehen lassen.

Portionen zwischen 15 und 17 g abnehmen, zwischen den mit Öl benetzten Händen zu einer Kugel formen. Eine Seite zum Aufstellen abflachen, die andere etwas hochziehen. Nebeneinander auf ein PerfectClean Blech setzen.

In den kalten Ofen schieben. Klimagaren auf 225 °C stellen, dann Temperatur auf 175 °C herunterstellen und 5 Min. backen.

Tipps: *Klein gehalten, weil sie mit einem Dip als Vorspeise dienen. Wer gut plant, kann sie auch warm herstellen. Ich habe das nicht gemacht, weil es eine überbackene Hauptspeise gab.*

6467. Tante Clementine, Dezember 2014

2 Desserts

- 3 Clementinen (150 g netto)
- 25 g Pampelmusat (oder Zitronat, parallel 6460)
- 20 g Honig
- 150 g Nussreiscreme 2 (6463 o. Ä.)
- 15 g rote Konfitüre oder Gelee

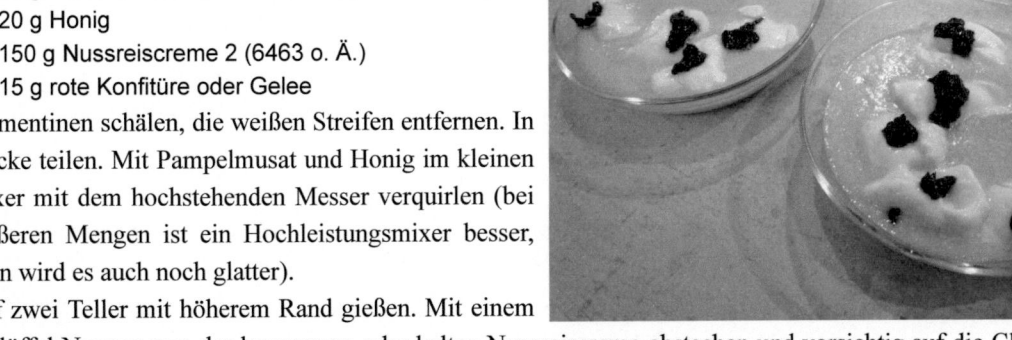

Clementinen schälen, die weißen Streifen entfernen. In Stücke teilen. Mit Pampelmusat und Honig im kleinen Mixer mit dem hochstehenden Messer verquirlen (bei größeren Mengen ist ein Hochleistungsmixer besser, dann wird es auch noch glatter).

Auf zwei Teller mit höherem Rand gießen. Mit einem Teelöffel Noppen von der lauwarmen oder kalten Nussreiscreme abstechen und vorsichtig auf die Clementinenmasse stürzen. Auf jeden Nussreiscreme-Noppen einen kleinen Klecks Konfitüre geben. Im Kühlschrank aufbewahren.

6468. Mediterran überbacken, Dezember 2014

Als Gemüsepfanne 15 Min.:

- 95 g Wasser
- 3-4 Tropfen Sonnenblumenöl
- 300 g Kartoffeln, netto, gewaschen, in Scheiben
- 50 g Zwiebeln, netto, in feinen Scheiben/Ringen
- 215 g Zucchini, in Scheiben
- 205 g Aubergine, grob gewürfelt

Für die Soße im kleinen Mixer verquirlen:

- 20 g Sonnenblumenöl
- 70 g Nussreiscreme 2 (6463 o. Ä.)
- 75 g gekochte Kichererbsen
- 1 TL Salz
- 1 MS schwarzer Pfeffer
- 45 g Wasser

Unterrühren. Stehen lassen bis 20 Min. vor dem Essen. Dann nach Wunsch mit Käse oder Sonnenblumenkernen belegen und 10 Min. bei 220 °C (Umluft)Grillen.

6469. Knackig-Süß, Dezember 2014

FKG ohne Einweichen, 2 Personen

- 4 EL Nackthafer
- 2 EL Leinsamen
- 2 EL Sonnenblumenkerne
- 45 g Sahne
- 1 große Birne (220 g)
- 2 Bananen (225 g netto)
- 1 Apfel (140 g)
- 1/2 TL Kakao
- 2 EL Buchweizen
- 2 Cashewnüsse

Hafer, Leinsamen und Sonnenblumenkerne zusammen flocken. Auf zwei Schüsselchen verteilen. Sahne mit dem vorgeschnittenen Obst pürieren, auf die Getreidemischung geben. Oberfläche mit dem Kakao „einsieben". Darüber den Buchweizen streuen, in die Mitte je 1 Cashewnuss stecken.

6470. Oh My Sweek Coca, Dezember 2014

Im Hochleistungsmixer 4-7 Min. schlagen:

- 15 g Kakaonibs
- 15 g Cashewnüsse
- 2 große entsteinte Datteln (50 g netto)
- 5 g frischer Ingwer
- 340 g Wasser

Hinweis: *Mit den großen Datteln sehr süß, für einen Weihnachtsmorgen okay ;-)*

6471. Nussreiscreme Slightly Sweet, Dezember 2014

Vorläufer 6463

Im Hochleistungsmixer 4-5 Min. laufen lassen, bis es stockt:

- 30 g Feigen-Dattel-Gemisch eingeweicht (Rest von Lebkuchenherstellung)
- 50 g Langkornreis
- 25 g geschälte Mandeln
- 350 g Wasser

6472. Lebkuchen optimal-vegan, Dezember 2014

Vorläufer: 6446

Für den **Lebkuchen**:

- 250 g Datteln
- 250 g Feigen
- 460 g Wasser (100 g für das Rezept verwahren).
- 8 g frische Mandarinenschale
- 5 g frischer Ingwer
- 175 g Dinkel, gemahlen
- 225 g ungeschälte Mandeln
- 2 bittere Mandeln
- 1 P Weinsteinbackpulver
- 1 geh. TL Natron
- 1 Prise Salz
- 1 TL Ingwer, getrocknet
- 1/2 TL gem. Vanille
- 10 g Lebkuchengewürz
- 1 Prise gem. Muskatnuss

Für die **Glasur**:

- 40 g Kakaobutter
- 35 g Kokosöl
- 65 g Ahornsirup
- 15 g Kakao
- 10 g Carob

Datteln und Feigen (je nach Größe halbiert oder gedrittelt) in einer Pengdose mit dem Wasser übergießen und etwa 12-24 Std. gut verschlossen stehen lassen. Wasser abgießen - eignet sich hervorragend zum Süßen von Kakao. Die Fruchtmasse mit Mandarinenschale, Ingwer und 100 g vom Einweichwasser im Vitamix oder einem anderen Mixer homogen mischen.

Dinkel in der Getreidemühle, Mandeln im Thermomix fein mahlen. Die anderen trockenen Zutaten zu diesem Gemisch hinzusieben. Das Fruchtgemisch hinzugeben und mit den Knethaken eines Handrührgeräts gut vermischen. Etwa 15 Min. ruhen lassen. Mit Hilfe eines Esslöffels und den feuchten Händen etwa 8 bis 10 mm hohe Lebkuchen formen, leicht flachdrücken. Es gibt etwa 20 Stück, die bei mir genau auf ein Backblech passten.

Ofen (Heißluft) auf 225 °C erhitzen, die Lebkuchen einschieben. Auf 160 °C stellen und 10 Min. backen, dann weitere 20 Min. bei 140 °C backen.

Für die Glasur Kakaobutter, Kokosöl und Ahornsirup bei niedriger Temperatur schmelzen (max. 40 Grad). Anschließend mit Kakaopulver und gesiebtem Carob gut vermengen (kleiner Schneebesen). Lebkuchen, möglichst im Kühlschrank vorgekühlt, auf der Unterseite bestreichen, nebeneinander in Portionen auf ein Frühstücksbrettchen stellen und diese in den Kühlschrank setzen. Wichtig ist, die Brettchen nacheinander einzeln in den Kühlschrank zu stellen, dann können die ersten schon kühlen, während man die nächsten bestreicht. Wenn die Schokolade einigermaßen fest ist, das erste Brettchen aus dem Kühlschrank nehmen. Die Glasur in der Zwischenzeit auf dem Wasserbad warmhalten. Lebkuchen herunternehmen, Brettchen mit Haushaltsfolie bespannen. Lebkuchen nun auf der Oberseite mit Schokolade dick bestreichen und mit der Unterseite auf die Folie setzen. In den Kühlschrank stellen. So fortfahren, bis alle Lebkuchen beidseitig bestrichen sind. Die Schokolade reichte bei mir nur knapp für alle Lebkuchen, da ich 23 statt sonst 20 hatte.

6473. Hafertaler vegan, Dezember 2014

Vorläufer 6447

- 200 g Dinkel fein mahlen, mit
- 210 g Nackthafer, geflockt,
- 40 g Nacktgerste, geflockt, und
- 50 g Kakaonibs verrühren.
- 1 Päckchen Weinsteinbackpulver (gesiebt)
- 1 Prise Salz und
- 1 gestr. TL gem. Vanille unterrühren
- 195 g Einweichflüssigkeit (500 g Feigen+Datteln/460 g Wasser; von Lebkuchen)
- 30 g Ahornsirup und
- 75 g Sonnenblumenöl.

Flüssigkeiten mit der Hafermischung verrühren (Löffel). Mit den Händen (immer wieder nass gemacht) zusammenpressen, Portionen abnehmen und zu Talern pressen. Nebeneinander auf ein Perfect-Clean Blech (oder Blech mit Dauerbackfolie/Backpapier) legen, in dieser Zeit den Ofen auf 160 °C vorheizen. 20 Min. bei dieser Temperatur backen.

6474. Auberginensuppe, Dezember 2014

2 Personen; 3 Teller Suppe

- 160 g Aubergine
- 55 g Zwiebel (netto)
- 1 Kartoffel (75 g)
- 500 g Wasser
- 1 gestr. TL Salz
- 1 geh. TL Kräuter-Dip (www.maiersgenuss.de) o. Ä.
- 25 g Cashewnussmus (250 g Cashew/40 g Öl)
- Nach Wunsch 2-3 TL Sahne

Aubergine, Zwiebel und Kartoffel vorschneiden. Mit dem Wasser in den Thermomix geben und zerkleinern (einige Sek. Stufe 4). 20 Min. bei 100 °C, Stufe 1 kochen (nach 10 Min. auf 90 °C herunterstellen). Salz, Kräuter und Cashewnussmus hinzugeben, 10 Sek./Stufe 10 pürieren. Zwei Teller füllen und, je nach Wunsch, etwas Sahne einträpfeln lassen. Dazu 2 Brötchen reichen.

6475. Banana-Boot, Dezember 2014

- 1 mittelgroße Banane (ca. 100 g netto)
- 2 EL Rest Schokoladenguss (s. Lebkuchen z. B. 6472)
- 165 g Nussreiscreme slightly Sweet (6471)
- nach Wunsch: 10 g Konfitüre (s. Kirsch von Tarpa, nur Honig und Frucht)

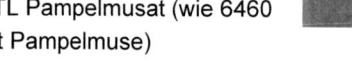

Banane längs teilen, quer in 6 Stücke schneiden. Unterseite mit Schokoladenguss bestreichen, abkühlen und fest werden lassen, umdrehen und Oberseite bestreichen. Im Kühlschrank fest werden lassen. Nussreiscreme grob mit Konfitüre verrühren, auf zwei Teller verteilen und glatt streichen. Bananen darauf legen.

6476. Boxing Breakfast, Dezember 2014

Der 2. Weihnachtstag heißt in England „Boxing Day".
Vorabend; als zwei Portionen zubereiten.

- 6 EL Sechskorngetreide schroten, mit
- 160 g Wasser übergießen. Abgedeckt über Nacht außerhalb des Kühlschranks stehen lassen.

Morgens:

- 2 EL Leinsamen
- 40 g getrocknete Mango
- 35 g geschälte Mandeln
- 1/2 Vanilleschote (1 g)
- 300 g Wasser
- 45 g Sahne

- 1 Banane (145 g netto)
- 2 Clementinen (110 g netto)
- 1 Apfel (145 g)
- 2 TL Pampelmusat (wie 6460 mit Pampelmuse)

Leinsamen flocken, auf das Getreide geben. Mango, Mandeln und Vanilleschote im Wasser zu einem Pudding im Hochleistungsmixer lauwarm laufen lassen (ohne Hochleistungsmixer: Mango und Mandeln im Wasser vorher 12 Std. einweichen; gem. Vanille nehmen). Auf den Leinsamenschrot gießen.

Im selben Hochleistungsmixer Sahne, Banane, Clementine und Apfel (grob vorgeschnitten) pürieren (nicht zu lange laufen lassen, es soll kein Smoothie werden. Die Mangomasse damit bedecken, in die Mitte 1 TL Pampelmusat setzen.

6477. Pampiger Kakao, Dezember 2014

Im Hochleistungsmixer 4-7 Min. laufen lassen:

* 10 g Kakaonibs
* 1 geh. EL Hirse (ca. 17 g), ungekocht
* 7 g frischer Ingwer
* 20 g Pampelmusat
* 340 g Wasser

Hinweis: *Das Pampelmusat schmeckt stark durch, man muss das schon mögen :-) oder stärker süßen.*

6478. Dünne Haferfladen Aioli, Dezember 2014

* 250 g Nackthafer schroten (5/9 Hawos), mit
* 1 TL Natron mischen.
* 20 g geschälte Mandeln im kleinen Mixer mahlen, mit
* 100 g gekochten weißen Bohnen
* 125 g Nussreiscreme slightly sweet (6471 o. Ü.)
* 1 gestr. TL Salz
* 1 MS schwarzer gem. Pfeffer
* 125 g Wasser mixen,
* 2 gestr. TL Aioli-Gewürzmischung (maiersgenuss.de) hinzufügen und nochmals kurz durchmixen; zum Hafer geben. Becher mit
* 30 g Wasser nachspülen, ebenfalls zum Hafer geben. Mit einem Löffel gut verrühren.
* 20 g Sesam ungeschält und
* Eine Prise Schwarzkümmel zum Bestreuen

Mit einem Silikonteigspatel (nass) auf einem Perfect-Clean-Backblech (oder auf einem mit Dauerbackfolie/Backpapier ausgelegten Backblech) gleichmäßig verstreichen. Mit dem Silikonspatel Quadrate zeichnen (horizontale und vertikale Linien im Abstand von 5-7 cm). Mit Sesam und Schwarzkümmel bestreuen.

Backofen (Klimagaren) auf 225 °C vorheizen, einschieben. 10 Min. auf 210 °C und 10 Min. auf 175 °C backen. Auf einen Gitterrost geben und in 6 Tortenstücke schneiden.

6479. Bohnensalat Notbehelf, Dezember 2014

* 200 g gekochte weiße Bohnen
* 1 Tomate (75 g) gewürfelt
* 15 g Porree in dünnen Streifen
* 1 EL Sonnenblumenöl
* 1-2 Prisen Salz
* 1 kleine Prise schwarzer Pfeffer

In der angegebenen Reihenfolge in eine kleine Schüssel geben.

Hinweis: *Geht sehr schnell!*

6480. Wirklich Petit Dejeuner, Dezember 2014

* 1 Banane (100-105 g netto)
* 1 Clementine (75 g netto)
* 1 EL Roggen
* 1 EL Leinsamen
* 1 EL Buchweizen
* Einige Cashewnüsse

Banane und Clementine vorzerkleinern und im kleinen Mixer pürieren. In eine Schüssel gießen. Roggen und Leinsamen darüber flocken. Mit Buchweizen und ein paar Cashewnüssen bestreuen.

6481. Weihnachtsendkakao, Dezember 2014

Im Hochleistungsmixer 4-7 Min laufen lassen:

- 5 g Mandarinenschale
- 1 x Sternanis
- 2 Kardamomkapseln
- 1 Prise Muskat
- 5 g frischer Ingwer
- 10 g Kakaonibs
- 1 TL Kakaopulver
- 15 g Naturreis
- 340 g Wasser
- 55 g eingeweichte Dattel-Feigen-Mischung (von Lebkuchen)

6482. Lebkuchenfinale, Dezember 2014

Vorläufer 6472. Die letzte für diese Saison.

Für den Lebkuchen:

- 250 g Datteln
- 250 g Feigen
- 460 g Wasser (100 g für das Rezept verwahren).
- 15 g frische Mandarinen-schale o. Ä.
- 150 g gem. Dinkel
- 25 g gem. Roggen
- 225 g ungeschälte Mandeln
- 3 bittere Mandeln
- 1 Päckchen Weinsteinbackpulver
- 1 geh. TL Natron
- 1 Prise Salz
- 1 geh. TL getr. Ingwer
- 1/2 TL gem. Vanille
- 1 geh. TL Zimt
- 10 g Lebkuchengewürz
- 1 Prise gem. Muskatnuss

Für die Glasur:

- 50 g Kakaobutter
- 20 g Kokosöl
- 75 g Honig
- 15 g Kakao
- 10 g Carob

Datteln und Feigen (je nach Größe halbiert oder gedrittelt) in einer Pengdose mit dem Wasser übergießen und etwa 12-24 Std. gut verschlossen stehen lassen. Wasser abgießen (eignet sich hervorragend zum Süßen von Kakao). Die Fruchtmasse mit Mandarinenschale und 100 g vom Einweichwasser im Vitamix oder einem anderen Mixer homogen mischen.

Getreide in der Getreidemühle, Mandeln im TM fein mahlen. Die anderen trockenen Zutaten zu diesem Gemisch hinzusieben. Das Fruchtgemisch hinzugeben und mit den Knethaken eines Handrührgeräts gut vermischen. Etwa 15 Min. ruhen lassen. Mit Hilfe eines Esslöffels und den feuchten Händen etwa 8 bis 10 mm hohe Lebkuchen formen, leicht flachdrücken. Es gibt etwa 20 Stück, die bei mir genau auf ein Backblech passten.

Ofen (Heißluft) auf 225 °C vorheizen, die Lebkuchen einschieben. Auf 160 °C stellen und 10 Min. backen, dann weitere 20 Min. bei 140 °C backen.

Für die Glasur Kakaobutter, Kokosöl und Ahornsirup bei niedriger Temperatur schmelzen (max. 40 Grad). Anschließend mit Kakaopulver und gesiebtem Carob gut vermengen (kleiner Schneebesen). Lebkuchen, möglichst im Kühlschrank vorgekühlt, auf der Unterseite bestreichen, nebeneinander in Portionen auf ein Frühstücksbrettchen stellen und diese in den Kühlschrank setzen. Wichtig ist, die Brettchen eins nach dem anderen in den Kühlschrank zu stellen, dann können die ersten Lebkuchen schon kühlen, während man die nächsten bestreicht. Wenn die Schokolade einigermaßen fest ist, das erste Brettchen aus dem Kühlschrank nehmen. Die Glasur in der Zwischenzeit auf dem Wasserbad warmhalten. Lebkuchen herunternehmen, Brettchen mit Haushaltsfolie bespannen. Lebkuchen nun auf der Oberseite dick mit Schokolade bestreichen und mit der Unterseite auf die Folie setzen. In den Kühlschrank stellen. So fortfahren, bis alle Lebkuchen beidseitig bestrichen sind. Die Schokolade reichte bei mir nur knapp für alle Lebkuchen, da ich 23 statt sonst 20 hatte.

6483. Peanutty Choccy Oat Bikkies, Dezember 2014

Vorläufer 6473

- 150 g Dinkel und
- 50 g Nacktgerste fein mahlen, mit
- 250 g Nackthafer, geflockt
- 50 g Kakaonibs
- 50 g Erdnüsse (gesalzen, geröstet), grob gehackt (TM z. B.)
- 1 P Weinsteinbackpulver
- 1/2 TL Vanille
- 1 Prise Salz mischen.
- 200 g Honig mit
- 100 g Butter in einer Pfanne erwärmen, bis die Masse kurz aufgekocht hat

Buttermasse mit der Hafermischung verrühren (z. B. Silikonlöffel), mit der Hand gründlich verkneten. Portionen abnehmen und zu Talern pressen. Nebeneinander auf ein Perfect-Clean Blech (oder Blech mit Dauerbackfolie/ Backpapier) legen, in dieser Zeit den Ofen auf 160 °C vorheizen. 20 Min. bei dieser Temperatur backen.

6484. Aprikosencreme, Dezember 2014

Im Hochleistungsmixer ca. 4-5 Min. laufen lassen, bis die Masse stockt:

- 50 g Naturreis
- 15 g geschälte Mandeln
- 75 g getr. Aprikosen
- 2 g Ingwer
- 350 g Wasser.

Entweder direkt auf Schälchen verteilen und mit Früchten, Kakaonibs, Kokosraspeln dekorieren. Oder in einer Schale erkalten lassen und dann weiterverarbeiten.

6485. Aioli-Voratsdressing, Dezember 2014

Im Hochleistungsmixer lauwarm laufen lassen:

- 50 g Sonnenblumenöl
- 50 g Ahornsirup
- 40 g Saft eingeweichter Trockenfrüchte
- 200 g Wasser
- 100 g Essig
- 45 g Peperoniessig (7/4573)
- 15 g Shoyu (oder Tamari oder ganz weglassen)
- 20 g Salz
- 125 g Mandeln
- 2 TL (10 g) Aioli-Gewürzmischung (maiersgenuss.de; oder frischer Knoblauch)
- 20 g Salz
- 25 g Senf

Tipp: Nicht nur im Salat schmeckt das Dressing, als Dip z. B. für Ofenkartoffeln ist es ebenfalls ausgezeichnet geeignet. In ein Schraubglas gefüllt hält es sich ca. 2 Wochen.

6486. Brokkoli mit Rinsen für 2, Dezember 2014

Reis-Linsen:

- 50 g „große" grüne Linsen
- 150 g Naturreis
- 350 g Wasser

Zutaten im Schnellkochtopf auf dem 2. Ring 11 Min. garen. Dann auf Stufe 1 oder 2 langsam abdampfen lassen. Wenn das Gemüse soweit fertig ist, aber der Topf noch nicht ganz abgedampft sein sollte, Platte ausstellen. (Fortsetzung nächste Seite.)

Brokkoli in Walnuss-Mandarinensoße:

- 75 g Wasser
- 375 g Brokkoli (mit Strunk), klein geschnitten, Strunk in sehr dünne Scheibchen in eine Pfanne geben. Deckel auflegen, als Gemüsepfanne 12 Min. dünsten.
- 50 g Walnüsse grob hacken (z. B. TM 6 Sek./Stufe 4), zum Gemüse geben. Im kleinen Mixer für die Soße
- 1 geschälte Clementine (60 g)
- 1 gestr. TL Salz
- 1 TL Dinkelmehl (8 g)
- 75 g Wasser
- 10 g Hoisin-Soße (6453 o. Ä.) vegan verquirlen, unter das Gemüse rühren und aufkochen.

Zusammen auf Teller geben. Wer hat, kann mit frischen Kräutern dekorieren.

6487. Sündiges FKG, Dezember 2014

Es darf jeder selbst herausfinden, wo die „böse Sünde" ist ;-) – für 2 Personen.

- 4 EL Nackthafer mit
- 2 EL Nacktgerste und
- 2 EL Leinsamen flocken; im Vitamix pürieren:
- 1 größere Banane (130 g netto)
- 1 große Birne (nur Stiel abgeschnitten; 220 g)
- 1 Apfel (nur Stiel entfernt; 135 g)
- 50 g Einweichflüssigkeit von Trockenfrüchten (500 g Datteln/ Feigen auf 460 g Wasser; 12 Std.). Auf das Getreide geben. Mit
- 1 Clementine (70 g netto) und
- 25 g Cashewnüssen dekorieren.

6488. Roggenbrot mit Kräutern, Dezember 2014

24 Std. vorher:

- 300 g Roggen fein mahlen, mit
- 310 g Wasser und 150 g Sauerteig (Anstellgut aus dem Kühlschrank) verrühren. 12 Std. in einer Pengdose stehen lassen.

12 Std. vorher (hier: am Vorabend):

- 150 g von dem Sauerteig entnehmen, in einem Schraubglas im Kühlschrank aufbewahren.
- 300 g Roggen fein mahlen, mit
- 320 g Wasser und dem restlichen Sauerteig verrühren. Weitere 12 Std. in einer Pengdose stehen lassen.

Backzeit (hier: am Morgen):

- 200 g Roggen fein mahlen, mit
- 50 g Wasser
- 2 TL Gute-Laune-Dip (maiersgenuss.de) und
- 1 EL Salz gut verrühren. Eine 30-cm-Profi-Emailform mit
- ca. 20 g Butter einfetten. Teig hineingeben, glatt streichen und 3 Mal schräg einschneiden.

In eine große Plastiktüte geben und 1 Std. bei Raumtemperatur sowie 2 Std. bei 35 °C gehen lassen. Ofen auf 250 °C vorheizen, Form in den Ofen auf den Gitterrost geben und 50 Min. bei 190 °C backen.

6489. Aprikosendrink, Dezember 2014

4-7 Min. im Hochleistungsmixer:

- 15 g Nackthafer
- 3 getr. Aprikosen (ca. 22-23 g)
- 1/2 Vanillestange
- 340 g Wasser

6490. Pudding Surprise, Dezember 2014

Für 2 Personen

- 210 g Aprikosencreme
- 6 Scheiben Banane
- 1,5 TL Kakaonibs
- 4 Cashewnüsse

Kleine Schüsseln wählen, diese hier haben etwa eine Höhe von 5 cm und einen Durchmesser von 9 cm.

Mit jeder Schüssel wie folgt vorgehen: 3 TL der Creme auf den Boden geben und glatt streichen. Die Bananenscheiben darauf legen. Mit der Hälfte des Restes der Creme bedecken. Mit einem 3/4 TL Kakaonibs bestreuen, in die Mitte zwei Cashewnüsse legen.

6491. Klöße mit Brokkoli, Dezember 2014

Für 2 Personen; nach einem Rezept von mir selbst :-) 3/2092
Klöße

- 170 g Pastinake
- 80 g Möhre
- 100 g Dinkel
- 1 TL Salz
- 1 MS schwarzer Pfeffer
- 1 geh. EL Aprikosencreme (35 g) (6484 o. Ä.)
- Wasser für einen Topf
- 1-2 TL Salz

Pastinake und Möhre vorschneiden, dann im Zerkleinerer gut zerkleinern. Dinkel fein mahlen. Alle Zutaten zusammen gut mit der Hand durchkneten. Ich hatte 370 g und habe das auf 7 Klöße verteilt. Mit den nassen Händen Klöße formen und auf einen Teller legen.

In einem passenden Topf (großer Durchmesser) Wasser mit Salz zum Kochen bringen. Klöße vorsichtig in das Wasser geben. Hitze so einstellen, dass das Wasser siedet, also Bläschen hochsteigen, aber möglichst nicht sprudelt. Wenn die Klöße nach oben gestiegen sind, noch 12-16 Min. ziehen lassen.

Brokkoli

- 75 g Wasser
- 320 g Brokkoli (mit Strunk)
- 100 g gekochte weiße Bohnen
- 10 g Hoisin-Soße vegan (6453 o. Ä.)
- 1 gestr. TL Salz
- Etwas schwarzer Pfeffer
- 5 g Sonnenblumenöl
- 75 g Wasser
- 25 g Wasser zum Nachspülen

Wasser in eine Pfanne geben. Brokkoli in Röschen teilen, die Strunkreste in dünne Scheibchen schneiden, ebenfalls in die Pfanne geben. Deckel auflegen, auf höchster Einstellung zum Kochen bringen. Auf kleinste Einstellung drehen und 12 Min. dünsten, ohne den Deckel abzuheben. Bohnen, Hoisin-Soße, Salz, Pfeffer, Öl und 75 g Wasser im kleinen Mixer verquirlen. Unter das Gemüse geben, den Becher mit 25 g Wasser nachspülen, ebenfalls in die Pfanne geben. Unterrühren und kurz aufkochen.

6492. Ordinary Fresh Grain Meal (FKG), Dezember 2014

2 x Frühstück.

Abends:

- 6 EL Sechskorngetreide schroten, auf 2 Schüsseln verteilen, mit insgesamt
- 160 g Wasser übergießen und abgedeckt über Nacht stehen lassen.

Morgens:

- 2 EL Leinsamen flocken, auf das Getreide verteilen,
- 1/2 Apfel (50 g) würfeln, auf den Leinsamen geben. Im Vitamix
- 1 Scheibe Zitronenfleisch (10-15 g)
- 1 Apfelsine (200 g netto)
- 1,5 Bananen (145 g netto) und
- 1/2 Apfel (50 g) pürieren und in die Schüsseln geben. Mit
- 1 geh. EL Walnüsse bestreuen.

6493. Apricot Cocoa, Dezember 2014

Im Hochleistungsmixer 4-7 Min. mischen:

- 10 g Kakaonibs
- 6 g frischer Ingwer
- 80 g Aprikosencreme
- 2 getr. Aprikosen (13 g)
- 305 g Wasser

6494. Cremige Reiscreme, Dezember 2014

Im Hochleistungsmixer laufen lassen, bis es stockt (ca. 5 Min.):

- 50 g Naturreis
- 15 g Mandeln geschält
- 85 g Cashewnussbruch
- 400 g Wasser
- 1 kleine Prise Salz

Ohne Hochleistungsmixer: Nüsse im Wasser einweichen. Wasser abgießen und auffangen. Reis fein mahlen, in dem Wasser aufkochen. Dann alles zusammen in einem Mixer gut durchschlagen.

6495. Lauer Bananenshake, Dezember 2014

- 75-80 g Cremige Reiscreme (6494) kurz nach der Herstellung
- 1 Banane (90 g netto)
- 2 cm Vanillestange

Im Hochleistungsmixer gut durchmixen. Wenn die Reiscreme schon kalt ist, solange mixen, bis die gewünschte Temperatur erreicht ist. Ohne Hochleistungsmixer: Statt Vanillestange gemahlene Vanille verwenden.

6496. Möhrendip mit Ofenkartoffeln, Dezember 2014

Ofenkartoffeln siehe 6456

Dip:

- 45 g Möhre
- 75 g Cremige Reiscreme (6494)
- 1 gute Prise Salz
- 1/2 TL Aioli-Gewürzmischung (maiersgenuss.de) o. Ä.
- 1 TL Linsensprossen (Deko)

Möhre fein raspeln. Mit Reiscreme, Salz und Gewürzen vermischen. In ein Schüsselchen füllen und z. B. mit Linsensprossen dekorieren.

6497. Ying-Yang-Pudding, Dezember 2014

Für 2 Personen

- 100 g Aprikosencreme (6484)
- 60 g Cremige Reiscreme (6494)
- 2 TL Orangeat (z. B. 6460)

Zwei nicht zu tiefe Teller mit Untertassen-Durchmesser wählen. Die Aprikosencreme jeweils auf einen halben Teller geben und so verstreichen (mir ist das nicht geglückt), dass sich anschließend eine Ying-Yang-Form ergibt. Die cremige Reiscreme in die Lücken füllen. Mit einer Gabel Verbindungen ziehen. Auf die Reiscreme Orangeat geben (weil die Reiscreme ungesüßt ist).

6498. Creme-FKG vegan, Dezember 2014

2 x Frühstück.

Abends:

- 6 EL Sechskorngetreide schroten, auf 2 Schüsseln verteilen, mit insgesamt
- 160 g Wasser übergießen und abgedeckt über Nacht stehen lassen.

Morgens:

- 2 EL Leinsamen flocken, auf das Getreide verteilen. Im Vitamix
- 1 Scheibe Zitronenfleisch (20 g), ohne Kerne
- 1 Birne (155 g netto)
- 1 Bananen (130 g netto)
- 2 Äpfel (200 g) und
- 30 g Cashewnüsse pürieren und in die Schüsseln geben. Mit den Stücken von
- 1 Clementine (70 g netto) und
- 1 Dattel (17 g entsteint) in 8 Streifen geschnitten dekorieren.

6499. Rosenkohlgulasch, Dezember 2014

2 Personen; hier: mit Dünstkartoffeln

- 1 größere Zwiebel (160 g brutto, 145 g netto)
- 1 geh. TL Paprika edelsüß
- 1 TL Salz
- 1 TL gem. Kümmel
- 8 g Knoblauch (netto)
- Wasser nach Bedarf (ab 20 g)
- 1 Tomate 145 g
- 310 g Rosenkohl
- 200 g Wasser
- 75 g gekochte Sojabohnen
- 5 g Honig
- 5 g Essigpeperoni (7/4573)
- Salz nach Geschmack
- 2-3 TL Dinkel + 1 EL Wasser

Zwiebel schälen und würfeln. 20 g Wasser in eine (Woll-)Pfanne, 24 cm, geben und in dem Wasser auf hoher Einstellung anköcheln, dann Knoblauchscheiben hinzufügen. Dabei gut umrühren, damit das Paprikapulver nicht ansetzt. Immer wieder in kleinen Portionen ein wenig Wasser nachgeben - die Pfanne soll nicht trocken sein, das Gemüse soll aber auch nicht im Wasser kochen. Wenn die Zwiebeln glasig (= fast durchsichtig sind), die in Halbscheiben geschnittene Tomate hinzufügen. Deckel auflegen. Weiter anköcheln und kleine Wasserportionen hinzufügen, bis die Tomaten halb zerkocht sind.

Während dies geschieht, den Rosenkohl putzen und halb durchschneiden. Die Hälften in die Pfanne geben, einige Min. anköcheln, dann 200 g Wasser hinzufügen. Deckel auflegen und gut aufkochen, dann auf mittlerer Einstellung 15-16 Min. köcheln. (Fortsetzung nächste Seite.)

Bohnen, Honig, Essigpeperoni und noch etwas Salz mit etwas von dem abgeschöpften Rosenkohl-Kochwasser im kleinen Mixer verquirlen. Unter das Gemüse rühren und aufkochen. Je nachdem, wie dünn oder dick die Soße gewünscht wird, Dinkel mahlen, mit 1 EL Wasser verrühren, zum Gemüse geben und unter Rühren kurz aufkochen.

In der Zwischenzeit die Kartoffeln vorbereiten:

- 15 g Öl
- 85 g Wasser (hätte deutlich weniger sein können)
- 335 g Kartoffeln netto

Öl und Wasser in eine 20-cm-Wollpfanne geben. Kartoffeln unter fließendem Wasser abbürsten, in Scheiben/ Halbscheiben schneiden und ebenfalls in die Pfanne geben. Deckel auflegen, auf höchster Einstellung zum Kochen bringen. Auf kleinste Einstellung drehen und 13 Min. dünsten (richtet sich nach den Kartoffeln), ohne den Deckel abzuheben. Wenn noch zu viel Wasser in der Pfanne ist, ohne Deckel auf hoher Einstellung das Wasser verdunsten lassen.

Tipp: Für mich hätte die Soße deutlich schärfer sein dürfen.

6500. Orangendessert, Dezember 2014

2 Personen

- 1 Apfelsine (150 g netto)
- 20 g Cashewnussbruch
- 1 Clementine oder Mandarine (55 g netto)
- 20 g Honig und/oder 20 g Einweichwasser von Trockenfrüchten
- einige grüne Rosinen

Apfelsine schälen und würfeln, gut schneiden, damit die Stücke nicht aneinander hängen bleiben. Mit den Cashewnussstücken vermischen und auf zwei Schüsselchen verteilen. Geschälte Mandarine und Honig/ Einweichwasser im kleinen Mixer verquirlen, über die Apfelsinen gießen. Ggf. mit ein paar Rosinen bestreuen als Dekoration.

6501. Gerstengebräu, Dezember 2014

- 6 EL Nacktgerste
- 2 EL Leinsamen
- 5 g Zitronenfleisch
- 1 Apfelsine (160 g netto)
- 1 Banane (120 g netto)
- 1 Birne (150 g netto)
- 1 Apfel (105 g netto)
- 15 g Cashewnussbruch
- 25 g Acai-Kakao-Mix

Gerste und Leinsamen flocken, auf 2 Schüsseln verteilen. Obst in einem Mixer pürieren, auf das Getreide geben. In die Mitte den Cashewbruch geben, den Rand mit dem Acai-Kakao-Mix bestreuen.

Tipp: Dieser Mix ist echt Betrug für meinen Geschmack: Nennt sich Acai-Kakao-Mix und besteht zu 65 % aus Cranberries, nur 4 % Acai, und das auch noch als Pulver. Und die Cranberries sind mit Apfelkonzentrat gesüßt. Na super ... und nie wieder.

6502. Schokokakao, Dezember 2014

- 35 g Schokolade mit Nüssen
- 55 g Einweichflüssigkeit von Datteln/Feigen (Lebkuchen)
- 15 g Nackthafer
- 2 g frischer Ingwer
- 300 g Wasser

Im Hochleistungsmixer 4-7 Min. laufen lassen.

6503. Schwarzwälder Himbeercreme, Dezember 2014

Ein Schichtpudding; 2 Personen; nicht zu große Gläser wählen!

Schokolade:

- 20 g Kakaobutter
- 20 g Honig
- 5 g Kakaopulver
- 1 Prise Vanille

Rote = Himbeerschicht:

- 125 g gefrorene Himbeeren
- 22 g flüssiger Honig (z. B. Akazienhonig)

Cremeschicht

- 145 g Cremige Reiscreme (6494)
- 15 g flüssiger Honig (z. B. Akazienhonig)

Schokolade: Kakaobutter und Honig in einer kleinen Pfanne verflüssigen. Mit einem kleinen Schneebesen Kakao und Vanille einrühren. Ich habe eine kratzfeste Keramikpfanne, daher geht das mit einem Schneebesen. Warme Schokolade auf einen Dessertteller gießen und an die kälteste Stelle des Kühlschranks stellen. *Rote Schicht:* Himbeeren über Nacht im Kühlschrank halb auftauen lassen. Mit dem Honig in einem kleinen Becher mit dem kleinen Mixer, flaches Messer, gut verquirlen. In zwei Weingläser verteilen (65 g pro

Glas habe ich gerade hinbekommen, es gibt immer Schwund). *Cremeschicht:* In einer Schüssel mit einem Teelöffel gut verrühren. Ich habe extra keinen Mixer genommen, damit die relativ feste Struktur nicht verflüssigt wird. Ob das so wäre, weiß ich nicht, aber ich wollte es nicht riskieren.

Fertigstellung: Auf die rote Schicht jeweils 65 g Creme geben, es sinkt ein. Wer die Schicht bewahren will, muss die Himbeersoße zum Beispiel mit Agar Agar „versteifen", was ich nicht wollte.

Die kalte Schokolade mit einem Messer vom Teller loskratzen, dann nochmals 30 Min. in den Kühlschrank stellen. Auf die beiden Gläser verteilen.

6504. Möhre in Remoulade auf Spitz, Dezember 2014

Vorspeise für 2 Personen

- 70 g Spitzkohl
- 1 größere Möhre (135 g netto)
- 5 g Zitronenfleisch
- 1 Prise Salz
- 80 g Cremige Reiscreme (6494)
- 3 g Zitronenfleisch
- 5 g Senf
- 1 MS Honig (noch kein Gramm auf diese Menge)
- 1/2 TL Salz
- 1 MS schwarzer Pfeffer
- 10 g Wasser
- 4 g dünne Porreeringe

Spitzkohl flach als Blätter in zwei Schüsseln legen.

Möhre vorschneiden und mit Zitronenfleisch und der Prise Salz hacken (z. B. im Zerkleinerer). Für die Remoulade im kleinen Mixer, flaches Messer, Reiscreme, 3 g Zitronenfleisch, Senf, Honig, Salz, Pfeffer und Wasser zu einer halbflüssigen Remoulade schlagen. Mit den Möhren vermengen und in die Schüsseln verteilen. Mit den Porreeringen dekorieren. Mit Tellern abgedeckt habe ich das etwa 5 Std. im Kühlschrank aufbewahrt.

6505. Rosenkohl-Kartoffel-Lasagne, Dezember 2014

Rote Soße:

- 300 g Rosenkohl (netto)
- 200 g passierte Tomaten
- 1 TL Salz
- 1 MS schwarzer gem. Pfeffer
- 3 g roter Paprika edelsüß

Kartoffeln:

- 250 (100+150 g) Kartoffeln, netto

Weiße Soße:

- 65 g Cremige Reiscreme (6494)
- 125 g gekochte Sojabohnen
- 10 g Essig
- 1 TL Salz (6 g)
- 150 g Wasser

Zum Fertigstellen:

- 45 g Wasser
- Käse nach Belieben

Rote Soße: Rosenkohl putzen, d.h. die äußeren verwelkten und schmutzigen Blätter abziehen. Mit den restlichen Zutaten der roten Soße raspeln (bei mir: Thermomix 10 Sek. Stufe 4; 2 Sek. Stufe 6); evtl. auch erst raspeln und dann mit den anderen Zutaten verrühren. *Kartoffeln:* Waschen, abbürsten und in dünne (ca. 1,5-2 mm dicke) Scheiben schneiden. *Weiße Soße:* Alle Zutaten in einem Hochleistungsmixer pürieren. Sonst so gut pürieren wie möglich - dürfte auch mit einem normalen Mixer gehen, weil die Zutaten ja weich sind.

Fertigstellen: Den Boden einer 20 cm-Wollpfanne (mit hohem Rand) mit etwas weißer Soße begießen.

Eine Lage Kartoffeln darauf legen (ca. 100 g) und etwas mehr als die Hälfte der roten Soße darüber verstreichen. Dünn mit weißer Soße begießen, die zweite Lage Kartoffeln darüber legen und den restlichen Rosenkohl darauf verstreichen. Mit dem Rest der weißen Soße begießen.

45 g Wasser vorsichtig an den Rand gießen. Deckel auflegen, in den kalten Ofen schieben und 20 Min. bei 235 °C, 25 Min. bei 220 °C backen. Deckel abnehmen, mit Käse belegen und im Umluftgrill 25 Min. grillen, bis der Käse geschmolzen ist und die Kartoffeln weich sind. Ich hatte festkochende Kartoffeln, daher dauerte es besonders lange.

6506. Schwarzwälder, Januar 2015

2 x Frühstück

- 6 EL Nackthafer
- 2 EL Leinsamen
- 1 Apfel (110 g)
- 1 Birne (115 g)
- 1 Banane (105 g netto)
- 1 Orange (105 g netto)
- 125 g Himbeeren (frisch oder aufgetaut)
- 30 g Datteln (netto)
- 40 g Cashewnüsse
- 50 g Acai-Kakao-Mix von Flores Farm

Hafer und Leinsamen zusammen schroten (Stufe 4 von 9, Hawos Novum). Auf zwei Schüsseln verteilen. Apfel, Birne, Banane und Orange vorschneiden und pürieren (bei mir: Vitamix)). Über das Getreide geben. Himbeeren mit Datteln und Cashewnüssen möglichst fein pürieren, auf die Mitte des Obstes setzen. Den Rand mit dem Acai-Kakao-Mix bestreuen.

6507. Bratklöße, Januar 2015

2 Portionen, mit Gemüse zusammen

- 130 g Brot (Rest, aber nicht alt)
- 200 g gekochte Sojabohnen
- 1 Tomate (100 g)
- 1 TL Senf (10 g)
- 1/2 gestr. TL Salz
- 1 Prise schwarzer gem. Pfeffer

Brot in Stücke schneiden. Alle Zutaten in den Vitamix geben und mit dem Stößel verarbeiten. Aus der Masse esslöffelweise Bratlinge formen und nebeneinander auf eine 28-cm-PerfectClean-Pizzaform setzen (oder mit Dauerbackfolie/Backpapier auslegen). Ofen auf 235 °C vorheizen. Bratklöße einschieben, 15 Min. backen, dann umdrehen und nochmals 10 Min. backen.

Tipp: *Da der Vitamix sehr fein hackt, bleibt die Masse innen weich. Wer das nicht möchte, sollte das Brot in etwas Wasser einweichen und alles mit einem Mixer grob vermischen.*

6508. Dreierlei Gemüse, Januar 2015

- 50 g Wasser
- Drei Gemüse in grob gleichen Teilen (bei mir: 165 g Porree, 150 g Rosenkohl, 120 g Möhre)
- 70 g gekochte Sojabohnen
- 1/2 TL Salz
- Etwas schwarzer gem. Pfeffer
- 5 g Sonnenblumenöl
- 25 g Wasser
- 30 g Wasser zum Nachspülen

50 g Wasser in eine Pfanne geben. Die Gemüse putzen und klein schneiden. Bei mir: Porree waschen, in Ringe schneiden. Vom Rosenkohl die äußeren Blätter und andere Schadstellen entfernen, halbieren. Möhre in Scheiben schneiden. In die Pfanne geben. Deckel auflegen, auf höchster Einstellung zum Kochen bringen. Auf kleinste Einstellung drehen und 15 Min. dünsten, ohne den Deckel abzuheben.

Bohnen, Salz, Pfeffer, Öl und 25 g Wasser im kleinen Mixer verquirlen. Zum Gemüse geben, mit 30 g Wasser nachspülen, ebenfalls zum Gemüse geben und einmal aufkochen. Dazu schmecken Kartoffel, Reis oder Bratklöße (letzteres 6507).

6509. Enthelente Birne, Januar 2015

- 1/2 große Birne (140 g)
- 1 Clementine (70-75 g netto)
- 35 g gekochte Sojabohnen
- 1 TL Kakao (3 g)
- 20 g flüssiger Honig
- 3 Paranüsse (ca. 15 g)

Die Birne in feine Streifen oder Würfel teilen und auf 2 Schüsselchen verteilen.

Geschälte Clementine, Bohnen, Kakao und Honig im kleinen Mixer zu einer Soße verquirlen. Vorsichtig über die Birnenstücke gießen, damit diese möglichst alle bedeckt sind. Paranüsse mahlen (Mixer) und darüber streuen.

6510. Freitag mit Schuss, Januar 2015

2 x Frühstück.

Abends:

- 6 EL Sechskorngetreide, grob schroten & auf zwei Schüsseln verteilen. Mit
- 160 g Wasser übergießen. Abgedeckt bei Raumtemperatur stehen lassen.

Morgens:

- 2 EL Leinsamen
- 45 g getrocknete Mangos
- 35 g Cashewnüsse
- 2-3 cm Vanillestange
- 300 g Wasser
- 1 Banane (120 g netto)
- 1/2 Birne (95 g)
- 1 Orange (145 g)
- 20 g Acai-Kakao-Mix

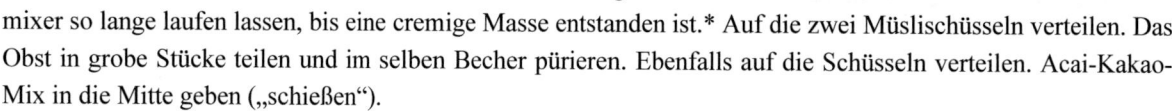

Leinsamen schroten, auf das eingeweichte Getreide geben.
Mangos, Cashewnüsse, Vanille und Wasser im Hochleistungs-
mixer so lange laufen lassen, bis eine cremige Masse entstanden ist.* Auf die zwei Müslischüsseln verteilen. Das
Obst in grobe Stücke teilen und im selben Becher pürieren. Ebenfalls auf die Schüsseln verteilen. Acai-Kakao-
Mix in die Mitte geben („schießen").

*Ohne Hochleistungsmixer: Mangos und Cashewnüsse über Nacht im Wasser einweichen und dann in einem
Mixer weiter arbeiten. Das Obst kann man auch in einer Küchenmaschine zerkleinern, das muss nicht notwendigerweise ein Püree sein.*

6511. Snickerus, Januar 2015

Zwei Puddinge herstellen, jeweils bis zum Stocken im Hochleistungsmixer laufen lassen:

Erdnusscreme

- 35 g gesalzene, geröstete Erdnüsse
- 20 g Honig
- 35 g Buchweizen
- 225 g Wasser

Schokoladencreme

- 15 g Kakaopulver
- 50 g Datteln
- 35 g Vollkornreis
- 350 g Wasser

Zwei Whiskygläser nehmen. Den Boden etwa 1 cm hoch mit Schokoladencreme füllen und in den Kühlschrank
stellen. Nach 15 Min. jeweils 2 EL Erdnusscreme darüber geben und wieder in den Kühlschrank stellen. Mit
einem Klecks Schokoladencreme in der Mitte abschließen und mit ein paar Erdnusshälften bestreuen.

*Tipp: Besonders lecker wird es, wenn man in die Erdnusscreme noch fein gehackte Erdnüsse gibt, das war mir
für heute zu füllend.*

6512. Hokkainisierter Spitzkohl mit Ofenkartoffeln, Januar 2015

2 Personen

Kartoffeln:

- 500 g Kartoffeln
- 1/2 TL Salz

Gemüsepfanne:

- 50 g Wasser
- 240 g Spitzkohl
- 215 g Kürbis (ungeschält, ohne Kerne)

Soße:

- 50 g gekochte Borlotti- und weiße Bohnen
- 25 g Erdnusscreme (6511 o. Ä.)
- 1 TL Salz (5-6 g)
- 1 MS gem. Kümmel
- 50 g Wasser

Kartoffeln in 1 cm-dicke Scheiben schneiden und eine Seite mit Salz bestreichen. Mit der Salzseite nach unten nebeneinander in eine 28-cm-Pizzaform „Perfect Clean" (oder auf Dauerbackfolie) legen. In den kalten Ofen schieben, auf 225 °C aufheizen und 20-25 Min. backen.

In der Zwischenzeit das Gemüse kochen: Wasser in eine Pfanne geben, Spitzkohl und Kürbis kleinschneiden und hinzufügen. Deckel auflegen, auf höchster Einstellung zum Kochen bringen. Auf kleinste Einstellung drehen und 11 Min. dünsten, ohne den Deckel abzuheben. Bohnen, Creme, Salz, Kümmel und Wasser im kleinen Mixer (flaches Messer) verquirlen. Unter das fertige Gemüse rühren und kurz aufkochen. Zusammen servieren.

6513. Frisch und gefroren, Januar 2015

2 x Frühstück.

Abends

- 6 EL Sechskorngetreide, grob schroten & auf zwei Schüsseln verteilen. Mit insgesamt
- 160 g Wasser übergießen. Abgedeckt bei Raumtemperatur stehen lassen.

Morgens

- 2 EL Leinsamen
- 1 Banane (105 g netto)
- 1 Orange (140 g)
- 1 Apfel (155 g)
- 10 g Zitronenfleisch
- 20 g Kokosraspeln
- 6 gefriergetrocknete Früchte (Früchtechips „rotes BISSchen")

Leinsamen schroten, auf das eingeweichte Getreide geben. Das Obst in grobe Stücke teilen und im Hochleistungsmixer nicht zu fein pürieren. Mit Kokosraspeln bestreuen und je 3 gefriergetrockneten Früchten dekorieren.

Tipp: Obst kann man auch in einer Küchenmaschine zerkleinern, das muss nicht notwendigerweise ein Püree sein.

6514. Maiskakao, Januar 2015

Im Hochleistungsmixer 4 1/2 - 7 Min. laufen lassen:

- 15 g Kakaonibs
- 15 g Mais (von Biohof Lex)
- 50 g Einweichwasser von Trockenfrüchten (z. B. noch von Lebkuchen)
- 2 einfache Datteln, entsteint (15 g)
- 330 g Wasser

6515. Apfel in der Badewanne, Januar 2015

2 Desserts.

- 1 kleiner Apfel (120 g)
- 15-20 g Fruchtmus mit Honig (bei mir: Tarpa Kirsche)
- 20 g Hirse
- 15-20 g Zitronensaft
- 200 g Stützcreme mit Geschmackshauch (6516)
- 50 g Honig (kann meiner Ansicht nach auch weniger sein)

Apfel halbieren. Er soll mit der Schnittfläche nach oben stehen, also eventuell eine kleine „Platte" an der Rundung abschneiden. Schnittflächen mit Fruchtmus bestreichen, Äpfel in jeweils eine kleine ofenfeste Form setzen.

Hirse fein mahlen und mit Zitronensaft, Stützcreme und Honig verrühren. Über die Äpfel geben. Formen mit Alufolie verschließen. Auf eine Pizzaform stellen, die Pizzaform in den kalten Ofen auf den Gitterrost geben. 35-40 Min. bei 170 °C backen, 5 Min. nachbacken.

Tipp: Kann man heiß, lauwarm oder kalt essen. :-)

6516. Linzer Torte Versuch 1, Januar 2015

- 70 g Mandeln
- 1 Bittere Mandel
- 70 g gekochte Borlotti/weiße Bohnen o. Ä.
- 70 g flüssiger Honig
- 2 TL Pflaumenwein *
- (Zitronenschale - hätte reingesollt, hatte ich nicht)
- 1 Gewürznelke
- 90 g Dinkel
- 1/2 TL Zimt
- 1/2 TL Natron
- 125 g aufgetaute gefrorene Pflaumen (oder ein anderes Tiefkühlobst)
- 1 weiche Dattel (23 g netto) **
- 1 Prise gem. Ingwer (muss nicht)

Kann wegfallen oder durch Rum / Weinbrand ersetzt werden.

** *Je nach Obst kann das mehr oder weniger sein. Obst + Dattel können auch durch ein Fruchtmus aus Frucht und Honig ersetzt werden.*

Hinweis: *Mixer an die Gesamtmenge anpassen.*

Mandeln im Mixer mahlen. Umfüllen. Bohnen, Honig und Pflaumenwein im selben Becher möglichst fein pürieren. Zu den Mandeln geben. Gewürznelke in die Mühle geben, Dinkel darüber streuen und fein mahlen. Mit Natron, Zimt und Mandelmasse verkneten (Handrührgerät, Knethaken). Zu einer Art Kugel zusammenpressen und eine Weile in den Kühlschrank geben. Bei mir waren es 15 Min., länger würde sicher nicht schaden.

Pflaumen, kleingeschnittene Dattel und Ingwer im Mixer, hochstehendes Messer, pürieren.

Teig aus dem Kühlschrank nehmen, wiegen. Ein Drittel (90 g) beiseite legen, den Rest etwas größer als den Boden einer 18-cm-Springform (ausgelegt mit Backpapier) zwischen Haushaltspapier ausrollen, in die Form geben und einen Rand hochdrücken. Pflaumenmasse darauf verstreichen. Rest des Teigs in Rollen formen, stückweise zwischen Haushaltsfolie glatt rollen und kreuzweise über die Pflaumenmasse geben. In dieser Zeit den Ofen (Heißluft) auf 215 °C vorheizen. Form einschieben, 10 Min. bei 170 °C, 25 Min. bei 160 °C und 10 Min. bei 140 °C backen. Teig vorsichtig vom Rand lösen, Rand abnehmen und Kuchen auf ein Gitterrost ziehen. Gut auskühlen lassen. In Folie packen und mindestens einen Tag durchziehen lassen.

Hinweis: *Dies war eine mir gestellte Aufgabe. Fazit nach Probieren am nächsten Morgen: Ist schon mal sehr lecker! Verändern werde ich beim Hochrechnen auf die große Springform: 1 Prise Salz, Nüsse halb Mandeln/ halb Haselnüsse, mehr Frucht oder Fruchtmus (Tarpa).*

6517. Stützcreme mit Geschmackshauch, Januar 2015

Im Hochleistungsmixer auf der höchsten Stufe bis zum Stocken schlagen:

- 15 g Erdnüsse, gesalzen und geröstet
- 1 getr. Aprikose (7 g)
- 50 g Naturreis
- 355 g Wasser

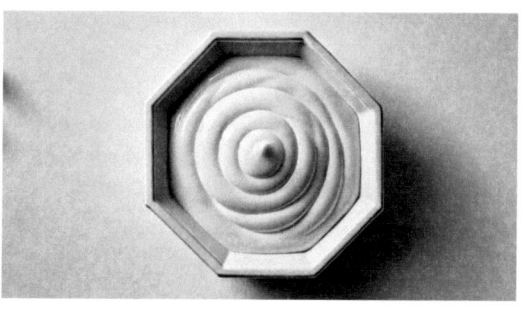

6518. Pflaumenco, Januar 2015

2 x Frühstück

Abends

- 6 EL Sechskorngetreide, grob schroten & auf zwei Schüsseln verteilen. Mit insgesamt
- 160 g Wasser übergießen. Abgedeckt bei Raumtemperatur stehen lassen.

Morgens

- 2 EL Leinsamen
- 22 g Zitronenfleisch
- 1 Banane (120 g netto)
- 1 Birne (195 g)
- 180 g tiefgekühlte, aufgetaute Pflaumen (aus Garten von Freunden)
- 2 Pflaumenhälften (aufgetaut)
- 15 g Sonnenblumenkerne

Leinsamen schroten, auf das eingeweichte Getreide geben. Das Obst in grobe Stücke teilen und im Hochleistungsmixer nicht zu fein pürieren. Über das Getreide gießen. In die Mitte je eine Pflaumehälfte mit der Schnittfläche nach oben legen, den Rand mit Sonnenblumenkernen bestreuen.

6519. Kürbis in Tomatensoße mit rotem Reis, Januar 2014

2 Hauptgerichte.

Reis:

- 200 g roter Vollkornreis (Reishunger)
- 350 g Wasser

Kürbis:

- 1 Dose Tomatenstücke (400 g Inhalt)
- 165 g Hokkaido ungeschält, ohne Kerne
- 2 Knoblauchzehen (7 g netto)
- 50 g Zwiebel (netto)
- 1 TL Salz
- 1/2 TL Paprika edelsüß
- 1 MS Pfeffer
- 50 g Stützcreme mit Geschmackshauch (6517 o. Ä.)
- 20 g Sonnenblumenkerne
- 5 g Essigpeperoni (7/4573)
- 55 g Wasser

Reis: Beide Zutaten in den Schnellkochtopf geben. Schließen, auf den 2. Ring erhitzen und dann soweit herunterdrehen, dass der 2. Ring erhalten bleibt. 11 Min. kochen. Dann auf Stufe 2 und später Stufe 1 stellen, dass der Topf ganz langsam abdampft. Der Reis kann auf das Gemüse warten, solange der Schnellkochtopf geschlossen bleibt. **Kürbis:** Tomatenstücke in eine 24-cm-Pfanne geben. Hokkaido würfen, Knoblauch abziehen und in Scheiben schneiden, Zwiebel schälen und Würfeln. Gemüse in die Pfanne geben. Deckel auflegen, auf höchster Einstellung zum Kochen bringen. Auf kleinste Einstellung drehen und 11-12 Min. dünsten, ohne den Deckel abzuheben. Die restlichen Zutaten im kleinen Becher des kleinen Mixers (flaches Messer) gut verquirlen, unterrühren und einmal aufkochen.

6520. Angepflaumte Grapefrucht, Januar 2015

2 x Frühstück.

Abends

- 6 EL Sechskorngetreide flocken & auf zwei Schüsseln verteilen. Mit insgesamt
- 160 g Wasser übergießen. Abgedeckt bei Raumtemperatur stehen lassen.
-

Morgens

- 2 EL Leinsamen
- 8 g Zitronenfleisch
- 1 Grapefruit (305 g netto)
- 1 Banane (105 g netto)
- 100 g Tiefkühl-Pflaumen, aufgetaut
- 1 Apfel (110 g)
- 25 g Walnüsse

Leinsamen schroten, auf das eingeweichte Getreide geben. Das Obst in grobe Stücke teilen und im Hochleistungsmixer nicht zu fein pürieren. Auf die zwei Schüsseln verteilen und mit Walnüssen dekorieren.

6521. Hirsenoppen auf Fruchtspiegel, Januar 2015

Vegan, 2-3 Desserts.

Hirse:

- 50 g Hirse
- 1/2 Vanillestange
- 25 g getr. Aprikose, kleingeschnitten
- 150 g Wasser

Obstspiegel etc.:

- 1 Apfelsine (130 g netto)
- 5 g Cashewnussbruch
- 70-75 g Stützcreme mit Geschmackshauch (o. Ä.)
- 1 TL Kokosraspeln

Hirse: Alle Zutaten in einem kleinen Topf mit aufgelegtem Deckel auf höchster Stufe zum Kochen bringen. Zeit auf 20 Min. stellen. Hitze langsam herunterfahren, es soll immer köcheln, bis auf 3. Noch 5 Min. auf Stufe 1 nachquellen lassen. Im Topf langsam abkühlen lassen, Vanillestange entfernen.

Obstspiegel: Apfelsine geschält und vorgeschnitten mit den Nüssen im kleinen Mixer (hochstehendes Messer) fein schlagen. Auf zwei Teller verteilen. Hirse mit Stützcreme verrühren, mit einem Eiskugellöffel 6 Noppen abgreifen und auf den Fruchtspiegel setzen. Mit den Raspeln fein bestreuen.

Anmerkung: Es hätten auch 2 Noppen gereicht, mit einer größeren Apfelsine (oder anderem Obst) wäre das ein Dessert für 3 Personen. – Meinem Gast war es nicht süß genug, mir gerade. Ich habe ihm noch etwas Ahornsirup über die Kügelchen gegeben (insgesamt vielleicht 1 TL).

6522. Waffeln mit Hokkaido, Januar 2015

Zwei Hauptspeisen

Waffelteig:

- 125 g Dinkel
- 2 Prisen Salz
- 1 TL Kräuterdip-Gewürzmischung (maiersgenuss.de, oder andere Kräutermischung)
- 1/2 TL Natron
- 60 g Stützcreme mit Geschmackshauch (6517 o. Ä.)
- 125 g Wasser
- 15 g Sonnenblumenöl

Hokkaido mit Zitronensoße:

- 80 g Wasser
- 320 g Kürbis (ungeschält, ohne Kerne)
- 65 g Zwiebel (netto)
- 13 g Zitronenfleisch
- 10 g Dinkelmehl
- 5 g Sonnenblumenkerne
- 50 g Wasser

Waffeln: Dinkel fein mahlen, mit den trockenen Zutaten vermischen. Restliche Zutaten hinzufügen und mit dem Handrührgerät (Rührbesen) gründlich verschlagen. Abgedeckt eine Weile ruhen lassen. Waffeleisen je nach Größe des Eisens mit Teig befüllen und backen (bei mir auf Stufe 4 von 6 für 4 Min.). Die fertigen Waffeln im auf 90 °C vorgeheizten Ofen verwahren.

Hokkaido: Wasser in eine Pfanne geben. Kürbis in größere Würfel, Zwiebel klein schneiden. Deckel auflegen, auf höchster Einstellung zum Kochen bringen. Auf kleinste Einstellung drehen und 15 Min. dünsten, ohne den Deckel abzuheben. Die restlichen Zutaten im kleinen Mixer verquirlen (flachstehendes Messer), unterrühren und zum Kochen bringen. Zusammen servieren.

Fazit: Die Waffeln sind gleich auf Anhieb gelungen, das Keramik-Waffeleisen ist sehr gut. Allerdings glaube ich, dass es bald an Qualität verlieren wird, mir scheint, die Keramik sitzt nicht überall „fest" (war ein Sonderangebot). Den Teig würde ich beim nächsten Mal etwas stärker mit Gewürzen vermischen, das lässt nach dem Backen nach. Auch würde ich probieren, ob das Öl wirklich nötig ist. Die Stützcreme war jetzt ok (von außen cross, innen weich) aber auch da werde ich in 10-g-Schritten etwas rückwärts gehen.

6523. Aprakao, Januar 2015

4-7 Min. im Hochleistungsmixer:

- 10 g Kakaonibs
- 4 getr. Aprikosen (ca. 27 g)
- 5 g frischer Ingwer
- 10 g Buchweizen
- 350 g Wasser

Hinweis: Hatte eine besonders schöne Konsistenz.

6524. Very slow Rise-Hefebrot

1. Ansatz	2. Ansatz
• 320 g Dinkel	• 180 g Dinkel
• 1/2 Würfel Bio-Hefe	• 25 g Leinsamen
• 320 g Wasser	
• 1 geh. TL Salz	

1. Ansatz: Dinkel fein mahlen, mit der in Wasser aufgelösten Hefe und Salz verrühren. In einer Pengdose über Nacht in den Kühlschrank stellen. *2. Ansatz:* Morgens Dinkel mahlen und in den 1. Ansatz einkneten (ich habe 6 Min. mit der Hand geknetet). 3 x jeweils 1 Std. gehen lassen, dann immer nochmals durchkneten. Beim 2. Durchkneten den Leinsamen einarbeiten. Beim dritten Mal 35 Min. gehen lassen, dann den Ofen auf 230 °C Klimagaren vorheizen, dabei ist das Lochblech (und eines darunter zum „Schmutz" auffangen) im Ofen. Teig mit bemehlten Händen zu einer Kugel formen und in der gemehlten Pengdose liegen lassen. Wenn der Ofen heiß ist, Brot in die Hände nehmen, kurz oben 2 Mal quer einschneiden und auf das Blech geben. Auf 190 °C stellen, Klimagaren auslösen und 35 Min. backen lassen. Klopfprobe machen und auf einem Gitterrost auskühlen lassen.

6525. Buttergemüse mit Ofenkartoffeln, Januar 2015

Ofenkartoffeln:

- 500 g Kartoffeln halbieren oder in 1 cm-dicke Stücke schneiden.
- 1 TL Salz auf die Schnittflächen geben, mit der Schnittfläche nach unten in eine 28-cm-Pizzaform legen (PerfectClean - oder Dauerbackfolie o. Ä.)

Buttergemüse:

- 40 g Wasser
- 115 g Hokkaido
- 1/2 Tomate (70 g)
- 130 g flache Bohnen (tiefgekühlt; aus eigener Tiefkühlung)
- 75 g tiefgekühlter Mais (gekauft, Naturata)
- 1 TL Salz
- 15 g Butter

Kartoffeln: Blech in den Ofen geben, auf 235 °C aufheizen. Nach Erreichen der Temperatur 20 Min. auf 225 °C backen, evtl. 5 Min. nachbacken. *Buttergemüse:* Wasser und Gemüse (Kürbis und Tomate kleingeschnitten) in eine 20-cm-Woll-Pfanne geben. Deckel auflegen, auf höchster Einstellung zum Kochen bringen. Auf kleinste Einstellung drehen und 12 Min. dünsten, ohne den Deckel abzuheben. Mit Salz bestreuen, Butter hinzugeben und schmelzen lassen.

6526. Schokokicher mit Orangenhörnchen, Januar 2015

- 10 g Kakaopulver
- 40-50 g Honig
- 20 g Ahornsirup
- 100 g gekochte Kichererbsen
- 1/2 Apfelsine (ca. 90 g netto)

Kakao, Honig, Ahornsirup, Kichererbsen und 40 g Apfelsine (vorgeschnitten) im Mixer (hochstehendes Messer) pürieren. Auf 2 Schüsselchen verteilen. Einige Apfelsinenstück quer in Scheiben schneiden; Dreiecke an den Rand der Schokocreme stecken.

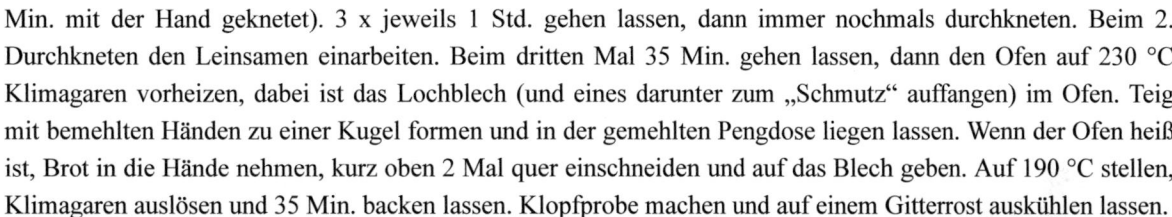

6527. Schnee auf den Hügeln, Januar 2015

2 x Frühstück.

Abends

- 6 EL Sechskorngetreide, grob schroten & auf zwei Schüsseln verteilen. Mit insgesamt
- 160 g Wasser übergießen. Abgedeckt bei Raumtemperatur stehen lassen.

Morgens

- 2 EL Leinsamen
- 20 g Zitronenfleisch
- 1 Apfelsine (150 g netto)
- 1 kleinere Banane (85 g netto)
- 1 Birne (175 g)
- 1 Apfel (130 g)
- 1 Clementine für die Dekoration (70 g netto)
- 10 g Walnüsse
- 15 g Kokosraspeln

Leinsamen schroten, auf das eingeweichte Getreide geben. Das Obst in grobe Stücke teilen und im Hochleistungsmixer nicht zu fein pürieren. Auf die Schüsseln verteilen. Den Rand mit Clementinenstücken und Walnüssen dekorieren, die gesamte Oberfläche mit Raspeln bestreuen.

6528. Mango-Cocoa, Januar 2015

Im Hochleistungsmixer 5-7 Min.:

- 15 g Kakaonibs
- 1 TL Kakaopulver (4 g)
- 2 große Datteln (50 g netto)
- 4 g frischer Ingwer (optional)
- 10 g Buchweizen
- 5 g getr. Mangoschale
- 340 g Wasser

6529. Augenkekse, Januar 2015

- 225 g Dinkel fein mahlen.
- 225 g Nackthafer flocken; mit
- 1 Päckchen Weinsteinbackpulver
- 1 Prise Salz
- 1/2 TL Zimt und
- 1/2 TL gem. Vanille mischen.
- 200 g Honig mit
- 100 g Butter in einer Pfanne erwärmen, bis sie aufkochen.
- 80 g Aprikosen-Fruchtmus (Tarpa; nur Frucht)

Buttermasse mit der Hafermischung verrühren (Holzlöffel). 5-10 Min. stehen lassen. Mit den Händen zusammenpressen, Portionen abnehmen und zu nicht zu niedrigen Talern pressen. Nebeneinander auf ein Perfect-Clean Blech legen, in die Mitte mit einem Teelöffel kleine Dellen pressen und etwas Fruchtmus hineingeben. In dieser Zeit den Ofen auf 160 °C vorheizen und 20 Min. bei 160 °C backen.

6530. Hoisin-Kräuterdressing, Januar 2015

- 25 g Sonnenblumenöl
- 50 g Honig
- 205 g Wasser
- 100 g Apfelessig
- 50 g Hoisin-Creme vegan (6453 o. Ä.)
- 15 g Shoyu (oder Tamari oder ganz weglassen)
- 20 g Salz
- 175 g Mandeln
- 2 TL (8 g) Gute-Laune-Gewürzmischung (o. Ä.) und
- 30 g Senf im Hochleistungsmixer lauwarm laufen lassen.

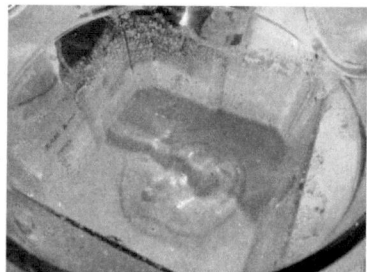

6531. Gerste im Schnellkochtopf Teil 1, Januar 2015

- 200 g Gerste
- 400 g Wasser
- 1/2 TL Salz

Gerste 20-24 Std. im Wasser einweichen. Mit 200 g vom Einweichwasser und dem Salz in einen kleinen Schnellkochtopf (Mindestwassermenge: 150 g) geben. 11 Min. auf Stufe II, dann auf schwache Hitze und dort abdampfen lassen (ca. 6-8 Min.)

Tipp: Es war etwas zu viel Wasser. Beim nächsten Mal würde ich 175 g nehmen und 12-13 Min. kochen.

6532. Spitzkohl leicht indisch, Januar 2015

2 Portionen (z. B. mit Gerste, 6531, servieren).

- 50 g Wasser
- 1/2 Tomate (50 g)
- 325 g Spitzkohl in Streifen
- 75 g gekochte Kichererbsen
- 60 g Hoisin-Kräuterdressing (6530)
- 1 gestr. TL Salz
- 1/2 TL Garam Masala (gekauft oder selbstgemacht)
- 40-60 g Wasser

Wasser in eine 24-cm-Pfanne geben. Tomate klein schneiden, mit dem Spitzkohl hinzufügen. Deckel auflegen, auf höchster Einstellung zum Kochen bringen. Auf kleinste Einstellung drehen und 12-13 Min. dünsten, ohne den Deckel abzuheben. Die restlichen Zutaten im kleinen Mixer mixen, unter das Gemüse ziehen und 1 Min. leicht durchköcheln lassen.

6533. Zimtpflümli unter Pekanhäubli, Januar 2015

2 x Frühstück

Abends

- 6 EL Sechskorngetreide, grob schroten & auf zwei Schüsseln verteilen. Mit insgesamt
- 160 g Wasser übergießen. Abgedeckt bei Raumtemperatur stehen lassen.

Morgens

- 2 EL Leinsamen
- 15 g Zitronenfleisch
- 1 Banane (90 g netto)
- 160 g aufgetaute Tiefkühl-Pflaumen (aus Freundesgarten)
- 2 kleine Äpfel (190 g)
- 1 MS Zimt
- 20 g Pekannüsse

Leinsamen schroten, auf das eingeweichte Getreide geben. Das Obst in grobe Stücke teilen und mit dem Zimt im Hochleistungsmixer nicht zu fein pürieren. Auf das Getreide geben. In die Mitte die Pekannüsse verteilen.

6534. Pekan-Creme, Januar 2015

Im Hochleistungsmixer auf der höchsten Stufe bis zum Stocken schlagen:

- 20 g Pekannüsse
- 2 Datteln Deglet Nour (15 g netto)
- 50 g Naturreis
- 350 g Wasser

6535. Aufbrauchkakao, Januar 2015

Im Hochleistungsmixer 4,5 bis 8 Min. schlagen:

- 75 g Pekan-Creme (6534 o. Ä.); hier gewogener Rest im Becher
- 10 g Kakaonibs
- 4 g Ingwer (bin Ingwerfan, kann auch wegfallen)
- 1 große weiche Dattel (27 g netto)
- 350 g Wasser

6536. Linzer Torte groß in Form, Januar 2015

Vorläufer: 6516

- 100 g Mandeln
- 110 g Haselnüsse
- 3 Bittermandeln
- 150 g gekochte Sojabohnen
- 1 Prise Salz
- 60 g Pekan-Creme (6534 o. Ä.)
- 200 g Honig
- 1 EL Pflaumenwein
- 3 Gewürznelken
- 275 g Dinkel
- 1 TL Zimt
- 2 TL Natron

Füllung:

- 400 g Pflaumen
- 3 weiche Datteln, entsteint (60 g)
- 65 g Pekan-Creme
- 1/2 TL gem. Ingwer

Nüsse im Thermomix mahlen. Umfüllen. Bohnen, Creme, Honig und Pflaumenwein im Vitamix möglichst fein pürieren. Zu den Nüssen geben. Gewürznelke in die Mühle geben, Dinkel darüber streuen und fein mahlen. Mit Natron, Zimt und Nussmasse verkneten (Handrührgerät, Knethaken). Zu einer Art Kugel zusammenpressen und eine Weile in den Kühlschrank geben. Bei mir waren es etwa 30 Min, länger würde sicher nicht schaden.

Pflaumen, kleingeschnittene Dattel, Creme und Ingwer im Vitamix pürieren.

Ein Drittel des Teigs (abwiegen) beiseite legen, den Rest etwas größer als den Boden einer 24-cm-Springform (ausgelegt mit Backpapier) zwischen Haushaltspapier ausrollen, in die Form geben und einen Rand hochdrücken. Mit einer Gabel mehrmals einstechen. Pflaumenmasse darauf verstreichen. Rest zwischen den beiden Haushaltsfolien in Springformgröße glatt aus rollen und mit einem Teigrädchen in Streifen schneiden (Dank an Agnes für den Tipp!), kreuzweise über die Pflaumenmasse geben. In dieser Zeit den Ofen (Heißluft) auf 215 °C vorheizen.

Streifen mit etwas Wasser einpinseln. Form einschieben, 10 Min. bei 170 °C, 25 Min. bei 160 °C und 10 Min. bei 140 °C backen. 5 Min. nachbacken. Kuchen auf ein Gitterrost stellen. Rand vorsichtig mit einem Messer vom Teig lösen, dann Rand entfernen. Gut auskühlen lassen.

In Folie packen und mindestens einen Tag durchziehen lassen.

Fazit: Geschmacklich jetzt sehr gut abgestimmt. Ich würde ihn ein nächstes Mal 5 Min. kürzer backen.

6537. Gezuckerte Kondensmilch, Januar 2015

- 150 g gekochte Sojabohnen
- evtl. 1 Prise Salz (könnte das Süße noch verstärken)
- 60 g Pekan-Creme (6534 o. Ä.
- 200 g Honig

6538. Kohlroffel italiano, Januar 2015

2 Hauptgerichte.

Gemüse:

- 65 g Wasser
- 400 g Kartoffeln, vorwiegend festkochend (gebürstet unter fließendem Wasser, in Scheiben geschnitten)
- 210 g Kohlrabi (netto, geschält und gestiftelt)
- 1 kleine Möhre (60 g) in Scheiben
- 65 g Zucchini in Scheiben
- 2 Knoblauchzehen, geschält & in Scheiben

Soße:

- 150 g passierte Tomaten aus dem Glas
- 50 g Pekan-Creme (6534 o. Ä.)
- 1 TL Salz
- 1 MS schwarzer Pfeffer
- 1 knapper EL Apfelessig (7 g)
- 1 TL Kräuterdip-Gewürz (maiersgenuss.de o. Ä.)
- 40 g Wasser

Gemüse: Wasser in eine 24-cm-Pfanne geben. Gemüse darauf schichten. Als Gemüsepfanne 15 Min. dünsten.

Soße: Zutaten in einem kleinen Becher mit einem Löffel oder kleinen Schneebesen gut verrühren.

Soße zu dem gegarten Gemüse geben, Becher mit ca. 40 g Wasser nachspülen, dies ebenfalls zum Gemüse geben. Vorsichtig unterrühren und nochmals kurz aufkochen.

6539. Pflaume trifft Mango, Januar 2015

2 x Frühstück.

- 2 EL Leinsamen
- 2 EL Sonnenblumenkerne
- 2 EL Nacktgerste
- 2 EL Nackthafer

- 1 Mango (260 g netto)
- 1 Banane (90 g netto)
- 155 g aufgetaute Tiefkühlpflaumen
- 1 Apfel (115 g)

Leinsamen, Kerne und Getreide zusammen flocken und auf 2 Müslischüsseln verteilen. Mango schälen, vom Kern schneiden, 2 kleine Stücke beiseitelegen. Mit dem restlichen Obst im Vitamix durchmischen, auf das Getreide geben. Mit den Mangostücken dekorieren.

6540. Kakao trifft Pflaume, Januar 2015

Im Hochleistungsmixer 4,5 - 8 Min. laufen lassen:

- 100 g Saft von aufgetauten Tiefkühlpflaumen
- 1 große Dattel, ohne Stein (25 g)
- 5 g frischer Ingwer
- 10 g Nackthafer
- *250 g Wasser*

Fazit: Wird mir ein bisschen zu säuerlich. Aber mal etwas anderes.

6541. Herrengedeck, Januar 2015

2 x Frühstück

- 6 EL Roggen
- 2 EL Sonnenblumenkerne
- 2 EL Leinsamen mischen und flocken. Im Vitamix
- 100 g aufgetaute tiefgekühlte Pflaumen (oder anderes Obst) mit
- 12 g Zitronenfleisch
- 1 geschälte Grapefruit (235 g netto)
- 1 Banane (125 g netto) und
- 1 Apfel (175 g) pürieren, über das Getreidegemisch verteilen. In die Mitte jeweils
- 1 TL Pampelmusat (Herstellung s. Orangeat (z. B. 6460)) geben.

6542. Verschenkebrot 1, Januar 2015

Vorläufer: 6400

Stufe 1 (12 Std. vorher):
- 500 g Roggen
- 520 g Wasser
- 150 g Sauerteig

Abends schon vorbereiten:
- 100 g Roggen
- 200 g Dinkel
- 1 EL Salz
- 1 EL Brotgewürz
- 75 g Leinsamen

Stufe 2 (Backen, bei mir am Morgen):
- 1/2 P frische Hefe (20 g)
- 170 g lauwarmes Wasser
- Getreidemischung vom Vorabend
- 2 EL Apfelessig
- 1000 g Sauerteigansatz
- 20 g Butter für die Form

Stufe 1: Roggen fein mahlen, mit Wasser und altem Sauerteig mischen. In einer Plastiktüte über Nacht stehen lassen. 150 g von der Stufe 1 abnehmen und in einem gut schließenden Schraubglas in den Kühlschrank stellen für das nächste Backen. **Abends:** Getreide fein mahlen, mit den restlichen Zutaten mischen und in einer gut schließenden Plastikdose verwahren.

Stufe 2: Hefe im Wasser auflösen. Restliche Zutaten (außer der Butter) hinzufügen und mit einem großen Löffel gründlich verrühren, bis kein Mehl mehr sichtbar ist. Eine 30-cm-Brotform, Profi-Email von Dr. Oetker, gut einfetten. Teig hineingeben, mit der nassen Hand herunterdrücken und glattstreichen. Mit einem scharfen Messer einmal längs einschneiden. Form mit Gärfolie abdecken und 45 Min. bei 35 °C gehen lassen.

Ofen auf 250 °C (Heißluft) vorheizen, 50 Min. bei 190 °C backen und 10 Min. im ausgestellten Ofen nachbacken.

6543. Schokodrache, Januar 2015

2 x Frühstück

Abends:
- 6 EL Sechskorngetreide, grob schroten & auf zwei Schüsseln verteilen. Mit insgesamt
- 160 g Wasser übergießen. Abgedeckt bei Raumtemperatur stehen lassen.

Morgens:
- 40 g getrocknete Mangos
- 35 g Cashewnüsse
- 10 g Kakaonibs
- 275 g Wasser
- 1 Banane (85 g netto)
- 1 Birne (250 g)
- 1 Orange (205 g)
- Einige Kakaonibs
- 4 Erdbeerscheiben, 2 Himbeeren - gefriergetrocknet (gekauft)

Mangos, Cashewnüsse, Kakaonibs und Wasser im Hochleistungsmixer so lange laufen lassen, bis eine cremige Masse entstanden ist.* Auf die zwei Müslischüsseln verteilen. Das Obst in grobe Stücke teilen, von der Orange zwei Spalten zur Seite legen, und im selben Becher pürieren. Ebenfalls auf die Schüsseln verteilen. Die Orangenspalten von oben mehrmals tief einschneiden, sie sollten aber unten noch zusammenhängen. Mit der Rundung nach oben in die Obstmasse setzen. An ein Ende der Spalte die Erdbeerscheiben, an das andere Ende eine Himbeere setzen.

***Tipp:** Ohne Hochleistungsmixer: Mangos, Kakaonibs und Cashewnüsse über Nacht im Wasser einweichen und dann in einem Mixer weiter arbeiten. Das Obst kann man auch in einer Küchenmaschine zerkleinern, das muss nicht notwendigerweise ein Püree sein.*

6544. Kokosaugen, Januar 2015

- 250 g Dinkel fein mahlen. Mit
- 200 g feinen Kokosraspeln,
- 1 P Weinsteinbackpulver
- 1 Prise Salz
- 1 TL gem. Vanille mischen.
- 175 g Honig mit
- 100 g Kokosöl in einer Pfanne erwärmen.
- Etwa 100 g Aprikosen-Fruchtmus (Tarpa) (zuckerfrei)

Dinkel, Raspeln und die anderen trockenen Zutaten mischen. Kokosöl-Honig-Mischung damit verrühren (Holz- oder Kunststofflöffel). 5-10 Min. stehen lassen. Mit den Händen zusammenpressen, Portionen abnehmen und zu nicht zu niedrigen Talern mit kleiner Mulde in der Mitte pressen. Nebeneinander auf ein Perfect-Clean Blech legen, in die Mitte etwas Fruchtmus hineingeben. In dieser Zeit den Ofen auf 160 °C vorheizen und 20 Min. bei 160 °C backen.

6545. Pflaumenpudding, Januar 2015

2 Personen, vegan

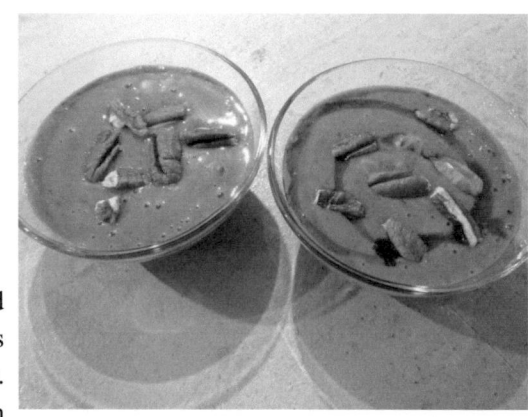

- 1 große weiche Dattel, 20 g netto
- 145 g Pekan-Creme (6534 o. Ä.)
- 125 g aufgetaute Tiefkühlpflaumen
- 1 EL Pflaumenwein
- 1-2 TL Ahornsirup
- Einige Pekannussstücke zur Dekoration

Dattel in kleine Stücke schneiden. Mit Creme, Pflaumen und Pflaumenwein in den großen Becher eines kleinen Mixers geben und mit dem hochstehenden Messer gut verschlagen. Auf 2 kleine Schüsseln verteilen. Für Süßschnäbel noch einen Teelöffel Ahornsirup in einer Spirale darüber gießen. Mit ein paar Nussstückchen dekorieren.

Tipps: Anderes Obst ist ebenfalls möglich, dann muss man evtl. stärker süßen. – Der Pflaumenwein kann ganz wegfallen (ich habe ihn geschenkt bekommen) oder durch Rum / Weinbrand ersetzt werden. – Statt Ahornsirup geht auch Akazienhonig, aber dann, das weiß ja mittlerweile jeder, ist es nicht mehr vegan.

6546. Marzipan-Maulwürfe, Januar 2015

- 250 g Dinkel fein mahlen.
- 200 g Nackthafer flocken. Mit
- 1 P Weinsteinbackpulver
- 1 Prise Salz
- 1 TL gem. Vanille und
- 1/2 TL Zimt sorgfältig mischen.
- 175 g Honig mit
- 100 g Butter in einer Pfanne erwärmen.
- etwa 90-100 g Honigmarzipan

Nach dem Mischen der trockenen Zutaten mit Butter-Mischung damit verrühren (Holz- oder Kunststofflöffel). 5-10 Min. stehen lassen. Mit den Händen Portionen abnehmen und zu flachen Bällchen zusammenpressen. Marzipan in etwa 25-30 Stücke schneiden, in jedes Bällchen ein Stück drücken, den Teig darüber schließen und flacher drücken. Nebeneinander auf ein Perfect-Clean Blech (Dauerbackfolie, Backpapier) legen.

In dieser Zeit den Ofen auf 160 °C vorheizen und 20 Min. bei 160 °C backen, 5 Min. bei ausgestelltem Ofen nachbacken.

6547. Kartoffeltorte mit Zwiebeln, Januar 2015

2 Personen, eine 28-cm-Pizzaform o. Ä.

- Etwa 400 g Kartoffeln
- 2 größere Zwiebeln (220 g netto)
- 80 g gekochte Sojabohnen (oder weiße Bohnen)
- 20 g Zitronensaft
- 50 g Sonnenblumenkerne
- 1 TL Salz
- 1-2 MS schwarzer. Pfeffer
- 20 g Hirse, ungemahlen
- 155 g Wasser

Kartoffeln unter fließendem Wasser abbürsten. Schadstellen ausschneiden. In Scheiben schneiden und dachziegelförmig, d.h. überlappend, in eine PerfectClean-Pizzaform (braucht kein Fett) auslegen. Sonst in eine gefettete oder mit Dauerbackfolie / Backpapier ausgelegt Form. Die doppelte Menge dürfte für ein Backblech ausreichen.

Zwiebeln schälen und in Scheiben schneiden. Da ich das nicht wie eine Maschine beherrsche, habe ich dickere Scheiben einfach grob gewürfelt. Zwiebeln über die Kartoffeln verteilen. Die restlichen Zutaten im Hochleistungsmixer pürieren, bis sie warm sind und eine Creme bilden. Die Creme esslöffelweise über die Zwiebeln geben und verstreichen. Form in den kalten Ofen auf ein Gitterrost geben (Heißluft plus), auf 225 °C und 25 Min. stellen.

Tipp: Wer keinen Hochleistungsmixer hat, mahlt die Hirse in einer Mühle (oder auch im Magic mit dem flachen Messer) und weicht die Sonnenblumenkerne im Wasser 4 Std. ein. Dann geht es auch mit dem Magic, hochstehendes Messer, oder im Thermomix.

6548. Mangoschollen, Januar 2015

2 Personen

Abends:

- 6 EL Sechskorngetreide, grob schroten & auf zwei Schüsseln verteilen. Mit insgesamt
- 160 g Wasser übergießen. Abgedeckt bei Raumtemperatur stehen lassen.

Morgens:

- 2 EL Leinsamen
- 10 g Zitronenfleisch
- 1 Apfelsine (150 g netto)
- 1 Banane (100 g netto)
- 1 Apfel (140 g)
- 1 Mango (230 g netto)
- 20 g Haselnüsse (= 16 Stück)

Leinsamen flocken, auf das eingeweichte Getreide geben. Das Obst (von der Mango nur 80 g) in grobe Stücke teilen und im Hochleistungsmixer nicht zu fein pürieren. Obstbrei auf dem Getreide verteilen. Restliche Mango in kleine Scheiben schneiden, oben auflegen. Die Haselnüsse gleichmäßig am Rand auslegen.

6549. Pekankankao, Januar 2015

Im Hochleistungsmixer 4-8 Min. laufen lassen:

- 15 g Kakaonibs
- 20 g Pekannüsse
- 10 g Pflaumenwein (kann auch wegfallen, Resteverwertung)
- 4 g frischer Ingwer
- 4 Datteln (33 g netto), die kleinen festen
- 325 g Wasser

6550. Zitronencreme, Januar 2015

Im Hochleistungsmixer solange laufen lassen, bis die Masse stockt (bei mir 5 Min.):

- 50 g Cashewnussbruch
- 50 g Naturreis
- 30 g Zitronensaft
- 30 g Honig
- 2 g Zitronenschale
- 350 g Wasser

Hinweis: So für sich ist die Creme nicht süß genug.

6551. Atlasnudeln, Januar 2015

Meine ersten Nudeln mit dem Atlasmotor und der Atlasmaschine ... Spannung!

Teig:

- 160 g Dinkel
- 80 g Wasser

Dinkel fein mahlen, gründlich mit dem Wasser verkneten.

Nach Anweisung mit der Maschine zu Tagliatelle verarbeiten. Leider hatte ich sie zu früh gemacht und musste sie in Knäuel länger liegen lassen. In kochendes Salzwasser geben und 4-5 Min. kochen. Da sich bei mir die Nudeln nicht gut voneinander lösten, kam ich auch mit 2 Min. keineswegs hin. Sie schmeckten gut. Beim nächsten Mal würde ich auf jeden Fall den Teig noch trockener machen und die Streifen lang legen.

6552. Creme auf Banane, Januar 2015

2 x Dessert

- 20 g Hirse
- 250 g Zitronencreme
- 15 g Honig
- 30 g Wasser
- 1 Banane (160 g brutto)

Hirse fein mahlen. Mit Creme, Honig und Wasser im großen Becher, kleiner Mixer, flaches Messer, gut verquirlen. Die Banane schälen und in Scheiben schneiden, auf zwei ofenfeste kleine Quicheformen verteilen. Creme darüber gießen. In den kalten Ofen geben und 20 Min. bei 160 °C (Heißluft) backen. 5 Min. nachbacken.

Hinweis: Ich habe die Creme in einem kleinen Mixer hergestellt (großer Becher, flaches Messer). Vitamix wäre deutlich besser. Bei größerer Teigmenge sowieso einen Hochleistungsmixer nehmen.

6553. Paprikasoße zu Nudeln, Januar 2015

2 Personen

Gemüse:

- 50 g Wasser
- 1 Zucchini (220 g)
- 1 orange-farbene Paprika (150 g netto)
- 1 Zwiebel (125 g netto)

Soße:

- 100 g passiert Tomaten
- 8 g Zitronenfleisch
- 50 g Zitronencreme
- 1 TL Salz
- 1 TL Aioli-Gewürzmischung (oder Pizzagewürz)
- 50 g Wasser

Gemüse: Wasser in die Pfanne geben. Gemüse kleinschneiden und zum Wasser geben. Deckel auflegen, auf höchster Einstellung zum Kochen bringen. Auf kleinste Einstellung drehen und 12 Min. dünsten, ohne den Deckel abzuheben. **Soße:** Tomaten, Zitronenfleisch, Creme und Salz im kleinen Mixer (flaches Messer) gut verquirlen. Das Gewürz mit einem Löffel unterrühren. Unter das Gemüse rühren, Becher mit 50 g Wasser nachspülen, ebenfalls in die Pfanne geben. Aufkochen und warm halten, bis die Nudeln fertig sind.

6554. Ganz normal, oder?, Januar 2015

2 x Frühstück.

Abends

- 6 EL Sechskorngetreide, grob schroten & auf zwei Schüsseln verteilen. Mit insgesamt
- 160 g Wasser übergießen. Abgedeckt bei Raumtemperatur stehen lassen.

Morgens

- 2 EL Leinsamen
- 10 g Zitronenfleisch
- 1 Apfelsine (180 g netto)
- 2 Bananen (240 g netto)
- 1 Apfel (160 g)
- 20 g Sonnenblumenkerne
- einige gefriergetrocknete Beerenfrüchte

Leinsamen flocken, auf das eingeweichte Getreide geben. Das Obst in grobe Stücke teilen und im Hochleistungsmixer (anderer Mixer geht sicher auch) nicht zu fein pürieren, über das Obst gießen. Mit Sonnenblumenkernen bestreuen und einige gefriergetrocknete Beerenfrüchte hinzugeben.

6555. Zitranis-Kakao, Januar 2015

Im Hochleistungsmixer 4,5-8 Min. schlagen:

- 100 g Zitronencreme (6550)
- 1 Sternanis
- 10 g Kakaonibs
- 6 g frischer Ingwer, immer ungeschält
- 25 g Datteln, entsteint (Deglet nour)
- 340 g Wasser

Hinweis: *Hier schmeckte die fruchtige Note sehr gut - im Gegensatz zu letztlich. Woraus ich gelernt habe: Nur weil etwas einmal nicht schmeckt, kann eine andere Variante dennoch sehr lecker sein. :-)*

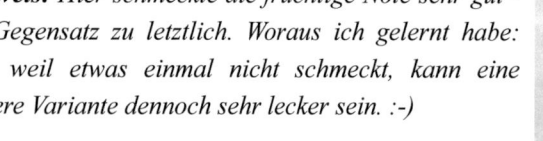

6556. Zitrustriumvirat, Dezember 2015

2 x Frühstück.

Abends
- 6 EL Sechskorngetreide, grob schroten & auf zwei Schüsseln verteilen. Mit insgesamt
- 160 g Wasser übergießen. Abgedeckt bei Raumtemperatur stehen lassen.

Morgens
- 2 EL Leinsamen
- 25 g Zitronenfleisch
- 1 Orange (150 g netto)
- 1 Pampelmuse (235 g netto)
- 1 Apfel (120 g)
- 1 Banane (100 g)
- 2 TL Kokosraspeln
- 20 g Pekannüsse

Leinsamen flocken, auf das eingeweichte Getreide geben. Das Obst in grobe Stücke teilen und im Hochleistungsmixer nicht zu fein pürieren. Auf dem Getreide verteilen. Mit Kokosraspeln am Rand bestreuen und Pekannüsse in die Mitte legen.

6557. Starkkakao, Januar 2015

Stark, weil Kakaonibs + Pulver.

Im Hochleistungsmixer 4,5-8 Min. laufen lassen:
- 3 g Kakaopulver
- 10 g Kakaonibs
- 25 g Datteln (Deglet Nour) ohne Steine
- 4 g frischer Ingwer
- 10 g Hirse
- 350 g Wasser

6558. Grünkohldressing, Januar 2015

Vegan

Im Hochleistungsmixer lauwarm laufen lassen:
- 50 g Ahornsirup
- 260 g Wasser
- 135 g Apfelessig
- 100 g Grünkohlstrunk
- 15 g Shoyu (oder Sojasoße oder ganz weglassen)
- 20 g Salz
- 200 g Sonnenblumenkerne
- 5 g „Scharfmacher" Gewürzmischung von Sonnentor
- 20 g Senf

Tipps: *In ein Schraubglas gefüllt hält es sich im Kühlschrank ca. 2 Wochen. Es schmeckt aber nach 2 Tagen nicht mehr so richtig lecker, etwas bitter.*

6559. Vanillekakao, Januar 2015

Im Hochleistungsmixer 4,5-8 Min. schlagen:
- 10 g Kakaonibs
- 5 g frischer Ingwer (nach Belieben)
- 25 g Datteln entsteint
- 10 g Nackthafer
- 2 g Vanillestange
- 350 g Wasser

147

6560. Hokkaido-Grünkohl-Pfanne, Januar 2015

2 Hauptmahlzeiten.

- 50 g Wasser
- 215 g Grünkohl (noch leicht nass)
- 220 g Kürbis (ungeschält, ohne Kerne)
- 100 g Grünkohldressing (6558 o. Ä.)
- 50 g gekochte Borlotti-Bohnen
- Etwas Salz
- 150-160 g Wasser

Wasser in eine Pfanne geben. Grünkohl und Kürbis kleinschneiden, Grünkohl zuunterst in die Pfanne geben, darauf die Kürbisstücke legen. Deckel auflegen, auf höchster Einstellung zum Kochen bringen. Auf kleinste Einstellung drehen und 20 Min. dünsten, ohne den Deckel abzuheben. Die Garzeit ist wegen des Grünkohls so lange, mir schmeckt er sonst nicht so gut.

Die restlichen Zutaten im Hochleistungsmixer verquirlen, unterrühren und kurz aufkochen.

Tipp: *Eine sehr leckere Kombination! Ich habe es mit Ofenkartoffeln serviert.*

6561. Orangenduett, Januar 2015

2 x Frühstück.

- 2 EL Leinsamen
- 2 EL Naturreis
- 4 EL Nackthafer
- 10 g Zitronenfleisch
- 2 Orangen (245 g netto)
- 1 Banane (95 g netto)
- 1 Apfel (140 g)
- 1 Kiwi (95 g)
- 20 g Walnüsse

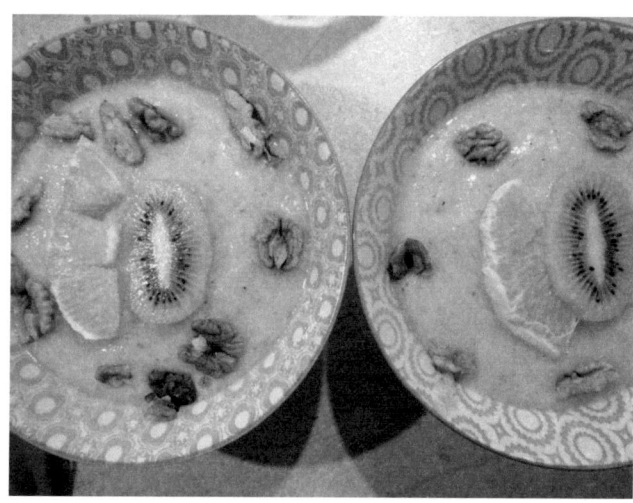

Leinsamen, Reis und Hafer flocken und auf zwei Schüsselchen verteilen. Zitronenfleisch in den Hochleistungsmixer geben. Von den Orangen zwei Spalten beiseitelegen, mit der geschälten Banane und dem Apfel in den Mixer geben. Dort, wo die Kiwi den größten Durchmesser hat, zwei dünne Scheiben abschneiden, diese schälen. Den Rest der Kiwi ungeschält in den Mixer geben. Das Obst pürieren, auf dem Getreide verteilen. Mit Walnüssen am Rand bestreuen, in die Mitte jeweils eine Kiwischeibe und Orangenspalte legen.

6562. Hoisin-Variante, Januar 2015

Im Vitamix pürieren:

- 20 g Essigpeperoni (7/4573)
- 15 g Shoju (oder Sojasoße)
- 100 g Apfelessig
- 50 g Cashewnussbruch
- 50 g Mandeln
- 55 g entsteinte Datteln
- 20 g Knoblauchzehen ungeschält
- 2 g gem. schwarzer Pfeffer
- 10 g Salz

6563. Kürbis-Zwiebel 1:1, Januar 2015

2 Hauptgerichte.

- 75 g Wasser
- 330 g Kartoffeln, netto
- 1 Zwiebel (125 g netto)
- 330 g Kürbis (mit Schale, entkernt gewogen)
- 45 g Hoisin-Variante (6562 o. Ä.)
- 30 g Kokosraspeln
- 1 TL Salz
- 1 Knoblauchzehe ungeschält
- 130 g Wasser

75 g Wasser in eine Pfanne geben. Kartoffeln unter fließendem Wasser abbürsten und in Scheiben schneiden. In die Pfanne geben. Zwiebel schälen und würfeln, auf die Kartoffeln streuen. Kürbis in Stücke schneiden, als letzte Lage auflegen. Deckel auflegen, auf höchster Einstellung zum Kochen bringen. Auf kleinste Einstellung drehen und 15 Min. dünsten, ohne den Deckel abzuheben. Die restlichen Zutaten (die Hoisin-Variante war ein Rest von der Herstellung) im Vitamix verquirlen, unterrühren und kurz durcherhitzen.

6564. Blume des Zitrients, Januar 2015

2 x Frühstück

Abends

- 6 EL Sechskorngetreide, grob schroten & auf zwei Schüsseln verteilen. Mit insgesamt
- 160 g Wasser übergießen. Abgedeckt bei Raumtemperatur stehen lassen.

Morgens

- 2 EL Leinsamen
- 10 g Zitronenfleisch
- 1 Orange (130 g netto)
- 1 Banane (95 g netto)
- 1 Birne (210 g netto)
- 15 g Mandeln
- 1 Mandarine (70 g netto)
- 2 Haselnüsse

Leinsamen flocken, auf das eingeweichte Getreide geben. Das Obst außer der Mandarine in grobe Stücke teilen und mit den Mandeln im Hochleistungsmixer nicht zu fein pürieren. Auf die Schüsseln verteilen. Die Mandarine halbieren und die Stücke jeweils in die Mitte legen, mit der Spitze zueinander. In die Mitte je eine Haselnuss stecken.

6565. Süßkakao, Januar 2015

Süß und cremig ... danach war mir heute!

Im Hochleistungsmixer 4,5-8 Min. schlagen:

- 15 g Kakaonibs
- 55 g Datteln, entsteint
- 4 g frischer Ingwer
- 15 g Nackthafer
- 350 g Wasser
- 1/2 TL Kokosraspeln als Deko

Auf den fertigen Kakao ein paar Kokosraspeln streuen.

Hinweis: *Ich habe die Kokosraspeln eigentlich nur als Deko verwendet, um zu beweisen, dass ich nicht immer dasselbe Foto nehme. :-)*

6566. 400 g-Sauerteigbrot, Januar 2015

Vorläufer 6542. Halb zum Verschenken. Ich wollte mal weniger Sauerteig austesten. Leider habe ich das Ende der Gehzeit nicht beachtet, so ist der Teig in der Form fast 2 Std. gegangen. Das war nicht geplant, dadurch gab es aber keinen Ofentrieb mehr. Schön locker ist das Brot trotzdem.

Stufe 1 (12 Std. vorher):
- 400 g Roggen
- 420 g Wasser
- 150 g Sauerteig

Abends schon vorbereiten:
- 100 g Roggen
- 250 g Dinkel
- 1 EL Salz
- 1 EL Brotgewürz
- 75 g Sonnenblumenkerne

Stufe 2 (Backen, bei mir am Morgen)
- 1/2 P frische Hefe (20 g)
- 175 g lauwarmes Wasser
- Getreidemischung vom Vorabend
- 2 EL Apfelessig
- 800 g Sauerteigansatz
- 20 g Butter für die Form

Stufe 1: Roggen fein mahlen, mit Wasser und altem Sauerteig mischen. In einer Plastiktüte über Nacht stehen lassen. 150 g von der Stufe 1 abnehmen und in einem gut schließenden Schraubglas in den Kühlschrank stellen für das nächste Backen. **Vorbereitung abends:** Getreide fein mahlen, mit den restlichen Zutaten mischen und in einer gut schließenden Plastikdose verwahren. **Stufe 2:** Hefe im Wasser auflösen. Restliche Zutaten (außer der Butter) hinzufügen und mit einem großen Löffel gründlich verrühren, bis kein Mehl mehr sichtbar ist. Eine 30-cm-Brotform, Profi-Email von Dr. Oetker, gut einfetten. Teig hineingeben, mit der nassen Hand herunterdrücken und glattstreichen. Mit einem scharfen Messer dreimal schräg einschneiden. Form mit Gärfolie abdecken und knapp 2 Std. bei 35 °C gehen lassen. Die Brotform ist dann ganz voll! Ofen auf 250 °C (Heißluft) schnellvorheizen, 50 Min. bei 190 °C backen und 10 Min. im ausgestellten Ofen nachbacken.

6567. Bango-Packung, Januar 2015

2 x Frühstück.

Abends
- 6 EL Sechskorngetreide, grob schroten & auf zwei Schüsseln verteilen. Mit insgesamt
- 160 g Wasser übergießen. Abgedeckt bei Raumtemperatur stehen lassen.

Morgens
- 2 EL Leinsamen
- 15 g Zitronenfleisch
- 2 angeschlagene Birnen (460 g)
- 1 Apfelsine (150 g netto)
- 40 g getr. Mango
- 30 g Cashewnussbruch
- 2 cm Vanillestange
- 255 g Wasser
- 2 gefriergetrocknete Himbeeren

Leinsamen flocken, auf das eingeweichte Getreide geben. Das Obst in grobe Stücke teilen und im Hochleistungsmixer nicht zu fein pürieren. Auf das Getreide gießen. Im selben Becher aus Mango, Nüssen, Vanille und Wasser eine Creme schlagen, auf das Obst geben. In die Mitte je eine Himbeere setzen.

6568. Birnenkakao, Januar 2015

Im Hochleistungsmixer, je nach Gerät, 4,5 bis 8 Min auf höchster Stufe schlagen:

- 15 g Kakaonibs
- 1 TL Kakaopulver (3 g)
- 10 g Hirse
- 35 g von einer Mangocreme (6140 o. Ä.)
- 5 g frischer Ingwer
- 1 sehr reife Birne (180 g)
- 300 g Wasser
- Ein bisschen Cashewnussbruch zur Dekoration

Hinweis: Die Birnen waren aus der Billigecke - 3118 g für 1 Euro! Einige waren schon sehr angeschlagen und weich, zwei von diesen vier sind im Frühstück gelandet, da schmeckten sie noch super. Von den insgesamt 14 Birnen sind 5 völlig in Ordnung, 5 mit mittelgroßen Schäden und 4 recht matschig.

6569. Haferfladen Rote Erde, Januar 2015

Vorläufer 6478

- 20 g Sonnenblumenkerne mit
- 100 g gekochte Kichererbsen
- 1/2 TL Salz
- 1 MS schwarzer gem. Pfeffer
- 1 geh. TL Kräuterdip (maiersgenuss.de, 5 g o. Ä.) und
- 100 g passierte Tomaten im Vitamix zu einer glatten Creme verarbeiten.
- 125 g Nackthafer schroten (5/8´9, Hawos), mit
- 1 geh. TL Natron mischen. Die Kichererbsenmasse hinzu-geben. Becher mit
- 50 g Wasser nachspülen, auch zum Teig geben und mit einem Löffel gut verrühren.

Mit einem Silikonteigspatel oder den Händen (nass) in einer 28-cm-Perfect-Clean-Pizzaform (oder auf einem mit Dauerbackfolie/Backpapier ausgelegten Backblech) auseinanderdrücken. 6 Tortenstücke vorzeichnen.

Backofen (Klimagaren) auf 215 °C vorheizen, einschieben. 10 Min. auf 210 °C und 10 Min. auf 175 °C backen.

Auf einen Gitterrost geben und in 6 Tortenstücke schneiden.

6570. Maismandelcreme, Januar 2016

Im Hochleistungsmixer bis zum Stocken schlagen:

- 50 g Mais (Biohof Lex)
- 20 g Mandeln
- 1 getr. Aprikose entsteint (5 g)
- 1 getr. Dattel entsteint (8 g)
- 1 sehr kleine Prise Salz
- 325 g Wasser

6571. Maispudding mit Frucht, Januar 2015

2 Desserts

- 125 g Maismandelcreme (Rest im Vitamix)
- 1 sehr reife Birne (215 g)
- 12 g Zitronenfleisch
- 1 Banane (netto 100 g)
- 2 TL Orangeat (z. B. 6460)

Birne, Zitronenfleisch und Banane grob zerteilen und zu der Creme geben. Gründlich mixen lassen. Auf zwei Schüsselchen verteilen, in die Mitte jeweils einen Klecks Orangeat geben. Veganer können mit gefriergetrockneten Beeren garnieren.

6572. Buchweizendach, Januar 2015

2 x Frühstück.

- 4 EL Nacktgerste
- 2 EL Sonnenblumenkerne
- 2 EL Leinsamen
- 15 g Zitronenfleisch
- 1 Banane (105 g netto)
- 1 Birne (190 g)
- 1 Orange (210 g netto)
- 2 EL Buchweizen
- 1 Clementine (95 g netto)
- 2 Prisen Zimt

Gerste, Sonnenblumenkerne und Leinsamen flocken, auf 2 Müslischüsseln verteilen. Zitronenfleisch mit geschälter Banane, Birne und geschälter Orange im Vitamix zu einer gröberen Creme verarbeiten. Auf das Getreide geben. Mit Buchweizen bestreuen, die Clementine schälen und die Spalten auf den Buchweizen legen. In der Mitte ein wenig Zimt verstreuen.

6573. Sojabohnen kochen, Januar 2015

Dies bezieht sich ausschließlich auf die Sojabohnen vom Biohof Lex.

Üblicherweise koche ich sie so, dass ich 200 g Bohnen über Nacht einweiche und am nächsten Morgen im Schnellkochtopf mit 250 g Wasser 13 Min. koche. Nun hatte ich abends versäumt, die Bohnen einzuweichen, wollte aber unbedingt welche verwenden. Ich habe also direkt nach dem Aufstehen eingeweicht und nur 2,5 Std. stehen lassen. Dann habe ich 16 Min. im Schnellkochtopf mit 250 g Wasser gekocht: Das Ergebnis ist hervorragend! Mir scheint (oder ist es Einbildung?), dass die Bohnen auch besser schmecken.

Tipp: *Ich werde bei Gelegenheit ausprobieren, wie lange die Bohnen im Schnellkochtopf ohne Einweichen kochen bzw. ob das geht bzw. ob sich das dann mit Natron beschleunigen lässt.*

6574. Leichter Eisbergsalat, Januar 2015

Wenn mal der Hunger leicht ist, aber vorhanden, dann ist dies ein leckerer Imbiss. Für 2 Personen

Dressing:
- 1 Mandarine (75 g netto)
- 15 g Cashewnussbruch
- 1 gute Prise Salz
- 1 MS schwarzer gem. Pfeffer
- 1 Knoblauchzehe, in Scheiben (6 g oder weniger)
- 60 g Wasser

Gemüse:
- 275 g Eisbergsalat
- 1 Tomate (145 g)

Die Dressingzutaten im kleinen Mixer mit dem hochstehenden Messer fast 1 Min. schlagen. Auf zwei Schüsseln verteilen. Salat in feine Streifen schneiden, in das Dressing geben. Tomate würfeln und auf den Eisbergsalat legen. So servieren, jeder hebt den Salat selbst unter die Soße.

6575. Linzer Torte Finale, Januar 2015

Vorläufer 6536

- 100 g Mandeln
- 100 g Haselnüsse
- 10 g Pekannüsse
- 3 Bittermandeln
- 150 g gekochte Sojabohnen
- 1 Prise Salz
- 60 g Maismandelcreme 6570 o. Ä.
- 200 g Honig
- 1 EL Pflaumenwein (kann wegfallen)
- 3 Gewürznelken
- 275 g Dinkel
- 1 TL Zimt
- 1 P Weinsteinbackpulver
- 600 g Birnen
- 3 weiche Datteln, entsteint (60 g)
- 70 g Maismandelcreme 6570 o. Ä.

Nüsse mahlen. Umfüllen. Bohnen, Creme, Honig, Salz und Pflaumenwein im Vitamix möglichst fein pürieren. Zu den Nüssen geben. Gewürznelke in die Mühle geben, Dinkel darüber streuen und fein mahlen. Mit Backpulver, Zimt und Nussmasse verkneten (Handrührgerät, Knethaken). Zu einer Art Kugel zusammenpressen und eine Weile in den Kühlschrank geben. Bei mir waren es etwa 30 Min, länger würde sicher nicht schaden.

Birnen, kleingeschnittene Dattel und Creme im Vitamix pürieren.

Ein Drittel des Teigs (abwiegen) beiseite legen, den Rest etwas größer als den Boden einer 24-cm-Springform (ausgelegt mit Backpapier) zwischen Haushaltspapier ausrollen, in die Form geben und einen Rand hochdrücken. Mit einer Gabel mehrmals einstechen. So viel Birnenmasse darauf verstreichen, dass sie bis zur Oberkante des Randes reicht. Den Rest anderweitig verwerten, schmeckt auch so :-). Teigrest zwischen den beiden Haushaltsfolien in Springformgröße glatt aus rollen und mit einem Teigrädchen in Streifen schneiden (Dank an Agnes für den Tipp!), kreuzweise über die Birnenmasse geben. Ofen (Heißluft) auf 170 °C vorheizen.

Streifen mit etwas Wasser einpinseln. Form einschieben, 20 Min. bei 170 °C und 20 Min. bei 160 °C backen. Kuchen auf ein Gitterrost stellen. Rand vorsichtig mit einem Messer vom Teig lösen, dann Rand entfernen. Gut auskühlen lassen. In Folie packen und mindestens einen Tag durchziehen lassen.

Hinweise: *Die Birnenmasse habe ich genommen, weil ich überreife Birnen im Haus hatte. Traditionell gehört eine rote Marmelade hinein, ich würde dann von Tarpa das Fruchtmus nehmen, das nur aus Frucht und Honig besteht - wenn ich nicht Tiefkühlfrüchte habe, die ich selbst mit Honig mischen kann. Das wird aber nie so fest, daher gebe ich immer etwas Stützcreme hinzu. – Geschmacksergebnis: An dem Teig lässt sich jetzt meiner Meinung nach nichts verbessern. Uns schmecken die Birnen fantastisch. Eine Superduperabonnentin hat gefrorenes Apfelmus aus eigenen Beständen genommen und das ganze viereckig gemacht - auch toll.*

6576. Kürbis unterteige mit Grünkohl, Jan. 2015

2 Personen. Die Idee der eingeteigten Kürbis habe ich bei Agnes gestohlen, die mir von einem ihrer nächsten Rezepte erzählt hatte. Ich weiß aber nicht, wie sie es gemacht hat. Ich hoffe, dass Agnes mir verzeiht, dass ich ihr Rezept ein wenig vorwegnehme.

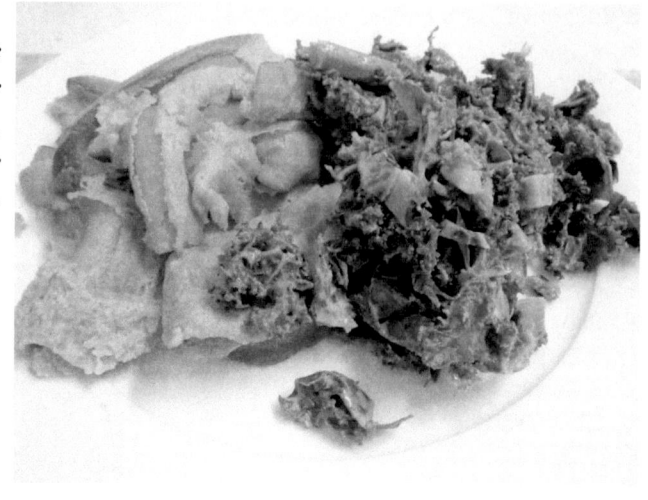

Kürbis unterteige:
- 80 g Buchweizen
- 50 g Maismandelcreme 6570 o. Ä.
- 75 g gekochte Sojabohnen
- 1 gestr. TL Salz
- 160 g Wasser
- 390 g Hokkaido (ohne Kerne, mit Schale)

Grünkohl:
- 50 g Wasser
- 340 g Grünkohl

Für die Soße:
- 40 g Maismandelcreme
- 75 g gekochte Sojabohnen
- 75 g Grünkohldressing 6558 o. Ä.
- 1 gestr. TL Salz
- 1 MS schwarzer gem. Pfeffer
- 100-150 g Wasser

Kürbis: Buchweizen fein mahlen. Mit den anderen Zutaten - bis auf den Hokkaido - im Vitamix verquirlen und 15 Min. quellen lassen. Aus dem Kürbis die Kerne entfernen, in Spalten schneiden. Eine 28-cm-Pizzaform (PerfectClean oder eine mit Dauerbackfolie ausgelegte Form) bereitstellen. Die Kürbisspalten in Portionen in den Teig geben, sodass alles mit Teig bedeckt ist. Mit einer Gabel herausnehmen, abtropfen lassen und nebeneinander in die Pizzaform legen. Der Teig verteilt sich zwischen den Kürbisspalten. Ofen auf 210 °C vorheizen, Blech in den Ofen geben und 20 Min. backen.

Grünkohl und Soße: Wasser und klein geschnittenen Grünkohl in die Pfanne geben. Mein Grünkohl war total sauber, waschen war nicht nötig. Deckel auflegen, auf höchster Einstellung zum Kochen bringen. Auf kleinste Einstellung drehen und 20 Min. dünsten, ohne den Deckel abzuheben. Die Soßenzutaten mit dem kleinen Mixer, flaches Messer, gut verquirlen und unter den Grünkohl rühren. Zusammen servieren.

6577. Ein Sonntagslächeln, Januar 2015

2 x Frühstück
- 2 EL Leinsamen
- 6 EL Nackthafer
- 15 g Zitronenfleisch
- 1 Birne (230 g)
- 2 Kiwi (150 g netto)
- 1 Banane (110 g netto)
- 1 Apfel (120 g)
- 20 g Kokosraspeln
- 2 gefriergetrocknete Himbeeren

Leinsamen und Hafer in der Mühle mittelgrob schroten (Stufe 4/9, Hawos Novum). Auf 2 Müslischüsseln verteilen. Zitronenfleisch, Birne, eine Kiwi, Banane und Apfel im Vitamix pürieren. Auf das Getreide gießen. Mit Kokosraspeln bestreuen. Die zweite Kiwi in Halbscheiben schneiden und wie auf dem Foto zu sehen verteilen. In die Mitte die Beeren setzen. Wer keine Beeren hat, nimmt eine Rosine.

6578. Kiwi-Essig, Januar 2015

- 2 Kiwi
- Ca. 450 g Apfelessig

Kiwi nicht zu dünn schälen, Enden abschneiden. Schale und Enden in ein leeres Honigglas geben. Mit Essig auffüllen und im Kühlschrank ziehen lassen.

6579. Verwöhn-Kakao, Januar 2015

So großzügig bin ich nicht immer zu mir. Schmeckt ungeheuer schokoladig.

Im Hochleistungsmixer, je nach Gerät, 4,5 bis 8 Min auf höchster Stufe schlagen:

- 15 g Kakaonibs
- 1 TL Kakaopulver (3 g)
- 20 g Cashewnussbruch
- 3 große entsteinte Datteln (55 g netto)
- 5 g frischer Ingwer
- 330 g Wasser

6580. Schneeflöckchen Versuch 1, Januar 2015

- 100 g gekochte Sojabohnen (oder weiße Bohnen, sehr weich)
- 1 MS gem. Vanille
- 100 g Honig
- 50 g Mandeln
- 1 EL Pflaumenwein (oder Rum / Weinbrand / Wasser)
- 1 Prise Salz
- 175 g Dinkel
- 1 TL Natron

Alle Zutaten bis auf Dinkel und Natron im Hochleistungsmixer zu einer ganz glatten Creme verarbeiten. Da muss man schon aufpassen, dass nicht doch noch ein paar Mandeln oder auch Bohnen stückig sind. Dinkel sehr fein mahlen, was die Mühle hergibt, mit Natron und dann mit der Creme verkneten (Handrührgerät, Knethaken).

Mit den feuchten Fingern (immer wieder in Wasser tauchen) kirschgroße Kugeln formen und nebeneinander auf ein Backblech (Perfect-Clean, Dauerbackfolie oder Backpapier) setzen. Mit einer Gabel flach drücken.

Backofen (Heißluft) auf 160 °C vorheizen. 10 Min. bei 160 °C und 10 Min. bei 140 °C backen. Auf einem Gitterrost abkühlen lassen.

Fazit: Die Konsistenz ist schon ziemlich okay. Da ich die Orginal-Schneeflöckchen nie selbst gegessen habe, ist es natürlich etwas kompliziert. Eric sind sie süß genug (was mich wundert). Von außen sind sie leicht knusprig, von innen weich. Vielleicht backe ich sie noch einmal, nur bei 140 °C.

6581. Zitrige Creme auf Birnen, Januar 2015

- 20 g Hirse
- 100 g gekochte Sojabohnen (Lex!)
- 20 g Zitronenfleisch
- 100 g Honig
- 100 g Wasser
- 50 g reife Birne

Hirse fein mahlen. Mit Bohnen, Zitrone, Honig und Wasser im Vitamix zu einer viskösen glatten Flüssigkeit verarbeiten. Birne würfeln, auf zwei feuerfeste Schüsselchen verteilen, die Creme darüber gießen. Ofen auf 160 °C vorheizen, 40 Min. backen.

6582. Wildhefebrot 2015/1, Januar 2015

Wildhefe: Vor 7 bzw. 8 Tagen angesetzt:

- 1 getrocknete Bio-Aprikose
- Schale von 1 ausgepresster Bio-Zitrone
- 1 TL Imkerhonig
- aufgefüllt in einem Schraubglas auf 1 Liter mit Wasser.

Deckel des Schraubglases nur locker auflegen. Man soll alle 12 Std. umrühren. Ich habe das geschlossene Glas etwas geschüttelt. Vorgestern habe ich die Zitronen entfernt und das Glas in den Kühlschrank gegeben.

Brot

Abends:

- 175 g Dinkel
- 175 g Hefewasser

Miteinander verrühren. In einer Pengdose über Nacht gehen lassen.

Morgens:

- 350 g Ansatz (s.o.)
- 325 g Dinkel
- 1 TL Korianderkörner
- 125 g Wasser
- 2 gestr. TL Salz

Dinkel mit Koriander fein mahlen. Alle Zutaten zusammen gründlich verkneten (7 Min. mit der Hand). Zu einer Kugel unter Spannung formen, in einer Pengdose warm, aber nicht heiß (z. B. in der Nähe der Heizung) dreimal gehen lassen, zwischendurch immer wieder durchkneten: 2,5 Std. / 2 Std. / 1 Std..

Nochmals durchkneten. Zu einem Brotlaib formen und unter Gärfolie gehen lassen, bis der Ofen auf 250 °C vorgeheizt ist. Ich habe das Brot mit 2 x Klimagaren auf dem Lochblech gebacken. Ofen vorgeheizt auf 250 °C, Brot auf das heiße Lochblech gelegt, Wassersprühen ausgelöst. 30 Min. bei 190 °C, dann den zweiten Wasserstoß ausgelegt. Nach 35 Min. war das Brot fertig.

6583. Wirsing in Cremesoße mit Spaghetti, Januar 2015

Spaghetti:

- 160 g Dinkel
- 75 g Wasser

Wirsing:

- 1 Zwiebel (170 g netto)
- 15 g Knoblauch (netto)
- 240 g Wirsing (netto)
- 75 g Wasser

Soße:

- 75 g gekochte Sojabohnen
- 30 g Cashewnussbruch
- 1 gestr. TL Salz
- Etwas gem. Pfeffer
- 1 knapper EL Apfelessig
- 1/2 TL Honig (7 g)
- 100 g + 75 g Wasser

Spaghetti: Dinkel sehr fein mahlen, mit dem Wasser zu einem Teig verarbeiten. Auch wenn man erst denkt, das geht nicht - es geht! Mit „Runterquetschen" lassen sich die Mehlreste einarbeiten. In Haushaltsfolie wickeln und ca. 3 Std. ruhen lassen. Dann mit der Atlas-Maschine dünn walzen, 30 Min. zwischen zwei Handtüchern antrocknen lassen und in Spaghetti schneiden. *Besser als letztes Mal, aber ich musste immer noch Streumehl nehmen. Wenn ich noch mehr Mehl nehme, brechen mir die Nudeln, eigenartig. Aber lecker waren sie!* Spaghetti in kochendes Salzwasser geben und ca. 3-4 Min. kochen / sieden, probieren, wann sie gut sind. *Gemüse:* Wasser in eine Pfanne (24 cm) gießen. Zwiebel und Knoblauch abziehen, würfeln, in die Pfanne geben. Wirsing, gewaschen wenn nötig, in feine Streifen schneiden. Deckel auflegen, auf höchster Einstellung zum Kochen bringen. Als Gemüsepfanne 16-17 Min. dünsten. *Soße:* Alle Zutaten (außer 75 g Wasser) mit dem kleinen Mixer, flaches Messer, glatt schlagen. Aber in zwei Durchgängen, sonst schmaucht die Maschine. Unter das Gemüse rühren, Becher mit 75 g Wasser nachspülen, ebenfalls zum Gemüse geben. Aufkochen und mit den Spaghetti servieren.

Damit das zeitlich hinkommt, bin ich wie folgt vorgegangen:

1. Nudeln zu Platten verarbeiten.
2. Gemüse vorbereiten und in zwei Schüsseln geben.
3. Nudeln zu Spaghetti schneiden und auf ein Handtuch legen.
4. Gemüsepfanne beginnen.
5. Wasser im Wasserkochtopf zum Kochen bringen.
6. Soße zubereiten.
7. Wenn die Gemüsepfanne noch 1-2 Min. hat, Topf mit Wasser und Salz füllen, zum Kochen bringen.
8. Nudeln ins kochende Wasser geben. Im Auge behalten.
9. Soße zum Gemüse geben und abschmecken, kurz aufkochen.
10. Spaghetti in ein Sieb gießen.

6584. Frischknoblauchdressing ohne Öl, Januar 2015

Im Hochleistungsmixer lauwarm laufen lassen:

- 55 g Ahornsirup
- 250 g Wasser
- 150 g Essig
- 15 g Sojasoße (oder weglassen)
- 20 g Salz
- 200 g Sonnenblumenkerne
- 3 g Scharfmacher von Sonnentor
- 10 g frischer Knoblauch
- schwarzer gem. Pfeffer
- 25 g Senf

In ein Schraubglas gefüllt hält es sich ca. 2 Wochen.

6585. Ingwerette, Januar 2015

2 x Frühstück.

Abends

- 6 EL Sechskorngetreide, grob schroten & auf zwei Schüsseln verteilen. Mit insgesamt
- 160 g Wasser übergießen. Abgedeckt bei Raumtemperatur stehen lassen.

Morgens

- 2 EL Leinsamen
- 15 g Zitronenfleisch
- 1 Birne (250 g)
- 1 Banane (95 g netto)
- 1 Kiwi (95 g, ungeschält verwendet)
- 1 Apfel (125 g)
- 4 g frischer Ingwer, ungeschält
- 25 g Pekannüsse

Leinsamen flocken, auf das eingeweichte Getreide geben. Das Obst in grobe Stücke teilen und mit dem Ingwer im Hochleistungsmixer pürieren. Auf dem Getreide verteilen und in die Mitte die Pekannüsse häufeln.

6586. Half-Half-Kakao, Januar 2015

Im Hochleistungsmixer, je nach Gerät, 4,5 bis 8 Min auf höchster Stufe schlagen:

- 4 g frischer Ingwer
- 10 g Kakaonibs
- 1/2 Birne (110 g)
- 4 g Kakaopulver
- 10-15 g Cashewnüsse
- 5 g Honig (Rest aus einem Honigglas, mit Wasser ausgespült)
- 325 g Wasser

6587. Wirsing-Hokkaido-Rouladen, Januar 2015

2 Hauptspeisen.

Rouladen:

- 100 g Wasser
- 4 Wirsingblätter (105 g)
- 275 g Hokkaido (netto)
- 1 Zwiebel (65 g netto)
- 75 g gekochte weiße Bohnen
- 1 gestr. TL Salz
- 1 TL Ajoli-Gewürzmischung o. Ä.

Soße:

- 25 g Grünkohldressing 6558 o. Ä.
- 1 Clementine (75 g netto)
- 1 Knoblauchzehe, in Scheiben
- 1 gute Prise Salz
- 50 g Wasser
- 10 g Dinkelmehl

Wasser in eine 24-cm-Pfanne gießen. Wirsingblätter nebeneinander auf ein Schneidbrett legen, sodass die dicken Rippen senkrecht liegen. Kürbis und Zwiebeln vorschneiden, in zwei Portionen mit Salz, Bohnen und Gewürz im Zerkleinerer (oder TM) fein mahlen. In die Mitte der Wirsingblätter verteilen. Wirsingblatt von oben und von unten greifen, übereinanderziehen. Zu feste Rippen leicht quer einschneiden. Dann die Ecken von links und rechts in die Mitte umschlagen. Dieses Briefchen umdrehen und mit der gefalteten Seite nach unten nebeneinander in die Pfanne setzen.

Als Gemüsepfanne 30 Min. dünsten. Die Zutaten für die Soße mit dem kleinen Mixer, hochstehendes Messer, gut verquirlen. Zwischen die Rouladen gießen, vorsichtig mit dem Kochwasser verrühren und aufkochen, bis die Soße dickt.

Bei mir gab es dazu Ofenkartoffeln (siehe 6456).

6588. Hirsekakao I, Januar 2015

Im Hochleistungsmixer, je nach Gerät, 4,5 bis 8 Min auf höchster Stufe schlagen:

- 10 g Kakanobis
- 15 g Hirse
- 4 g frischer Ingwer
- 20 g Honig
- 15 g Haselnüsse
- 340 g Wasser

6589. Traubant, Januar 2015

2 x Frühstück.

Abends: siehe 6585

Morgens

- 2 EL Leinsamen
- 10 g Zitronenfleisch
- 1 Birne (205 g)
- 1 Banane (105 g netto)
- 1 Kiwi (70 g netto, geschält)
- 1 Apfel (120 g)
- 150 g kernlose Trauben
- 15 g Macadamianüsse

Leinsamen flocken, auf das eingeweichte Getreide geben. Zitronenfleisch, Birne, Banane, Kiwi und Apfel in grobe Stücke teilen und mit 100 g der Trauben im Hochleistungsmixer nicht zu fein pürieren. Auf die Schüsselchen verteilen. Macadamianüsse und restliche Trauben dekorativ am Rand auslegen.

6590. Dinkel kochen im Schnellkochtopf, Jan. 2015

2 Portionen.

- 200 g Dinkel
- Wasser

Dinkel in reichlich Wasser 20-24 Std. abgedeckt stehen lassen. Mit 175 g vom Einweichwasser in einen kleinen Schnellkochtopf (Mindestwassermenge: 150 g) geben. 12 Min. auf Stufe II, dann auf schwache Hitze stellen (2) und dort abdampfen lassen (ca. 6-8 Min.).

Hinwies: *Das Salz, das ich vergessen hatte, hat nicht gefehlt. War sehr lecker. Dazu:*

6591. Grünkohl mit Dinkel, Januar 2015

2 Portionen.

Dinkel wie beschrieben (6592) zubereiten.

Grünkohl:

- 100 g Wasser
- 250 g Grünkohl (netto)
- 1 Zwiebel (70 g netto)
- 4 g Essigpeperoni (7/4573)
- 10 g Peperoniessig (s. dort)
- 1 gestr. TL Salz
- 1 MS gem. schwarzer Pfeffer
- 1 gute Prise gem. Muskatnuss
- 50 g kernlose Trauben
- 30 g Cashewkerne
- 200 g Wasser
- 10 g Mehl

100 g Wasser in eine 24-cm-Pfanne geben. Grünkohl kleinschneiden, in die Pfanne geben. Zwiebel schälen und würfeln, am Rand verteilen. Deckel fest aufdrücken. Auf höchster Einstellung zum Kochen bringen. Auf kleinste Einstellung drehen und 20 Min. dünsten, ohne den Deckel abzuheben. Für die Soße die restlichen Zutaten im kleinen Mixer sehr gut mixen, unterrühren und aufkochen. Erst mit 100 g Wasser anfangen. Sollte nämlich nach den 20 Min. kein Wasser mehr in der Pfanne sein, muss man bis auf 200 g aufstocken.

Zusammen servieren.

6592. Kiwi-Rad, Januar 2015

2 x Frühstück.

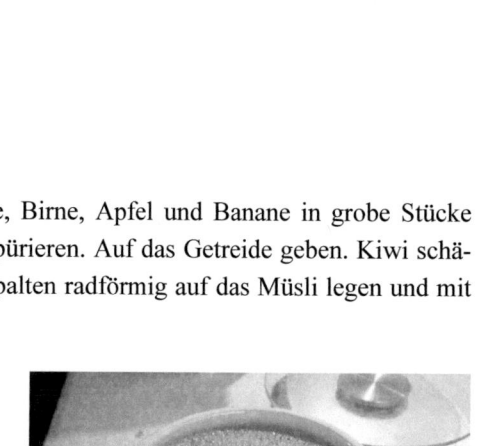

Abends:

- 6 EL Sechskorngetreide, grob schroten & auf zwei Schüsseln verteilen. Mit insgesamt
- 160 g Wasser übergießen. Abgedeckt bei Raumtemperatur stehen lassen.

Morgens:

- 2 EL Leinsamen
- 10 g Zitronenfleisch
- 1 Birne (230 g)
- 1 Apfel (135 g)
- 1 Banane (95 g)
- 100 g Trauben
- 25 g Maulbeeren getr.
- 1 Kiwi (70 g netto)

Leinsamen flocken, auf das eingeweichte Getreide geben. Zitrone, Birne, Apfel und Banane in grobe Stücke teilen, Trauben von der Rispe zupfen und im Hochleistungsmixer pürieren. Auf das Getreide geben. Kiwi schälen, längs halbieren und jede Hälfte in 4 Spalten schneiden. Je 4 Spalten radförmig auf das Müsli legen und mit Maulbeeren bestreuen.

6593. Hirsekakao II, Januar 2015

Vorläufer: 6588

Im Hochleistungsmixer, je nach Gerät, 4,5 bis 8 Min auf höchster Stufe schlagen:

- 10 g Kakaonibs
- 20 g Hirse
- 3-4 cm Vanillestange
- 6 g frischer Ingwer
- 50 g Einweichwasser von Trockenfrüchten (250 g Datteln/250 g Feigen/460 g Wasser)
- 340 g Wasser

6594. Reisefso-Creme, Januar 2015

Im Hochleistungsmixer bis zum Stocken schlagen (ca. 5 Min.):

- 50 g Naturreis
- 50 g Sonnenblumenkerne
- 2 Feigen, Stielende entfernt (45 g)
- 360 g Wasser

6595. Wirsing in Tomate, Januar 2015

2 Hauptspeisen.

- 385 g Stücktomaten aus der Dose
- 150 g Wasser
- 400 g Kartoffeln (netto)
- 205 g Wirsing
- 5 g Rosmarin in Essig eingelegt (oder weglassen / frisch / getrocknet)
- 45 g Reisefso-Creme 6594
- 5 g Essigpeperoni 7/4753
- 1 gestr. TL Paprika edelsüß
- 1 TL Salz
- 50 g Wasser
- 5 g Sonnenblumenöl

Tomaten in eine 24-cm-Pfanne schütten. Dose mit dem Wasser ausspülen, hinzugeben. Kartoffeln unter fließendem Wasser abbürsten, in Scheiben schneiden und in die Pfanne geben. Wirsing in feine Streifen schneiden, auf den Kartoffeln verteilen. Rosmarin in eine Ecke an den Rand legen (sie geben den Geschmack ab, können aber herausgenommen werden, ohne Probleme zu machen.

Deckel auflegen, auf höchster Einstellung zum Kochen bringen. Auf kleinste Einstellung drehen und 30 Min. dünsten, ohne den Deckel abzuheben. 30 Min. ist natürlich sehr lang, aber die Kartoffeln und der Wirsing waren einfach noch nicht gar. Entweder war die Anfangshitze nicht hoch genug, denn „bis der Dampf unter dem Deckel austritt" habe ich mehr erahnt. Oder es ist „Schuld" der Tomatensoße.

Restliche Zutaten im kleinen Becher verquirlen, unter das Gemüse mischen und kurz aufkochen lassen.

6596. Kiwi auf dreierlei Flocken, Januar 2015

2 x Frühstück

- 6 EL Nackthafer
- 2 EL Leinsamen
- 2 EL Sonnenblumenkerne
- 10 g Zitronenfleisch
- 1 Apfelsine (170 g netto)
- 1 Birne (230 g)
- 100 g kernlose Weintrauben
- 1 Banane (130 g netto)
- 1 Kiwi (65 g netto)

Hafer, Leinsamen und Sonnenblumenkerne gut mischen und flocken. Nicht jeder Flocker verträgt das! Sonst einfach die Sonnenblumenkerne ganz lassen. Auf 2 Schüsselchen verteilen. Obst bis auf die Kiwi ggf. schälen und in grobe Stücke teilen und im Hochleistungsmixer pürieren. Auf den Flocken verteilen. Die Kiwi schälen, in 6 Scheiben schneiden und versetzt je 3 Stück auf das Obst legen.

6597. Hirsekakao III, Januar 2015

Vorläufer 6593

Im Hochleistungsmixer, je nach Gerät, 4,5 bis 8 Min auf höchster Stufe schlagen:

- 10 g Kakaonibs
- 25 g Hirse
- 5 g frischer Ingwer
- 1 Feige, ohne Stiel
- Einweichwasser von Honigglas, aufgefüllt auf
- 340 g mit Wasser

Fazit: Das Hirseexperiment werde ich dann hiermit beenden. 25 g Getreide, und der Kakao ist immer noch ganz dünnflüssig. So nahrhaft soll es dann aber auch nicht werden.

6598. Paprikawirsing, Januar 2015

2 Hauptgerichte; es passen Ofenkartoffeln (500 g) dazu.

- 55 g Wasser
- 195 g grüne und rote Paprika, gewürfelt
- 185 g Wirsing in Streifen
- 30 g Grünkohldressing 6558 o. Ä.
- 1/2 TL Honig
- 5 g Essigpeperoni (7/4573)
- 20 g Sonnenblumenkerne
- 10 g Hoisin-Variante (6562 o. Ä.)
- 1 gestr. TL Salz
- 75 g Wasser

Wasser in eine 24-cm-Pfanne geben. Paprika und Wirsing hinzufügen, Deckel auflegen und 15 Min. als Gemüsepfanne garen. Die restlichen Zutaten im kleinen Mixer verquirlen, unterrühren und aufkochen.

6599. Der alljährliche Geburtstagskuchen, Januar 2015

- 250 g Datteln
- 250 g Feigen
- 460 g Wasser (100 g für das Rezept verwahren).
- 350 g Dinkel
- 50 g Mandeln
- 1 Bittermandel
- 1 P Weinsteinbackpulver
- 1 geh. TL Natron
- 1 Prise Salz
- 1 geh. TL gem. Vanille (3 g)
- 1 geh. EL Kakao (15 g)
- 100 g Honigmarzipan (bei mir: gekauft)
- 100 g Fruchtmus nur Frucht und Honig (bei mir: Tarpa Aprikose)

Dienstagabend: Datteln und Feigen im Wasser in einer verschlossenen Pengdose über Nacht einweichen.

Mittwochmorgen: Einweichwasser abgießen, 100 g davon in den Hochleistungsmixer geben. Eingeweichte Früchte hinzugeben und fein pürieren. Zurück in die Pengdose geben und bis zum Abend im Kühlschrank aufbewahren.

Mittwochabend: (Reisefso-Creme vorbereiten, 6594 o. Ä.) Getreide in der Mühle fein mahlen. Mandeln im kleinen Mixer mahlen. Alle trockenen Zutaten (bis „Kakao") mit einem Löffel verrühren. Das Fruchtpüree hinzugeben und mit den Knethaken eines Handrührgerätes gründlich verkneten.

Eine kleine Springform (18 cm) mit Backpapier überspannen. Eine Lage Teig hineindrücken (etwa in Lebkuchenhöhe). Marzipan in Streifen schneiden und den Teig damit zudecken. Mit nassen Händen eine weitere Teigschicht formen (Fladen zusammensetzen) und auf das Marzipan legen. Mit dem Fruchtmus bestreichen und eine dritte Lage Teig oben aufgeben.

Restlichen Teig zu Kugeln formen, bei mir waren es drei. In 3 Silikon-Muffinformen setzen, in die Mitte jeweils ein Stückchen Marzipan drücken (nicht in der Zutatenliste enthalten). Ofen auf 215 °C (Heißluft) vorheizen. Springform und Muffinformen auf den Gitterrost im Ofen setzen. Einstellung: 160 °C, 20 Min. Dann die Temperatur herunterdrehen und weitere 20 Min. bei 140 °C backen. Man könnte zwar den ganzen Teig in die Form bekommen, aber es sollte 1 cm oben frei bleiben, der Teig geht!

Donnerstagabend: Schokoladencreme:

- 40 g Kakaobutter
- 20 g Kokosöl
- 75 g Honig
- 20 g Kakaopulver
- 225 g Reisefso-Creme (s. o.)

Creme frühzeitig aus dem Kühlschrank nehmen, sonst gerinnt die Creme. Kuchen von Papier und Blech lösen auf einen geraden Teller stellen.

Butter und Öl mit dem Honig in einer kleinen Pfanne zerlassen. Kakaopulver mit dem Handrührgerät (Rührbesen) verrühren, dann das gelöste Fett-Honig-Gemisch hinzugeben und gut durchrühren. Dick auftragen und mit einer Tortenpalette oder einem großen glatten Messer verstreichen. Mit einer Gabel Verzierungen in die Oberfläche ritzen.

Jedes Jahr denke ich wieder: Hmmm, mir fällt nix mehr ein. Aber dann kommt die Idee auf einmal. Ob es schmeckt und gelungen ist, weiß ich jetzt, wo ich dies aufschreibe, noch nicht. Was mich an dem Kuchen lockte, war die stufenweise Vorbereitung, also kein Backen bis 24 Uhr am Donnerstag. Der Geburtstag war an einem Freitag. Ich darf ihn selbst mit Fug und Recht sensationell nennen. Einziger Kritikpunkt: Die Creme wird nicht ganz fest, also verschicken ist nicht. Manch einem könnte er zu süß sein. Aber für Normalesser sollte er auch ein Genuss sein.

6600. Schwarzwälder Kirsch-FKG, Januar 2015

Solchen Luxus gibt es natürlich nur am Geburtstag (Kollege)
- aber alles im Rahmen der tiereiweißfreien (wenn auch nicht
veganen oder fettfreien) Vollwertkost. – 2 x Frühstück.

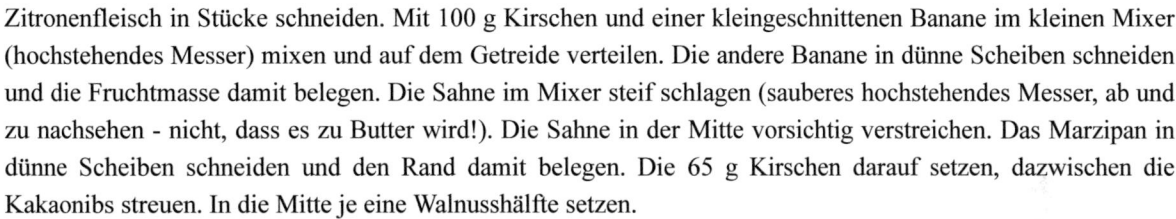

Abends
- 6 EL Sechskorngetreide, grob schroten & auf zwei Schüsseln verteilen. Mit insgesamt
- 160 g Wasser übergießen. Abgedeckt bei Raumtemperatur stehen lassen.

Morgens
- 10 g Zitronenfleisch
- 100 + 65 g aufgetaute Tiefkühl-Süßkirschen o. Ä.
- 2 Bananen (2 x etwa 125 g netto)
- 75 g Sahne
- 60 g Honigmarzipan
- 20 g Kakaonibs
- 2 Walnusshälften

Zitronenfleisch in Stücke schneiden. Mit 100 g Kirschen und einer kleingeschnittenen Banane im kleinen Mixer (hochstehendes Messer) mixen und auf dem Getreide verteilen. Die andere Banane in dünne Scheiben schneiden und die Fruchtmasse damit belegen. Die Sahne im Mixer steif schlagen (sauberes hochstehendes Messer, ab und zu nachsehen - nicht, dass es zu Butter wird!). Die Sahne in der Mitte vorsichtig verstreichen. Das Marzipan in dünne Scheiben schneiden und den Rand damit belegen. Die 65 g Kirschen darauf setzen, dazwischen die Kakaonibs streuen. In die Mitte je eine Walnusshälfte setzen.

6601. Birthday Coca, Januar 2015

Im Hochleistungsmixer, je nach Gerät, 4,5 bis 8 Min auf höchster Stufe schlagen:

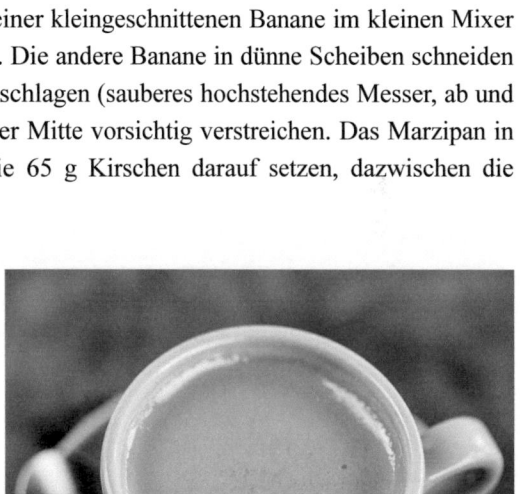

- 10 g Kakaonibs
- 15 g Nackthafer
- 4 g frischer Ingwer
- 100 g Einweichwasser von Trockenfrüchten
- 60 g Reisefso-Creme 6594 o. Ä.
- 250 g Wasser

Hinweis: *Auch wenn der Kollege selbst keinen Kakao trinkt, zu seinen Ehren habe ich ihn mir natürlich besonders lecker gemacht ;-) 15 g Hafer reichen auch nicht für eine leichte Sämigkeit. Werde einmal Reis nehmen. Sonst helfen da Trockenfrüchte doch sehr.*

6602. Bauernmod, Januar 2015

2 x Frühstück. Aus meiner Kindheit kenne ich noch den Spruch - allerdings, das sei hinzugefügt, nie habe ich das ernsthaft verwendet gehört: „Grün und Rot ist Bauernmod".

Morgens
- 2 EL Leinsamen
- 10 g Zitronenfleisch
- 1 Orange (215 g netto)
- 1 Banane (125 g netto)
- 100 g + 90 g aufgetaute Tiefkühlkirschen
- 1 Apfel (160 g)
- 1 Kiwi (65 g netto)

Abends: siehe 6600. Morgens: Leinsamen flocken, auf das eingeweichte Getreide geben. Das Obst - von den Kirschen 100 g - ggf. schälen und in grobe Stücke teilen und im Hochleistungsmixer nicht zu fein pürieren. Auf das Getreide verteilen. Kiwi schälen, in 6 Scheiben schneiden und je drei dachziegelartig in die Mitte legen. Am Rand die restlichen Kirschen verteilen.

6603. Sanft-Kakao, Januar 2015

Im Hochleistungsmixer, je nach Gerät, 4,5 bis 8 Min auf höchster Stufe schlagen:

- 10 g Kakaonibs
- 10 g Naturreis
- 2 Feigen (40 g)
- 40 g Reisefso-Creme (6594)
- 6 g frischer Ingwer
- 340 g Wasser

Hinweis: Die Cremigkeit war gerade richtig, inwieweit die Reisefso-Creme dazu beigetragen hat, ist auszutesten.

6604. Quarkcreme, Januar 2015

Im Hochleistungsmixer, je nach Gerät auf höchster Stufe bis zum Stocken schlagen:

- 15 g Zitronenfleisch
- 30 g geschälte Mandeln
- 50 g Naturreis
- 4 entsteinte Datteln = 35 g (Deglet Nour)
- 375 g Wasser

Dank der geschälten Mandeln ist die Farbe schön!

Hinweis: Seit ein paar Wochen suche ich schon nach einer Stützcreme, die in einem Zupfkuchen Sinn macht. DMir scheint sie eine gute Grundlage. Eines habe ich nämlich gelernt: Die richtige Säure kommt nur, wenn ich schon Zitrone in die erste Creme mit einarbeite.

6605. Apfel unterm Rock, Januar 2015

- 175 g Quarkcreme
- 50 g gek. Sojabohnen
- 50 g Wasser
- 30 g Honig
- 20 g Hirse
- 1 Apfel (120 g)

Quarkcreme in eine Rührschüssel geben. Bohnen, Wasser und Honig im Magic verquirlen, zu der Creme geben. Hirse fein mahlen, hinzufügen. Mit den Rührbesen eines Handrührgeräts gründlich vermischen.

Apfel würfeln, auf 2 ofenfeste Schüsseln verteilen. Die Creme darüber gießen und in den kalten Ofen geben. 20 Min. bei 150 °C und 25 Min. bei 160 °C backen.

Hinweis: Das war sehr lecker. Die Konsistenz ist jetzt sehr schön, der Geschmack auch, aber es sollte noch etwas saurer sein. Daher: Nächste Woche gibt's den ersten Zupfkuchenversuch in einer kleinen Springform.

6606. Schneeflöckchen Versuch 2, Januar 2015

Vorläufer 6580

- 50 g Butter
- 100 g Honig
- 100 g Nackthafer
- 150 g Dinkel
- 1 Prise Salz
- 1 TL Vanillepulver
- 2 TL Backpulver

Butter und Honig in einer kleinen Pfanne schmelzen. Nackthafer in der Mühle fein mahlen, dann den Dinkel. Ich habe das getrennt gemacht, damit ich beide fein bekomme. Die trockenen Zutaten verrühren, die Butter-Honig-Mischung hinzugießen und mit den Knethaken eines Handrührgeräts verkneten. Mit den Händen (evtl. anfeuchten) Kugeln formen und nebeneinander auf ein Backblech setzen. Mit einer Gabel leicht flach drücken. Ofen (Heißluft) auf 160 °C vorheizen und 15 Min. backen.

Fazit: Ich halte sie für gelungen.

6607. Sauerkrautige Hokkaidotorte, Januar 2015

Teig:

- 200 g Dinkel
- 1 gute Prise Salz
- 1 TL (4 g) Trockenhefe
- 120 g Wildhefe (vom 1. Ansatz 6582) oder Wasser

Füllung:

- 280 g Hokkaidokürbis
- 125 g Sauerkraut
- 100 g gekochte Sojabohnen
- 10 g Grünkohldressing 6558 o. Ä.
- 100 g Quarkcreme 6604 o. Ä.
- 30 g geschälte Mandeln
- 15 g Apfelessig
- 1 gestr. TL Salz
- 1 MS schwarzer gem. Pfeffer
- 100 g Wasser

Teig: Dinkel fein mahlen. Mit Salz und Trockenhefe vermischen. Wildhefe hinzugeben, gründlich verkneten und in eine Pengdose geben. Etwa 1 Stunde gehen lassen. *Hokkaido* würfeln, so fein die Geduld zulässt (was bei mir nicht sehr viel ist, also kürzer als 1 cm war das wohl kaum), Sauerkraut kleinschneiden. Die restlichen Zutaten im Vitamix verquirlen, mit dem Gemüse mischen.

Teig in zwei Portionen teilen (je 160 g), mit Hilfe von Streumehl ausrollen für 20-cm-Quicheformen. Teig mehrmals mit einer Gabel einstechen. In die Formen legen, einen kleinen Rand hochziehen. Gemüsemasse hineingießen. Ofen (Heißluft) auf 225 °C vorheizen. Quicheformen eingeöffnet auf den Gitterrost geben, 25 Min. bei 200 °C backen.

6608. Tiefkühl-Kirschreste, Januar 2015

2 x Frühstück.

- 2 EL Leinsamen
- 6 EL Nackthafer
- 55 g aufgetaute tiefgekühlte Süßkirschen
- 75 g Auftausaft der Kirschen
- 1 Orange (160 g netto)
- 1 großer Apfel (225 g)
- 16 geschälte Mandeln
- 2 EL Sahne
- 1 TL Kakaonibs

Leinsamen und Hafer flocken. Auf zwei Schüsselchen verteilen. Kirschen mit Saft, geschälter Orange und Apfel im Hochleistungsmixer pürieren, über die Flocken gießen. Mit den Mandeln am Rand belegen, die Sahne darüber gießen und in die Mitte ein paar Kakaonibs setzen.

6609. Feigenkakao, Januar 2015

Im Hochleistungsmixer, je nach Gerät, 4,5 bis 8 Min auf höchster
Stufe schlagen:

- 15 g Kakaonibs
- 4 g frischer Ingwer
- 55 g Quarkcreme 6604 o. Ä.
- 2 Feigen (40 g)
- 315 g Wasser

6610. Schneeflöckchen Versuch 3, Januar 2015

Tiereiweißfrei. Vorläufer 6606.

- 30 g Kokosöl
- 100 g Honig
- 100 g Nackthafer
- 150 g Dinkel
- 1 Prise Salz
- 1 TL Vanillepulver
- 2 TL Backpulver
- 30 g Quarkcreme 6604 o. Ä.

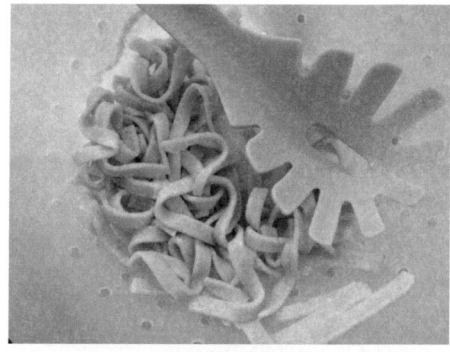

Kokosöl und Honig in einer kleinen Pfanne schmelzen. Nackthafer
in der Mühle fein mahlen, dann den Dinkel. Ich habe das getrennt gemacht, damit ich beide fein bekomme. Die
trockenen Zutaten verrühren, die Kokosöl-Honig-Mischung und die Creme hinzugießen und mit den Knethaken
eines Handrührgeräts verkneten. Mit den Händen (evtl. anfeuchten) Kugeln formen und nebeneinander auf ein
Backblech setzen. Mit einer Gabel leicht flach drücken. Ofen (Heißluft) auf 160 °C vorheizen und 15 Min.
backen. Die Backzeit kann evtl. noch verkürzt werden oder die Temperatur gesenkt.

6611. Kamutnudeln (mit der Atlas), Januar 2015

2 Portionen

- 165 g Kamut
- 80 g Wasser
- (Wasser zum Kochen)
- (1 TL Salz)

Kamut fein mahlen. Gut mit dem Wasser verkneten. In Folie einwickeln und mindestens eine Stunde ruhen lassen. Teig in Stücke
teilen, mit der Walze der Mercato-Maschine 3 x durch Stufe 1 und
jeweils 1 x durch die Stufen 2-4 führen. Stücke auf ein Küchenhand-

tuch ablegen, mit einem
anderen Tuch abdecken
und 30-60 Min. ruhen
lassen.
Motor umstecken auf
Tagliatelle. Zu lange
Platten mit dem Messer
in die gewünschte Länge
schneiden und durch den
Tagliatelle-Vorsatz

laufen lassen. Auf einem Handtuch ausgebreitet bis zum Kochen liegen lassen.
Salzwasser zum Kochen bringen, Nudeln hinzufügen und in leicht kochendem Wasser 5 Min. garen lassen, durch
ein Sieb abgießen.

Fazit: Sehr lecker, aber ich würde demnächst mal Stufe 5 bei den Walzen probieren.

6612. Nudelgemüse, Januar 2015

2 Personen. - Vorsicht mit dem Salz bei Verwendung des Aioli-Gewürzes!

- Kamutnudeln; s. dort 6611.
- 75 g Wasser
- 205 g rote und grüne Paprika (netto)
- 1 Zwiebel (65 g netto)
- 1 Knoblauchzehe (netto 3 g)
- 100 g Wirsing (netto)
- 1 gestr. TL Salz
- 1 Prise schwarzer Pfeffer
- 75 g gek. Sojabohnen
- 35 g Quarkcreme 6604 o. Ä.
- 1 TL Aioli-Gewürz (maiers-genusswelt.de) oder Pizzagewürz
- 75 g Wasser

75 g Wasser in eine 24-cm-Pfanne geben. Paprika und würfeln, Zwiebel schälen und ebenfalls würfeln. Knoblauchzehe abziehen und in Scheiben schneiden. Wirsing in feine Streifen schneiden. Das Gemüse in die Pfanne geben und als Gemüsepfanne 15 Min. dünsten.

Die restlichen Zutaten im kleinen verquirlen, unter das Gemüse rühren und kurz aufkochen. Mit den Nudeln servieren.

Erics Urteil: *Absolutely delicious, just like the original sauce (irgendeine Soße letztlich ;-))*

6613. Wildhefebrot 2015/2, Januar 2015

Vorläufer 6582

Zweite Entnahme. Ist am Samstag zu stark gegangen, demnächst nicht 3 x Hefewasser nehmen.

Freitagmorgen
- 100 g Dinkel
- 100 g Hefewasser

Freitagabend
- 100 g Dinkel
- 100 g Hefewasser

Samstagmorgen
- 100 g Dinkel
- 100 g Hefewasser

Später Samstagnachmittag:
- 100 g Dinkel

Samstagabend:
- 2 gestr. TL Salz
- 125 g Dinkel

Freitagmorgen: Dinkel fein mahlen, miteinander verrühren. In einer Pengdose übernacht gehen lassen. **Freitagabend und Samstagmorgen:** Herstellung wie Freitagmorgen. Der Teig warf so viele Bläschen, dass ich Bedenken hatte, dass er kippt, daher **später Samstagnachmittag:** Dinkel fein mahlen und einrühren. Wasser reicht für 500 g Mehl. Der Pengdeckel flog innerhalb von 2 Std. ab. **Samstagabend:** Dinkel fein mahlen, mit dem Salz unterkneten. Zu einer Kugel unter Spannung formen und in einer Pengdose aufbewahren. **Sonntagmorgen:** Der Teig war offenbar „übergangen", denn eher flach in der Dose. Also habe ich noch einmal sehr gründlich geknetet. Ich hätte besser nochmals Wasser und Mehl hinzugefügt, aber so ein großes Brot kann ich nicht gebrauchen. Ofen (2 x Klimagaren) auf 190 °C vorgeheizt mit dem Lochblech im Ofen. In dieser Zeit lag das Brot auf einer dünnen Ölschicht, denn der Teig war sehr klebrig. In den heißen Ofen gegeben und 35 Min. bei 190 °C gebacken. Viel gegangen ist das Brot nicht.

6614. Doppeleinweich-FKG, Januar 2015

2 x Frühstück.

Abends:

- 6 EL Sechskorngetreide, grob schroten & auf zwei Schüsseln verteilen. Mit insgesamt
- 160 g Wasser übergießen. Abgedeckt bei Raumtemperatur stehen lassen.
- 20 g Mandeln in Wasser über Nacht einweichen.

Morgens:

- 2 EL Leinsamen
- 1 Apfel (130 g)
- 1 Banane (100 g netto)
- 1 Orange (205 g netto)
- 1 Kiwi (65 g)

Leinsamen flocken, auf das eingeweichte Getreide geben. Den Apfel würfeln, auf das Getreide geben. Banane und Orange schälen, vorschneiden und in einem großen Becher vom Magic mit dem hochstehenden Messer pürieren. In die Schüsseln geben. Kiwi schälen, in acht Scheiben schneiden, jeweils 4 Scheiben an den Rand legen. Abgetropfte Mandeln „geschickt" verteilen.

6615. Kakao-So-Ja, Januar 2015

Im Hochleistungsmixer, je nach Gerät, 4,5 bis 8 Min auf höchster Stufe schlagen:

- 10 g Kakaonibs
- 20 g Honigmarzipan
- 55 g gekochte Sojabohnen
- 3 cm Vanillestange
- 2 Datteln Deglet nour (entsteint, 18 g)
- 5 g frischer Ingwer
- 325 g Wasser

6616. Aubergine in Zitronensoße mit Begleitung, Januar 2015

2 Hauptgerichte. – Unfassbar: Heute gab's 2 Auberginen für 50 Cent und 4 Biozitronen für 1 Euro. Da habe ich flugs die Essenspläne umgeworfen.

- 50 g Wasser
- 1/2 Tomate (45 g)
- 1 Aubergine mittelgroß (295 g netto)
- 3 Knoblauchzehen (netto 8 g)
- 150 g Hokkaidokürbis (netto = ohne Kerne)
- 1/2 Zwiebel (50 g netto)
- 60 g gekochte Sojabohnen
- 10 g Grünkohldressing 6558 o. Ä. (Nicht nötig, ich muss es nur irgendwie aufbrauchen.)
- 30 g Zitronensaft (1/2) und
- 1 Prise schwarzer gem. Pfeffer
- 30 g + 30 g Wasser
- 1 TL Sonnenblumenöl

Wasser in eine 24-cm-Pfanne geben. Tomaten würfeln, Aubergine würfeln, Knoblauchzehen abziehen und in Scheiben schneiden. Kerne aus dem Kürbis entfernen, in Stücke schneiden, Zwiebel schälen und würfeln. Gemüse in die Pfanne geben. Deckel auflegen, auf höchster Einstellung zum Kochen bringen. Auf kleinste Einstellung drehen und 45 Min. dünsten, ohne den Deckel abzuheben. Restliche Zutaten im kleinen Mixer verquirlen, unter das Gemüse rühren und aufkochen. Bei mir gab es dazu Ofenkartoffel.

6617. Das-ist-ein-Fkg-?, Januar 2015

2 x Frühstück.

Abends

- 6 EL Sechskorngetreide grob schroten und mit
- 160 g Wasser übergießen. Abgedeckt bei Raumtemperatur über Nacht stehen lassen.

Morgens

- 20 g Kakaonibs
- 1 reife Birne (225 g)
- 15 g Zitronenfleisch
- 1 EL Honig (25 g)
- 1 geschälte Banane in Scheiben eingefroren (115 g)
- 125 g tiefgekühlte Himbeeren
- 85 g Eiswürfel
- 20 g Pekannüsse

Kakaonibs mit der Birne und etwa der Hälfte des Getreidemixes im Hochleistungsmixer pürieren, auf zwei Schüsseln oder tiefe Teller verteilen. Zitronenfleisch, Honig und das restliche Getreide im Vitamix gut mixen. Die gefrorenen Dinge hinzugeben und mit dem Stößel auf der höchsten Stufe durcharbeiten, bis sich oben eine „Raute" bildet. Mit einem immer wieder in kaltes Wasser getauchten Eisportionierer Kugeln abstechen und auf die Schokosoße setzen. Mit den Nüssen bestreuen.

6618. Kicherkakao, Januar 2015

Im Hochleistungsmixer, je nach Gerät, 4,5 bis 8 Min auf höchster Stufe schlagen:

- 10 g Kakaonibs
- 25 g Datteln (4 Stück Deglet Nour, ohne Steine)
- 4 g frischer Ingwer
- 50 g gekochte Kichererbsen
- 335 g Wasser

6619. Schwarzer Reis mit Kürbisauerkraut, Januar 2015

Zwei Hauptspeisen.

Reis:

- 200 g schwarzer Vollkornreis
- 350 g Wasser

Im Schnellkochtopf 12 Min. auf Ring II kochen, dann Gemüse aufsetzen; langsam auf Stufe 2 bis 1 (Induktion) abdampfen lassen, während das Gemüse kocht. Der Reis hätte 25 g weniger Wasser gut vertragen, ansonsten sehr schön!

Kürbissauerkraut

- 50 g Wasser
- 245 g Hokkaido (ungeschält, ohne Kerne gewogen)
- 1/2 Zwiebel (60 g netto)
- 110 g Sauerkraut
- 30 g Sonnenblumenkerne
- 1 sehr reife Banane (115 g netto)
- 1 TL Salz
- 1/4 TL Curry

Wasser in eine 24-cm-Keramikpfanne geben. Hokkaido würfeln (1 x 1 cm), in die Pfanne geben. Zwiebel in Streifen, Sauerkraut fein schneiden, beides auf den Kürbis legen. Deckel auflegen, auf höchster Einstellung zum Kochen bringen. Auf kleinste Einstellung drehen und 12 Min. dünsten, ohne den Deckel abzuheben. Die restlichen Zutaten im kleinen Mixer verquirlen. Ich hätte das besser kurz vor Fertigstellung gemacht, so hatte die Banane Zeit nachzudunkeln. Unter das Gemüse rühren und einmal aufkochen.

6620. Walnussweich, Januar 2015

2 x Frühstück

- 20 g Walnusskerne
- 4 EL Nacktgerste
- 4 EL Nackthafer
- 2 EL Leinsamen
- 10 g Zitronenfleisch
- 1 Apfelsine (160 g netto)
- 2 Bananen (200 g netto)
- 1 Kiwi (65 g netto)

Walnusskerne über Nacht in Wasser einweichen. Gerste, Hafer und Leinsamen flocken, auf 2 Müslischüsseln verteilen.

Zitrone, geschälte Apfelsine und geschälte Bananen grob vorschneiden und zusammen im Hochleistungsmixer nicht zu fein pürieren. Kiwi in 8 dünne Scheiben schneiden, überlappend in die Mitte legen; Walnüsse abtropfen lassen und dekorativ verteilen.

6621. Kicherkakao Version 2, Januar 2015

Abends (Datteln über Nacht im Wasser einweichen.)

- 40 g Datteln entsteint
- 100 g Wasser

Morgens im Hochleistungsmixer, je nach Gerät, 4,5 bis 8 Min auf höchster Stufe schlagen:

- Datteln mit
- Einweichwasser
- 10 g Kakaonibs
- 6 g frischer Ingwer
- 50 g gekochte Kichererbsen
- 225 g Wasser

Fazit: Meine Frage war, ob sich die Konsistenz ändert, wenn ich auch für den Vitamix die Datteln einweiche. Ich würde sagen: Ja, wird cremiger.

6622. 350 g-Sauerteigbrot, Januar 2015

Vorläufer 6566

Stufe 1 (12 Std. vorher):	Stufe 2 (Backen, Morgen):
• 350 g Roggen	• 1/2 P frische Hefe (20 g)
• 360 g Wasser	• 250 g lauwarmes Wasser
• 150 g Sauerteig	• Getreidemischung vom
Abends schon vorbereiten:	Vorabend
• 1 TL Koriandersamen	• 2 EL Apfelessig
• 125 g Roggen	• 700 g Sauerteigansatz
• 275 g Dinkel	• 20 g Butter für die Form
• 1 EL Salz	
• 75 g Sonnenblumenkerne	

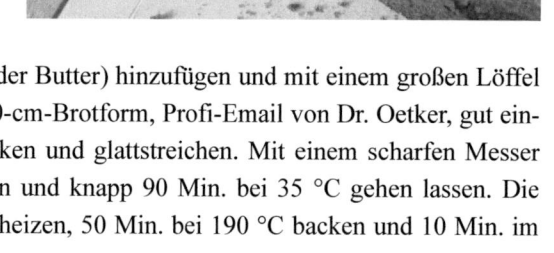

Stufe 1: Art der Herstellung siehe Vorläufer 6566.

Stufe 2: Hefe im Wasser auflösen. Restliche Zutaten (außer der Butter) hinzufügen und mit einem großen Löffel gründlich verrühren, bis kein Mehl mehr sichtbar ist. Eine 30-cm-Brotform, Profi-Email von Dr. Oetker, gut einfetten. Teig hineingeben, mit der nassen Hand herunterdrücken und glattstreichen. Mit einem scharfen Messer dreimal schräg einschneiden. Form in eine Plastiktüte geben und knapp 90 Min. bei 35 °C gehen lassen. Die Brotform ist dann ganz voll. Ofen auf 250 °C (Heißluft) vorheizen, 50 Min. bei 190 °C backen und 10 Min. im ausgestellten Ofen nachbacken.

6623. Creme & Knack, Januar 2015

2 x Frühstück.

- 2 EL Leinsamen
- 4 EL Nackthafer
- 15 g Zitronenfleisch
- 1 Apfelsine (180 g netto)
- 1 Banane (110 g netto)
- 1 Birne (180 g netto)
- 25 g Sahne
- 2 EL Buchweizen
- 1 EL gefriergetrocknete Beeren

Leinsamen und Hafer flocken. Das frische Obst wenn nötig schälen, grob vorschneiden und mit der Sahne im Hochleistungsmixer pürieren. Auf zwei Schüsselchen verteilen, mit Buchweizen bestreuen, die Beeren darauf verteilen.

6624. Reiskakao 1. Version, Januar 2015

Im Hochleistungsmixer, je nach Gerät, 4,5 bis 8 Min auf höchster Stufe schlagen:

- 10 g Kakaonibs
- 10 g Naturreis
- 5 g frischer Ingwer
- 32 g Datteln (4 x Deglet nour)
- 350 g Wasser

Fazit: War nicht so cremig wie gestern, obwohl es genauso viele Datteln waren. Also doch einweichen!

6625. Aubergine trifft Sauerkraut, Januar 2015

2 Hauptmahlzeiten

- 60 g Wasser
- 1/2 Tomate (65 g)
- 380 g Kartoffeln
- 1 Aubergine (290 g netto)
- 170 g Sauerkraut
- 30 g Cashewnüsse
- 1 gestr. TL Salz
- 1 Prise schwarzer gem. Pfeffer
- 15 g Grünkohldressing (6558 o. Ä., oder weglassen)
- 15 g Zitronenfleisch
- 75 g Wasser + 45 g

60 g Wasser in eine 24-cm-Wollpfanne geben. Tomate würfeln, hinzufügen. Kartoffeln unter fließendem Wasser abbürsten, in Scheiben schneiden und in die Pfanne legen. Von der Aubergine den Stiel abschneiden und die Frucht würfeln. Sauerkraut kleinschneiden, beides in die Pfanne geben. Deckel auflegen, auf höchster Einstellung zum Kochen bringen. Auf kleinste Einstellung drehen und 19-20 Min. dünsten, ohne den Deckel abzuheben. Die Dünstzeit ist so lange, weil es festkochende Kartoffeln sind und die Flüssigkeit knapp war.

Die restlichen Zutaten, aber nur 75 g Wasser, im kleinen Mixer verquirlen, zum Gemüse geben. Becher mit 45 g ausspülen, ebenfalls in die Pfanne geben. Durchrühren und zusammen heiß werden lassen.

Tipps: Eine leckere Kombination finde ich. Mir scheint, zu Sauerkraut passt eigentlich alles.

6626. Freie Himbären für freie Bürger, Januar 2015

2 x Frühstück.

- 6 EL Nackthafer
- 2 EL Leinsamen
- 40 g getr. Mango
- 60 g Hokkaido
- 30 g Cashewnüsse
- 300 g Wasser
- 15 g Zitronenfleisch
- 1 Orange (190 g netto)
- 125 g Tiefkühl-Himbeeren
- 1 Banane (135 g netto)
- 20 g getr. weiße Maulbeeren

Leinsamen mit dem Hafer flocken, auf 2 Schüsselchen verteilen. Mango, Kürbis, Nüsse und Wasser im Hochleistungsmixer schlagen, bis sich eine dunkelgelbe glatte Creme ergibt. Auf das Getreide geben. Restliches Obst ggf. schälen, in Stücke schneiden und pürieren, auf die gelbe Schicht gießen. Mit Maulbeeren bestreuen.

6627. Reiskakao 2. Variation, Januar 2015

Vorläufer 6624.

Im Hochleistungsmixer, je nach Gerät, 4,5 bis 8 Min auf höchster Stufe schlagen:

- 15 g Kakaonibs
- 20 g Naturreis
- 7 g frischer Ingwer
- 4 Datteln (30 g trocken) über Nacht in 85 g Wasser eingeweicht
- 270 g Wasser

Fazit: *Das Ergebnis war ein bisschen enttäuschend, nicht sehr cremig.*

6628. Quarkcreme mit Honig, Januar 2015

Vorläufer 6604. – Um die Säure zu verstärken, habe ich noch ein kleines Stückchen Zitrusschale hinzugegeben.

Im Hochleistungsmixer, je nach Gerät auf höchster Stufe bis zum Stocken schlagen:

- 20 g Zitronenfleisch, davon ein Stück Zitronenschale (ca. 1,5 cm)
- 40 g geschälte Mandeln
- 60 g Naturreis
- 35 g Honig
- 375 g Wasser

Schmeckt ausgezeichnet.

6629. Schneeflöckchen Versuch 4, Januar 2015

Vorläufer 6610. Tiereiweißfrei, verminderter Fettgehalt, kürzere Backzeit; doppelte Menge = für 2 Bleche.

- 50 g Kokosöl
- 200 g Honig
- 200 g Nackthafer
- 300 g Dinkel
- 50 g geschälte Mandeln
- 1 Prise Salz
- 2 TL Vanillepulver
- 1 P Weinstein-Backpulver
- 70 g Quarkcreme mit Honig (6628)

Kokosöl und Honig in einer kleinen Pfanne schmelzen. Nackthafer in der Mühle fein mahlen, dann den Dinkel. Ich habe das getrennt gemacht, damit ich beide fein bekomme. Mandeln im kleinen Mixer fein mahlen. Die trockenen Zutaten verrühren, die Kokosöl-Honig-Mischung und die Creme hinzugießen und mit den Knethaken eines Handrührgeräts verkneten. Mit den Händen nachkneten, der Teig ist recht fest. Mit den angefeuchteten Händen Kugeln formen und nebeneinander auf ein Backblech setzen. Mit einer nassen Gabel leicht flach drücken. Ofen (Heißluft) auf 160 °C vorheizen und 12 Min. backen.

6630. Haferfladen mit Kräutern, Januar 2015

Vorläufer: 6569.

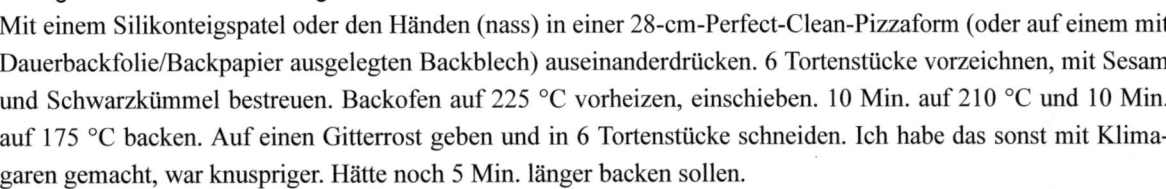

- 125 g Nackthafer schroten (5/9, Hawos), mit
- 1/2 TL Natron mischen.
- 25 g Pekannüsse im kleinen Mixer mahlen, mit
- 100 g gekochte Sojabohnen
- 1 gestr. TL Salz
- 1 MS schwarzer gem. Pfeffer und
- 90 g Wasser mixen, zum Hafer geben. Becher mit
- 20 g Wasser nachspülen, ebenfalls zum Hafer geben.
- 1 TL Kräuter-Dip-Gewürzmischung (maiersgenuss.de) hinzufügen und mit einem Löffel gut verrühren.

Mit einem Silikonteigspatel oder den Händen (nass) in einer 28-cm-Perfect-Clean-Pizzaform (oder auf einem mit Dauerbackfolie/Backpapier ausgelegten Backblech) auseinanderdrücken. 6 Tortenstücke vorzeichnen, mit Sesam und Schwarzkümmel bestreuen. Backofen auf 225 °C vorheizen, einschieben. 10 Min. auf 210 °C und 10 Min. auf 175 °C backen. Auf einen Gitterrost geben und in 6 Tortenstücke schneiden. Ich habe das sonst mit Klimagaren gemacht, war knuspriger. Hätte noch 5 Min. länger backen sollen.

6631. Senf-Kräuter-Aufstrich, Januar 2015

- 15 g geschälte Mandeln (geschält wegen der schöneren Farbe)
- 100 g gekochte Sojabohnen (oder weiße Bohnen)
- 1 TL mittelscharfer Senf (20 g; ohne Süßungsmittel!)
- 1/2 TL Salz
- 35 g Wasser
- 1 Prise gem. schwarzer Pfeffer
- 4 g Zitronensaft
- 1 TL Gute-Laune-Kräutermischung (maiersgenuss.de) oder Ähnliches

Herstellung: im kleinen Mixer. Der ist dafür nicht ideal, besser wäre hier vermutlich ein Pürierstab gewesen. Für einen Hochleistungsmixer ist die Menge zu klein.

Mandeln mit dem flachen Messer im Mixer fein mahlen. Die restlichen Zutaten außer der Gewürzmischung hinzugeben und zu einer möglichst glatten Creme verarbeiten. Die Kräutermischung mit dem Löffel einrühren.

Tipp: Variante: statt Senf Tomatenmark nehmen und mit Paprika würzen, evtl. ein Stück Peperoni mit zerkleinern.

6632. Anis trifft Soja, Januar 2015

Im Hochleistungsmixer, je nach Gerät, 4,5 bis 8 Min auf höchster Stufe schlagen:

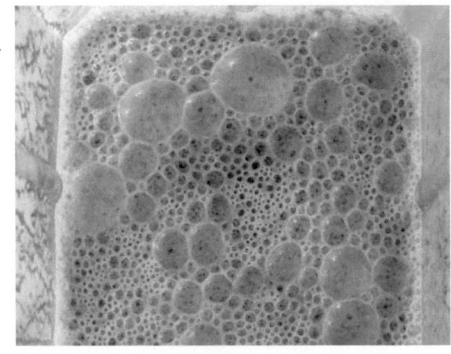

- 10 g Kakaonibs
- 10 g Nackthafer
- 5 g frischer Ingwer
- 350 g Wasser

6633. Rübstiel italienisch, Januar 2015

2 Hauptmahlzeiten.

- 55 g Wasser
- 1 Dose Tomatenstücke (400 g)
- 270 g Rübstiel
- 10 g Knoblauch, netto
- 20 g Senf-Kräuter-Aufstrich (6631)
- 20 g Macadamianüsse
- 10 g Ahornsirup (oder Honig)
- 1 TL Paprika edelsüß
- 1 gestr. TL Salz
- 5 g Plätzchenkrümel (können entfallen)
- 50 g gekochte Sojabohnen
- 5 g Zitronenfleisch
- 100 g Wasser

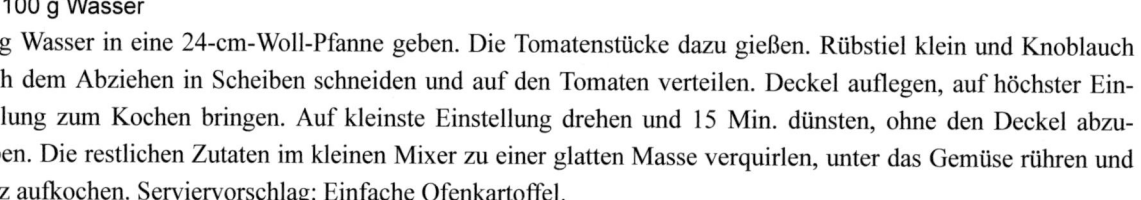

55 g Wasser in eine 24-cm-Woll-Pfanne geben. Die Tomatenstücke dazu gießen. Rübstiel klein und Knoblauch nach dem Abziehen in Scheiben schneiden und auf den Tomaten verteilen. Deckel auflegen, auf höchster Einstellung zum Kochen bringen. Auf kleinste Einstellung drehen und 15 Min. dünsten, ohne den Deckel abzuheben. Die restlichen Zutaten im kleinen Mixer zu einer glatten Masse verquirlen, unter das Gemüse rühren und kurz aufkochen. Serviervorschlag: Einfache Ofenkartoffel.

6634. Blass um die Nase, Januar 2015

2 x Frühstück

Abends

- 6 EL Sechskorngetreide, grob schroten & auf zwei Schüsseln verteilen. Mit insgesamt
- 160 g Wasser übergießen. Abgedeckt bei Raumtemperatur stehen lassen.

Morgens

- 15 g Zitronenfleisch
- 1 Grapefruit (215 g netto)
- 2 Bananen (220 g netto)
- 1 Apfel (120 g)
- 15 g Macadamianüsse
- 1-2 TL Pampelmusat

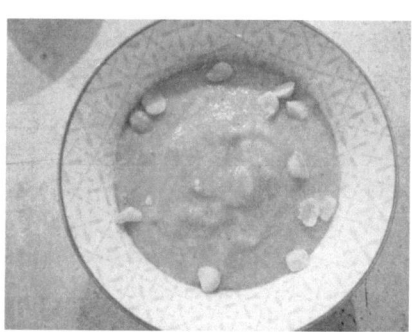

Das Obst in grobe Stücke teilen und im Hochleistungsmixer (nicht auf der Höchststufe) grob pürieren. Auf die beiden Schüsseln verteilen, Macadamianüsse am Rand verteilen, für die, die es mögen, 1 TL Pampelmusat in die Mitte legen.

6635. Zopfrezept, Februar 2015

2 x Frühstück

Abends:

- 3 große weiche Datteln, entsteint (55 g netto)
- 100 g Wasser

Die Datteln im Wasser abgedeckt einweichen.

Morgens:

- 2 EL Buchweizen
- 2 EL Nackthafer
- 2 EL Weizen (Getreide zusammen 95 g)
- 15 g Zitronenfleisch
- 1 Banane (105 g netto)
- 1 Apfelsine (155 g netto)
- 1 Mandarine (75 g netto)
- 1 Kiwi (80 g ungeschält)
- 15 g Kokosraspeln (Rohkostqualität)

Getreide mischen und fein mahlen. Die Datteln abtropfen lassen, mit einem Messer kleinschneiden und mit dem Getreide verkneten. Je nach Dattelqualität so viel Einweichwasser hinzugeben, bis sich ein fester Teig ergibt. Abgedeckt ca. 15 Min. ruhen lassen.

Mittelstück aus der Zitrone und Schale entfernen. Banane und Apfelsine schälen, grob vorschneiden. Im großen Becher eines kleinen Mixers das Obst zusammen pürieren. Auf zwei große flache Teller verteilen. (Wer den Obstanteil erhöhen möchte, kann dies selbstverständlich tun.) Mandarine und Kiwi schälen, halbieren und die Hälften in Scheiben schneiden.

Den Teig in 6 gleichgroße Stücke teilen, bitte wiegen. Das sind pro Stück ca. 27-28 g. Aus jedem Teigstück einen Strang von ca. 20 cm Länge rollen. Jeweils drei Stränge zu einem Zopf flechten, auf den Obstspiegel legen. Die Obststücke gleichmäßig am Rand des Fruchtspiegels verteilen, zwei auf Beginn und Ende der Zöpfe legen. Mit einem Teelöffel den Tellerrand mit Kokosraspeln bestreuen.

Hinweise: Das Rezept ist: vollwertig, vegan, rohköstig und fettarm. Wer statt Weizen Hirse oder mehr Buchweizen wählt, hat außerdem ein glutenfreies Rezept.

6636. Dattelkakao, Februar 2015

Im Hochleistungsmixer, je nach Gerät, 4,5 bis 8 Min auf höchster Stufe schlagen:

- 10 g Kakaonibs
- 1 TL Kakaopulver (3 g)
- 10 g Nackthafer
- 5 g frischer Ingwer
- 70 g Datteleinweichwasser
- 1 Dattel (nicht eingeweicht, entsteint, 20 g)
- 300 g Wasser

6637. Zupfkuchen 1. Version, Februar 2015

Teig:
- 3 große weiche Datteln, entsteint (60 g netto)
- 2 Feigen (40 g)
- 95 g Wasser
- 200 g Weizen
- 2 TL Weinstein-Backpulver
- 1 EL Kakao (10 g)
- 75 g Quarkcreme mit Honig 6628 o. Ä.

Creme:
- 320 g Quarkcreme mit Honig 6628 o. Ä.
- 1 EL flüssiger Honig (35 g)
- 20 g Naturreis, fein gemahlen
- 20 g Wasser

Teig: Datteln und Feigen im Wasser über Nacht einweichen. Morgens im kleinen Mixer pürieren (zu wenig für den Hochleistungsmixer). Weizen fein mahlen, mit Backpulver und Kakao mischen. Trockenfruchtgemisch und Quarkcreme hinzugeben, mit den Knethaken des Handrührgeräts zu einem schweren Teig verarbeiten. Ergibt 470 g Teig.

Eine 18-cm-Springform mit Backpapier auslegen, 260 g Teig gleichmäßig darauf verteilen (besser mehr nehmen, denn so hatte ich zu viel Teig zum Zupfen). *Creme* im Vitamix verquirlen und darauf gießen, aus dem restlichen Teig Stücke zupfen und zwischen den Händen leicht platt drücken. Auf die Creme legen. Ofen auf 160 °C vorheizen, 40 Min. bei dieser Temperatur (Heißluft) backen.

Tipps: Falls ein Teigrest vorhanden ist, in ein oder zwei Muffinförmchen füllen und mitbacken. – Da die Beschichtung am Springformrand in großen Stücken abgesprungen ist, habe ich mit Alufolie ausgelegt, damit nicht weitere Stücke in den Kuchen dringen.

6638. Körniger Dinkelaufstrich, Februar 2015

- 100 g Dinkel
- 1 Zwiebel (100 g netto)
- 20 g Sonnenblumenkerne
- 100 g + 380 g Wasser
- 1 gestr. TL Salz
- 1 MS schw. gem. Pfeffer
- 2 TL Apfelessig
- 1 TL Pizzagewürz

Dinkel mittelfein schroten (5/9, Hawos Novum) und in einer 24-cm-Pfanne trocken rösten, bis er duftet. Zwiebel schälen und würfeln. In eine 24-cm-Pfanne einen Teil von 100 g Wasser geben und die Zwiebel in der offenen Pfanne dünsten, bis alles Wasser verbraucht ist. Fortfahren, bis die ca. 100 g verbraucht sind. Je nach Schnittgröße der Teilchen ist die Zwiebel nun glasig. Sonnenblumenkerne trocken in einer kleiner Pfanne rösten und im kleiner Mixer mahlen. Dinkel, Zwiebel und Sonnenblumenkerne sowie 250 g von 380 g Wasser in eine Pfanne geben und unter Rühren aufkochen und weiter köcheln. Portionsweise den Wasserrest hinzugeben, bis eine breiige Masse entsteht und der Dinkelschrot angegart ist (das dauert ca. 15-20 Min.). Salz, Pfeffer und Apfelessig unterrühren. Pizzagewürz zwischen den Händen verreiben und ebenfalls hinzugeben.

Leicht abkühlen lassen und entweder portionsweise im kleinen Mixer (hochstehendes Messer) oder im Thermomix/Hochleistungsmixer schlagen. Der kleine Mixer hat hier den Vorteil, dass es grobkörnig bleibt, beim Thermomix lässt sich das ebenfalls recht gut steuern. Beim Hochleistungsmixer besteht die Gefahr, wenn man es nicht will, dass es eine glatte Paste wird. Noch heiß in ein Honigglas füllen, zuschrauben und auf den Kopf gestellt abkühlen lassen. Im Kühlschrank aufbewahren.

6639. Wildhefebrot 2015/3, Februar 2015

Vorläufer 6613.

Freitagmorgen:

- 100 g Dinkel
- 100 g Hefewasser

Dinkel fein mahlen, miteinander verrühren. In einer Pengdose (hier: über Nacht) gehen lassen.

Freitagabend (Herstellung wie Freitagmorgen):

- 100 g Dinkel
- 100 g Wasser

Freitag spät abends (wie Freitagmorgen)

- 200 g Dinkel
- 200 g Wasser

Samstagmorgen (wie Freitagmorgen):

- 200 g Dinkel
- 100 g Wasser

Samstagabend (wie Freitagmorgen):

- 200 g Dinkel
- 50 g Wasser

Sonntagmorgen:

- 150 g Dinkel
- 35 g Wasser
- 1 EL Salz
- 20 g Butter für die Form

Mehl, Wasser und Salz einkneten. Der Teig lässt sich toll kneten, bekommt aber keine Spannung. Daher kam das Brot in eine Form. Den gut durchkneten Teig in die gefettete Form (30 cm lang, 8 cm breit) legen und etwa 5 Std. warm gehen lassen. Brot mit Wasser einsprühen, dreimal schräg einschneiden. Ofen auf 250 °C (Heißluft) vorheizen. Brot einschieben, 50 Min. bei 190 °C backen und 10 Min. im ausgestellten Ofen nachbacken lassen. Auf ein Gitterrost stürzen, die Klopfprobe war okay.

Neuer Wildhefeansatz (Verlängerung)

- 100 g erster Ansatz
- 1 EL grüne Rosinen o. Ä.
- 1 TL Honig

6640. Kamutnudeln (mit der Atlas) die Zweite

Vorläufer: 6611. – 2 Portionen – diesmal wollte ich die Nudeln dünner haben. Mein Gedanke: Nicht eine Teigplatte mehrmals hintereinander durchnudeln, sondern immer dazwischen ablegen. Hat gut geklappt.

- 160 g Kamut
- 80 g Wasser
- (Wasser zum Kochen)
- (1 TL Salz)

Kamut fein mahlen. Gut mit dem Wasser verkneten. In Folie einwickeln und mindestens eine Stunde ruhen lassen. Teig in Stücke teilen, mit der Walze der Mercato-Maschine 3 x durch Stufe 1 und jeweils 1 x durch die Stufen 2-5 führen. Stücke auf ein Küchenhandtuch ablegen. Jede Platte nach drehen durch einer Stufe wieder ablegen und die nächste nehmen. Mit einem anderen Tuch abdecken und 30-60 Min. ruhen lassen.

Motor umstecken auf Tagliatelle. Zu lange Platten mit dem Messer in die gewünschte Länge schneiden und durch den Tagliatelle-Vorsatz laufen lassen. Auf einem Handtuch ausgebreitet bis zum Kochen liegen lassen.

Salzwasser zum Kochen bringen, Nudeln hinzufügen und in leicht kochendem Wasser 4 Min. garen lassen, durch ein Sieb abgießen.

6641. Leichte Möhrensoße, Februar 2015

- 125 g Wasser
- 1 Zwiebel (115 g netto)
- 125 g Möhre (netto)
- 10 g Knoblauch (netto)

Wasser in eine Pfanne geben. Zwiebel und Knoblauch schälen, klein schneiden. Die Möhre in dünne Halbscheiben schneiden und als Gemüsepfanne 13 Min. dünsten.

Soße:

- 7 g Zitronenfleisch
- 20 g Macadamianüsse
- 75 g gekochte Sojabohnen
- 5 g Essigpeperoni 7/4573

- 1 gestr. TL Salz
- 1 MS schwarzer gem. Pfeffer
- 100 g Wasser

Zutaten im kleinen Mixer verquirlen, unter das Gemüse rühren und ein bisschen köcheln lassen.

6642. Samtiger Apfel, Februar 2015

2 x Frühstück

Abends siehe 6617.

Morgens

- 2 EL Leinsamen
- 15 g Zitronenfleisch
- 2 Bananen (195 g netto)
- 1 großer Apfel (325 g)
- 1 MS gem. Zimt
- 30 g Walnüsse

Leinsamen flocken, auf das eingeweichte Getreide geben. Das Obst in grobe Stücke teilen und im Hochleistungsmixer mit dem Zimt pürieren. Ob es an dem leicht mehligen Apfel lag? Die Obstmasse wurde wunderbar weich. Auf das Getreide verteilen, mit den Walnüssen bestreuen.

6643. Glattvisköser Kakao, Februar 2015

Im Hochleistungsmixer, je nach Gerät, 4,5 bis 8 Min auf höchster Stufe schlagen:

- 10 g Kakaonibs
- 15 g Nackthafer
- 40 g gekochte Sojabohnen
- 5 g frischer Ingwer
- 1 Feige (28 g)
- 330 g Wasser

Hinweis: Die beste Sämigkeit geben offenbar Hülsenfrüchte.

6644. Bärlauch-Dressing ohne Öl, Februar 2015

Im Hochleistungsmixer lauwarm laufen lassen:

- 55 g Ahornsirup
- 250 g Wasser
- 110 g Essig
- 50 g Kiwi-Essig 6578 o. Ä.
- 15 g Shoyu (oder Sojasoße)
- 45 g in Salz eingelegter Bärlauch (Geschenk)
- 15 g Salz
- 205 g Sonnenblumenkerne
- 1 g schwarzer gem. Pfeffer
- 30 g Senf

Tipp: In ein Schraubglas gefüllt hält es sich ca. 2 Wochen.

6645. Sündiger Spitzkohl, Februar 2015

2 Hauptgerichte.

- 50 g Wasser
- 250 g Spitzkohl in feinen Streifen
- 100 g orangefarbene Paprika, grob gewürfelt (netto)

Soße:

- 50 g Wasser
- 20 g Macadamianüsse
- 20 g Sonnenblumenöl
- 10 g Zitronenfleisch
- 10 g Grünkohldressing 6558 o. Ä.
- 1 TL Salz

Wasser in eine 24-cm-Keramikpfanne geben. Gemüse hinzufügen. Deckel auflegen, auf höchster Einstellung zum Kochen bringen. Auf kleinste Einstellung drehen und 15 Min. dünsten, ohne den Deckel abzuheben. Die Soßenzutaten im kleinen Mixer gut verquirlen, unterrühren und aufkochen. Dazu gab es bei mir 480 g Ofenkartoffel, die ich an der Unterseite mit einem Gemisch aus 1/2 TL Salz und 1/2 TL Ajoli-Gewürzmischung (www.maiersgenuss.de) eingerieben hatte.

Hinweis: Sündig an diesem Essen: erstens unsaisonal, und zweitens habe ich die Soße richtig fettig.

6646. Snickersohneschokodrink

Im Hochleistungsmixer, je nach Gerät, 4,5 bis 8 Min auf höchster Stufe schlagen:

- 40 g Erdnüsse, gesalzen und geröstet
- 40 g Datteln (2 Medjoul, ohne Steine)
- 10 g Nackthafer
- 320 g Wasser

Tipp: Der Kakao haut rein, ist aber sehr lecker, wenn man so wie ich sehr gern Erdnüsse mag.

6647. Superknusper, Februar 2015

2 x Frühstück.

- 2 EL Naturreis
- 2 EL Nackthafer
- 2 EL Leinsamen
- 2 EL Buchweizen
- 1 Orange (195 g netto)
- 1 Birne (180 g netto)
- 2 Bananen (215 g netto)
- 10 g Zitronenfleisch
- 25 g Maulbeeren getr.

Reis mit Nackthafer und Leinsamen flocken, auf zwei Schüsselchen verteilen. Buchweizen hinzugeben. Das Obst schälen und in grobe Stücke teilen. Im Hochleistungsmixer pürieren. Über das Getreide gießen. Mit Maulbeeren dekorieren.

6648. Vertan-Kakao, Februar 2015

Im Hochleistungsmixer, je nach Gerät, 4,5 bis 8 Min auf höchster Stufe schlagen:

- 30 g Kakaonibs
- 40 g Adzukibohnen gekocht
- 20 g Erdnüsse
- 5 g frischer Ingwer
- 1 Dattel (20 g netto)
- 2 TL Ahornsirup
- 350 g Wasser

Hinweis: *Beim Auswiegen der Kakaonibs in den nassen Becher habe ich mich vertan, es sollten 10 g sein. Ich war in Gedanken.*
10 g konnte ich noch trocken retten, den Rest nicht mehr. Es war aber nicht besonders schokoladig, vermutlich weil ich es nicht übermäßig gesüßt habe.

6649. Erbseneintopf, Februar 2015

2 Hauptgerichte.

- 200 g grüne Erbsen
- (Wasser zum Einweichen)
- 700 g Wasser
- 100 g Zwiebel (netto)
- 110 g Möhre
- 255 g Kartoffel
- 10 g Knoblauch (netto)
- 2 Lorbeerblätter
- 1-2 TL Salz
- 1 Pr. schwarzer gem. Pfeffer

Die Erbsen in reichlich Wasser ca. 6-8 Std. einweichen.

Abgießen, im Sieb abspülen. In einen ausreichend großen Schnellkochtopf geben (ich gehe hier lieber auf 6 Liter, damit es nicht schäumt). Zwiebel schälen, Möhre und Kartoffeln, wenn nötig unter fließendem Wasser abspülen. Knoblauch abziehen. Das Gemüse in kleine Stücke schneiden, mit den Lorbeerblättern in den Topf geben. 20 Min. auf Stufe II kochen, langsam abdampfen lassen. Mit Salz und Pfeffer würzen. Einen halben Magic-Becher mit der Suppe füllen, pürieren und wieder unterrühren.

6650. Nibs Besonderes, Februar 2015

2 x Frühstück
Abends: siehe 6617.
Morgens:

- 2 EL Leinsamen
- 10 g Zitronenfleisch
- 1 Grapefruit (235 g netto)
- 2 Bananen (230 g netto)
- 1 Apfel (180 g)
- 30 g Walnüsse
- 1-2 TL Kakaonibs

Leinsamen flocken, auf das eingeweichte Getreide geben. Das Obst ggf. schälen, in grobe Stücke teilen und im Hochleistungsmixer nicht zu fein pürieren. Über dem Getreide verteilen. Am Rand mit Walnüssen bestreuen und in die Mitte einen halben bis einen Teelöffel Kakaonibs geben.

6651. Adzuki-Kakao, Februar 2015

Das war jetzt schon auf dem Weg zum Pudding. Muss ich demnächst weiter testen.

Im Hochleistungsmixer, je nach Gerät, 4,5 bis 8 Min auf höchster Stufe schlagen:

- 10 g Kakaonibs
- 50 g gekochte Adzukibohnen
- 2 Feigen (34 g)
- 6 g frischer Ingwer
- 330 g Wasser

6652. Basmatireis im Schnellkochtopf, Februar 2015

2 Portionen

- 200 g Basmatireis
- 340 g Wasser

Im Schnellkochtopf 12 Min. auf Stufe II kochen, dann sehr langsam auf niedrigster Stufe (2 von 14 Induktion) abdampfen lassen. Ich fand ihn hervorragend! Serviert mit dem Gemüse 6653.

6653. Rosenkohl mit Paprika, Februar 2015

2 Hauptspeisen.

- 80 g Wasser
- 165 g rote Paprika (netto)
- 250 g Rosenkohl (netto)
- 17 g Zitronenfleisch
- 1 TL Salz
- 30 g Sonnenblumenkerne
- 10 g Sonnenblumenöl
- 175 g Wasser
- 1 TL Paprika edelsüß
- 5 g Ahornsirup oder Honig

Wasser in eine Pfanne geben. Kerne und Innenhäute aus der Paprika entfernen, würfeln. Rosenkohl putzen (äußere Blätter und Strunkende entfernen), halbieren. Gemüse in die Pfanne geben und 15 Min. als Gemüsepfanne dünsten. Die restlichen Zutaten im kleinen Verquirlen (erst nur 125 g Wasser), zum Gemüse geben. Becher mit 50 g Wasser nachspülen, ebenfalls zum Gemüse geben. Gut verrühren und einmal aufkochen.

6654. Ontario mit Kokosdeckel, Februar 2015

2 x Frühstück.

Abends: s. 6617.

Morgens:

- 2 EL Leinsamen
- 10 g Zitronenfleisch
- 1 Apfelsine (225 g netto)
- 1 Apfel (290 g; Typ ‚Ontario')
- 1 Banane (90 g netto)
- 20 g Kokosraspeln
- 2 TL Orangeat (z. B. 6460)

Leinsamen flocken, auf das eingeweichte Getreide geben. Das Obst in grobe Stücke teilen und im Hochleistungsmixer pürieren, auf das Getreide geben. Das Getreide dünn mit Kokosraspeln bestreuen und in die Mitte je 1 TL Orangeat setzen.

6655. KochKakao, Februar 2015

Mit kochendem Wasser hergestellt, damit ich morgens nicht so lange Lärm mache. Mit 3 Min. war der Kakao sehr schön lange heiß!

Im Hochleistungsmixer, je nach Gerät, ca. 3 Min auf höchster Stufe schlagen:

- 10 g Kakaonibs
- 10 g Cashewnüsse
- 10 g Nackthafer
- 5 g frischer Ingwer
- 15 g Honig
- 350 g kochendes WasserWasser

6656. Rosenkohl mit Champignons, Februar 2015

2 Hauptgerichte.

Als Gemüsepfanne 15 Min. dünsten:

- 100 g Wasser
- 205 g Rosenkohl, geputzt gewogen, halbiert
- 20 g getr. Tomaten, in feine Streifen geschnitten
- 155 g frische Champignons, in dickere Scheiben geschnitten.

Soße:

- 25 g Cashewnüsse
- 25 g weißer Mohn
- 1/2 TL Salz
- 5 g Essigpeperoni (7/4573)
- 10 g Peperoniessig
- 75 g Wasser
- 25 g Wasser zum Nachspülen

Alle Zutaten bis auf die letzten 25 g Wasser im kleinen Mixer verquirlen. Unter das Gemüse rühren. Becher und Messerteil mit 25 g Wasser nachspülen, ebenfalls zum Wasser geben und aufkochen. Der Mohn dickt sehr schön!

6657. Mangocreme on Top, Februar 2015

2 x Frühstück.

Abends:

- 6 EL Sechskorngetreide, grob schroten & auf zwei Schüsseln verteilen. Mit insgesamt
- 160 g Wasser übergießen. Abgedeckt bei Raumtemperatur stehen lassen.
- 40 g getr. Mango in kleine Stücke reißen, mit
- 35 g Cashewnüssen in
- 275 g Wasser einweichen.

Morgens.

- 2 EL Leinsamen
- 10 g Zitronenfleisch
- 1 Orange (170 g netto)
- 2 Bananen (235 g netto)
- 1 Apfel (125 g)
- 1 große weiche Dattel

Leinsamen flocken, auf das eingeweichte Getreide geben. Das Obst in grobe Stücke teilen und im Hochleistungsmixer nicht zu fein pürieren. Auf dem Getreide verteilen. Eingeweichte Mango und Cashews mit dem Einweichwasser im Hochleistungsmixer zu einer weichen Creme schlagen - geht eingeweicht sehr schnell und wird nicht warm. In die Mitte des Obstes häufeln. Die Datteln längs in 6 Streifen schneiden und als Deko auf die Mangocreme legen.

6658. Bohnenenttäuschung, Februar 2015

Ich hatte mit dem Kakao extra gewartet, bis die Bohnen gekocht waren - weil ich sicher war, ich würde einen schönen sämigen Kakao bekommen. Er war aber suppendünn :-(liegt also entweder an der Bohnenart (weiße Bohnen) oder daran, dass ich keine Trockenfrüchte genommen habe.

Im Hochleistungsmixer, je nach Gerät, 4,5 bis 8 Min auf höchster Stufe schlagen:

- 10 g Kakaonibs
- 40 g gekochte weiße Bohnen
- 10 g Macadamianüsse
- 5 g frischer Ingwer
- 20 g Honig
- 100 g Kochflüssigkeit von den Bohnen
- 245 g Wasser

6659. Tomaten-Dinkel im Schnellkochtopf, Februar 2015

2 Portionen.

- 200 g Dinkel
- Wasser
- 20 g getr. Tomaten

Dinkel in reichlich Wasser ca. 24 Std. einweichen. 175 g vom Einweichwasser in den Schnellkochtopf geben, den abgetropften Dinkel hinzufügen. Tomaten klein schneiden und hinzufügen. 12 Min. auf Stufe II, dann auf schwache Hitze stellen (2) und dort abdampfen lassen (ca. 6-8 Min.).

Tipp: *160 g Wasser hätten auch gereicht.*

6660. Spargelallerlei, Februar 2015

2 Hauptgerichte.

- 75 g Wasser
- 255 g Spargel (netto)
- 195 g Rosenkohl (netto)
- 20 g Cashewnüsse
- 10 g Dinkelmehl
- 1 gestr. TL Salz
- 1 TL Grünkohldressing 6558 o. Ä.
- 1 Prise Muskat
- 75 + 45 g Wasser
- 50 g aufgetaute Bratlinge, wenn vorhanden

Wasser in eine 24-cm-Pfanne geben. Vom Spargel schlechte Stellen großzügig abschneiden, schälen, in Stücke schneiden. In die Pfanne legen. Rosenkohl (war bereits geputzt von gestern) hinzufügen. Deckel auflegen, auf höchster Einstellung zum Kochen bringen. Auf kleinste Einstellung drehen und 15 Min. dünsten, ohne den Deckel abzuheben.

Cashews, Mehl, Salz, Dressing, Muskat und 75 g Wasser im kleinen Mixer verquirlen und unter das Gemüse rühren. Becher und Messer mit 45 g Wasser nachspülen, hinzufügen. Gut durchrühren. Bratlinge würfeln, hinzugeben und vorsichtig unterheben. Kurz aufkochen lassen. Mit Tomatendinkel servieren.

Hinweis: *Ich esse gewöhnlicherweise im Februar keinen Spargel. Heute lagen aber in der Billigkiste 4 Pakete zu 500 g für je 1 Euro. Soll ich warten, dass die vergammeln? Beim letzten Spargel hat niemand zugegriffen. Ich habe 2 Päckchen genommen, etwa ein gutes Drittel (inklusive Schalen) war Abfall. Der Rest war erstaunlich gut.*

6661. Kamutiges FKG, Februar 2015

2 x Frühstück.

- 2 EL Dinkel
- 4 EL Kamut
- 2 EL Leinsamen
- 10 g Zitronenfleisch
- 1 Apfelsine (140 g)
- 140 g aufgetaute Pflaumen
- 1 Banane (135 g netto)
- 1 Apfel (135 g netto)
- 30 g getr. Maulbeeren
- 10 g Macadamianüsse

Dinkel, Kamut und Leinsamen mischen und flocken. Auf zwei Schüsselchen verteilen. Obst ggf. schälen und vorverkleinern, im Hochleistungsmixer pürieren und auf 2 Schüsselchen verteilen. Den Rand mit Maulbeeren bestreuen und in die Mitte die Macadamienüsse geben.

Hinweis: *Ich habe meine Schüssel nicht dekoriert und die Deko in den Kakao gegeben - um den „Nährwert" des Kakaos zu verringern.*

6662. Mauliger Kakao, Februar 2015

Im Hochleistungsmixer, je nach Gerät, 2-3,5 Min auf höchster Stufe schlagen:

- 10 g Kakaonibs
- 10 g Macadamianüsse
- 20 g Maulbeeren
- 5 g frischer Ingwer
- 30 g gekochte weiße Bohnen
- 345 g kochendes Wasser

6663. Kokosflöckchen, Februar 2015

Ttiereiweißfrei, verminderter Fettgehalt, für 2 Bleche.

- 40 g Kokosöl
- 200 g Honig
- 200 g Nackthafer
- 300 g Weizen
- 50 g feine Kokosraspel
- 1 Prise Salz
- 1 geh. TL gem. Vanille
- 1 P Weinstein-Backpulver
- 70 g Kokoscreme

Kokosöl und Honig in einer kleinen Pfanne schmelzen. Nackthafer in der Mühle fein mahlen, dann den Weizen. Ich habe das getrennt gemacht, damit ich beide fein bekomme. Die trockenen Zutaten vermischen, die Kokosöl-Honig-Mischung und die Creme hinzugießen und mit den Knethaken eines Handrührgeräts verkneten. Mit den Händen nachkneten, der Teig ist recht fest. Mit den angefeuchteten Händen Kugeln formen, zwischen den Händen flachdrücken und nebeneinander auf ein Backblech setzen. Mit einer nassen Gabel leicht flach drücken, so dass die Kekse keine „Hubbel" haben. Ofen (Heißluft) auf 160 °C vorheizen und 12 Min. backen.

6664. Kokoscreme, Februar 2015

- 100 g Rundkornreis
- 100 g feine Kokosraspel
- 700 g kochendes Wasser

Reis und Kokosraspeln im Vitamix fein mahlen, ggf. mit einem Löffel aus den Ecken lösen. Wasser hinzufügen und auf der höchsten Stufe bis zum Stocken laufen lassen.

Hinweis: *Ich hatte den 0,9-L-Becher genommen, der reichte gerade. Ich bin mir aber nicht sicher, ob ich wirklich bis zum Stocken lange genug gewartet habe oder ob es an den Zutaten liegt, dass die Creme eher flüssig ist.*

6665. Mischbratlinge, Februar 2015

- 60 g Mungbohnen
- 90 g Rundkorn-Naturreis
- 100 g Weizen
- 400 g kochendes Wasser
- 1 TL Gute Laune Dip-Kräuter (maiersgenuss.de oder andere Kräuter)
- 1 TL Salz
- 75 g Sonnenblumenkerne
- 100 g gekochte weiße Bohnen

Mungbohnen, Reis und Weizen mittelfein schroten (Stufe 3,5/9). In einer Pengdose mit dem Wasser verrühren, Deckel schließen und 4 Std. stehen lassen. Gute Laune Dip, Salz und Sonnenblumenkerne unterrühren. Bohnen mit der Gabel zerdrücken und einarbeiten. Mit nassen Händen 12 Bratlinge formen und nebeneinander auf ein Backblech (PerfectClean, Dauerbackfolie oder Backpapier) legen. Ofen auf 225 °C vorheizen. Blech einschieben, 10 Min. backen. Mit einem Pfannenwender die Bratlinge umdrehen und noch weitere 10-15 Min. backen. Sie sind dann von beiden Seiten goldbraun.

6666. Coconut-Plum Dessert, Februar 2015

2 Desserts.

- 200 g Kokoscreme 6664 o. Ä.
- 40 g eingeweichte Datteln (Gewicht eingeweicht gewogen)
- 100 g aufgetaute Pflaumen oder auch frisches Obst nach Wahl
- 1 TL Kokosraspel

Kokoscreme mit Datteln im kleinen Mixer verquirlen. Obst fein würfeln, auf 2 Schüsselchen verteilen und mit der gesüßten Kokoscreme begießen. Mit Kokosraspeln in der Mitte bestreuen. *(Eine Variante wäre es, die Kokosraspeln zum Bestreuen vorher ein wenig zu rösten.)*

6667. Gemischte Pfanne mit Blumenkohlgrün, Februar 2015

- 100 g Wasser
- 510 g Kartoffeln
- 110 g Blumenkohlgrün
- 185 g rote Paprika (netto)
- 2 Knoblauchzehen (8 g netto)
- 75 g gekochte weiße Bohnen
- 1 TL Salz
- 1 TL Paprika edelsüß
- 1 TL Grünkohldressing 6558 o. Ä.
- 100 g Wasser

Wasser in eine 24-cm-Alugusspfanne geben. Kartoffeln unter fließendem Wasser abbürsten, in Scheiben schneiden und in die Pfanne geben. Blumenkohlgrün wenn nötig waschen und in sehr feine Streifen schneiden. Stiel, Trennwände und Kerne aus der Paprika entfernen, würfeln. Beides auf den Kartoffeln verteilen. Knoblauchzehen abziehen, in dünne Scheiben schneiden und auf dem Gemüse verteilen. Als Gemüsepfanne 15 Min. dünsten. Die restlichen Zutaten im kleinen Mixer verquirlen, unter das Gemüse rühren und kurz aufkochen.

Tipp: Ich habe Mischbratlinge dazu serviert.

6668. Wildhefe-Brötchen 2015/04, Februar 2015

Für Backen am Sonntag. Da dies mit meinem zweiten Ansatz ist, habe ich die Stufen verkürzt, also nicht Freitagmorgen angefangen, sondern Samstagmorgen. Samstagabend waren nur 1 oder 2 Bläschen zu sehen, und ich war schon gefrustet. Aber am Sonntagmorgen war es wieder schaumig!

Zutaten insgesamt:
- 500 g Weizen
- 310 g Wasser
- 2 TL Salz
- 1 TL Kräuter

Samstagmorgen:
- 100 g Weizen
- 100 g Hefewasser (2. Ansatz): Weizen fein mahlen, mit Hefewasser mischen und in einer kleinen Pengdose bis abends stehen lassen.

Samstagabend:
- 100 g Weizen
- 100 g Wasser. Weizen fein mahlen, mit Wasser und dem Ansatz vom Morgen verrühren. In der Pengdose bis zum nächsten Morgen stehen lassen. Der Deckel ist stark nach oben gewölbt.

Sonntagmorgen:
- 300 g Weizen
- 2 gestr. TL Salz
- 1 geh. TL Kräuterdip-Gewürz (maiersgenuss.de o. Ä.)
- 100 g Wasser + 10 g Wasser

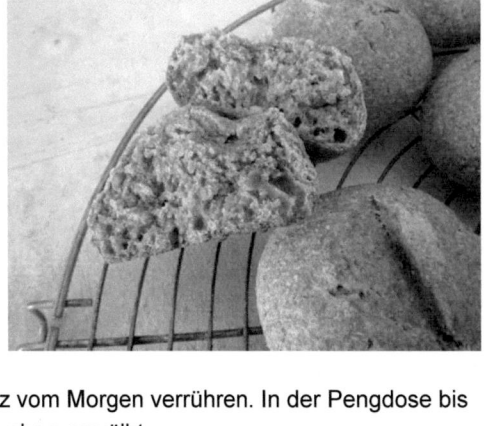

Weizen fein mahlen, mit Salz und Gewürz verrühren. 100 g Wasser und den Ansatz vom Abend hinzufügen. Verrühren und abgedeckt 30 Min. zum Quellen stehen lassen (von Emma Korn übernommen). Dann mit der Hand 7 Min. gründlich durchkneten, dabei 10 g Wasser einarbeiten. In der letzten Min. immer wieder eine Kugel unter Spannung formen. Die Kugel in eine Pengdose mittlerer Größe legen und 30 Min. gehen lassen.

Letzte Bearbeitungszeiten der Kugel unter Spannung:

55 Min. Gehzeit – kurz eine neue Kugel unter Spannung formen

77 Min. Gehzeit, s.o.

65 Min. Gehzeit, s.o.

25 Min. Gehzeit, s.o.

Teig in zehn etwa gleich schwere Teile teilen. Jeden Teil zu einer kleinen Kugel unter Spannung formen und nebeneinander auf ein Lochblech setzen. Mit Gärfolie abdecken und gehen lassen, bis der Ofen auf 250 °C (Klimagaren) vorgeheizt ist (etwa 15 Min). Das Blech einschieben und 20 Min. bei 190 °C backen. Den Dampfstoß am Anfang abgeben.

6669. Deckel aus Schokokeimsößchen, Februar 2015

2 x Frühstück.

Abends:
- 6 EL Sechskorngetreide, grob schroten & auf zwei Schüsseln verteilen. Mit insgesamt
- 160 g Wasser übergießen. Abgedeckt bei Raumtemperatur stehen lassen.

Morgens:
- 2 EL Leinsamen
- 1 Apfel (125 g)
- 1 Orange (195 g netto)
- 60 g gekeimter Dinkel
- 1 Banane (115 g netto)
- 15 g Kakaonibs
- 20 g Cashewnüsse
- 2 eingeweichte Feigen (60 g)
- 40 g Einweichwasser von Trockenfrüchten
- 2 Paranüsse
- 8 Mandeln

Leinsamen flocken, auf das eingeweichte Getreide geben. Apfel würfeln, Orange schälen und ebenfalls würfeln. Die Obstwürfel auf dem Getreide verteilen. Die restlichen Zutaten im Hochleistungsmixer sehr gut mixen, es darf natürlich nicht heiß werden. Auf den Obstwürfeln verteilen. Mit den Nüssen dekorieren.

6670. Kokoshauchkakao, Februar 2015

Im Hochleistungsmixer, je nach Gerät, ca. 3 Min. auf höchster Stufe schlagen:

- 5 g Kakaonibs
- 70 g Kokoscreme
- 2 eingeweichte Datteln (25 g)
- 5 g frischer Ingwer
- 300 g kochendes Wasser

6671. Schokokos-Flocken, Februar 2015

Vorläufer 6663. Tiereiweißfrei, weniger Fettgehalt, 2 Bleche.

- 40 g Kokosöl
- 220 g Honig (20 g mehr wegen Kakao, war etwas zu viel)
- 200 g Nackthafer
- 300 g Weizen
- 50 g feine Kokosraspel
- 1 Prise Salz
- 10 g Kakao
- 10 g Carob
- 1 P Weinstein-Backpulver
- 70 g Kokoscreme

Kokosöl und Honig in einer kleinen Pfanne schmelzen. Nackthafer in der Mühle fein mahlen, dann den Weizen. Ich habe das getrennt gemacht, damit beide fein gemahlen werden. Die trockenen Zutaten vermischen, die Kokosöl-Honig-Mischung und die Creme hinzugießen und mit den Knethaken eines Handrührgeräts verkneten. Mit den Händen nachkneten, der Teig ist recht fest. Mit den angefeuchteten Händen Kugeln formen und nebeneinander auf ein Backblech setzen. Mit einer nassen Gabel flach drücken. Ofen (Heißluft) auf 160 °C vorheizen und 12 Min. backen.

6672. Schichtpudding „Bounty", Februar 2015

2 Desserts

- 200 g Kokoscreme 6664 o. Ä.
- 65 g eingeweichte Datteln und Feigen (ca. 5 Stück)
- 1 TL Kakao (3-5 g)
- 5 g Kokosraspeln
- 2 g Kakaonibs

Kokoscreme mit Datteln homogen mixen (am besten in einem Hochleistungsmixer). Etwa die Hälfte auf zwei Schüsselchen verteilen. Den Rest mit dem Kakao vermischen, auf die helle Schicht löffeln. Die Oberfläche mit Kokosraspeln bestreuen, in die Mitte ein paar Kakaonibs geben. Gut kalt stellen.

6673. Bärlauch-Tagliatelle, Februar 2015

Mit der Atlas Mercator mit Motor; 2 Portionen.

- 160 g Kamut
- 1 TL eingelegter Bärlauch (mit Salz, kein Öl)
- 80 g Wasser

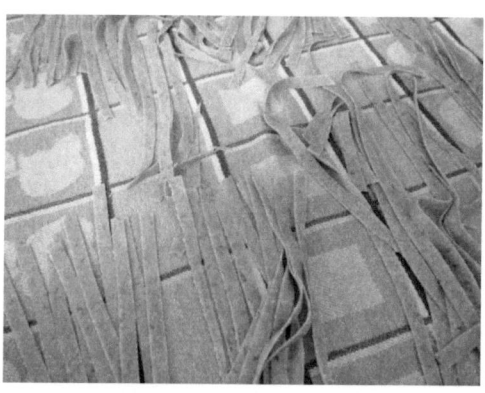

Kamut fein mahlen. Bärlauch mit Wasser auf 80 g auffüllen und mit dem Kamut verkneten. Den Rest Wasser allmählich einarbeiten, falls erforderlich, damit der Teig geschmeidig wird. Zu einer Kugel formen, in Haushaltsfolie einwickeln und 1-4 Std. ruhen lassen.

Teigportionen abzupfen (nicht zu groß, sonst werden die Bahnen zu lang), 4 x durch Stufe 1 laufen lassen und nebeneinander auf ein Küchentuch legen. Dann einen Streifen nach dem anderen durch Stufe 2 laufen lassen, durch Stufe 3 usw. bis alle Streifen Stufe 6 durchlaufen haben. Wichtig ist, die Streifen dazwischen kurz ruhen zu lassen, bis alle durch sind: Dann kleben sie nicht. Vor der Stufe 6 habe ich die Bahnen quer mit der Schere durchgeschnitten, damit sie nicht so lang werden. Ich brauchte zum Auslegen 2 Küchenhandtücher.

Mit Küchentüchern abdecken und 30 Min. ruhen lassen. Dann durch den Tagliatellevorsatz laufen lassen. In handliche Stücke schneiden und bis zum Zubereiten der Mahlzeit offen liegen lassen.

6674. Blumenkohl in Kokos, Februar 2015

2 Portionen; serviert mit Bärlauch-Tagliatelle

- 15 g Kokosraspeln
- 100 g Wasser
- 350 g Blumenkohl
- 100 g Kokoscreme 6664 o. Ä.
- 75 g gekochte weiße Bohnen
- 50 g Wasser
- 10 g Grünkohldressing 6558 o. Ä.
- 10 g Peperoni-Essig 7/4573 o. Ä.
- 25 g Wasser zum Nachspülen.

Kokosraspeln in einer kleinen Pfanne trocken rösten, bis sie hellbraun sind. Auf einem kleinen Teller abkühlen lassen.

100 g Wasser in eine 24-cm-Keramikpfanne gießen. Blumenkohl kleinschneiden und hinzufügen. Deckel auflegen, auf höchster Einstellung zum Kochen bringen. Auf kleinste Einstellung drehen und 11 Min. dünsten, ohne den Deckel abzuheben. Restliche Zutaten (aber nur 50 g Wasser) im kleinen Mixer verquirlen, unter das Gemüse rühren. Becher mit 25 g Wasser nachspülen und hinzufügen. Einmal kurz aufkochen.

In der Schüssel oder auf dem Teller den Blumenkohl mit den Raspeln bestreuen.

6675. Pflaumingo, Februar 2015

2 x Frühstück.
Abends: siehe 6669.
Morgens:

- 2 EL Leinsamen
- 15 g Zitronenfleisch
- 1 Orange (185 g netto)
- 1 Banane (115 g netto)
- 1 Birne (190 g)
- 150 g aufgetaute Tiefkühl-Pflaumen (oder frisch)
- 5 g frischer Ingwer
- 15 g Walnüsse sehr grob zerkleinert.

Leinsamen flocken, auf das eingeweichte Getreide geben. Das Obst in grobe Stücke teilen und im Hochleistungsmixer pürieren. Auf das Getreide gießen und mit den Walnüssen dekorieren.

6676. Kokoscreme-Kakao, Februar 2015

Im Hochleistungsmixer, je nach Gerät, 4,5 bis 8 Min auf höchster Stufe schlagen:

- 10 g Kakaonibs
- 75 g Kokoscreme
- 5 g frischer Ingwer
- 50 g eingeweichte Trockenfrüchte (1 Feige + 2 Datteln)
- 330 g Wasser

6677. Sauerrabi, Februar 2015

- 50 g Wasser
- 270 g gestiftelte Kohlrabi (netto)
- 100 g fein geschnittenes Sauerkraut
- 25 g Sonnenblumenkerne
- 50 g Kichererbsen
- 1 gestr. TL Salz
- Etwas schwarzer gem. Pfeffer
- 5 g Honig
- 6 g Zitronenfleisch
- 115 g Wasser + 30 g Wasser

50 g Wasser in eine 24-cm-Keramikpfanne geben. Gemüse hinzufügen. Als Gemüsepfanne 12 Min. dünsten. Die restlichen Zutaten (bis auf 30 g Wasser) im kleinen Mixer 2 x gut mixen, damit es eine ganz glatte Soße wird. Unter das Gemüse geben, Becher mit 30 g Wasser nachspülen, ebenfalls zum Gemüse geben. Verrühren und einmal aufkochen lassen. Eine sehr schöne Kombination!

Hinweis: Dazu gab's geschenkte Nudeln.

6678. Anisig lecker, Februar 2015

2 x Frühstück.

- Abends: siehe 6669.

Morgens

- 2 EL Leinsamen
- 10 g Zitronenfleisch
- 160 g aufgetaute Tiefkühlpflaumen (oder frisch)
- 1/4 TL Anissamen, ganz
- 3 kleine Äpfel 220 g
- 1 Banane (105 g)
- 20 g Macadamianüsse
- 2 TL Orangeat (hier: selbstgemacht (z. B. 6460))

Leinsamen flocken, auf das eingeweichte Getreide geben. Das Obst in grobe Stücke teilen und mit dem Anis im Hochleistungsmixer pürieren. Obst auf das Getreide gießen, mit Nüssen und Orangeat dekorieren.

6679. Eingeweichter Kakao, Februar 2015

Abends mischen und über Nacht stehen lassen:

- 10 g Kakaonibs
- 15 g Nackthafer
- 105 g Wasser

Morgens im Vitamix 4,5 bis 8 Min auf höchster Stufe schlagen:

- die abendliche Mischung
- 2 eingeweichte Feigen (50 g)
- 1 EL Einweichwasser
- 290 g Wasser

6680. Steife Stützcreme, Februar 2015

Im Hochleistungsmixer laufen lassen, bis die Masse deutlich stockt:

- 50 g Rundkorn-Naturreis
- 50 g Erdnüsse geröstet & gesalzen
- 1 Dattel eingeweicht (nur 11 g, weil Deglet Nour)
- 300 g Wasser

Tipp: Ich nehme normalerweise 50 g Reis, 30 g Nüsse und 350 g Wasser für eine Standardstützcreme. Agnes hat für ein Rezept 60 g Reis, 30 g Nüsse auf 300 g Wasser genommen. Also habe ich meine Wassermenge auch einmal gesenkt, wird ein schöner Pudding, weniger cremig.

6681. Orange unterm Deckchen, Februar 2015

- 125 g Steife Stützcreme 6680 o. Ä.(Rest im Vitamix)
- 1 Apfelsine (200 g netto)
- 3 eingeweichte Feigen (70 g)
- 60 g tiefgekühlte, aufgetaute oder frische Pflaumen
- 20 g Pflaumensaft vom Auftauen
- einige Erdnüsse

25 g der Apfelsine zur Stützcreme geben. Den Rest würfeln und auf 2 Schälchen verteilen. Feigen, Pflaumen und Saft in den Hochleistungsmixer geben und alles zusammen gut durchrühren, bis eine glatte Creme entstanden ist. Über den Apfelsinenwürfeln verteilen und in die Mitte einige Erdnüsse streuen.

Hinweis: Ich hatte zwei Dinge, die ich verbrauchen musste: den Rest einer Creme im Vitamix und eine angeschlagene Orange. Da bietet sich ein Nachtisch einfach an, weil ich auch noch so viele eingeweichte Trockenfrüchte vom Wochenende habe.

6682. Salatherzen in Orangensauce, Februar 2015

Für 2 Personen als Rohkost vor einer kleinen Hauptspeise

- 2 Salatherzen (netto 270 g)
- 25 g Cashewnüsse
- 1/2 Apfelsine (80 g netto)
- 1/2 TL Salz
- 1 MS schwarzer gem. Pfeffer
- 50 g Wasser
- 1/2 Tomate (50 g)
- 20 g Linsensprossen

Salatherzen putzen, kleinschneiden und auf 2 Schüsseln verteilen. Nüsse, Apfelsine, Salz, Pfeffer und Wasser im Magic mit dem hochstehenden Messer zu einem glatten Dressing verarbeiten. Über die Salatherzen geben. Tomate würfeln, in die Mitte legen. Den Rand mit Linsensprossen bestreuen.

6683. Blumenkohl in Teig, Februar 2015

2 Portionen

- 75 g Weizen
- 185 g Steife Stützcreme 6680 o. Ä.
- 1 gestr. TL Salz
- 1 TL Kräutermischung „Gute Laune" o. Ä.
- 1 MS schwarzer gem. Pfeffer
- 75 g Wasser
- 1/2 Blumenkohl (400 g netto)

Weizen fein mahlen. In einer kleinen Schüssel mit Stützcreme, Salz, Kräutern, Pfeffer und Wasser verrühren. Teig 10 Min. ruhen lassen. Blumenkohl in Röschen teilen. Ich habe ihn geschnitten, weil er sehr fest war. Die Scheiben portionsweise in den Teig legen und so drehen, dass sie allseits von Teig bedeckt sind. Zum Schluss muss man etwas nachhelfen. Die in Teig getauchten Stücke nebeneinander auf eine 28-cm-PerfectClean-Pizzaform (oder ein entsprechend vorbereitetes Backblech legen). Bei mir reichte das gerade für eine Form.

Während dieser Arbeiten den Ofen (Heißluft) vorheizen, Ziel: 220 °C. Bei 130 °C war ich fertig und habe das Blech eingeschoben. Backzeit: 25 Min. Der Teig war gerade richtig, der Blumenkohl recht weich.

Fazit: Hat sehr gut geschmeckt!

6684. Orangenhalbmonde, Februar 2015

2 x Frühstück.

- 6 EL Nackthafer
- 2 EL Leinsamen
- 2 EL Sonnenblumenkerne
- 15 g Zitronenfleisch
- 1 Orange (200 g netto)
- 1 Banane (105 g netto)
- 1 Apfel (110 g)
- 85 g aufgetaute Tiefkühl-Pflaumen
- 55 g Saft der Pflaumen
- 10 g Maulbeeren

Nackthafer, Leinsamen und Kerne mischen und flocken. Auf 2 Schüsselchen verteilen. Orange halbieren, aus einer Hälfte zwei Scheiben herausschneiden. Den Pflaumensaft über die Flocken gießen. Obst pürieren, über die Flocken geben. Jeweils eine halbe Scheibe Orange auflegen. Mit Maulbeeren dekorieren.

6685. Cremekakao dünn, Februar 2015

Im Hochleistungsmixer, je nach Gerät, 4,5 bis 8 Min auf höchster Stufe schlagen:

- 10 g Kakaonibs
- 50 g Steife Stützcreme 6680 o. Ä.
- 5 g frischer Ingwer
- 3 g eingeweichte Datteln (Deglet Nour) = 40 g
- 320 g Wasser

Fazit: *War nicht so cremig, wie ich gehofft hatte.*

6686. Brobuchokkoli, Februar 2015

1 Portion, zu trocken, da fehlt mir eindeutig etwas Fett.

- 300 g Wasser
- 100 g Buchweizen
- 20 g getr. Tomate
- 1/2 rote Zwiebel (45 g netto)
- 200 g Brokkoli
- Etwas Salz

Wasser in eine 18-cm-Woll-Pfanne geben. Buchweizen hineinrühren. Tomate in feine Stücke schneiden, Zwiebel würfeln. In die Pfanne geben. Brokkoli kleinschneiden, ebenfalls hinzufügen. Deckel auflegen, auf höchster Einstellung zum Kochen bringen. Auf kleinste Einstellung drehen und 15 Min. dünsten, ohne den Deckel abzuheben. Salzen und verrühren.

6687. Trostdrink, Februar 2015

Essen war sooo langweilig.

- 4 eingeweichte Datteln (45 g)
- 40 g Einweichwasser
- 25 g Hafer
- 5 g Ingwer
- 350 g Wasser

Im Vitamix 5 min. laufen lassen.

6688. Weizenüberhang, Februar 2015

2 x Frühstück.

- 2 EL Leinsamen
- 2 EL Nackthafer
- 4 EL Weizen
- 2 kleine Äpfel (215 g)
- 20 g Zitronenfleisch
- 1 Orange (145 g netto)
- 2 kleine Bananen (180 g netto)
- 25 g Macadamianüsse

Leinsamen mit Nackthafer und Weizen flocken, auf zwei Schüsselchen verteilen. Äpfel würfeln und auf die Flocken streuen. Zitronenfleisch, geschälte und in Stücke geschnittene Orange und geschälte, grob zerkleinerte Bananen im Zerkleinerer zerkleinern. Das wird nicht ganz glatt! Über den Äpfelwürfeln verteilen, am Rand mit Macadamianüssen bestreuen.

6689. Kakao-Zweiteiler, Februar 2015

Im Hochleistungsmixer, je nach Gerät, 4,5 bis 8 Min auf höchster Stufe schlagen:

- 15 g Kakaonibs
- 5 g frischer Ingwer (optional)
- 60 g eingeweichte Datteln
- 20 g Einweichwasser
- 350 g Wasser

Hinweis: *Ich musste es einmal probieren: mit nur 2 Zutaten (Ingwer zähle ich mal nicht mit, der ist ja nicht verpflichtend und außer mir zählt Wasser niemand). Ist okay, aber überhaupt nicht cremig.*

6690. Mangold mit Brokken in O-Soße, Februar 2015

2 Portionen

- 95 g Wasser
- 30 g rote Zwiebel
- 155 g Brokkoli
- 230 g Mangold
- 75 g gekochte weiße Bohnen
- 1 kleinere Orange (120 g netto)
- 1 kleine Knoblauchzehe (2 g netto)
- 1 gestr. TL Salz
- 1 TL (10 g) Grünkohldressing 6558 (optional)
- 50 g Wasser

Wasser in eine 24-cm-Keramikpfanne geben. Zwiebel schälen und fein würfeln, in die Pfanne geben. Gemüse ggf. waschen und trockenschleudern (Mangold), kleinschneiden. Über die Zwiebel streuen. Deckel auflegen, auf höchster Einstellung zum Kochen bringen. Auf kleinste Einstellung drehen und 12 Min. dünsten, ohne den Deckel abzuheben. Die restlichen Zutaten (ohne Wasser) im kleinen Mixer mit dem hochstehenden Messer glattschlagen. Unter das Gemüse rühren, Becher mit 50 g Wasser ausspülen, hinzufügen. Vorsichtig rühren und kurz aufkochen.

Tipp: *Bei mir gab es Ofenkartoffel dazu.*

6691. Freitags-FKG mit Blobb, Februar 2015

2 x Frühstück.

Abends

- 6 EL Sechskorngetreide, grob schroten & auf zwei Schüsseln verteilen. Mit insgesamt
- 160 g Wasser übergießen. Abgedeckt bei Raumtemperatur stehen lassen.
- 40 g getr. Mango in kleine Stücke zerteilen, mit
- 30 g Macadamianüssen in
- 250 g Wasser einweichen

Morgens

- 2 EL Leinsamen
- 10 g Zitronenfleisch
- 1 Orange (150 g netto)
- 1 Apfel (180 g)
- 1 Banane (110 g)
- 30 g Pflaumenmus (Tarpa, nur Honig & Frucht)
- 2 Macadamianüsse.

Leinsamen flocken, auf das eingeweichte Getreide geben. Die Mangostücke mit Nüssen und Einweichwasser pürieren, über das Getreide verteilen. Obst ggf. schälen und grob verteilen, im Hochleistungsmixer pürieren und auf die Mangocreme löffeln. In die Mitte jeweils einen gehäuften Teelöffel Pflaumenmus gebe, oben je eine Nuss hineinstecken.

6692. Kakao mit Einweichwasser, Februar 2015

Im Hochleistungsmixer, je nach Gerät, 4,5 bis 8 Min auf höchster Stufe schlagen:

- 10 g Kakaonibs
- 10 g Nackthafer
- 35 g gekochte weiße Bohnen
- 100 g Einweichwasser von Trockenfrüchten
- 5 g frischer Ingwer
- 270 g Wasser

Fazit: *Der Kakao war nicht so süß, wie ich erwartet hatte. Eine Folge der Bohnen?*

6693. Feste Stützcreme, Februar 2015

Im Hochleistungsmixer ca. 5 Min. schlagen, bis die Masse stockt:

- 50 g Naturreis
- 20 g Mais ungekocht
- 2 eingeweichte Feigen (40 g)
- 420 g Wasser
- 1/2 Vanillestange

6694. Carob-Bananen-Creme, Februar 2015

2 Portionen

- 200 g Feste Stützcreme 6693 o. Ä.
- 2 Bananen (200 g netto)
- 25 g Honig
- 1 geh. EL Carob (25 g)
- 2 TL Orangeat (z. B. 6460)

Creme, geschälte Banane, Honig und Carob im Hochleistungsmixer zu einer glatten Creme schlagen. Auf zwei kleine Schüsselchen verteilen und in der Mitte mit je einem Klecks Orangeat dekorieren.

6695. Paprika-Mangold-Pfanne, Februar 2015

2 Portionen.

- 55 g Wasser
- 30 g Tomate
- 1 rote Zwiebel (110 g netto)
- 1 rote Paprika (110 g netto)
- 1/2 gelbe Paprika (80 g netto)
- 80 g Mangold (netto)
- 1-2 Knoblauchzehen (bei mir: 1 große)
- 65 g gekochte weiße Bohnen
- 20 g Macadamianüsse
- 1 gestr. TL Salz
- 1 gestr. TL Paprika edelsüß
- 4 g Honig
- 10 g Kiwi-Essig 6578 o. Ä. (oder Apfelessig)
- 10 g Grünkohldressing 6558 (optional)
- 50 g + 50 g Wasser

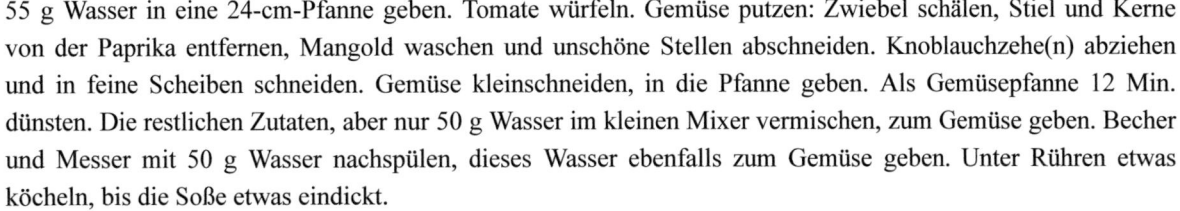

55 g Wasser in eine 24-cm-Pfanne geben. Tomate würfeln. Gemüse putzen: Zwiebel schälen, Stiel und Kerne von der Paprika entfernen, Mangold waschen und unschöne Stellen abschneiden. Knoblauchzehe(n) abziehen und in feine Scheiben schneiden. Gemüse kleinschneiden, in die Pfanne geben. Als Gemüsepfanne 12 Min. dünsten. Die restlichen Zutaten, aber nur 50 g Wasser im kleinen Mixer vermischen, zum Gemüse geben. Becher und Messer mit 50 g Wasser nachspülen, dieses Wasser ebenfalls zum Gemüse geben. Unter Rühren etwas köcheln, bis die Soße etwas eindickt.

Tipp: Passt zu Reis, Nudeln oder Kartoffeln. Ich habe 500 g Ofenkartoffeln (ungesalzen) dazu serviert.

6696. Banane unter Grapefruit, Februar 2015

- *2 Personen*
- 6 EL Nackthafer
- evtl. 6-8 EL Wasser
- 1 Orange (130 g netto)
- 1 Grapefruit (205 g netto)
- 10 g Zitronenfleisch
- 1 Banane (110 g netto)
- 35 g getr. Maulbeeren
- 25 g Cashewnüsse

Nackthafer flocken und auf 2 Schüsselchen verteilen. Wenn das zu trocken ist: Etwas Wasser über die Flocken geben. Orange und Grapefruit schälen, vorschneiden und mit dem Zitronenfleisch im kleinen Mixer (großer Becher, hochstehendes Messer) zerkleinern. Die Banane in Scheiben schneiden, auf die Flocken geben und mit der Grapefruitmasse begießen. Maulbeeren am Rand entlang streuen, Cashewnüsse in die Mitte geben.

Tipp: Die Banane habe ich erst nach Herstellen des Grapefruitsafts geschält und in Scheiben geschnitten, damit sie nicht oxidiert und braun wird.

6697. Carobgestützter Kakao, Februar 2015

Im Hochleistungsmixer, je nach Gerät, 4,5 bis 8 Min auf höchster Stufe schlagen:

- 10 g Kakaonibs
- 1 geh. TL Carob (5-7 g)
- 45 g Feste Stützcreme 6693 o. Ä.
- 10 g getr. Maulbeeren
- 20 g Honig
- 1/2 Vanillestange
- 5 g frischer Ingwer
- 350 g Wasser

6698. Nussflöckschen, Februar 2015

6663; tiereiweißfrei, verminderter Fettgehalt, für 2 Bleche.

- 30 g Kokosöl
- 200 g Honig
- 100 g Haselnüsse
- 1 Bittermandel
- 200 g Nackthafer
- 250 g Weizen (50 g weniger als bei 6663, wegen mehr Nüssen)
- 1 Prise Salz
- 1 geh. TL gem. Vanille
- 1 P. Weinstein-Backpulver
- 1 TL Natron
- 80 g Feste Stützcreme 6693 o. Ä.

Kokosöl und Honig in einer kleinen Pfanne schmelzen. Nüsse im Zerkleinerer mahlen. Nackthafer in der Mühle fein mahlen, dann den Weizen. Ich habe das getrennt gemacht, damit beide fein gemahlen werden. Die trockenen Zutaten vermischen, die Kokosöl-Honig-Mischung und die Creme hinzugießen und mit den Knethaken eines Handrührgeräts verkneten. Mit den Händen nachkneten, der Teig ist recht fest. Ca. 10 Min. stehen lassen. Mit den angefeuchteten Händen Kugeln formen und nebeneinander auf ein Backblech setzen. Mit einer nassen Gabel flach drücken. Ofen (Heißluft) auf 160 °C vorheizen und 12 Min. backen.

6699. Maulflöckchen, Februar 2015

Vorläufer: 6698; tiereiweißfrei, verminderter Fettgehalt, für 2 Bleche.

- 30 g Kokosöl
- 170 g Honig
- 100 g getr. Maulbeeren
- 200 g Nackthafer
- 250 g Weizen
- 1 Prise Salz
- 1 geh. TL gem. Vanille
- 1 P. Weinstein-Backpulver
- 1 TL Natron
- 105 g Feste Stützcreme 6693 o. Ä.

Kokosöl und Honig in einer kleinen Pfanne schmelzen. Maulbeeren im Zerkleiner fein mahlen. Nackthafer in der Mühle fein mahlen, dann den Weizen. Ich habe das getrennt gemacht, damit beide fein gemahlen werden. Die trockenen Zutaten vermischen, die Kokosöl-Honig-Mischung und die Creme hinzugießen und mit den Knethaken eines Handrührgeräts verkneten. Mit den Händen nachkneten, der Teig ist recht fest. Ca. 10 Min. stehen lassen. Mit den angefeuchteten Händen Kugeln formen und nebeneinander auf ein Backblech setzen. Mit einer nassen Gabel flach drücken. Ofen (Heißluft) auf 160 °C vorheizen und 12 Min. backen.

6700. Gestütztes Knäcke

Vorläufer Nr. 8/5625, wichtigste Änderung: Statt Öl Stützcreme.

- 1 gestr. TL Koriandersamen
- 150 g Weizen
- 50 g Hirse
- 50 g Rundkorn-Naturreis
- 1 gestr. TL Salz
- 1 gestr. TL Paprika edelsüß
- 1 TL Kräuterdip (www.maiersgenuss.de oder Pizzagewürz)
- 60 g Feste Stützcreme 6693 o. Ä.
- 200 g Wasser
- 2 EL Sesam ungeschält (25 g)
- 2 EL Leinsamen (25 g)
- 2 EL Sonnenblumenkerne (30 g)

Koriandersamen in die Mühle geben. Getreide mischen und auf den Koriander geben, fein mahlen. Mit Salz und Gewürzen verrühren. Stützcreme und Wasser gut einrühren. Die Samen hinzufügen und gut unterrühren.

Mit einer nassen Teigkarte auf dem Blech möglichst gleichmäßig verteilen und Vierecke vorzeichnen. In den kalten Ofen schieben und 40 Min. bei 160 °C backen.

6701. Nusslastige Stützcreme, Februar 2015

Im Hochleistungsmixer bis zum Stocken schlagen lassen:

- 100 g Cashewkerne
- 10 g getr. Maulbeeren
- 1 Prise Salz
- 50 g Rundkorn-Naturreis
- 350 g Wasser

6702. Saucengrundlage, Februar 2015

Im Vitamix gründlich verquirlen:

- 55 g Nusslastige Stützcreme 6701 o. Ä.
- 160 g Wasser
- 20 g Grünkohldressing 6558 o. Ä.

Stützcreme und Dressing sind austauschbar, dies ist eine gute Möglichkeit, einen Becher zu reinigen - die Saucengrundlage kann im Kühlschrank aufbewahrt werden.

6703. Banane im Deckmantel, Februar 2005

2 x Dessert.

- 1 Banane (135 g brutto)
- 125 g Nusslastige Stützcreme 6701 o. Ä.
- 10 g flüssiger Honig
- 2 EL feine Plätzchenkrümel (Reste vom Backen; sonst 1 Plätzchen zerkrümeln oder Carob darüber zerstäuben)
- 6 getr. Maulbeeren

Banane schälen, in Scheiben schneiden und auf 2 Dessertschüsselchen verteilen. Stützcreme mit Honig verrühren, über die Bananenscheiben geben, sodass sie vollständig bedeckt sind. Die Oberfläche mit den Plätzchenkrümeln bestreuen, in die Mitte je 3 Maulbeeren setzen.

6704. Stampfkartoffeln, Februar 2015

- 75 g Wasser
- 510 g Kartoffeln
- 1 TL Salz
- 115 g Nusslastige Stützcreme 6698 o. Ä.
- 15 g Wasser

75 g Wasser in eine 20-cm-Pfanne geben. Kartoffeln unter fließendem Wasser abbürsten, in Scheiben schneiden. In die Pfanne geben und 15-17 Min. als Gemüsepfanne dünsten - die Kartoffeln sollen richtig weich werden. Salz hinzugeben, mit einem Stampfer zerdrücken. Nach und nach die Creme einarbeiten, dann zum Schluss das Wasser. Wer den Kartoffelbrei gerne weicher oder flüssiger hätte, nimmt mehr Creme und mehr Wasser. *Wer einen Pürierstab hat, kann auch Kartoffelpüree so herstellen.*

6705. Mangold sauer gewürzt, Februar 2015

2 Portionen.

- 50 g Wasser
- 215 g Mangold, gewaschen, in Streifen geschnitten
- 60 g gelbe Paprika, gewürfelt (netto)
- 80 g Sauerkraut, fein geschnitten
- 100 g Soßengrundlage
- 1 gestr. TL Salz
- 1 Stück Essigpeperoni (5 g)
- 50 g gekochte weiße Bohnen

Aus Wasser, Mangold, Paprika und Sauerkraut eine Gemüsepfanne herstellen (12 Min.). Restlichen Zutaten im kleinen verquirlen, unter das Gemüse rühren und kurz aufkochen. *Bei mir gab es dazu Stampfkartoffeln.*

6706. Doppel-O-Banane, Februar 2015

2 x Frühstück.

Abends

- 6 EL Sechskorngetreide, grob schroten & auf zwei Schüsseln verteilen. Mit insgesamt
- 160 g Wasser übergießen. Abgedeckt bei Raumtemperatur stehen lassen.

Morgens

- 2 EL Leinsamen
- 10 g Zitronenfleisch
- 2 kleinere Orangen mit dünner Schale (280 g netto)
- 2 Bananen (185 g netto)
- 1 Apfel (140 g)
- 25 g geschälte Mandeln
- Wenig Kokosraspeln

Leinsamen flocken, auf das eingeweichte Getreide geben. Eine Orange würfeln, auf dem Getreide verteilen. Das restliche Obst in grobe Stücke teilen und im Hochleistungsmixer pürieren. Den Obstbrei auf die Schüsseln verteilen, mit Mandeln und Kokosraspeln dekorieren.

6707. Maulbeerdünner Kakao, Februar 2015

Im Hochleistungsmixer, je nach Gerät, 4,5 bis 8 Min auf höchster Stufe schlagen:

- 10 g Kakaonibs
- 20 g getr. Maulbeeren
- 20 g gekochte weiße Bohnen
- 40 g Nusslastige Stützcreme 6701 o. Ä.
- 325 g Wasser

6708. Wildhefebrot mit Leinsamen 2015/05, Februar 2015

Für

Zutaten insgesamt:

- 700 g Weizen
- 505 g Wasser
- 1 EL Salz
- 1 EL Brotgewürz
- 75 g Leinsamen
- 1 EL Apfelessig

<u>Samstagmorgen:</u> Weizen fein mahlen, mit Hefewasser mischen und in einer kleinen Pengdose bis abends stehen lassen.

- 100 g Weizen
- 100 g Hefewasser (2. Ansatz)

<u>Samstagabend:</u> Weizen fein mahlen, mit Wasser und dem Ansatz vom Morgen verrühren. In einer größeren Pengdose bis zum nächsten Morgen stehen lassen. Der Deckel ist aufgegangen.

- 200 g Weizen
- 200 g Wasser

<u>Sonntagmorgen</u>

- 400 g Weizen
- 1 EL Salz
- 1 EL Brotgewürz
- 75 g Leinsamen
- 1 EL Apfelessig
- 150 g Wasser + 55 g Wasser
- 18 g Butter für die Form

Weizen fein mahlen, mit Salz und Gewürz verrühren. 150 g Wasser, Essig und den Ansatz vom Abend hinzufügen. Verrühren und abgedeckt 30 Min.

zum Quellen stehen lassen (von Emma Korn übernommen). Dann mit der Hand 7 Min. gründlich durchkneten, dabei 55 g Wasser einarbeiten. In der letzten Min. immer wieder eine Kugel unter Spannung formen. Eine 30-cm-Brotform (Dr. Oetker- Profi-Emaille mit Butter einfetten, Teig hineingeben. Teig glattstreichen und mit Wasser einsprühen. In eine ausreichend große Plastiktüte geben und 9 Std. gehen lassen. In den letzten 15 Min. den Ofen auf 250 °C (Heißluft) vorheizen. Brot einsprühen, einschieben, 10 Min. bei 250 °C und 30 Min. bei 190 °C backen.

Tipps: Für Backen am Sonntag. Da dies mit meinem zweiten Ansatz ist, habe ich die Stufen verkürzt, also nicht Freitagmorgen angefangen, sondern Samstagmorgen. Samstagabend waren Bläschen zu sehen. Sonntagmorgen war der Deckel abgesprungen, es gab viel Schaum.

6709. Pseudo-Linguine, Februar 2015

Ich brauche für ein Rezept Linguine. Meine Nudelmaschine kann aber nur Tagliatelle. Da der Unterschied ein reiner der Form ist ... und nicht des Teigs, müssen meine Nudeln als Linguine durchgehen.

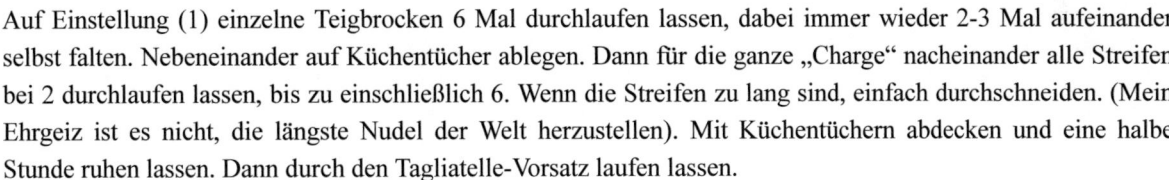

- 120 g Kamut
- 40 g Weizen
- 75 g Wasser
- 5 g Apfelessig (= 1 TL)

Kamut und Weizen fein mahlen. Mit den Flüssigkeiten zu einem elastischen, aber festen Teig verarbeiten. In Haushaltsfolie einwickeln und 3-4 Std. ruhen lassen.

Auf Einstellung (1) einzelne Teigbrocken 6 Mal durchlaufen lassen, dabei immer wieder 2-3 Mal aufeinander selbst falten. Nebeneinander auf Küchentücher ablegen. Dann für die ganze „Charge" nacheinander alle Streifen bei 2 durchlaufen lassen, bis zu einschließlich 6. Wenn die Streifen zu lang sind, einfach durchschneiden. (Mein Ehrgeiz ist es nicht, die längste Nudel der Welt herzustellen). Mit Küchentüchern abdecken und eine halbe Stunde ruhen lassen. Dann durch den Tagliatelle-Vorsatz laufen lassen.

6710. Zwiebelgemüse mit Radicchio, Februar 2015

2 Portionen.

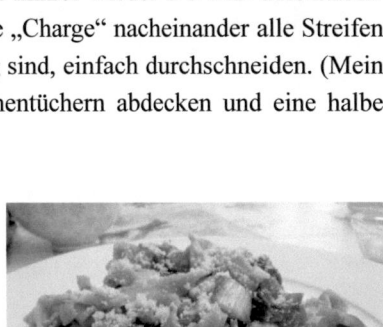

- 30-40 g getr. Tomaten
- 155 g kochendes Wasser
- 2 rote Zwiebeln (brutto 275 g, netto 245 g)
- 20 g Honig (2 TL)
- 2 TL Kiwi-Essig
- 45 g Radicchio
- 1 TL Salz
- 1 MS schwarzer gem. Pfeffer
- 25 g geschälte Mandeln

Tomaten etwa 3 Std. vor dem Essen in kochendem Wasser einweichen. Zwiebeln schälen, halbieren und in feine Spalten schneiden. Dann in Viertel schneiden.

2 EL der Einweichflüssigkeit in einer Keramikpfanne erhitzen, Zwiebeln hinzugeben. Auf hoher Einstellung im Wasser unter gelegentlichem Rühren „anbraten", wenn kein Wasser mehr vorhanden ist, esslöffelweise Einweichflüssigkeit hinzugeben (insgesamt etwa 4-5 EL). Zwischendurch mit der Hitze ruhig ein wenig heruntergehen. Honig hinzufügen, unterrühren, Essig hinzufügen. Die Tomaten abtropfen lassen, 40 g abwiegen und würfeln (die restlichen eingeweichten Tomaten für den nächsten Tag im Kühlschrank aufbewahren). In die Pfanne geben und miterhitzen. Radicchio kleinschneiden und mit erhitzen. Restliche Einweichflüssigkeit in die Pfanne gießen. Deckel auflegen, auf höchster Einstellung zum Kochen bringen. Auf kleinste Einstellung drehen und 10 Min. dünsten, ohne den Deckel abzuheben. Salz und Pfeffer unterrühren.

Nudeln garen (Pseudo-Linguine, 3 Min. gekocht), in ein Sieb schütten und kurz abtropfen lassen. Gründlich unter die Zwiebelmasse heben. Mandeln fein mahlen. Auf Teller füllen und mit einem Teil der Mandeln bestreuen (mir war die Hälfte der Mandeln zu viel).

6711. Orangenquaakcreme, Februar 2015

- 13 g Zitronenfleisch
- 1 kleine Orange (105 g netto)
- 15 g dünnflüssiger Honig
- 135 g Nusslastige Stützcreme 6701 o. Ä.
- 1 TL Orangeat (z. B. 6460)

Zitronenfleisch (d. h. eine Scheibe Zitrone ohne Schale, Kerne, Mittelsteg) in den kleinen Becher des kleinen Mixers geben. Die Orange schälen, aus der Mitte eine Scheibe schneiden und beiseite legen. Den Rest grob vorschneiden und mit dem Honig zu der Zitrone geben. Durchmixen. Creme hinzufügen, gut durchmischen. Auf zwei Schüsselchen verteilen. Die übrig gebliebene Orangenscheibe halbieren, jeweils eine Hälfte auf die Creme legen, dazu einen kleinen Klecks Orangeat.

6712. Schneematch im Sonnenschein, Februar 2015

2 x Frühstück.

Abends

- 6 EL Sechskorngetreide, grob schroten & auf zwei Schüsseln verteilen. Mit insgesamt
- 160 g Wasser übergießen. Abgedeckt bei Raumtemperatur stehen lassen.

Morgens

- 2 EL Leinsamen
- 10 g Zitronenfleisch
- 2 Orangen (295 g netto)
- 1 Apfel (105 g)
- 1 Banane (130 g netto)
- 1 Birne (105 g)
- 15 g gem. Mandeln
- ein paar Pekannüsse

Leinsamen flocken, auf das eingeweichte Getreide geben. Das Obst in grobe Stücke teilen und im Hochleistungsmixer pürieren, über das Getreide gießen. Mit den gemahlenen Mandeln bestreuen, die sacken schnell ein und ziehen Feuchtigkeit. In die Mitte wenige Pekannüsse setzen.

6713. Adzdattel-Kakao, Februar 2015

Im Hochleistungsmixer, je nach Gerät, 4,5 bis 8 Min auf höchster Stufe schlagen:

- 10 g Kakaonibs
- 5 g Carob (1 TL)
- 45 g gekochte Adzukibohnen
- 2 große Datteln, entsteint (40 g netto)
- etwa 345 g Wasser (auf 450 ml Strich auf dem Becher auffüllen)

6714. Überbackene Ofenkartoffeln, Februar 2015

- 500 g nicht zu kleine Kartoffeln
- 20 g Möchte-gern-Parmesan 6716 o. Ä.
- 20 g Wasser

Kartoffeln unter fließendem Wasser abbürsten. In 1-cm-dicke Scheiben schneiden und mit der größten Schnittfläche nach oben auf einem 28-cm-Pizzablech (PerfectClean) verteilen. Parmesan und Wasser im kleinen verquirlen, die Kartoffeln damit bepinseln. In den Ofen schieben. Schnellheizen auf 220 °C, dann 10 Min. bei 220 °C backen. 5-7 Min. im ausgestellten Ofen nachbacken.

6715. Blumenkohl mit rot-grün, Februar 2015

- 50 g Wasser
- 75 g Brokkolistrunk
- 375 g Blumenkohl
- 45 g eingeweichte getr. Tomaten (vom Vortag)
- 20 g + 50 g Soßengrundlage
- 20 g Wasser
- 20 g Möchte-gern-Parmesan 6716 o. Ä.

Wasser in eine 24-cm-Pfanne geben. Brokkolistrunk in feine Stäbchen schneiden. In die Pfanne geben, aufkochen und 5 Min. dünsten. Blumenkohl kleinschneiden, mit den Tomatenstücken und 20 g Soßengrundlage zum Brokkoli geben. Deckel auflegen, auf höchster Einstellung zum Kochen bringen. Auf kleinste Einstellung drehen und 10 Min. dünsten, ohne den Deckel abzuheben. Die restlichen Zutaten im kleinen Mixer verquirlen, unterrühren.

6716. Möchte-gern-Parmesan, Februar 2015

Veganer Parmesan wird immer mit Hefeflocken zubereitet. Mag ich nicht.
Heute eine kleine Idee:

- 55 g geschälte Mandeln
- 2 g Salz
- 1 Prise Schabziegerklee

Alles zusammen im kleinen Mixer oder Zerkleinerer mahlen.

6717. Kamut mit Quellhasel, Februar 2015

2 x Frühstück.
Abends

- 6 EL Kamut grob schroten & auf zwei Schüsseln verteilen. Mit
- 160 g Wasser übergießen. Bei Raumtemperatur stehen lassen.
- 25 g Haselnüsse in Wasser einweichen

Morgens

- 15 g Zitronenfleisch
- 1 Grapefruit (170 g netto)
- 1 Orange (120 g netto)
- 1 Banane (105 g netto)
- 1 Apfel (150 g)

Obst ggf. schälen und in grobe Stücke teilen, im Hochleistungsmixer pürieren. Auf den Kamut gießen. Haselnüsse abtropfen lassen und symmetrisch auf der Oberfläche verteilen.

6718. Chilikakao, Februar 2015

Im Hochleistungsmixer 4,5 bis 8 Min auf höchster Stufe schlagen:

- 10 g Kakaonibs
- 1 TL Carob (4 g)
- 20 g Honig
- 20 g Nackthafer
- 5 g frischer Ingwer
- 1 Prise Chilipulver
- Auf 450 ml Wasser (Markierung Becher) mit Wasser auffüllen.

6719. Kochendheiße Creme, Februar 2015

Im Hochleistungsmixer bis zum Kochen schlagen:

- 55 g Rundkorn-Naturreis
- 35 g ungeschälte Mandeln
- 1 große Dattel, entsteint (20 g netto)
- 350 g Wasser

Hinweis: *Meine Cremes werden schöner, wenn ich alles zusammen kalt in den Becher gebe.*

6720. Das Auge des Kakaos, Februar 2015

2 Desserts.

* 200 g Kochendheiße Creme 6719 o. Ä.
* 2 Bananen (190 g netto)
* 1 TL Kakaopulver

Creme mit den geschälten Bananen verquirlen. Etwa 55 g in einen Becher gießen. Den Rest auf zwei Schüsselchen verteilen. Kakao mit der Creme im kleinen Mixer verquirlen, in die Mitte der hellen Creme setzen. Aus dem noch nicht gereinigten Vitamix-Becher jeweils eine kleine Menge nehmen und auf die Schokocreme klecksen.

6721. Tomatenkartoffeln, Februar 2015

2 Portionen

* 100 g Wasser
* 1 rote Zwiebel (95 g netto)
* 495 g Kartoffeln
* 1 Dose Tomaten in Stücken (400 g Doseninhalt)
* 50 g Kochendheiße Creme 6719 o. Ä.
* 30 g Wasser
* 1 TL Salz
* 1 TL Paprika edelsüß
* 1 Prise Zimt
* 1-2 TL Mehl
* 20-30 g Wasser
* 2-3 TL Möchte-gern-Parmesan 6716 o. Ä.

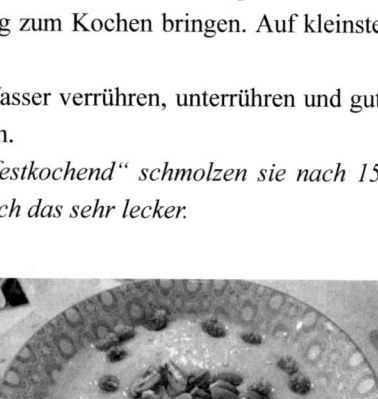

100 g Wasser in eine 24-cm-Wollpfanne geben. Zwiebel schälen, kleinschneiden und in die Pfanne geben. Kartoffeln unter fließendem Wasser abbürsten und in Scheiben schneiden, ebenfalls in die Pfanne geben. Doseninhalt über die Kartoffeln gießen. Deckel auflegen, auf höchster Einstellung zum Kochen bringen. Auf kleinste Einstellung drehen und 15-20 Min. dünsten, ohne den Deckel abzuheben.

Creme, 30 g Wasser und Gewürze verquirlen, unterrühren. Ggf. Mehl in Wasser verrühren, unterrühren und gut durchkochen. In tiefe Teller oder Schüsseln füllen, mit „Parmesan" bestreuen.

Hinweis: *Diese Kartoffeln waren extrem problematisch. Deklariert als „festkochend" schmolzen sie nach 15 Min. auseinander oder waren noch hart. Schade, denn geschmacklich fand ich das sehr lecker.*

6722. Apfelloses FKG, Februar 2015

2 x Frühstück.

Abends

* 6 EL Sechskorngetreide, grob schroten & auf zwei Schüsseln verteilen. Mit insgesamt
* 160 g Wasser übergießen. Abgedeckt bei Raumtemperatur stehen lassen.

Morgens

* 2 EL Leinsamen
* 1 kleine Orange (135 g netto)
* 1 kleinere Grapefruit (185 g netto)
* 2 Bananen (235 g netto)
* 25 g Pekannüsse
* 10-20 g getr. Maulbeeren.

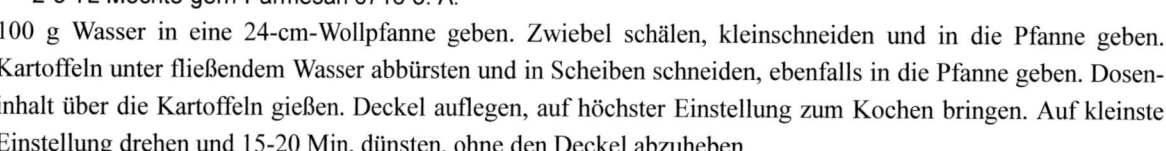

Leinsamen flocken, auf das eingeweichte Getreide geben. Obst schälen, in grobe Stücke teilen und im Hochleistungsmixer pürieren, Obstpüree auf das Getreide gießen, mit Pekannüssen und Maulbeeren dekorieren.

Hinweis: *Ich habe die Schüssel für mich nicht mit Maulbeeren dekoriert, weil ich sie in den Kakao tun wollte, daher nur das Foto des „echten" Müslis.*

6723. Röggelchen, Februar 2015

Im Hochleistungsmixer, je nach Gerät, 4,5 bis 8 Min auf höchster Stufe schlagen:

- 10 g Kakaonibs
- 20 g getr. Maulbeeren
- 20 g Roggensprossen
- 1 TL Carob
- 5 g frischer Ingwer
- mit Wasser auf 450 ml (Markierung im Becher) auffüllen (ca. 350 g).

6724. Tomaten-Dressing auf Vorrat, Februar 2015

Im Hochleistungsmixer lauwarm laufen lassen:

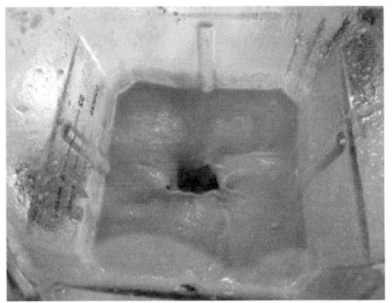

- 50 g Sonnenblumenöl
- 50 g Ahornsirup
- 200 g Wasser
- 100 g Apfelessig
- 35 g getrocknete Tomaten
- 15 g Shoyu (optional; Sojasoße geht auch)
- 15 g frischer Knoblauch (nicht gründlich geschält)
- 20 g Salz
- 100 g Sonnenblumenkerne
- 25 g Senf

Hinweis: Hält sich bis über einen Monat.

6725. Apfall, Februar 2015

2 Desserts

- 1 defekter Apfel (125 g okay)
- 2 große weiche Datteln, entsteint (40 g netto)
- 175 g Kochendheiße Creme 6719 o. Ä.
- 6 g getr. Maulbeeren

Apfel würfeln. Datteln ebenfalls fein würfeln. Beides unter die Creme rühren. Auf zwei kleine Schüsseln verteilen, mit ein paar Maulbeeren dekorieren.

Hinweis: Wir hatten ganz billige Äpfel gekauft. Beim Auspacken hatte einer eine richtig fiese faule Stelle, die ich sofort herausgeschnitten habe. Der Rest schmeckte lecker, also wollte ich ihn direkt verarbeiten.

6726. Hokkaidokraut, Februar 2015

Vorläufer 6619. – 2 Portionen

- 55 g Wasser
- 1 rote Zwiebel (100 g netto)
- 100 g kernlose Trauben
- 75 g Sauerkraut
- 1 Knoblauchzehe (7 g netto)
- 245 g Hokkaido (ungeschält, ohne Kerne gewogen)
- 1 gestr. TL Salz
- 25 g Cashewnüsse
- 40 g Soßengrundlage
- 10 g Peperoniessig (s. z. B. 7/4573)
- 20 g Wasser zum Nachspülen

Wasser in eine 24-cm-Keramikpfanne geben. Zwiebel würfeln, Trauben halbieren, Sauerkraut fein schneiden, Knoblauch abziehen und in Scheibchen schneiden. In dieser Reihenfolge in die Pfanne geben. Hokkaido in Stücke schneiden, ebenfalls in die Pfanne geben. Deckel auflegen, auf höchster Einstellung zum Kochen bringen. Auf kleinste Einstellung drehen und 12 Min. dünsten, ohne den Deckel abzuheben. Cashews, Soßengrundlage und Essig verquirlen, unter das Gemüse rühren. Becher mit 20 g Wasser nachspülen, dieses Wasser ebenfalls unter das Gemüse rühren und einmal aufkochen. Dazu passt (roter) Reis.

6727. 350 g-Sauerteigbrot klein, Februar 2015

Vorläufer 6622 – zum Verschenken.

Stufe 1 (12 Std. vorher):

- 350 g Roggen
- 350 g Wasser
- 150 g Sauerteig

Abends schon vorbereiten:

- 100 g Nackthafer
- 200 g Dinkel
- 100 g Roggen
- 1 EL Salz
- 1/2 EL Brotgewürz

Stufe 2 (Backen, bei mir am Morgen)

- 1/2 P frische Hefe (20 g)
- 155 g lauwarmes Wasser
- Getreidemischung vom Vorabend
- 1 EL Kiwi-Essig 6578 oder Apfelessig
- 700 g Sauerteigansatz
- 20 g Butter für die Form

Stufe 1: Roggen fein mahlen, mit Wasser und altem Sauerteig mischen. In einer Plastiktüte über Nacht stehen lassen. 150 g von der Stufe 1 abnehmen und in einem gut schließenden Schraubglas in den Kühlschrank stellen für das nächste Backen.

Abends: Getreide mischen und fein mahlen, mit den restlichen Zutaten mischen und in einer gut schließenden Plastikdose verwahren.

Stufe 2 und Backen: Hefe im Wasser auflösen. Restliche Zutaten (außer der Butter) hinzufügen und mit einem großen Löffel gründlich verrühren, bis kein Mehl mehr sichtbar ist. Eine 30-cm-Brotform, Profi-Email von Dr. Oetker, gut einfetten. Teig hineingeben, mit der nassen Hand herunterdrücken und glattstreichen. Mit einem scharfen Messer dreimal schräg einschneiden.

Form in eine Plastiktüte geben und 90 Min. bei Raumtemperatur gehen lassen. Die Brotform ist dann ganz voll! Ofen auf 250 °C (Heißluft) vorheizen, 50 Min. bei 190 °C backen und 10 Min. im ausgestellten Ofen nachbacken.

6728. Roter Reis am Morgen, Februar 2015

2 x Frühstück.

- 2 EL Roter Vollkornreis
- 4 EL Nackthafer
- 2 EL Leinsamen
- 15 g Zitronenfleisch
- 1 Grapefruit (200 g netto)

- 1 Apfel (175 g)
- 1 Banane (110 g)
- 155 g grüne kernlose Trauben
- 20 g Pekannüsse

Reis, Hafer und Leinsamen flocken, auf zwei Schüsselchen verteilen. Das Obst, wenn erforderlich, schälen, grob zerteilen und im Hochleistungsmixer pürieren. Auf das Obst gießen. Die Oberfläche mit Trauben „spicken" und in die Mitte einige Pekannüsse legen.

6729. Roggenkakao, Februar 2015

Im Vitamix 4,5 bis 6 Min auf höchster Stufe schlagen:

- 10 g Kakaonibs
- 2 g Carob (1 gestr. TL)
- 30 g Roggensprossen
- 20 g Honig
- 5 g frischer Ingwer.
- Mit Wasser auf 450 ml (Markierung im Becher) auffüllen.

6730. Dreierlei in gelber Soße, Februar 2015

- 95 g Wasser
- 1 Stück Tomate 50 g
- 115 g Hokkaido (ohne Kerne)
- 165 g Porree (1 Stange)
- 120 g Steckrübe
- 10 g Grünkohldressing 6558 o. Ä.
- 1 TL Salz
- 100 g Kürbisstütze 6731 o. Ä.
- 40 g Weintrauben
- 15 g Zitronenfleisch

Wasser in eine 24-cm-Wollpfanne geben. Tomate würfeln. Hokkaido ohne Kerne in kleine Stücke schneiden. Porree putzen, d.h. Wurzelende abschneiden und waschen, wenn nötig, und in Scheiben schneiden. Steckrübe stifteln. Das Gemüse in die Pfanne geben. Deckel auflegen, auf höchster Einstellung zum Kochen bringen, bis Dampf unter dem Deckel austritt. Auf kleinste Einstellung drehen und 14 Min. dünsten, ohne den Deckel abzuheben. Die restlichen Zutaten im Vitamix verquirlen (weil die 100 g Creme von der Herstellung übrig waren), unter das Gemüse rühren und aufkochen. Wenn es zu dünnflüssig ist, noch 1-2 TL Mehl in kaltem Wasser verquirlen und unterrühren. Dazu gab es Ofenkartoffeln.

Hinweis: Der Saucenanteil ist relativ hoch, weil meine Kartoffeln als Ofenkartoffeln recht mehlig werden - obwohl sie als festkochend bezeichnet werden.

6731. Kürbisstütze, Februar 2015

Im Hochleistungsmixer bis zum Stocken schlagen:

- 85 g Hokkaido
- 50 g Rundkorn-Naturreis
- 50 g Cashewnüsse
- 350 g Wasser

6732. Traubenrand, Februar 2015

2 x Frühstück.

Abends siehe 6722.

Morgens

- 2 EL Leinsamen
- 40 g getr. Mango o. Ä.
- 30 g Cashewkerne
- 280 g Wasser
- 10 g Zitronenfleisch

- 1 Apfel (230 g)
- 1 kleine Grapefruit (140 g netto)
- 1 Banane (140 g netto)
- 120 g grüne kernlose Trauben

Leinsamen flocken, auf das eingeweichte Getreide geben. Mango, Cashewkerne und Wasser im Hochleistungsmixer zu einer glatten Creme schlagen und auf dem Leinsamen verteilen. Grapefruit, Zitrone und Banane schälen, wie auch den Apfel in grobe Stücke teilen und im Hochleistungsmixer pürieren. Auf die Mangocreme geben und mit den Trauben am Rand dekorieren.

6733. Roggemom, Februar 2015

Im Vitamix 4,5-6 Min auf höchster Stufe schlagen:

- 10 g Kakaonibs
- 40 g Roggensprossen
- 30 g Maulbeeren
- 3 Kardamomschoten
- 5 g frischer Ingwer
- Auf 450 ml (Markierung im Becher) mit Wasser auffüllen (ca. 300 g)

Tipp: Warum ständig die Roggensprossen im Kakao, der Nährwert wird doch sicher dabei zerstört? Ganz einfach: Der Roggen keimte schlecht (eine ganz ungewöhnliche Erfahrung), und dann schmecken mir Sprossen nicht roh. Kakaos sind aber eine prima Möglichkeit, auch „Ungeliebtes" zu verbrauchen, statt es anderweitig zu entsorgen.

6734. Haferfladen mit Unterstützung, Februar 2015

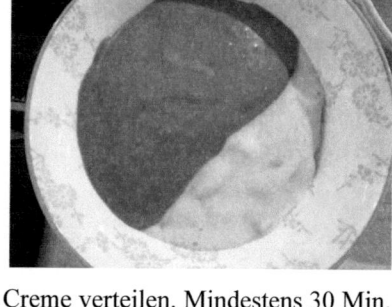

Vorläufer: 6630

- 125 g Nackthafer
- 1/2 TL Natron
- 1/2 TL Salz
- 1 TL „Gute Laune"-Kräutermischung o. Ä.
- 125 g Kürbisstütze (6731)
- 50 g Wasser

Hafer schroten (5/9, Hawos Novum). Mit den anderen trockenen Zutaten vermischen. Creme und Wasser hinzugeben und mit einem Löffel verrühren. Abgedeckt 10-15 Min. quellen lassen. Mit einem Spatel in einer 28-cm-Pizzaform (PerfectClean, Dauerbackfolie oder Backpapier) bis zum Rand verstreichen, eventuell den Spatel zwischendurch in Wasser tauchen. Mit dem Spatel 6 Stücke vorzeichnen. Ofen (Klimagaren) auf 225 °C vorheizen. 10 Min. bei 225 °C und 10 Min. bei 190 °C backen.

Tipp: Bisher habe ich diese Fladen immer mit gekochten Sojabohnen hergestellt - ich hatte aber am Vorabend das Einweichen der Bohnen vergessen. Eine Stützcreme ist in wenigen Min. fertig - und außerdem hatte ich noch reichlich vom Vortag. Um es vorwegzunehmen: Das Ergebnis war ausgesprochen lecker, kein Qualitätsverlust.

6735. Helenes Birnencousine, Februar 2015

2 Desserts.

- 260 g Kürbisstütze 6731 o. Ä., möglichst gelb
- 1/2 Birne (60 g)
- 15 + 20 g Honig
- 3 TL Rohkostkakao (7 g) (aufs Volumen bezogen leichter als anderer Kakao)

160 g von der Kürbisstütze mit 15 g Honig verrühren. Die Birne fein würfeln und mit dieser Creme vermischen. Auf 2 Schüsselchen verteilen. Rest Creme mit 20 g Honig und Kakao verrühren, vorsichtig auf eine Hälfte der Creme verteilen. Mindestens 30 Min. in den Kühlschrank stellen.

6736. Steckrübe im Hafermantel, Februar 2015

2 Personen

- 2 Scheiben Steckrübe (240 g)
- 85 g Nackthafer
- 1 TL Aioli-Gewürzmischung o. Ä.
- 1-2 Prisen Salz
- 50 g Kürbisstütze 6731 o. Ä.
- 20 g Wasser

Von der Steckrübe Schmutz und schlechte Stellen entfernen. Hafer grob mahlen (5/9, Hawos Novum), mit Gewürz und Salz verrühren. Creme und Wasser mit Hilfe eines Kochlöffels einrühren. Abgedeckt 10 Min. quellen lassen.

Die Scheiben von einer Seite mit Teig bedecken, mit der Teigseite nebeneinander in eine PerfectClean-Pizzaform legen. Den Restteig auf der Oberfläche verteilen, mit dem nassen Finger auch an den Seiten herunterdrücken. Ofen (Heißluft) auf 225 °C vorheizen, 20 Min. bei 225 °C backen und 5 Min. nachbacken.

Hinweise: Dazu gab's bei mir Bechermell-Kartoffeln (6738). – Die Steckrübe war nicht wirklich gar. Eine Lösung wäre vorgaren, die andere wären dünnere Scheiben mit längerer Backzeit.

6737. Stützmäuler, Februar 2015

Im Hochleistungsmixer bis zum Stocken schlagen (ca. 4-5 Min.)

- 50 g Cashewkerne
- 10 g getr. Maulbeeren
- 50 g Rundkorn-Naturreis
- 325 g Wasser

6738. Bechermell-Kartoffeln, Februar 2015

- *2 Portionen.*
- 85 g Wasser
- 400 g Kartoffeln (netto)
- 1/2 rote Zwiebel (35 g netto)
- 110 g Stützmäuler 6737 o. Ä.
- 1/2 TL Salz
- 175 g Wasser
- 1-2 Prisen ger. Muskatnuss
- 1 Prise schwarzer gem. Pfeffer
- 1 geh. TL Weizenmehl (7 g)
- 20 g Wasser

85 g Wasser in eine Pfanne (24 cm) geben. Kartoffeln unter fließendem Wasser abbürsten, in Scheiben schneiden. In die Pfanne geben. Zwiebel schälen und fein würfeln, über die Kartoffeln streuen. Als Gemüsepfanne 15 Min. dünsten.

Im Hochleistungsmixer Stützcreme, Salz, 175 g Wasser, Muskatnuss und Pfeffer mixen. Unter das Gemüse rühren und aufkochen. Weizenmehl in 20 g Wasser einrühren, in die Pfanne geben und eine Weile ohne Deckel köcheln.

Hinweise: *Es war etwas zu viel Soße. Hätte ich nur 100 g Wasser genommen, wäre auch Nachdicken mit Mehl nicht nötig gewesen. – Die Kartoffeln waren festkochend. Mit anderen Sorten ergeben sich andere Kochzeiten.*

6739. Fruchtbömbchen, Februar 2015

2 x Frühstück.
- 2 EL Leinsamen
- 2 EL Rundkornnaturreis
- 4 EL Buchweizen
- 1 Grapefruit (200 g netto)
- 1/2 Birne (70 g)
- 1 Apfel (220 g)
- 1 Banane (85 g netto)
- 125 g Trauben kernlos (Fruchtgewicht)
- 10 g Zitronenfleisch
- 20 g Pekannüsse

Leinsamen, Reis und Buchweizen flocken, auf zwei Schüsselchen verteilen. Das Obst in grobe Stücke teilen und im Hochleistungsmixer pürieren, auf die Flocken gießen. Die Nüsse in die Mitte legen.

6740. Neuer-Becher-Kakao, Februar 2015

Im Vitamix ca. 4,5 Min auf höchster Stufe schlagen:
- 10 g Kakaonibs
- 2 Datteln, entsteint (40 g)
- 45 g Stützmäuler 6737 o. Ä.
- 5 g frischer Ingwer
- ca. 325 g Wasser zum Auffüllen.

6741. Kartoffellinsen, Februar 2015

- 75 g rote Linsen
- 180 g Kartoffeln
- 145 g Hokkaido
- 250 g Wasser
- 50 g Hoisin-Variante 6562 o. Ä.
- 15 g Sonnenblumenkerne
- 1/2 TL Salz
- 5 g Plätzchenkrümel
- 55 g Wasser

Erste vier Zutaten: 15 Min. Gemüsepfanne. Restliche Zutaten: Im Mixer als Soße schlagen, unterrühren.

6742. Carobflöckchen, Februar 2015

Vorläufer 6699

- 30 g Kokosöl
- 100 g Honig
- 200 g Maulbeeren
- 200 g Nackthafer
- 200 g Dinkel
- 1 kleine Prise Salz
- 1 gestr. TL gem. Vanille
- 1 P Weinstein-Backpulver
- 40 g Carob
- 1/2 TL Natron
- 100 g Stützmäuler 6737 o. Ä.
- 50 g Pflaumenwein

Kokosöl und Honig in einer kleinen Pfanne schmelzen. Maulbeeren im Zerkleinerer in zwei Portionen fein mahlen. Nackthafer in der Mühle fein mahlen, dann den Dinkel. Ich habe das getrennt gemacht, damit beide fein gemahlen werden, das ist auf unterschiedlichen Einstellungen (Hafer: Stufe 2 von 9, Dinkel Stufe 1 von 9). Die trockenen Zutaten vermischen, Kokosöl-Honig-Mischung, Creme und Wein hinzufügen und mit den Knethaken eines Handrührgeräts verkneten. Mit den Händen nachkneten, der Teig ist recht fest. Ca. 10 Min. stehen lassen. Mit den angefeuchteten Händen Kugeln formen und nebeneinander auf ein Backblech setzen. Mit einer nassen Gabel flach drücken. Ofen (Heißluft) auf 160 °C vorheizen und 12 Min. backen.

6743. Cashewflöckchen, Februar 2015

Vorläufer 6741.

- 30 g Kokosöl
- 200 g Honig
- 100 g Cashewnüsse
- 200 g Nackthafer
- 30 g Kichererbsen
- 170 g Dinkel
- 1 kleine Prise Salz
- 1 geh. TL gem. Vanille
- 1 P. Weinstein-Backpulver
- 110 g Stützmäuler 6737 o. Ä.

Kokosöl und Honig in einer kleinen Pfanne schmelzen. Cashewnüsse im Mixer fein mahlen. Nackthafer mit den Kichererbsen in der Mühle fein mahlen, dann den Dinkel. Die trockenen Zutaten vermischen, die Kokosöl-Honig-Mischung und die Creme hinzugießen und mit den Knethaken eines Handrührgeräts verkneten. Mit den Händen nachkneten, der Teig ist nicht so fest wie sonst. Ca. 15 Min. stehen lassen. Mit den angefeuchteten Händen Kugeln formen und nebeneinander auf ein Backblech setzen. Mit einer nassen Gabel flach drücken. Ofen (Heißluft) auf 160 °C vorheizen und 12 Min. backen.

6744. Quarkcreme große Portion, Februar 2015

Im Hochleistungsmixer (mindestens 1,4 Liter-Becher) je nach Gerät auf höchster Stufe bis zum Stocken schlagen:

- 50 g Zitronenfleisch
- 5 g Zitronenschale
- 80 g Cashewnüsse
- 120 g Rundkorn-Naturreis
- 75 g Honig
- 750 g Wasser

6745. Zupfkuchen 2. Version, Februar 2015

Vorläufer 6637

Teig:

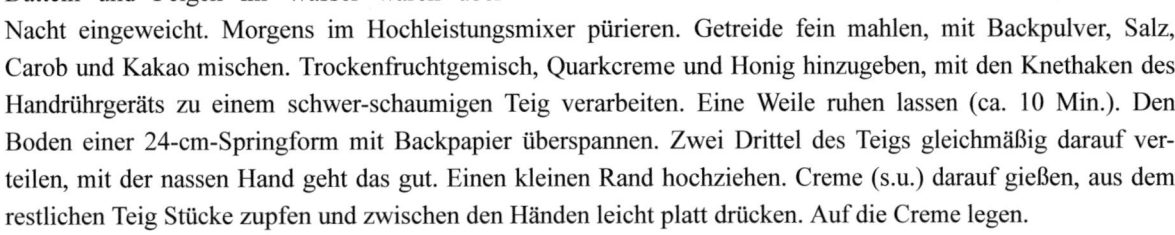

- 275 g eingeweichte Datteln und Feigen (etwa 50:50; ich hatte je 200 g in 400 g Wasser eingeweicht)
- 160 g Einweichwasser
- 400 g Dinkel
- 1 P Weinstein-Backpulver
- 1 Prise Salz
- 2 EL Kakao, Rohkostqualität (25 g) (ich finde den milder als herkömmlichen)
- 1 EL Carob (10 g)
- 150 g Quarkcreme große Portion 6744 o. Ä.
- 50 g flüssiger Honig

Datteln und Feigen im Wasser waren über Nacht eingeweicht. Morgens im Hochleistungsmixer pürieren. Getreide fein mahlen, mit Backpulver, Salz, Carob und Kakao mischen. Trockenfruchtgemisch, Quarkcreme und Honig hinzugeben, mit den Knethaken des Handrührgeräts zu einem schwer-schaumigen Teig verarbeiten. Eine Weile ruhen lassen (ca. 10 Min.). Den Boden einer 24-cm-Springform mit Backpapier überspannen. Zwei Drittel des Teigs gleichmäßig darauf verteilen, mit der nassen Hand geht das gut. Einen kleinen Rand hochziehen. Creme (s.u.) darauf gießen, aus dem restlichen Teig Stücke zupfen und zwischen den Händen leicht platt drücken. Auf die Creme legen.

Cremezutaten mit dem Handrührgerät mixen:

- 650 g Quarkcreme große Portion 6745 o. Ä.
- 135 g flüssiger Honig
- 45 g Rundkorn-Naturreis, fein gemahlen
- 25 g Wasser
- 15 g Zitronensaft

Ofen auf 160 °C vorheizen, 40 Min. bei dieser Temperatur (Heißluft) backen. 5-10 Min. im abgestellten Ofen nachbacken. Teig in der Form erkalten lassen. Rand vorsichtig mit einem Messer lösen.

Tipp: *Geschmacklich nichts zu meckern. Die Creme könnte allerdings etwas fester sein, vielleicht 60 g gemahlenen Reis nehmen?*

6746. Fades FKG, Februar 2015

2 x Frühstück

- 2 EL Leinsamen
- 4 EL Nackthafer
- 15 g Zitronenfleisch
- 30 g eingeweichtes Dattel-Feigen-Gemisch (Rest im Becher)
- 1 Grapefruit (190 g netto)
- 1 Apfelsine (135 g netto)
- 1 Birne (140 g netto)
- 1 Banane (100 g netto)
- 2 Paranüsse
- 8 Mandeln

Leinsamen und Nackthafer flocken, auf 2 Schüsseln verteilen. Das Obst ggf. schälen, in grobe Stücke teilen und im Hochleistungsmixer pürieren, über das Getreide geben. Mit den Nüssen dekorieren.

6747. Heiße Banane, heiße Meier, Februar 2015

Im Hochleistungsmixer, je nach Gerät, 4,5 bis 8 Min auf höchster Stufe schlagen:

- 60 g Quarkcreme große Portion (6744)
- 10 g Nackthafer
- 5 g frischer Ingwer
- 1 Banane (105 g netto)
- 330 g Wasser

6748. Wildhefe-Dinkelbrötchen 2015/06, Februar 2015

Ich habe den Eindruck, dass die Wildhefe deutlich besser in „nassem" Teig geht. Also habe ich diesmal etwas mehr Wasser genommen.

Zutaten insgesamt:

- 500 g Dinkel
- 330 g Wasser
- 2 TL Salz
- 1 TL Honig (15 g)
- 5-10 g Sesam, ungeschält

Samstagmorgen

Getreide fein mahlen, mit Hefewasser mischen und in einer kleinen Pengdose bis abends stehen lassen.

100 g Dinkel

100 g Hefewasser (2. Ansatz)

Samstagabend

Getreide fein mahlen, mit Wasser und dem Ansatz vom Morgen verrühren. In der Pengdose bis zum nächsten Morgen stehen lassen. Der Deckel ist stark nach oben gewölbt, die Masse schäumt.

- 200 g Dinkel
- 200 g Wasser

Sonntagmorgen

- 200 g Dinkel
- 2 gestr. TL Salz
- 1 TL Honig (15 g)
- 30 g Wasser
- 5-10 g Sesam

Getreide fein mahlen, mit Salz, Honig, Wasser und altem Ansatz verrühren. Mit der Hand 7 Min. gründlich durchkneten. Eine Kugel unter Spannung formen. Die Kugel in eine Pengdose mittlerer Größe legen und 2 Std. gehen lassen. In der Zeit 3 x kurz durchkneten.

Teig in elf etwa 80 g schwere Teile teilen und in Silkonförmchen legen und auf ein Lochblech setzen. Mit Sesamsaat bestreuen. In eine große Plastiktüte stecken und 2,5 Std. gehen lassen. In den kalten Ofen schieben: Klimagaren, Dampfstoß automatisch, 175 °C Temperatur, 30 Min.

Die Brötchen sind nahezu locker und sogar noch gegangen. Keine Ahnung, warum es vielleicht bei anderen besser funktioniert: Ich werde bei meinen nächsten Wildhefe-Bäckereien auch wieder in den kalten Ofen schieben und dann auf Temperatur bringen. Nicht mehr bei 250 °C einschießen. Mag mein neuer Ansatz sein, an dem es liegt; egal, auf jeden Fall funktioniert es so im Moment!

6749. Hartweizen-Spaghetti, Februar 2015

- 160 g Hartweizen
- 15 g Quarkcreme große Portion 6744 o. Ä.
- 70 g Wasser

Hartweizen möglichst fein mahlen (bei mir: komplett links angeschlagen).

Mit Creme und Wasser zu einem elastischen, aber festen Teig verarbeiten.

In Haushaltsfolie einwickeln und 3-4 Std. ruhen lassen.

Auf Einstellung (1) einzelne Teigbrocken 7 Mal durchlaufen lassen, dabei immer wieder 2-3 Mal aufeinander selbst falten. Nebeneinander auf Küchentücher ablegen. Dann für die ganze „Charge" nacheinander alle Streifen bei 2 durchlaufen lassen, bis zu einschließlich 4. Wenn die Streifen zu lang sind, einfach durchschneiden. Mit Küchentüchern abdecken und eine halbe Stunde ruhen lassen. Dann durch den Spaghetti-Vorsatz laufen lassen. In kochendes Salzwasser geben und ca. 4 Min. kochen. Die Spaghetti trennten sich dabei.

Hinweis: Den Hartweizen habe ich geschenkt bekommen, es ist aber nicht genug, um einen systematischen Test „mit und ohne Stützcreme" durchzuführen. Ich hab's trotzdem mal versucht. Die Stützcreme kann das Wasser nicht ganz ersetzen.

6750. Buntes Sauerkraut, Februar 2015

- 50 g Wasser
- 1/2 rote Zwiebel (50 g netto)
- 1/2 grüne Paprika (100 g)
- 65 g Hokkaidokürbis (ohne Kerne)
- 135 g Sauerkraut

Soße:

- 50 g Quarkcreme große Portion 6744 o. Ä.
- 5 g Essigpeperoni 7/4573
- 1 gestr. TL Salz
- 5 g Grünkohldressing 6558 o. Ä.
- 20 g geschälte Mandeln
- 50 + 25 g Wasser

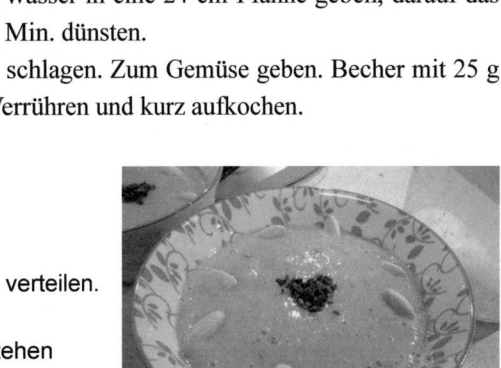

Zwiebel schälen, Gemüse kleinschneiden, auch das Sauerkraut. Wasser in eine 24-cm-Pfanne geben, darauf das Gemüse in der angegebenen Reihenfolge. Als Gemüsepfanne 14 Min. dünsten.

Die Soßenzutaten (25 g Wasser überlassen) im Mixer ganz glatt schlagen. Zum Gemüse geben. Becher mit 25 g Wasser nachspülen, dieses Wasser ebenso zum Gemüse geben. Verrühren und kurz aufkochen.

6751. Middle-Nibs-FKG, Februar 2015

2 x Frühstück.

Abends

- 6 EL Sechskorngetreide, grob schroten & auf zwei Schüsseln verteilen. Mit insgesamt
- 160 g Wasser übergießen. Abgedeckt bei Raumtemperatur stehen lassen.

Morgens

- 2 EL Leinsamen
- 10 g Zitronenfleisch
- 1 Orange (135 g netto)
- 1 Grapefruit (205 g netto)
- 1 Birne (150 g)
- 1 Banane (125 g netto)
- 16 geschälte Mandeln
- 1 TL Kakaonibs

Leinsamen flocken, auf das eingeweichte Getreide geben. Das Obst in grobe Stücke teilen und im Hochleistungsmixer pürieren. Auf den Leinsamen gießen. Die Mandeln an den Rand legen, die Kakaonibs in die Mitte.

6752. Muskatierkakao, Februar 2015

Im Vitamix ca. 4,5 Min. auf höchster Stufe schlagen:

- 10 g Kakaonibs
- 10 g Nackthafer
- 5 g frischer Ingwer
- 40 g eingeweichte Feigen (2 Stück)
- 1 Prise Muskat
- Mit ca. 350 g Wasser auf 450 ml (Markierung im Becher) auffüllen

6753. Mallaja orange, Februar 2015

2 Desserts

- 40 g getr. Mango
- 20 g Cashewnüsse
- 75 g Quarkcreme große Portion (6744)
- 1 Grapefruit (175 g netto)
- 1 Orange (75 g netto)

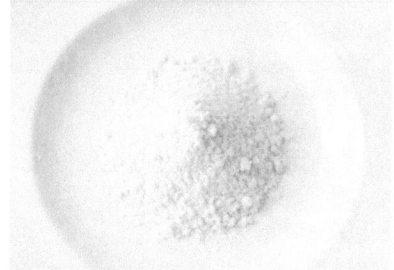

Das geschälte Obst grob zerkleinern. Alle Zutaten in einem Hochleistungsmixer schlagen, bis sich eine glatte, orangefarbene Creme ergibt. Auf zwei Schüsselchen verteilen.

Hinweis: *Es gab in meiner Kindheit zwei Puddinge aus der Fertigtüte, ich glaube von Dr. Oetker. Die gab es in den Geschmacksrichtungen Zitrone und Orange. Ich kann mich an den Geschmack und die Packungen erinnern - aber nicht an den Namen. Ich meine, es klang so ähnlich.*

6754. Möchte-gern-Parmesan Nummer 2, Februar 2015

Vorläufer: 6716

- 50 g geschälte Mandeln
- 1 TL Salz
- 1 Prise Schabziegerklee
- 1 Prise gem. Ingwer

Alles zusammen im Zerkleinerer mahlen.

Fazit: *Noch nicht ideal. So alleine zu salzig, aber vermischt - nicht salzig genug.*

6755. Überbackene Ofenkartoffeln Variante 2, Februar 2015

Vorläufer: 6714

- 500 g nicht zu kleine Kartoffeln, festkochend
- 20 g Möchte-gern-Parmesan Nummer 2 6754 o. Ä.
- 20 g Cashewnüsse
- 55 g Wasser

Kartoffeln unter fließendem Wasser abbürsten. In 1-cm-dicke Scheiben schneiden und mit der größten Schnittfläche nach oben auf einem 28-cm-Pizzablech (PerfectClean) verteilen. Parmesan und Wasser im kleinen Mixer verquirlen, die Kartoffeln damit bepinseln. In den Ofen schieben. Schnellheizen auf 225 °C, dann 15 Min. bei 220 °C backen. 5 Min. im ausgestellten Ofen nachbacken.

6756. Porrierte Steckrübe, Februar 2015

- 55 g Wasser
- 330 g Steckrübe
- 115 g Porree
- 1 kleine Orange (90 g netto)
- 1 gestr. TL Salz
- 1 Prise schwarzer gem. Pfeffer
- 50 g Wasser
- 60 g der „Überbackmischung" von Ofenkartoffeln *
- 55 g Wasser in eine 24-cm-Pfanne geben. Steckrübe in feine Streifen, Porree (gewaschen) in Ringe schneiden. Deckel auflegen, auf höchster Einstellung zum Kochen bringen, bis Dampf unter dem Deckel austritt. Auf kleinste Einstellung drehen und 14 Min. dünsten, ohne den Deckel abzuheben. Die restlichen Zutaten im Mixer verquirlen, unterrühren und kurz aufkochen.

Überbackmischung

- 20 g Möchte-gern-Parmesan Nummer 2; 6754
- 20 g Cashewnüsse
- 55 g Wasser

Dazu gab es überbackene Ofenkartoffeln.

6757. Hirseflockerl, Februar 2015

2 x Frühstück.

- 2 EL Leinsamen
- 4 EL Nackthafer
- 2 EL Hirse
- 1 Grapefruit (215 g netto)
- 1 Orange (180 g netto)
- 1 Apfel (150 g)
- 1 Banane (90 g netto)
- 20 g Sonnenblumenkerne

Leinsamen mit dem Getreide flocken, auf zwei Schüsselchen verteilen. Das Obst ggf. schälen. Einen halben Apfel würfeln, auf das Getreide verteilen. Das restliche Obst in grobe Stücke teilen und im Hochleistungsmixer pürieren, über die Apfelstücke geben. Den Rand mit Sonnenblumenkernen bestreuen.

6758. SchokolaTiger, Februar 2015

Im Vitamix ca. 5 Min. auf höchster Stufe schlagen:

- 10 g Kakaonibs
- 1 TL Kakao (Rohkostqualität) = 2 g
- 10 g Nackthafer
- 5 g frischer Ingwer
- 4 eingeweichte Datteln (Deglet nour) (40 g)
- Auf 450 ml (Markierung im Becher) mit Wasser auffüllen (= 350 g)

Aus mir unerfindlichen Gründen schmeckte der Kakao heute enorm schokoladig, kann das wirklich an den 2 g Kakaopulver liegen? Ich werde es morgen austesten.

6759. Hoisin-Ableger, Februar 2015

Vorläufer: 6562 o. Ä.

Im Vitamix pürieren:

- 35 g Essigpeperoni 7/4573
- 25 g Shoju oder Sojasoße
- 200 g Apfelessig
- 200 g Erdnüsse, geröstet & gesalzen
- 95 g eingeweichte Feigen
- 15 g eingeweichte Datteln
- 65 g Honig
- 37 g Knoblauchzehen, ungeschält
- 2 g gem. schwarzer Pfeffer
- 10 g Salz

6760. Spinat mit Kürbiskrönchen, Februar 2015

2 Portionen; recht kräftiger Spinat von Blatt- und Stängelstärke her; ich vermute eine Wintersorte.

- 55 g Hoisin-Ableger 6759 o. Ä.
- 25 g Möchte-gern-Parmesan Nummer 2 6754 o. Ä.
- 200 g Wasser
- 250 g Spinat gewaschen & abgetropft
- 180 g Kürbis (netto, d.h. ohne Kerne)
- 1 TL Dinkelmehl

Hoisin-Ableger, Parmesan und Wasser im Vitamix verquirlen (Reinigung des Vitamix nach Hoisan-Herstellung). 110 g dieser Mischung in eine 24-cm-Wollpfanne geben. Spinat in Streifen schneiden, in die Pfanne legen. Kürbis würfeln und auf dem Spinat verteilen. Deckel auflegen, auf höchster Einstellung zum Kochen bringen, bis Dampf unter dem Deckel austritt. Auf kleinste Einstellung drehen und 14 Min. dünsten, ohne den Deckel abzuheben. Rest Flüssigkeit mit Dinkelmehl verquirlen, unter das Gemüse rühren und einmal aufkochen. Ggf. noch etwas nachsalzen.

6761. Drei Walnüsse im Schnee, Februar 2015

2 x Frühstück

Abends

- 6 EL Sechskorngetreide, grob schroten & auf zwei Schüsseln verteilen. Mit insgesamt
- 160 g Wasser übergießen. Abgedeckt bei Raumtemperatur stehen lassen.

Morgens

- 2 EL Leinsamen
- 1 Grapefruit (230 g netto)
- 1 Orange (110 g netto)
- 1 Banane (90 g netto)
- 1 Apfel (210 g)
- 15 g Kokosflocken
- 6 Walnusshälften (15-20 g)

Leinsamen flocken, auf das eingeweichte Getreide geben. Das Obst in grobe Stücke teilen und im Hochleistungsmixer pürieren. Auf dem Leinsamen verteilen. Die Oberfläche mit Kokosflocken bestreuen und je 3 Walnusshälften in die Mitte legen.

6762. Gepfefferter Kakao, Februar 2015

Im Hochleistungsmixer, je nach Gerät, 4,5 bis 8 Min auf höchster Stufe schlagen:

- 10 g Kakaonibs
- 10 g Nackthafer
- 5 g frischer Ingwer
- 20 g eingeweichte Datteln Deglet Nour (2 Stück)
- 15 g Einweichwasser
- 1 gestr. TL Kakaopulver (2 g)
- 1 Prise schwarzer gem. Pfeffer
- 2 Prisen gem. Zimt
- auf 450 ml (Markierung im Becher) mit Wasser auffüllen (350 g).

6763. Mehr Kartoffeln als Mangold, Februar 2015

2 Personen

- 90 g Wasser
- 10 g Sonnenblumenöl
- 610 g Kartoffeln (netto, d.h. ungeschält, aber ohne Schadstellen)
- 240 g Mangold (netto)
- 35 g Erdnüsse, gesalzen & geröstet
- 15 g Senf
- 15 g Honig
- 1 gestr. TL Salz
- 1 Pr schwarzer gem. Pfeffer
- 10 g Zitronenfleisch
- 100 g Wasser
- Etwas Wasser zum Nachspülen des Bechers

90 g Wasser und Öl in eine 24-cm-Pfanne geben. Kartoffeln unter fließendem Wasser abbürsten und in Scheiben schneiden, in die Pfanne geben. Vom Mangold das unterste Stück abschneiden. Blätter waschen, abtropfen lassen und in Streifen schneiden. Auf den Kartoffeln verteilen. Deckel auflegen, auf höchster Einstellung zum Kochen bringen, bis Dampf unter dem Deckel austritt. Auf kleinste Einstellung drehen und 15 Min. dünsten, ohne den Deckel abzuheben.

Die restlichen Zutaten im Magic 30 Sek. verquirlen. Zum Gemüse geben, unterrühren. Den Becher mit etwas (ca. 20 g) Wasser nachspülen, dieses Wasser ebenfalls zum Gemüse geben. Umrühren und kurz aufkochen.

6764. 350 g-Sauerteigbrot für M., Februar 2015

Vorläufer 6727; zum Verschenken.

Stufe 1 (12 Std. vorher):

- 350 g Roggen
- 350 g Wasser
- 150 g Sauerteig
- Abends schon vorbereiten:
- 300 g Dinkel
- 100 g Roggen
- 1 EL Salz
- 1 EL Brotgewürz
- 50 g Leinsamen
- 50 g Sesam

Stufe 2 (Backen, bei mir am Morgen)

- 1/2 P frische Hefe (20 g)
- 155 g lauwarmes Wasser
- Getreidemischung vom Vorabend
- 1 EL Kiwi-Essig 6578 oder Apfelessig
- 700 g Sauerteigansatz
- 100 g Wasser
- 20 g Butter für die Form

Stufe 1: Roggen fein mahlen, mit Wasser und altem Sauerteig mischen. In einer Plastiktüte über Nacht stehen lassen. 150 g von der Stufe 1 abnehmen und in einem gut schließenden Schraubglas in den Kühlschrank stellen für das nächste Backen. *Abends:* Getreide mischen und fein mahlen, mit den restlichen Zutaten mischen und in einer gut schließenden Plastikdose verwahren.

Stufe 2 und Backen: Hefe in 155 g Wasser auflösen. Restliche Zutaten (außer der Butter) hinzufügen und mit einem großen Löffel gründlich verrühren, bis kein Mehl mehr sichtbar ist. Eine 30-cm-Brotform, Profi-Email von Dr. Oetker, gut einfetten. Teig hineingeben, mit der nassen Hand herunterdrücken und glattstreichen. Mit einem scharfen Messer dreimal schräg einschneiden. Form in eine Plastiktüte geben und 90 Min. bei Raumtemperatur gehen lassen. Die Brotform ist dann ganz voll! Ofen auf 250 °C (Heißluft) vorheizen, 50 Min. bei 190 °C backen und 10 Min. im ausgestellten Ofen nachbacken.

Hinweis: *Für mich erstaunlich im Vergleich zum sehr ähnlichen Rezept von letzter Woche ist der deutlich höhere Wasseranteil, der nötig war. 30 oder 50 g okay, aber 100 g? Kann es wirklich sein, dass 100 g Hafer einen so großen Unterschied machen? Der Dinkel ist nämlich dieselbe Charge, der Roggen auch.*

6765. Fünfundzwanzig Haselnüsse für Puttel, Februar 2015

2 x Frühstück.

Abends

- 6 EL Sechskorngetreide, grob schroten & auf zwei Schüsseln verteilen. Mit insgesamt
- 160 g Wasser übergießen. Abgedeckt bei Raumtemperatur stehen lassen.
- 25 g Haselnüsse in Wasser einweichen

Morgens

- 2 EL Leinsamen
- 1 Grapefruit (230 g netto)
- 2 kleine Orangen (275 g netto)
- 1 Banane (100 g netto)

Leinsamen flocken, auf das eingeweichte Getreide geben. Obst schälen und in grobe Stücke teilen (von einer Orange zwei Stücke zurückhalten) und mit den abgetropften Nüssen im Hochleistungsmixer kurz pürieren, sodass die Nüsse noch „spürbar" sind. Auf den Leinsamen gießen und je ein Orangenstück in die Mitte stecken.

6766. Erdnussflippje, Februar 2015

Im Hochleistungsmixer, je nach Gerät, 4,5 bis 8 Min auf höchster Stufe schlagen:

- 10 g Kakaonibs
- 15 g Nackthafer
- 15 g geröstete & gesalzene Erdnüsse
- 2 große entsteinte Datteln (40 g)
- 5 g frischer Ingwer
- 1 TL Kakaopulver (2 g)
- Auf 450 ml (Markierung im Becher) mit Wasser (ca. 350 g) auffüllen.

6767. Knack-und-nicht-Back, Februar 2015

2 x Frühstück.

- 2 EL Leinsamen
- 4 EL Nackthafer
- 2 EL Buchweizen
- 40 g getr. Mango
- 30 g Cashewnüsse
- 300 g Wasser
- 3 cm Vanillestange
- 1 Grapefruit (260 g netto)
- 1 Orange (145 g netto)
- 1 Banane (105 g)
- 1 Apfel (120 g)

Leinsamen mit dem Hafer flocken, auf zwei Schüsselchen verteilen. Mango, Nüsse, Vanillestange und Wasser im Hochleistungsmixer zu einer ganz glatten, leicht warmen Creme schlagen und auf den Leinsamen löffeln. Das frische Obst außer dem Apfel schälen, in grobe Stücke teilen und im Hochleistungsmixer pürieren, über das Getreide geben. Buchweizen auf das Obst streuen.

6768. Leichtgesüßte Erdnusscreme, Februar 2015

Im Hochleistungsmixer bis zum Stocken schlagen:

- 50 g Naturreis
- 50 g gesalzene & geröstete Erdnüsse
- 20 g entsteinte Datteln
- 375 g Wasser

Hinweis: *Wird sehr cremig.*

6769. Angeerdeter Kakao, Februar 2015

Im Hochleistungsmixer, je nach Gerät, 4,5 bis 8 Min auf höchster Stufe schlagen:

- 10 g Kakaonibs
- 2 Datteln (40 g)
- 2 g Kakaopulver (1 gestr. TL)
- 5 g frischer Ingwer
- 50 g Leichtgesüßte Erdnusscreme (6768)
- auf 450 ml (Markierung im Becher) mit Wasser auffüllen (= 360 g Wasser)

6770. Erdnussiger Fladen, Februar 2015

Vorläufer: 6734.

- 125 g Nackthafer
- 1/2 TL Natron
- 1/2 TL Salz
- 50 g Erdnüsse
- 125 g Leichtgesüßte Erdnusscreme 6768 o. Ä.
- 50 g Wasser

214

Hafer schroten (5/9, Hawos Novum). Erdnüsse im Magic mahlen, aber nicht zu fein. Mit den anderen trockenen Zutaten vermischen. Creme und Wasser hinzugeben und mit einem Löffel verrühren. Abgedeckt 10-15 Min. quellen lassen. Mit einem Spatel in einer 28-cm-Pizzaform (PerfectClean, Dauerbackfolie oder Backpapier) bis zum Rand verstreichen, eventuell den Spatel zwischendurch in Wasser tauchen. Mit dem Spatel 6 Stücke vorzeichnen. Ofen (Klimagaren) auf 225 °C vorheizen. 10 Min. bei 225 °C und 10 Min. bei 190 °C backen.

6771. Meer Sellerie bitte, Februar 2015

Zwei Portionen.

- 55 g Wasser
- 295 g Sellerie netto
- 1 größere gelb-grüne Paprika (175 g netto)
- 1/2 rote Zwiebel (40 g netto)
- 40 g Cashewnüsse
- 7 g eingelegter Meerrettich (*von 2012, der ist immer noch okay!*)
- 1 TL Salz
- 1 Orange (125 g netto)
- 2 TL Kiwi-Essig 6578 oder Apfelessig
- 20 g Wasser

Wasser in eine Pfanne geben. Sellerie (wenn sauber, sonst waschen und schlechte Teile abschneiden) würfeln. Innenwände, Stiel und Kerne aus der Paprika entfernen, kleinschneiden. Zwiebel schälen und würfeln. In der aufgeführten Reihenfolge in die Pfanne geben. Als Gemüsepfanne 14 Min. dünsten, ohne den Deckel abzuheben. Cashews, Meerrettich, Salz, vorgeschnittene Orange und Essig im kleinen verquirlen, zu dem Gemüse geben. Becher mit 20 g Wasser nachspülen, dieses Wasser ebenfalls in die Pfanne geben. Umrühren und einmal kurz aufkochen. Bei mir gab es Ofenkartoffeln dazu.

6772. Orangendoppeldecker, Februar 2015

2 x Frühstück.

Abends

- 6 EL Sechskorngetreide, grob schroten & auf zwei Schüsseln verteilen. Mit insgesamt
- 160 g Wasser übergießen. Abgedeckt bei Raumtemperatur stehen lassen.

Morgens

- 2 EL Leinsamen
- 1 Grapefruit (210 g netto)
- 2 Orangen (je 135 g netto)
- 1 Apfel (125 g)
- 1 Banane (85 g netto)
- 20 g Pekannüsse

Leinsamen flocken, auf das eingeweichte Getreide geben. Zitrusfrüchte und Banane schälen, eine Orange beiseitelegen. Das restliche Obst in grobe Stücke teilen und im Hochleistungsmixer pürieren. Über den Leinsamen gießen. Die zweite Orange würfeln, auf dem Obstpüree verteilen. In die Mitte einige Pekannüsse geben.

6773. Doppelzüngelnder Kakao, Februar 2015

Im Hochleistungsmixer, je nach Gerät, 4,5 bis 8 Min auf höchster Stufe schlagen:

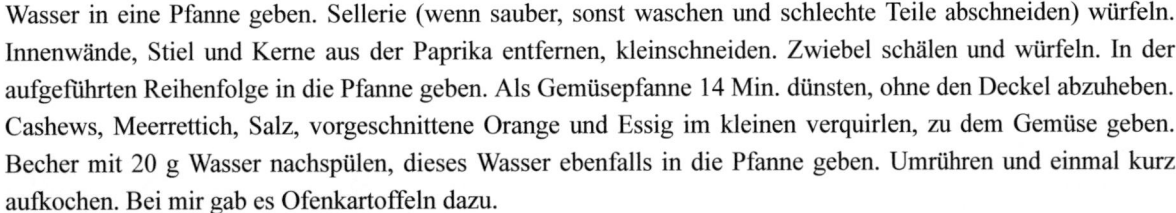

- 10 g Kakaonibs
- 15 g Nackthafer
- 2 entsteinte Datteln (40 g netto)
- 5 g frischer Ingwer
- 5 g Essigpeperoni (7/4573)
- Auf 450 ml (Markierung im Becher) mit Wasser auffüllen (= 360 g Wasser).

6774. Peanut Flakelets, Februar 2015

2 Bleche; Flakelets ist ein erfundenes englisches Wort. Vorläufer 6743.

- 30 g Kokosöl
- 200 g Honig
- 100 g Erdnüsse, geröstet & gesalzen
- 200 g Nackthafer
- 50 g Kichererbsen
- 150 g Weizen
- 1 TL gem. Vanille
- 1 P Weinstein-Backpulver
- 110 g Leichtgesüßte Erdnusscreme 6768 o. Ä.

Kokosöl und Honig in einer kleinen Pfanne schmelzen. Erdnüsse im Speedy fein mahlen. Weizen mit den Kichererbsen in der Mühle fein mahlen, dann den Nackthafer. Die trockenen Zutaten vermischen, die Kokosöl-Honig-Mischung und die Creme hinzugießen und mit den Knethaken eines Handrührgeräts verkneten. Ca. 15 Min. stehen lassen. Mit den angefeuchteten Händen Kugeln formen und nebeneinander auf zwei Backbleche (PerfektClean) setzen. Mit einer nassen Gabel flachdrücken. Ofen (Heißluft) auf 160 °C vorheizen und 12 Min. backen.

6775. Pekierte Ingwerflocken, Februar 2015

2 Bleche; Vorläufer 6774.

- 30 g Kokosöl
- 155 g Honig
- 40 g Ahornsirup (hatte keinen Honig mehr in der Küche und wollte nicht in den Keller laufen)
- 50 g Pekannüsse
- 250 g Nackthafer
- 60 g Kichererbsen
- 140 g Weizen
- 1 kleine Prise Salz
- 1 TL gem. Vanille
- 1 P Weinstein-Backpulver
- 110 g Leichtgesüßte Erdnusscreme 6768 o. Ä.

Kokosöl, Ahornsirup und Honig in einer kleinen Pfanne schmelzen. Pekannüsse im Speedy nicht zu fein hacken. Weizen mit den Kichererbsen in der Mühle fein mahlen, dann den Nackthafer. Die trockenen Zutaten vermischen, die Kokosöl-Honig-Mischung und die Creme hinzugießen und mit den Knethaken eines Handrührgeräts verkneten. Ca. 15 Min. stehen lassen. Mit den angefeuchteten Händen Kugeln formen und nebeneinander auf zwei Backbleche (PerfektClean) setzen. Mit einer nassen Gabel flachdrücken. Ofen (Heißluft) auf 160 °C vorheizen und 12 Min. backen.

6776. Gestütztes Knäcke, Februar 2015

Vorläufer: 6700.

- 2 gestr. TL Koriandersamen
- 50 g Dinkel
- 25 g Hirse
- 50 g Nackthafer
- 75 g Kichererbsen
- 50 g Mais
- 1 gestr. TL Salz
- 1 gestr. TL Paprika edelsüß
- 1 TL Kräuterdip (www.maiersgenuss.de oder Pizzagewürz)
- 100 g Maishirsecreme 6777 o. Ä.
- 200 g Wasser
- 3 EL Sesam ungeschält
- 3 EL Leinsamen

Koriandersamen in die Mühle geben. Getreide mischen und auf den Koriander geben, fein mahlen. Mit Salz und Gewürzen verrühren. Stützcreme und Wasser mit einem Löffel einrühren. Die Samen hinzufügen und gut unterrühren. Mit einer nassen Teigkarte auf dem Blech möglichst gleichmäßig verteilen und Vierecke vorzeichnen. In den kalten Ofen schieben und 40-45 Min. bei 160 °C backen.

6777. Maishirsecreme, Februar 2015

- 30 g Hirse
- 40 g Mais
- 45 g geschälte Mandeln
- 340 g Wasser

Im Hochleistungsmixer bis zum Stocken auf der Höchststufe schlagen. Dauert etwas länger als üblich, Mais stockt langsam. Im Kühlschrank wird die Creme dann recht fest.

6778. Erdnuss-Tomaten-Dressing, Februar 2015

- 40 g getr. Tomaten
- 300 g Wasser
- 100 g Apfelessig
- 60 g Ahornsirup
- 20 g frischer Knoblauch (netto)
- 20 g Salz
- 115 g Erdnüsse, gesalzen & geröstet
- 25 g Senf

Tomaten in 200 g Wasser einige Std. quellen lassen. Alle Zutaten im Hochleistungsmixer lauwarm laufen lassen.

6779. Kartoffel-Sellerie-Auflauf mit Roggenhut, Februar 2015

2 Portionen.

Gemüse
- 370 g Kartoffeln (netto)
- 205 g Sellerie (netto)
- 45 g Porree
- 130 g Paprika (netto)

Soße
- 65 g Erdnuss-Tomaten-Dressing 6778 o. Ä.
- 50 g Leichtgesüßte Erdnusscreme 6768 o. Ä.
- 10 g Plätzchenkrümel (können entfallen)
- 15 g Nackthafer
- 325 g Wasser
- 1 TL Salz

Haube
- 125 g Roggen
- 1 gestr. TL Salz
- 1 TL „Ajoli" Gewürzmischung, Pizzakräuter o. Ä.
- 170 g Wasser

Erforderlich ist eine 24-cm-Pfanne mit hohem Rand (ca. 7 cm). Kartoffeln unter fließendem Wasser abbürsten, in Scheiben schneiden und Schadstellen abschneiden. Die Scheiben in die Pfanne geben. Sellerie in dünne Scheiben schneiden und daraus Stifte schneiden, über den Kartoffeln verteilen. Porree in Ringe schneiden, über den Sellerie geben. Stiel, Trennwände und Kerne aus der Paprika entfernen, würfeln und auf das restliche Gemüse geben. Die Soßenzutaten (das Dressing war ein Rest von der Dressingherstellung) im Vitamix mischen, über das Gemüse gießen.

Roggen mahlen (Stufe 2/9, Hawos Novum), mit Salz und „Ajoli" mischen. Mit einem Esslöffel oben auf das Gemüse auftragen. Deckel auflegen und die Pfanne in den Ofen geben. Einstellung: 225 °C, 60 Min. Nach 40 Min. den Deckel abnehmen.

6780. Mandarinen-Cape, Februar 2015

Dessert

- 3 Mandarinen (205 g brutto)
- 1 Banane (120 g netto)
- 90 g Maishirsecreme 6777 o. Ä.
- 25 g Honig
- 10 g Kokosraspeln

Mandarinen schälen. Zwei würfeln und auf zwei Schälchen verteilen. Banane schälen. Mit Creme und Honig im kleinen Mixer, hochstehendes Messer, zu einer glatten Creme verarbeiten. Auf die Mandarinenstücke geben. Die dritte Mandarine in Halbscheiben schneiden (etwas schwierig, wenn sie viele Kerne hat) und auf der Creme verteilen. Mit Kokosraspeln bestreuen (durch die Banane nimmt die Creme eine etwas graue Färbung an, was dadurch verdeckt wird).

6781. Orangenüberangebot, März 2015

2 x Frühstück.

Abends: siehe 6772.

Morgens

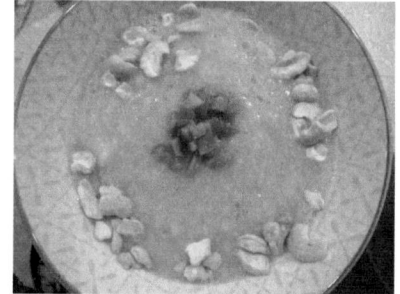

- 2 EL Leinsamen
- 3 Orangen (470 g netto)
- 1 Banane (135 g netto)
- 30 g Cashewnussbruch
- 2 TL Orangeat (selbstgemacht, z. B. 6460)

Leinsamen flocken, auf das eingeweichte Getreide geben. Das Obst in grobe Stücke teilen und im Hochleistungsmixer auf kleinerer Stufe pürieren, so dass es noch ein bisschen stückig ist. Auf den Leinsamen gießen. Am Rand mit Cashews und in der Mitte mit Orangeat dekorieren.

6782. Mais-Hirse-Kakao, März 2015

Im Hochleistungsmixer, je nach Gerät, 4,5 bis 8 Min auf höchster Stufe schlagen:

- 10 g Kakaonibs
- 10 g Nackthafer
- 5 g frischer Ingwer
- 1 TL Kakaopulver (2 g)
- 45 g Maishirsecreme 6777 o. Ä.
- 25 g Honig
- Auf 450 ml (Markierung im Becher) mit Wasser auffüllen.

6783. Bandnudeln gemischt, März 2015

2 Portionen

- 90 g Hartweizen
- 70 g Kamut
- 80 g Wasser

Hartweizen und Kamut möglichst fein mahlen (bei mir: komplett links angeschlagen). Mit Wasser zu einem elastischen, aber festen Teig verarbeiten. In Haushaltsfolie einwickeln und 3-4 Std. ruhen lassen.

Auf Einstellung (1) einzelne Teigbrocken 10 Mal durchlaufen lassen, dabei immer wieder 2-3 Mal aufeinander selbst falten. Nebeneinander auf Küchentücher ablegen und mit Küchentüchern abdecken, 30 Min. ruhen lassen. (Da habe ich mich vertan, ich lasse sonst an späterer Stelle ruhen, was ich auch besser finde, diesmal haben die Nudeln nämlich wieder ein bisschen geklebt). Dann für die ganze „Charge" nacheinander alle Streifen bei 2 durchlaufen lassen, bis zu einschließlich 6. Wenn die Streifen zu lang sind, einfach durchschneiden. Durch den Bandnudel-Vorsatz laufen lassen und bis zum Kochen offen liegen lassen. In kochendes Salzwasser geben und ca. 3 Min. kochen. Die Bandnudeln trennten sich dabei teilweise, aber nicht alle.

6784. Wildhefebrot mit Sesam 2015/07, März 2015

Samstagmorgen
- 100 g Weizen
- 100 g Hefewasser (2. Ansatz)

Weizen fein mahlen, mit Hefewasser mischen und in einer kleinen Pengdose bis abends stehen lassen.

Samstagabend
- 300 g Weizen
- 300 g Wasser

Weizen fein mahlen, mit Wasser und dem Ansatz vom Morgen verrühren. In einer größeren Pengdose bis zum nächsten Morgen stehen lassen. Der Deckel ist aufgegangen.

Sonntagmorgen
- 2 TL Kümmel (ganz)
- 140 g Weizen
- 260 g Dinkel
- 1 EL Salz
- 50 g Sesam, ungeschält
- 1 TL Honig (20 g)
- 110 g Wasser + 120 g Wasser
- 18 g Butter für die Form

Kümmel mit 1 EL Getreide mischen, in die Mühle geben. Mit dem Rest Getreide bedecken und fein mahlen. Mit Salz und Sesam verrühren. 110 g Wasser, Honig und den Ansatz vom Abend (hat gut geschäumt) hinzufügen. Mit der Hand 15-20 Min. gründlich durchkneten, dabei 120 g Wasser in Portionen einarbeiten. In der letzten Min. immer wieder eine Kugel unter Spannung formen. Eine 30-cm-Brotform (Dr. Oetker- Profi-Email) mit Butter einfetten, Teig hineingeben. Teig mit der nassen Hand glattstreichen. In eine ausreichend große Plastiktüte geben und 8 Std. gehen lassen. Das Brot ist minimal gegangen. Brot einsprühen, in den kalten Ofen einschieben, 40 Min. bei 190 °C und 15 Min. im ausgestellten Ofen nachbacken.

Das Brot ist auch nicht mehr gegangen als sonst, hat an der Seite einen Riss, also zu viel Wasser.

Tipp: Ich kann jetzt nur noch versuchen, den 2. Vorteig noch umfangreicher zu machen oder die Knetarbeit zu reduzieren. Oder auf neue Ansätze zu hoffen. So ist das zwar nicht schlecht, aber nicht wirklich überwältigend. Angeschnitten sieht es recht ordentlich aus, und der Geschmack ist wirklich gut. Ein Rätsel.

6785. Mangold-Paprika-Gemüse, März 2015

2 Portionen.
- 50 g Wasser
- 1/2 rote Zwiebel (30 g netto)
- 1 Tomate (120 g)
- 2 kleine rote Paprikaschoten (250 g netto)
- 200 g Mangold (netto, ohne Endstück)

Soße:
- 10 g Zitronenfleisch
- 45 g Mandarinenfleisch
- 1 TL Salz
- 30 g Cashewnüsse
- 1 TL Paprika edelsüß
- 1 TL Weizenmehl
- 100 + 20 g Wasser
- 50 g Maishirsecreme 6777 o. Ä.

Wasser in eine Pfanne (24 cm) geben. Zwiebel schälen. Gemüse, wenn nötig, waschen und putzen, kleinschneiden und in die Pfanne geben. Als Gemüsepfanne 15 Min. dünsten. Soßenzutaten im kleinen Mixer mit dem hochstehenden Messer zu einer glatten Creme rühren. Unter das Gemüse ziehen. Becher mit 20 g Wasser nachspülen, aufkochen.

6786. Die Mandarins von Ronsdorf, März 2015

2 x Frühstück.

Abends

- 6 EL Sechskorngetreide, grob schroten & auf zwei Schüsseln verteilen. Mit insgesamt
- 160 g Wasser übergießen. Abgedeckt bei Raumtemperatur stehen lassen.

Morgens

- 2 EL Leinsamen
- 5 Mandarinen (250 g netto)
- 1 Orange (110 g netto)
- 1 Birne (110 g)
- 1 Banane (130 g netto)
- 15 g Cashewnussbruch

Leinsamen flocken, auf das eingeweichte Getreide geben. Zitrusfrüchte und Banane schälen. Wenn erforderlich, Kerne aus den Mandarinen entfernen. Eine Mandarine beiseitelegen. Obst in grobe Stücke teilen und im Hochleistungsmixer pürieren. Auf den Leinsamen gießen. In die Mitte einige Cashewnussstücke geben, die letzte Mandarine achteln und je vier Stücke als Deko auf die Schüsseln legen.

6787. Mais-Doppelstärken-Kakao, März 2015

Im Hochleistungsmixer, je nach Gerät, 4,5 bis 8 Min auf höchster Stufe schlagen:

- 10 g Kakaonibs
- 10 g Maiskörner (Biohof Lex)
- 5 g frischer Ingwer
- 1 TL Kakaopulver (Rohkost; 2 g)
- 45 g Maishirsecreme 6777 o. Ä.
- 2 Datteln (40 g entsteint)
- Auf 450 ml (Markierung im Becher) mit Wasser auffüllen = 325 g Wasser

6788. Rotkohl mit Rotzwiebel, März 2015

2 Personen. War etwas bitter - ich habe keine Ahnung, woran das liegt.

- 20 g Apfelessig
- 130 g Wasser
- 50 g rote Zwiebel (netto)
- 1 Lorbeerblatt
- 400 g Rotkohl
- 2 Mandarinen = 90 g Fruchtfleisch
- 1 TL Salz
- 1 Prise gem. schwarzer Pfeffer
- 1 kleine Prise Zimt
- 1 TL Weizenmehl
- 15 g Honig

Flüssigkeiten in einen kleinen Schnellkochtopf geben. Zwiebel schälen und würfeln, mit dem Lorbeerblatt in den Topf geben. Rotkohl würfeln, ich war zu faul, ihn mit der Maschine in Streifen zu schneiden. Rotkohl ebenfalls in den Schnellkochtopf geben. 5 Min. auf Stufe II kochen, langsam abdampfen lassen. Aus den restlichen Zutaten im kleinen Becher vom Mixer eine Soße mixen. Lorbeerblatt aus dem Kohl nehmen, Soße unterrühren und aufkochen. Bei mir gab es (520 g) Ofenkartoffeln dazu.

6789. Drei Paare, März 2015

2 x Frühstück.

- Abends
- 6 EL Sechskorngetreide, grob schroten & auf zwei Schüsseln verteilen. Mit insgesamt
- 160 g Wasser übergießen. Abgedeckt bei Raumtemperatur stehen lassen.

Morgens

- 2 EL Leinsamen
- 2 Orangen (305 g netto)
- 2 Mandarinen (90 g netto)
- 2 Bananen (175 g netto)
- 1 Apfel 140 g
- 20 g Haselnüsse

Leinsamen flocken, auf das eingeweichte Getreide geben. Das Obst wenn erforderlich schälen, eine halbe Orange beiseitelegen. Das Obst in grobe Stücke teilen und im Hochleistungsmixer pürieren. Halbe Orange würfeln, auf das pürierte Obst geben. Haselnüsse am Rand auslegen.

6790. Hirsiger Kakao, März 2015

Im Hochleistungsmixer, je nach Gerät, 4,5 bis 8 Min auf höchster Stufe schlagen:

- 10 g Kakaonibs
- 1 TL Carob (3 g)
- 15 g Hirse
- 60 g Maishirsecreme 6777 o. Ä.
- 5 g frischer Ingwer
- 2 entsteinte Datteln (40 g netto)
- Auf 450 ml (Markierung im Becher) mit Wasser auffüllen = etwa 300 g Wasser

6791. Erdmandel-Dessert, März 2015

2-3 Portionen

- 50 g Erdmandeln
- 2 Bananen (220 g netto)
- 3 Mandarinen (135 g netto)
- 2 Erdmandeln

Erdmandeln im Hochleistungsmixer fein mahlen. Kompaktierte Teile aus den Ecken lösen. Bananen schälen, hinzufügen und zusammen mixen. Auf zwei Schüsselchen verteilen, aber Becher nicht zu sorgfältig leeren. Es bleiben ca. 65 g Creme im Becher. Mandarinen schälen, Kerne entfernen und zu der Creme im Becher geben. Gründlich durchmixen und auf die Bananencreme gießen. In die Mitte je 1 Erdmandel legen.

6792. Porreegemüse mit einer Goldart, März 2015

2 Portionen.

- 50 g Wasser
- 225 g Porree
- 65 g Mangold (netto) (= Man-Gold)
- 1 große rote Zwiebel (130 g netto)

Soße:

- 30 g Cashewnüsse
- 1 TL Salz
- 1 Prise schwarzer gem. Pfeffer
- 10 g Kiwi-Essig 6578 oder Apfelessig
- 30 g Hoisan-Ableger 6759 o. Ä.
- 50 + 20 g Wasser

50 g Wasser in eine 24-cm-Pfanne geben. Gemüse putzen und in Streifen schneiden, Zwiebel schälen und würfeln. In der angegebenen Reihenfolge in die Pfanne geben. Als Gemüsepfanne 13 Min. dünsten.

Soßenzutaten - 50 g Wasser nehmen, im Mixer verquirlen, unter das Gemüse rühren. Becher mit 20 g Wasser nachspülen und diese Flüssigkeit ebenfalls zum Gemüse geben. Unterrühren, kurz aufkochen.

Bei mir gab es dazu Ofenkartoffeln (500 g Rohware).

6793. Zitronenloses Zitrumtrio, März 2015

2 x Frühstück.

Abends

- 6 EL Sechskorngetreide, grob schroten & auf zwei Schüsseln verteilen. Mit insgesamt
- 160 g Wasser übergießen. Abgedeckt bei Raumtemperatur stehen lassen.

Morgens

- 2 EL Leinsamen
- 2 Mandarinen (85 g netto)
- 1 Grapefruit (205 g netto)
- 1 Orange (135 g netto)
- 1 Banane (120 g netto)
- 10 g Kokosraspeln
- 6 Mandeln

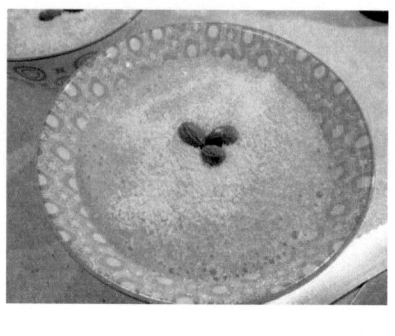

Leinsamen flocken, auf das eingeweichte Getreide geben. Das Obst schälen, in grobe Stücke teilen und im Hochleistungsmixer pürieren. Auf den Leinsamen gießen, mit Kokosraspeln bestreuen. In die Mitte jeweils 3 Mandeln legen, mit den Spitzen zueinander.

6794. Erdmandelao, März 2015

Im Hochleistungsmixer, je nach Gerät, 4,5 bis 8 Min auf höchster Stufe schlagen:

- 10 g Kakaonibs
- 1 TL Kakaopulver (3 g, Rohkostqualität)
- 30 g Erdmandeln
- 5 g frischer Ingwer
- 2 Datteln (40 g entsteint)
- Auf 450 ml (Markierung im Becher) mit Wasser auffüllen (= 345 g Wasser)

6795. Frischer Mangopudding, März 2015

2 Desserts

- 1 Mango (270 g netto)
- 1 Banane (110 g netto)
- 2 Mandarinen (90 g netto)
- 10 g Maulbeeren

Obst schälen, Mango vom Stein schneiden und 2 Scheiben beiseitelegen. Obst im Vitamix pürieren und auf 2 Schüsselchen verteilen. Die beiden Mangostücke in 3 Teile schneiden, jeweils in die Mitte des Puddings legen, daneben einige Maulbeeren.

6796. Cremige Auberginenpfanne, März 2015

2 Personen

Gemüsepfanne:

- 200 g passierte Tomaten (Lebegesund)
- 1 Zwiebel (150 g netto)
- 400 g Kartoffeln (netto)
- 1 größere Aubergine (310 g netto)

Soße:

- 10 g Mehl
- 10 g Kiwi-Essig 6578 oder Apfelessig
- 1 TL Paprika edelsüß
- 1 TL Salz
- 100 g Wasser
- 1 TL Ahornsirup oder flüssiger Honig
- 1 TL Aioli-Gewürzmischung (maiersgenuss.de o. Ä.)

Passierte Tomaten in eine 24-cm-Aluguss-Pfanne (Woll) gießen. Zwiebel schälen, halbieren und in dünne Halbscheiben schneiden, nochmals durchschneiden, sodass sich Viertelringe ergeben. Das ist bei kleineren Zwiebeln nicht nötig. Kartoffeln unter fließendem Wasser abbürsten, schwarze Stellen o.ä. entfernen und die Kartoffeln in Scheiben schneiden. Stiel der Aubergine abschneiden, Aubergine würfeln. In der angegebenen Reihenfolge in die Pfanne geben. Als Gemüsepfanne 15 Min. dünsten. Soßenzutaten mit dem kleinen Mixer gut mischen. Unter das Gemüse rühren und einmal kurz aufkochen.

Hinweis: Das war sehr lecker - auch ohne Öl oder Nüsse!

6797. Carobfokus, März 2015

2 x Frühstück

Abends siehe 6793.

Morgens

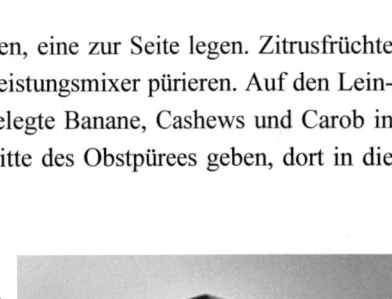

- 2 EL Leinsamen
- 1 Orange (110 g netto)
- 2 Mandarinen (85 g netto)
- 2 Bananen (225 g netto)
- 1 Apfel (125 g)
- 25 g Cashewnüsse
- 1 TL Carob Rohkostqualität (5 g)
- 2 Haselnüsse

Leinsamen flocken, auf das eingeweichte Getreide geben. Bananen schälen, eine zur Seite legen. Zitrusfrüchte schälen, mit Apfel und einer Banane in grobe Stücke teilen und im Hochleistungsmixer pürieren. Auf den Leinsamen geben, Becher aber nicht superakribisch reinigen. Die zur Seite gelegte Banane, Cashews und Carob in den Becher geben, mit dem Stößel zu einer Creme verarbeiten. In die Mitte des Obstpürees geben, dort in die Mitte je eine Haselnuss legen.

6798. Erdmaiskakao, März 2015

Im Hochleistungsmixer, je nach Gerät, 4,5 bis 8 Min auf höchster Stufe schlagen:

- 10 g Kakaonibs
- 15 g Erdmandeln
- 15 g Maiskörner
- 2 Datteln entsteint (40 g netto)
- 5 g frischer Ingwer
- Auf 450 ml (Markierung im Becher) mit Wasser auffüllen (= 350 g Wasser)

6799. Geerdete Stützcreme, März 2015

Im Hochleistungsmixer auf der höchsten Stufe bis zum Stocken schlagen:

- 50 g Erdmandeln
- 90 g Möhre
- 50 g Naturreis
- 350 g Wasser

6800. Brotpudding, März 2015

2 x Dessert.

- 150 g Geerdete Stützcreme 6799 o. Ä.
- 1 geschälte Banane (130 g netto)
- 50 g Brot (noch nicht vertrocknet, kein Sauerteig)
- 50 g Wasser
- 30 g Honig
- 1 Mandarine (50 g netto)

Zutaten ohne die Mandarine im Vitamix mit dem Stößel zu einer glatten Creme schlagen, das ist wichtig, damit man das Brot nicht bemerkt. Auf zwei Schüsselchen verteilen. Mandarine schälen, in Halbscheiben o.Ä. schneiden und als Dekoration auf der Creme verteilen.

Hinweis: Mein Testesser wusste nicht, dass Brot in der Creme ist und sagte nur: „Was war das denn für ein toller Geschmack? Und auch die Konsistenz." :-)

6801. Allerleipfanne, März 2015

2 Portionen.

Für die Pfanne:

- 150 g passierte Tomaten
- 140 g Wasser
- 30 g gelbe Linsen
- 1 große Zwiebel (150 g netto)
- 170 g Eisbergsalat
- 60 g Mais tiefgekühlt

Für die Soße:

- 20 g Cashewnüsse
- 10 g Zitronenfleisch
- 1 TL Salz
- 1 TL Paprika edelsüß
- 3 g Honig
- 5 g Mehl
- 50 g + 20 g Wasser

Zwiebel schälen und würfeln, Eisbergsalat in Streifen schneiden. In der angegebenen Reihenfolge in eine 24-cm-Pfanne geben, den Mais aber noch nicht hinzugeben. Als Gemüsepfanne 12 Min. dünsten, Mais unterrühren. Die Soßenzutaten im kleinen Mixer verquirlen, unter das Gemüse rühren und aufkochen. Beilage: Ofenkartoffeln.

6802. Mangowindrad, März 2015

2 x Frühstück.

- 2 EL Leinsamen
- 4 EL Nackthafer
- 40 g getr. Mango
- 3 cm Vanillestange
- 40 g Erdmandeln
- 300 g Wasser
- 1 Apfelsine (150 g netto)
- 13 g Zitronenfleisch
- 1 Mango (285 g netto)
- 1 Banane (120 g netto)
- 2 Mandeln

Leinsamen und Hafer flocken, auf 2 Müslischüsseln verteilen. Getrocknete Mango in Stücke reißen, mit Vanille, Erdmandeln und Wasser im Hochleistungsmixer zu einer glatten Creme verarbeiten (wird lauwarm) und auf das Getreide gießen. Apfelsine, Zitrone, Mango und Banane schälen, grob zerkleinern. Von der Mango eine Scheibe beiseitelegen, restliches Obst im Hochleistungsmixer pürieren und auf die Mangocreme gießen. Mangoscheibe in acht dreieckige Stücke schneiden, jeweils wie ein Windrad auf das Obst legen und in die Mitte eine Mandel stecken.

6803. Erdhaferkakao, März 2015

Im Hochleistungsmixer, je nach Gerät, 4,5 bis 8 Min auf höchster Stufe schlagen:

- 10 g Kakaonibs
- 15 g Erdmandeln
- 15 g Nackthafer
- 2 Datteln entsteint (40 g netto)
- 5 g frischer Ingwer
- 1 TL Kakaopulver (3 g)
- Auf 450 ml (Markierung im Becher) mit Wasser auffüllen (= 335 g Wasser)

Hinweis: *Fast schon etwas zu viskös, aber sehr lecker!*

6804. Möhrenfladen, März 2015

Vorläufer: 6770.

- 125 g Nackthafer
- 1/2 TL Natron
- 1/2 TL Salz
- 50 g Leinsamen
- 100 g Geerdete Stützcreme 6799 o. Ä.
- 50 g Wasser
- 50 g Möhre in Scheiben

Hafer schroten (5/9, Hawos Novum). Trockene Zutaten vermischen. Creme, Möhrenscheiben und Wasser im kleinen Mixer mixen, hinzugeben und mit einem Löffel verrühren. Abgedeckt 10-15 Min. quellen lassen. Mit einem Spatel in einer 28-cm-Pizzaform (PerfectClean, Dauerbackfolie oder Backpapier) bis zum Rand verstreichen, eventuell den Spatel zwischendurch in Wasser tauchen. Mit dem Spatel 6 Stücke vorzeichnen. Ofen (Klimagaren) auf 225 °C vorheizen. 15 Min. bei 225 °C und 5 Min. bei 190 °C backen. Durch die veränderte Backtemperatur/-zeit wird der Fladen etwas knäckebrotartiger.

6805. Kamutflöckchen, März 2015

Vorläufer 6743; verminderter Süßegehalt.

- 30 g Kokosöl
- 190 g Honig
- 200 g Nackthafer
- 300 g Kamut
- 50 g Pekannüsse
- 1 Prise Salz
- 1 TL Vanillepulver
- 1 P. Weinstein-Backpulver
- 70 g Geerdete Stützcreme 6799 o. Ä.

Kokosöl und Honig in einer kleinen Pfanne schmelzen. Nackthafer in der Mühle fein mahlen, dann den Kamut. Ich habe das getrennt gemacht, damit ich beide fein bekomme. Pekannüsse im Magic fein mahlen. Die trockenen Zutaten verrühren, die Kokosöl-Honig-Mischung und die Creme hinzugießen und mit den Knethaken eines Handrührgeräts verkneten. Mit den angefeuchteten Händen Kugeln formen und nebeneinander auf ein Backblech setzen. Mit einer nassen Gabel leicht flach drücken. Ofen (Heißluft) auf 160 °C vorheizen und 12 Min. backen.

6806. Verdattelte Erdstütze, März 2015

Im Hochleistungsmixer auf der höchsten Stufe bis zum Stocken schlagen:

- 50 g Erdmandeln
- 1 Dattel (13 g netto)
- 50 g Naturreis
- 350 g Wasser

6807. Chocolat Pudden on Orange, März 2015

2-3 Portionen

- 150 g Verdattelte Erdstütze 6806 o. Ä.
- 2 Bananen (190 g netto)
- 10 g Kakao (Rohkost; der ist nicht so intensiv)
- 1 Orange (160 g netto)
- 2 TL Orangeat zur Dekoration; (selbstgemacht, z. B. 6460)

Stützcreme, geschälte Bananen und Kakao im Vitamix mit dem Stößel zu einer Creme verarbeiten. Orange schälen, würfeln und auf Schüsselchen verteilen. Mit der Stützcreme abdecken, sodass die Orangenstücke nicht mehr sichtbar sind. In die Mitte jeweils einen Teelöffel Orangeat geben.

6808. Deutsch-Italienische Freundschaft, März 2015

2 Personen

Gemüsepfanne:
- 50 g Wasser
- 1 Tomate (140 g)
- 2 große Knoblauchzehen
- 1 Aubergine (320 g netto)
- 120 g Sauerkraut

Soße:
- 5 g Essigpeperoni 7/4573
- 1 TL Salz
- 10 g Zitronenfleisch
- 20 g Cashewnüsse
- 30 + 20 g Wasser

50 g Wasser in eine 24-cm-Keramikpfanne gießen. Tomate würfeln, den Boden damit auslegen. Knoblauchzehen schälen, in Scheiben schneiden und über den Tomaten verteilen. Aubergine 2 x längs halbieren, die Viertel in Scheiben schneiden und in die Pfanne geben. Sauerkraut kleinschneiden und als oberste Lage in die Pfanne legen. Als Gemüsepfanne 12 Min. dünsten.

Soßenzutaten mit 30 g Wasser im Mixer gut verquirlen, unter das Gemüse rühren. Becher mit 20 g Wasser ausspülen, dieses Wasser ebenfalls unter das Gemüse rühren. Einmal aufkochen. Dazu passen Ofenkartoffeln (so bei mir) oder Nudeln besonders gut.

6809. Zwei mal Zwei plus eins, März 2015

2 x Frühstück

- 2 EL Leinsamen
- 6 EL Nackthafer
- 2 Orangen (360 g netto)
- 2 Bananen (200 g netto)
- 1 Mandarine (40 g netto)
- 25 g Cashewkerne
- 8 Mandeln
- 2 Paranüsse

Leinsamen mit dem Getreide flocken, auf zwei Schüsselchen verteilen. Das Obst schälen, in grobe Stücke teilen und im Hochleistungsmixer pürieren, über das Getreide geben. Mit den Nüssen dekorieren.

6810. Kichernder Erdkakao, März 2015

Im Vitamix 4,5 Min auf höchster Stufe schlagen:
- 10 g Kakaonibs
- 50 g gekochte Kichererbsen
- 15 g Erdmandeln
- 3 Datteln entsteint (35 g netto)
- Auf 450 ml (Markierung im Becher) mit Wasser auffüllen (= 320 g Wasser)

6811. Carrot Flakes, März 2015

Vorläufer: 6805; verminderter Süßegehalt; 2 Backbleche.

- 30 g Kokosöl
- 190 g Honig
- 200 g Nackthafer
- 300 g Dinkel
- 50 g Kokosraspeln
- 50 g Möhre
- 25 g Wasser
- 1 Prise Salz
- 2 TL Vanillepulver
- 1 P Weinstein-Backpulver
- 70 g Geerdete Stützcreme 6799 o. Ä.

Kokosöl und Honig in einer kleinen Pfanne schmelzen. Nackthafer in der Mühle fein mahlen, dann den Dinkel. Ich habe das getrennt gemacht, damit ich aus beiden Getreiden feines Mehl erhalte. Die trockenen Zutaten verrühren. Creme mit den kleingeschnittenen Möhren und dem Wasser im kleinen Mixer fein pürieren. Die Kokosöl-Honig-Mischung und die Creme zu den festen Zutaten hinzugießen und mit den Knethaken eines Handrührgeräts verkneten. Mit den angefeuchteten Händen Kugeln formen und nebeneinander auf ein Backblech setzen. (Reicht für 2 Bleche.) Mit einer nassen Gabel leicht flach drücken. Ofen (Heißluft) auf 160 °C vorheizen und 12 Min. backen.

6812. Möhren-Scones, März 2015

Angelehnt an ein Rezept aus der Eve 2/15, Seite 35.

- 25 g Wasser
- 2 Möhren (190 g)
- 300 g Weizen
- 1 P Weinstein-Backpulver
- 1 TL Zimt
- 1 Prise Salz
- 50 g Walnüsse
- 115 g Geerdete Stützcreme 6799 o. Ä.
- 90 g Honig

Wasser in eine 20-cm-Pfanne geben. Möhren in Scheiben schneiden und in die Pfanne geben. Als Gemüsepfanne 15 Min. dünsten, ohne den Deckel abzuheben.

Weizen fein mahlen. Walnüsse im Zerkleinerer grob hacken. Trockene Zutaten mit einem Löffel vermischen. Möhren (Wasser war keines übrig in der Pfanne), Honig und Stützcreme im Zerkleinerer pürieren. Zu den trockenen Zutaten geben und mit dem Handrührgerät (Knethaken) zu einem glatten Teig verarbeiten. Auf ein Backblech (PerfectClean, Dauerbackfolie oder Backpapier) geben, mit den Händen auseinanderdrücken und einen etwa 2 cm hohen Kreis formen.

Mit einem Kunststoff-Teigschaber in Rauten schneiden. Die Rauten auf dem Backblech auseinanderziehen (auf PerfectClean ging das gut). Ofen (Heißluft) auf 195 °C vorheizen. Blech einschieben, 20 Min. bei 195 °C backen und 5 Min. im ausgestellten Ofen nachbacken.

Kritik an der Vorlage:

Die Angabe „2 Möhren" ist fast kriminell, wenn es einen knetbaren Teig geben soll! Ich hatte wirklich Glück, dass meine Möhren genau richtig waren. Dabei war die eine Möhre größer, als ich für „mittelgroß" halte.

Die Angabe „eine Handvoll Walnüsse" ist genauso sinnlos. Wie groß ist eine Hand?

„Möhren kochen ... und abgießen" steht im Original. Ey, in wie viel Wasser kochen die Köche denn da ihre Möhren? Mit 25 g in einer kleinen Pfanne konnte ich sie ohne Verluste dünsten und musste nichts „abgießen".

Warum werden die Scones hier so riesig und schwer gemacht? Ich habe aus der gleichen Teigmenge 20 Scones bekommen. Im Rezept werden es 8 Stück, das ist ja dann so viel wie eine Torte. Ich habe in GB genug leckere Scones gegessen, um zu wissen, dass sie deutlich kleiner sind. Gerade das auch macht sie ja so interessant.

Nicht erwähnt wird, dass dieses wenig süße Gebäck in GB entweder mit Butter oder mit einer Double-Cream („kräftiger" als geschlagene Sahne) und Konfitüre serviert wird. Sehr süß sind sie nämlich wirklich nicht.

Frisch sind sie sehr lecker, weil außen knusprig und innen weich. Ob sie das nach ein paar Tagen noch sind, wird sich weisen. Vollkorngebäck hält sich aber in der Regel sowieso besser, ich backe es selten auf, das lohnt nicht.

6813. Karottennudeln, März 2015

- 30 g Möhre
- 80 g Wasser
- 200 g Kamut

Möhre kleinschneiden, im kleinen Mixer mit dem Wasser 1 Min. zu einer glatten Flüssigkeit schlagen lassen. Kamut fein mahlen, mit der Möhrenflüssigkeit verkneten. Der Teig könnte weniger feucht sein, also 70 g Wasser hätten vermutlich auch gereicht, d. h. die Möhre „arbeitet" erstaunlicherweise nicht als Festmasse.

Nach 5-10 Min. Kneten zu einer Kugel formen und in Haushaltsfolie wickeln; ca. 3 Std. ruhen lassen.

Wie folgt durch die Atlas Marcato-Walze laufen lassen (die Null war ein Versehen!): 10 x Stufe 0 / 3 x Stufe 1 / Je 1 x Stufe 2-5

Aus den Streifen 4 Stücke abschneiden, die für 2 Lasagneformen reichen. Den Rest abgedeckt 30 Min. ruhen lassen und als Bandnudeln schneiden. Auf der Heizung trocknen lassen.

6814. Rotkohl-Lasagne, März 2015

2 Portionen.

- 4 passende Platten aus Karottennudeln-Teig 6813

Rotkohlschichten:
- 300 g Rotkohl
- 50 g Wasser
- 50 g gekochte Kichererbsen
- 7 g Honig
- 1 TL Salz
- 5 g Essigpeperoni 7/4573
- 20 g Verdattelte Erdstütze 6806 o. Ä.
- 50 g Wasser

Weiße Soße:
- 75 g gekochte Kichererbsen
- 50 g Verdattelte Erdstütze 6806 o. Ä.
- 1 gestr. TL Salz
- 7 g Zitronenfleisch
- 30 g Cashewnüsse
- 150 g Wasser

Topping:
- 50 g gekochte Kichererbsen
- 30 g Verdattelte Erdstütze 6806 o. Ä.
- 5 g Salz
- 55 g Wasser
- 1 P Schabziegerklee

Rotkohl vorschneiden, fein raffeln. Wasser in einen Topf geben, Rotkohl hinzufügen. Deckel auflegen, auf höchster Einstellung zum Kochen bringen, bis Dampf unter dem Deckel austritt. Auf kleinste Einstellung drehen und 10 Min. dünsten, ohne den Deckel abzuheben. Kichererbsen, Honig, Salz, Peperoni, Erdstütze und 50 g Wasser im Mixer zu einer glatten Creme verarbeiten, unter den Rotkohl rühren. Die Zutaten für die *weiße Soße* im Vitamix zu einer glatten Soße schlagen. *Topping:* Die Zutaten im Vitamix zu einer glatten Creme schlagen (wenn die weiße Soße verbraucht ist).

Lasagne: Etwas weniger als die Hälfte des Rotkohls auf dem Boden der beiden Formen verteilen. Einige Esslöffel weiße Soße darüber geben. Jeweils mit einer Teigplatte bedecken und beide Schritte wiederholen.

Die verbliebene weiße Soße gleichmäßig verteilen. Das Topping herstellen und mit einem Esslöffel auf die weiße Soße geben. Auf einem Backblech in den kalten Ofen schieben und 40 Min. bei 200 °C (Heißluft) backen.

6815. Orangenkokoscreme, März 2015

2-3 Portionen

- 2 Orangen (320 g netto)
- 40 g gekochte Kichererbsen
- 40 g Verdattelte Erdstütze 6806 o. Ä.
- 1/4 TL Zimt
- 35 g Honig
- 30 g Kokosraspeln
- 1 TL Kakaonibs (Deko)

Die Zutaten im Hochleistungsmixer gut mixen, allerdings die Kokosraspel erst gegen Ende hinzufügen. Auf 2 Schüsselchen verteilen, in die Mitte ein paar Kakaonibs streuen.

6816. 2 x (O + B) + Bi, März 2015

2 x Frühstück.

Abends

- 6 EL Sechskorngetreide, grob schroten & auf zwei Schüsseln verteilen. Mit insgesamt
- 160 g Wasser übergießen. Abgedeckt bei Raumtemperatur stehen lassen.

Morgens

- 2 Orangen (220 g netto)
- 2 Bananen (195 g netto)
- 1 Birne (145 g netto)
- 25 g Haselnüsse
- 20 g grüne Rosinen

Das Obst ggf. schälen, in grobe Stücke teilen und im Hochleistungsmixer pürieren. Haselnüsse hinzugeben und noch einmal kurz den Mixer laufen lassen, dadurch werden sie gehackt, ohne ganz zermahlen zu werden. Obst auf dem Getreide verteilen, darauf als Dekoration die Rosinen streuen.

6817. Heftig-cremiger Kakao, März 2015

Im Hochleistungsmixer, je nach Gerät, 4,5 bis 8 Min auf höchster Stufe schlagen:

- 10 g Kakaonibs
- 1 geh. TL Kakaopulver (7 g)
- 50 g gekochte Kichererbsen
- 50 g Datteln entsteint (4 Stück)
- 2 g Plätzchenkrümel (optional)
- 5 g frischer Ingwer
- Auf 450 ml (Markierung im Becher) mit ca. 320 g Wasser auffüllen.

6818. Rotkohlpizza - Wildhefepizza 08/2015, März 2015

Mit Ansatz 2 / Für 2 Personen.

Samstagmittag ca. 13 Uhr

- 50 g Hefewasser
- 50 g Weizen

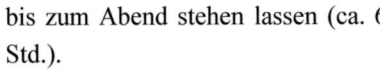

Weizen fein mahlen, mit Hefewasser verrühren. In einer kleinen Pengdose bis zum Abend stehen lassen (ca. 6 Std.).

Samstagabend

- 100 g Hefewasser
- 100 g Weizen

Weizen fein mahlen, mit Hefewasser und Ansatz verrühren. In derselben kleinen Pengdose bis zum nächsten Morgen stehen lassen.

Sonntagmorgen (ca. 9 Uhr)

- 100 g Weizen
- 10 g Wasser
- 1 gute Prise Salz

Weizen fein mahlen, Salz hinzugeben und mit dem Ansatz verkneten. Weitere ca. 7 Min. kneten, dabei 10 g Wasser einarbeiten. In einer Pengdose stehen lassen und einmal pro Stunde kurz kneten.

Belag 1

- 75 g passierte Tomate
- 1 Prise Salz

In einer kleinen Schüssel miteinander verrühren.

Belag 2

- 50 g Wasser
- 250 g Rotkohl

Wasser in eine 24-cm-Pfanne geben. Rotkohl möglichst fein mit dem Messer schneiden. Als Gemüsepfanne 10 Min. dünsten. Abkühlen lassen.

Belag 3

- 1/2 größere Zwiebel (80 g netto)
- 1 Knoblauchzehe
- 1 Tomate (145 g)
- 1 TL Pizzagewürz

Zwiebel und Knoblauchzehe schälen, in feine Scheiben schneiden. Die Tomate ebenfalls in Scheiben schneiden.

Belag 4

- 100 g Verdattelte Erdstütze 6806 o. Ä.
- 100 g gekochte Kichererbsen
- 15 g Zitronenfleisch
- 1 TL Salz
- 1 MS schwarzer gem. Pfeffer
- 25 g Cashewnüsse
- 100 g Wasser

Die Zutaten im Vitamix möglichst gut vermischen und 1-2 Min. stehen lassen (ergibt sich automatisch durch die Verarbeitung).

Fertigstellung

Teig auf bemehlter Fläche mit den Händen auseinanderdrücken. Wenn noch gerade transportierbar, in eine 28-cm-Pizzaform geben. Ich habe eine PerfectClean-Form, da ist das alles sehr einfach. Weiter mit den Händen so auseinanderdrücken, dass der Teig die Form füllt und noch einen kleinen Rand bildet. Mit einer Gabel mehrmals einstechen. Form in eine Plastiktüte stecken, bis die anderen Dinge fertiggestellt sind.

Belag 1 mit einem kleinen Löffel oder einem Teigspatel auf dem Teig verteilen. Belag 2 (Rotkohl) gleichmäßig darauf legen. Mit Belag 3 bedecken, das Gewürz zwischen den Händen verreiben. Belag 4 mit einem Esslöffel so auf der Pizza verteilen, dass möglichst alle Flächen bedeckt sind.

Ofen kurz vor Fertigstellung vorheizen, Einstellung: 225 °C. Als die Temperatur 170 °C erreicht hatte, habe ich die Pizza eingeschoben. Backen: 20 Min. bei 225 °C und 5 Min. nachbacken im ausgeschalteten Ofen.

Fazit: Der Wildhefeteig war für die Pizza köstlich! Durch und durch knusprig, aber an den höheren Stellen etwas weicher. Das gibt bestimmt eine Wiederholung. Dennoch fällt mir bei den Wildhefeteigen immer wieder auf, dass sie „laufen", keine Ahnung woran das liegt.

6819. Schokocreme mit Tarpa, März 2015

2 Desserts

- 2 Bananen (225 g netto)
- 10 g Kakao (Rohkostqualität)
- 1 Mandarine (45 g netto)
- 30 g Aprikosenmus von Tarpa (nur Frucht & Honig)
- 2 geschälte Mandeln

Bananen schälen, in Stücke teilen. Mit dem Kakao in den großen Becher eines kleinen Mixers geben (Magic), Mandarine schälen und Kerne entfernen, hinzufügen. Mit dem hochstehenden Messer zu einer glatten Creme verarbeiten und auf 2 Schüsselchen verteilen. Mit je einem guten Klecks Aprikosenmus in der Mitte dekorieren, eine Mandel hineinstecken.

6820. Schaumschlägerei, März 2015

2 x Frühstück

Abends

- 6 EL Sechskorngetreide, grob schroten & auf zwei Schüsseln verteilen. Mit insgesamt
- 160 g Wasser übergießen. Abgedeckt bei Raumtemperatur stehen lassen.

Morgens

- 2 EL Leinsamen
- 15 g Zitronenfleisch
- 1 Orange (netto 170 g)
- 2 Bananen (netto 290 g)
- 1 Apfel (130 g)
- 25 Pekannüsse

Leinsamen flocken, auf das eingeweichte Getreide geben. Orange und Banane schälen, das Obst in grobe Stücke teilen und im Hochleistungsmixer pürieren, bis es schaumig ist. Auf die Schüsseln verteilen und am Rand mit Pekannüssen dekorieren.

6821. Kicherflüssiger Kakao, März 2015

Im Hochleistungsmixer, je nach Gerät, 4,5 bis 8 Min auf höchster Stufe schlagen:

- 15 g Kakaonibs
- 25 g Verdattelte Erdstütze 6806 o. Ä.
- 50 g gekochte Kichererbsen
- 25 g Honig
- 5 g frischer Ingwer
- Auf 450 ml (Markierung im Becher) mit Wasser auffüllen (= 310 g Wasser)

6822. Schaumschlägerei mit B, März 2015

2 x Frühstück.

Abends siehe 6820; morgens:

- 2 EL Leinsamen
- 10 g Zitronenfleisch
- 1 Orange (netto 205 g)
- 2 Bananen (netto 220 g)
- 1 Birne (130 g)
- 2 TL grüne Rosinen
- 1/2 TL Kakaonibs

Leinsamen flocken, auf das eingeweichte Getreide geben. Orange und Banane schälen, das Obst in grobe Stücke teilen und im Hochleistungsmixer pürieren, bis es schaumig ist. Auf die Schüsseln verteilen und mit Rosinen und (in diesem Fall nur für mich, weil ich nicht sooo gerne Rosinen esse) Kakaonibs dekorieren.

6823. Möhren-Paprika-Gemüse, März 2015

2 Portionen.

Pfanne:

- 50 g Wasser
- 1 EL Sonnenblumenöl
- 1 Stück Tomate (30 g)
- 1 grüne Paprika (195 g netto)
- 3 Möhren (215 g netto)
- 1 Stück Zwiebel (25 g netto)
- 25 g Walnüsse

Soße:

- 30 g Cashewnüsse
- 1 TL Salz
- 1 MS gem. schwarzer Pfeffer
- 1 TL Paprika edelsüß
- 50 g + 20 g Wasser
- 10 g Zitronenfleisch

Stiele, Kerne, Schadstellen etc. vom Gemüse entfernen. Kleinschneiden und Zutaten in der angegebenen Reihenfolge in eine 24-cm-Pfanne geben. Als Gemüsepfanne 11-12 Min. dünsten.

Soßenzutaten, aber nur 50 g Wasser, im kleinen Mixer mit dem flachen Messer mixen, bis die Soße richtig glatt ist. Zum Gemüse geben. Becher mit 20 g Wasser nachspülen, ebenfalls zum Gemüse geben. Unterrühren und aufkochen.

6824. Dattelkakao II, März 2015

Im Hochleistungsmixer, je nach Gerät, 4,5 bis 8 Min auf höchster Stufe schlagen:

- 10 g Kakaonibs
- 4 Datteln entsteint (45 g netto)
- 5 g frischer Ingwer
- 15 g Erdmandeln
- Auf 450 ml (Markierung im Becher) mit Wasser auffüllen (= etwa 340 g)

6825. Bananen-Dressing auf Vorrat, März 2015

- 50 g Sonnenblumenöl
- 2 Bananen (160 g netto)
- 200 g Wasser
- 115 g Apfelessig
- 20 g Tamari
- 40 g Bärlauch (in Salz eingelegt)
- 15 g Salz
- 100 g Cashewnussbruch
- 25 g Senf

Alle Zutaten zusammen im Vitamix gut durchschlagen, bis es lauwarm, aber nicht heiß ist.

Hinweise: Im Moment nehme ich wieder etwas mehr Öl zu mir. Ich habe erneut den Eindruck, fettfrei bekommt mir nicht, auch wenn ich relativ viele Nüsse esse. Außerdem ein Experiment – wie wird ein Dressing mit frischer Banane? Wie haltbar kann der Vitamix das machen? Fazit am nächsten Tag: Sehr lecker, nicht verfärbt und Geschmack identisch.

6826. Winterkaltschale, März 2015

Für 2-3 Portionen

- 2 Bananen (170 g netto)
- 1 große Apfelsine (250 g netto)
- 10 g Zitronenfleisch
- 25 g Honig

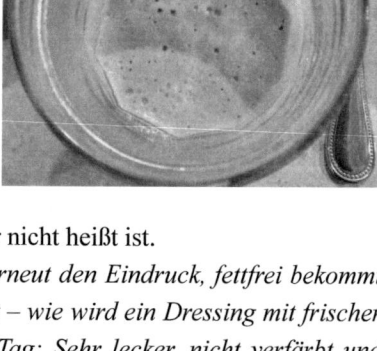

Bananen schälen, in Scheiben schneiden und auf 2 (oder 3) Schüsselchen verteilen. Apfelsine schälen, vorschneiden und probieren. Je nach Aroma muss sie gewürzt werden, z. B. mit Zitronenfleisch und Honig wie hier. Mit dem Magic im großen Becher mit dem hochstehenden Messer pürieren und über die Bananenstücke gießen, sodass diese möglichst bedeckt sind (sonst wird die Banane braun). Vor dem Servieren 30 Min. kaltstellen.

6827. Paprika vor Kohlrabigrün, März 2015

2 Portionen.

Gemüsepfanne:
- 50 g Wasser
- 85 g Kohlrabigrün
- 1 grüne Paprikaschote (220 g)
- 1/2 gelbe Paprikaschote (90 g)
- 1 Birne (130 g)
- 1/2 Tomate (70 g)

Soße:
- 100 g passierte Tomaten
- 20 g Cashewnüsse
- 1 TL Salz
- 10 g Sonnenblumenöl
- 1 P schwarzer gem. Pfeffer
- 1 TL Salz
- 5 g Essigpeperoni 7/4573
- 50 g Wasser

Gemüsepfanne: 50 g Wasser in eine Pfanne (24 cm Durchmesser) geben. Kohlrabigrün ziemlich fein schneiden. Von den Paprika Stiele, Zwischenwände und Kerne entfernen, das Paprikafleisch würfeln. Birne ebenfalls würfeln und die Tomate in Streifen schneiden. In die Pfanne geben. Als Gemüsepfanne 14 Min. dünsten. Nach 14 Min. waren die Paprika sehr weich, was ich mag! Wer gerne bissfest isst, kommt vermutlich mit 12 Min. besser hin. *Soße:* Die Soßenzutaten außer dem Wasser pürieren und unter das Gemüse rühren. Mixbecher mit 50 g Wasser ausspülen, die „Spülflüssigkeit" ebenfalls zum Gemüse geben. Rühren und kurz aufkochen.

Hinweis: Bei mir gab es als Beilage Ofenkartoffeln von 500 g Kartoffeln.

6828. Bananen-Nachttrunk, März 2015

Im Hochleistungsmixer 4,5 Min. laufen lassen:
- 1 geschälte Banane (100 g netto)
- 15 g Erdmandeln
- 10 g Nackthafer
- 400 g Wasser

Tipp: Ist lecker, sollte man aber rasch trinken, die Banane flockt aus.

6829. Banane hoch drei, März 2015

2 x Frühstück.
- Abends siehe 6820; morgens:

Morgens
- 2 EL Leinsamen
- 10 g Zitronenfleisch
- 1 Orange (205 g netto)
- 3 Bananen (280 g netto)
- 1 kleine Kiwi (45 g netto)
- 10 g Pekannüsse

Leinsamen flocken, auf das eingeweichte Getreide geben. Orange und Bananen schälen, grob zerteilt mit dem Zitronenfleisch im Hochleistungsmixer pürieren. Auf die Schüsseln verteilen. Kiwi schälen, in 4 Scheiben schneiden. Je 2 in die Mitte legen und mit Pekannüssen bestreuen.

6830. Bananenkakao III, März 2015

Im Hochleistungsmixer, je nach Gerät, 4,5 bis 8 Min auf höchster Stufe schlagen:

- 10 g Kakaonibs
- 10 g Nackthafer
- 1 Banane (85 g netto)
- 5 g Carob
- 5 g frischer Ingwer
- Auf 450 ml (Markierung im Becher) mit Wasser auffüllen (= 350 g Wasser)

Tipp: Die Banane mitzukochen ist auch im Kakao nicht so gut, sie flockt aus. Schmecken tut's gut.

6831. Schokobananenblüte, März 2015

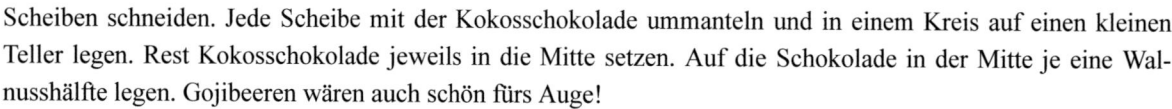

- 20 g Kokosöl
- 40 g Honig
- 10 g Kakaopulver
- 30 g Kokosraspeln
- 1 Banane (100 g netto)
- 2 halbe Walnusskerne

Kokosöl und Honig bei kleiner Einstellung zerlassen. Mit dem Schnee-besen den Kakao einrühren, ebenso die Kokosraspel. Die Banane in ca. 12 Scheiben schneiden. Jede Scheibe mit der Kokosschokolade ummanteln und in einem Kreis auf einen kleinen Teller legen. Rest Kokosschokolade jeweils in die Mitte setzen. Auf die Schokolade in der Mitte je eine Walnusshälfte legen. Gojibeeren wären auch schön fürs Auge!

Hinweis: Ein schneller Nachtisch, der keinerlei Geräte verlangt und auch noch Rohkost sein kann. Okay, der Fettanteil ist jetzt relativ hoch. Aber das kann ich ja woanders einsparen.

6832. Kohlrabi unter tomatiger Brothaube, März 2015

Kohlrabi-Kartoffel-Pfanne:

- 75 g Wasser
- 350 g Kartoffeln (netto, d.h. ohne Schadstellen, aber ungeschält), vor-wiegend festkochend
- 1 Kohlrabi (285 g netto)

Belag:

- 35 g Tomate
- 1,5 TL Salz
- Etwas schwarzer gem. Pfeffer
- 75 g Brotrest in Scheiben
- 3 getr. Tomaten (13 g)
- 1 größere entsteinte Dattel (12 g netto)
- 165 g passierte Tomate
- 155 g Wasser
- 10 g Kiwi-Essig 6578 oder Apfelessig

Pfanne: Wasser in eine ofenfeste Pfanne (24 cm) geben. Kartoffeln unter fließendem Wasser abbürsten, Schad-stellen entfernen und die Kartoffeln in Scheiben schneiden. In die Pfanne geben. Kohlrabi schälen und in feine Streifen schneiden. Über den Kartoffeln verteilen. Als Gemüsepfanne 10 Min. dünsten.

Belag: Die Zutaten für den Belag vorschneiden. Alle Zutaten bis auf 55 g Wasser im Hochleistungsmixer zu einer glatten Creme verarbeiten und damit die Kohlrabi bestreichen. Den Rest im Mixer mit 55 g Wasser vermi-schen und in die Pfanne gießen. Grill (Umluftgrill) auf 220 °C stellen, bei etwa 80 °C habe ich eingeschoben und den Auflauf 20 Min. gegrillt. Die Oberseite war kaum verfärbt. Die Kartoffeln waren von unten gebräunt.

6833. 350 g-Sauerteigbrot halb für Frau E.

Zum Verschenken. Vorläufer 6764.

Stufe 1 (12 Std. vorher):

- 350 g Roggen
- 350 g Wasser
- 150 g Sauerteig

Abends schon vorbereiten:

- 300 g Weizen
- 100 g Roggen
- 1 EL Salz
- 1 EL Brotgewürz
- 75 g Sonnenblumenkerne

Stufe 2 (Backen, bei mir am Morgen)

- 1/2 P frische Hefe (20 g)
- 150 g lauwarmes Wasser
- Getreidemischung vom Vorabend
- 2 EL Kiwi-Essig 6578 oder Apfelessig
- 700 g Sauerteigansatz
- 130 g Wasser
- 20 g Butter für die Form

Stufe 1: Roggen fein mahlen, mit Wasser und altem Sauerteig mischen. In einer ausreichend großen (für den ganzen Teig passenden) Pengdose über Nacht stehen lassen. 150 g von der Stufe 1 abnehmen und in einem gut schließenden Schraubglas in den Kühlschrank stellen für das nächste Backen. **Abends:** Getreide mischen und fein mahlen, mit den restlichen Zutaten mischen und in einer gut schließenden Plastikdose verwahren. **Stufe 2 und Backen:** Hefe in 150 g Wasser auflösen. Restliche Zutaten (außer der Butter) hinzufügen und mit einem großen Löffel gründlich verrühren, bis kein Mehl mehr sichtbar ist. Eine 30-cm-Brotform, Profi-Email von Dr. Oetker, gut einfetten. Teig hineingeben, mit der nassen Hand herunterdrücken und glattstreichen. Mit einem scharfen Messer dreimal schräg einschneiden. Form in eine Plastiktüte geben und 90 Min. bei Raumtemperatur gehen lassen. Die Brotform ist dann ganz voll, der Teig steht etwas über! Ofen auf 250 °C (Heißluft) vorheizen, 50 Min. bei 190 °C backen und 20 Min. im ausgestellten Ofen nachbacken (das sollten nur 10 Min. sein, ich hab's vergessen).

6834. Schmalhans-Küchenmeister-FKG, März 2015

2 x Frühstück.

Abends

- 4 EL Sechskorngetreide, grob schroten & auf zwei Schüsseln verteilen. Mit insgesamt
- 130 g Wasser übergießen. Abgedeckt bei Raumtemperatur stehen lassen.

Morgens

- 2 EL Leinsamen
- 10 g Zitronenfleisch
- 1 Orange (170 g netto)
- 2 Kiwi (90 g netto, sind klein)
- 2 Bananen (215 g netto)
- 1 Apfel (160 g)
- 15 g Kokosraspeln
- 1 Dattel

Leinsamen flocken, auf das eingeweichte Getreide geben. Apfel halbieren, eine Hälfte beiseie legen. Das Obst, wenn erforderlich, schälen und in grobe Stücke teilen und im Hochleistungsmixer pürieren. Auf dem Leinsamen verteilen. Apfelhälfte würfeln, auf die Schüsselchen geben. Obstpüree darüber gießen, mit Kokosraspeln bestreuen. Dattel in Halbringe schneiden und in der Mitte als Dekoration auflegen.

Hinweis: *Ich hatte abends weniger angesetzt, weil ich Buchweizen uneingeweicht zum Knuspern hinzufügen wollte, das habe ich morgens einfach vergessen.*

6835. Kamutkakao, März 2015

Im Hochleistungsmixer, je nach Gerät, 4,5 bis 8 Min auf höchster Stufe schlagen:

- 10 g Kakaonibs
- 20 g Kamut
- 3 Datteln entsteint (35 g netto)
- 5 g frischer Ingwer
- 1 TL Kakaopulver (3 g)
- auf 450 ml (Markierung im Becher) mit Wasser auffüllen (= 350 g Wasser)

6836. Beige Is Beautiful, März 2025

2 x Frühstück.

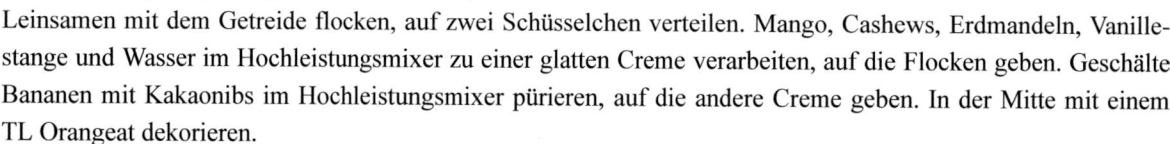

- 2 EL Leinsamen
- 6 EL Nackthafer
- 40 g getr. Mango
- 20 g Cashewnüsse
- 20 g Erdmandeln
- 2 cm Vanillestange
- 300 g Wasser
- 4 Bananen (365 g netto)
- 1 EL Kakaonibs (20 g)
- 2 TL Orangeat (selbstgemacht, z. B. 6460)

Leinsamen mit dem Getreide flocken, auf zwei Schüsselchen verteilen. Mango, Cashews, Erdmandeln, Vanillestange und Wasser im Hochleistungsmixer zu einer glatten Creme verarbeiten, auf die Flocken geben. Geschälte Bananen mit Kakaonibs im Hochleistungsmixer pürieren, auf die andere Creme geben. In der Mitte mit einem TL Orangeat dekorieren.

6837. Bohnenkakao, März 2015

Im Hochleistungsmixer, je nach Gerät, 4,5 bis 8 Min auf höchster Stufe schlagen:

- 15 g Kakaonibs
- 50 g gekochte weiße Bohnen
- 4 Datteln entsteint (43 g netto)
- 5 g frischer Ingwer
- 110 g Bohnenkochflüssigkeit
- 240 g Wasser

Fazit: *Wird sehr schön sämig! Hätte etwas süßer sein können, gekochte Hülsenfrüchte schlucken irgendwie die Süße.*

6838. Gut gelaunter Bohnenfladen, März 2015

Vorläufer: 6804

- 125 g Nackthafer
- 1/2 TL Natron
- 1 gestr. TL Salz
- 25 g Cashewnüsse
- 100 g gekochte weiße Bohnen
- 1 TL Gute-Laune-Kräuter o. Ä.
- 50 g Wasser
- 35 g Wasser

Hafer schroten (5/9, Hawos Novum). Mit Natron, Salz und Kräutern vermischen. Cashewnüsse mahlen Bohnen und 50 g Wasser hinzufügen, nochmals mixen und Becherinhalt zum Hafer geben. Becher mit 35 g Wasser nachspülen, ebenfalls in die Schüssel geben und mit einem Löffel verrühren. Abgedeckt 10-15 Min. quellen lassen. Mit einem Spatel in einer 28-cm-Pizzaform (PerfectClean, Dauerbackfolie oder Backpapier) bis zum Rand verstreichen, eventuell den Spatel zwischendurch in Wasser tauchen. Mit dem Spatel 6 Stücke vorzeichnen. Ofen auf 225 °C vorheizen. 10 Min. bei 225 °C und 10 Min. bei 175 °C backen. .

6839. Reishirsecreme, März 2015

Im Hochleistungsmixer bis zum Stocken schlagen:

- 50 g Naturreis
- 10 g Hirse
- 30 g Mandeln ungeschält
- 42 g Datteln entsteint (3 große)
- 350 g Wasser

6840. Creme unter Erdbeerdach, März 2015

2 Desserts.

- 200 g Reishirsecreme 6839 (oder andere Stützcreme, leicht gesüßt)
- 1 Banane (105 g netto)
- 135 g Erdbeeren (netto)
- 1/2 TL Kokosraspeln

Creme mit der geschälten Banane pürieren, auf 2 Schüsselchen verteilen. Die Erdbeeren in Stückchen schneiden, auf der Oberfläche verteilen und in der Mitte mit Kokosraspeln bestreuen.

6841. Kartoffelpüree fettfrei & cremig, März 2015

2 Portionen

- 490 g Kartoffeln (netto, d.h. ohne Schadstellen)
- 100 g Wasser

Nach dem Kochen:

- 75 g gekochte weiße Bohnen
- 25 g Reishirsecreme 6839 o. Ä.
- 1 gestr. TL Salz
- gem. Muskatnuss nach Geschmack
- 50 g Wasser

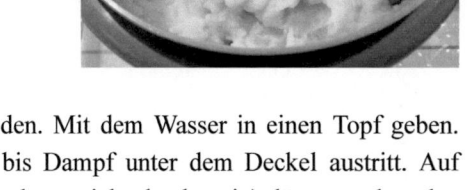

Kartoffeln unter fließendem Wasser abbürsten, in Scheiben schneiden. Mit dem Wasser in einen Topf geben. Deckel auflegen, auf höchster Einstellung zum Kochen bringen, bis Dampf unter dem Deckel austritt. Auf kleinste Einstellung drehen und 17 Min. (je nach Sorte, sie müssen aber weichgekocht sein) dünsten, ohne den Deckel abzuheben.

Mit Kochwasser (nur noch sehr wenig) in eine Plastikschüssel geben. Die Zutaten „Nach dem Kochen" im kleinen Becher mit dem hochstehenden Messer gut durchmixen. Zu den Kartoffeln geben und mit einem Stampfer gut durcharbeiten. Die Schalen sind sichtbar, mich stört das nicht.

6842. Rot-Grün-Kontrast, März 2015

2 x Frühstück

Abends

- 6 EL Sechskorngetreide, grob schroten & auf zwei Schüsseln verteilen.
- 160 g Wasser darüber gießen. Abgedeckt bei Raumtemperatur stehen lassen.

Morgens

- 2 EL Leinsamen
- 10 g Zitronenfleisch
- 1 Orange (160 g netto)
- 2 Bananen (215 g netto)
- 165 g Erdbeeren (netto)
- 35 g süße Sahne
- 1 kleine Kiwi (nicht gewogen, um die 40-45 g netto)

Leinsamen flocken, auf das eingeweichte Getreide geben. Orange und Bananen schälen. Eine größere Erdbeere zur Seite legen. Obst grob zerkleinern und im Hochleistungsmixer mit der Sahne pürieren. Auf die Schüsselchen verteilen. Die restliche Erdbeere in Stücke schneiden, die Kiwi schälen und ebenfalls kleinschneiden und nach Lust und Liebe damit dekorieren.

6843. Champgulasch, März 2015

2 Portionen

Gemüse:

* 50 g Wasser
* 45 g Zwiebel (netto)
* 2 große Knoblauchzehen (13 g netto)
* 1 rote Paprika (190 g netto)
* 300 g Champignons

Soße:

* 50 g gekochte weiße Bohnen
* 15 g Sahne (kann entfallen)
* 1 TL Salz
* 1 TL Paprika edelsüß
* 1-2 MS gem. Kümmel
* 3 g Essigpeperoni (7/4573)
* 30 + 20 g Wasser
* 10 g Mehl

50 g Wasser in eine Pfanne (24 cm) geben. Zwiebel schälen und würfeln, Knoblauch abziehen und in Scheiben schneiden. Als erste Schicht in die Pfanne geben. Innenwände, Stiel und Kerne aus der Paprika entfernen, Paprika in Streifen schneiden, in die Pfanne geben. Die Champignons in Scheiben schneiden und als oberste Schicht in die Pfanne legen. Deckel auflegen, auf höchster Einstellung zum Kochen bringen, bis Dampf unter dem Deckel austritt. Auf kleinste Einstellung drehen und 10-12 Min. dünsten, ohne den Deckel abzuheben.

Die Soßenzutaten (nur 30 g Wasser, kein Mehl) im kleinen Mixer gut mixen. Zu den Pilzen geben. 20 g Wasser und Mehl in den Becher geben, mit einem Löffel durchrühren, ebenfalls zu dem Gemüse geben. Unterrühren und aufkochen.

Tipp: Ich habe Kartoffelpüree dazu gegessen, passte sehr gut!

6844. Kakao „Bohnen + Luxus", März 2015

Im Vitamix 4,5 Min auf höchster Stufe schlagen:

* 10 g Kakaonibs
* 1 TL Kakaopulver (Rohkostqualität), 3 g
* 20 g Cashewnussbruch
* 3 Datteln entsteint (50 g netto)
* 25 g gekochte weiße Bohnen
* 5 g frischer Ingwer
* auf 450 ml (Markierung im Becher) mit Wasser auffüllen (= 300 g Wasser)

Eine schöne ausgewogene Mischung!

6845. Einkornflöckchen mit Butter, März 2015

* 45 g Butter
* 190 g Honig
* 200 g Nackthafer
* 300 g Einkorn
* 1 Prise Salz
* 1 geh. TL Vanillepulver
* 1 P Weinstein-Backpulver
* 80 g Reishirsecreme 6839 o. Ä.

Butter und Honig in einer kleinen Pfanne schmelzen. Nackthafer und Einkorn zusammen in der Mühle fein mahlen. Die trockenen Zutaten verrühren, die Butter-Honig-Mischung und die Creme hinzugießen und mit den Knethaken eines Handrührgeräts verkneten. Mit den angefeuchteten Händen Kugeln formen und nebeneinander auf ein Backblech setzen. Mit einer nassen Gabel leicht flach drücken. Ofen (Heißluft) auf 160 °C vorheizen und 12 Min. backen.

6846. Einkornflöckchen vegan, März 2015

- 40 g Kokosöl
- 190 g Ahornsirup
- 200 g Nackthafer
- 300 g Einkorn
- 1 Prise Salz
- 1 geh. TL Vanillepulver
- 1 P. Weinstein-Backpulver
- 80 g Reishirsecreme 6839

Kokosöl in einer kleinen Pfanne schmelzen. Nackthafer und Einkorn zusammen in der Mühle fein mahlen. Die trockenen Zutaten verrühren, geschmolzenes Kokosöl, Ahornsirup und Creme hinzugießen und mit den Knethaken eines Handrührgeräts verkneten. Mit den angefeuchteten Händen Kugeln formen und nebeneinander auf ein Backblech setzen. Mit einer nassen Gabel leicht flach drücken. Ofen (Heißluft) auf 160 °C vorheizen und 12 Min. backen.

6847. Kekscreme, März 2015

2 Desserts.

- 55 g Reishirsecreme
- 2 Bananen (205 g netto)
- 5 g Kekskrümel (hier von 6846)
- 10 g Zitronensaft
- 50 g Carrot Flakes 6811 o. Ä.
- 10 g Wilde Erdnüsse

Alle Zutaten außer den Erdnüssen im Hochleistungsmixer mit dem Stößel zu einer Creme verarbeiten. Darauf achten, dass keine Keksstücke übrigbleiben. Auf zwei Schüsselchen verteilen, mit den Erdnüssen dekorieren.

6848. Ras el Hanout-Linguine mit Hirse, März 2015

- 40 g Buchweizen
- 120 g Kamut
- 1 TL Ras el Hanout (Gewürzmischung, hier von Reishunger.de)
- 80 g Wasser

Hirse und Kamut zusammen fein mahlen, mit dem Gewürz mischen. Mit dem Wasser 5-7 Min. kneten, in Haushaltsfolie wickeln und 4-5 Std. liegen lassen.

Durch die Walzen drehen und auf ein Küchentuch ablegen: 10 x Stufe 1; je 1 x Stufe 2-4.

Darauf ein anderes Küchentuch legen und 30 Min. ruhen lassen.

Durch den Linguineaufsatz laufen lassen, die Linguine auf Küchentücher legen und bis zum Kochen offen liegen lassen. In reichlich Salzwasser ca. 2-3 Min. kochen. *Ging gut mit der Hirse.*

6849. Blumenokkoli mit Champs, März 2015

Für 2 Personen

Gemüse:
- 100 g Wasser
- 190 g Blumenkohl
- 190 g Brokkoli (ohne großen Strunk)
- 160 g Champignons

Soße:
- 10 g Zitronensaft
- 1 TL Salz
- 75 g gekochte weiße Bohnen
- 10 g Senf
- 6 g Honig
- 20 g Sonnenblumenöl
- 50 + 50 g Wasser

100 g Wasser in eine Pfanne (24 cm) geben. Blumenkohl in Röschen teilen, Brokkoli und Champignons in Scheiben schneiden und in die Pfanne geben. Als Gemüsepfanne 10 Min. dünsten. Soßenzutaten, aber nur mit 50 g Wasser, im Mixer gut verquirlen. Unter das Gemüse rühren, Becher mit 50 g Wasser ausspülen, diese Flüssigkeit ebenfalls zum Gemüse geben. Vorsichtig unterheben und aufkochen lassen.

6850. Sesambrot freigeschoben, März 2015

- 400 g Weizen
- 100 g Einkorn
- 105 g Wildhefe-Wasser
- 200 g Wasser
- 2 gestr. TL Salz
- 50 g Sesam ungeschält

Samstagmorgen: 100 g Weizen fein mahlen, mit 100 g Hefewasser verrühren. In einer Pengdose bis zum Abend stehen lassen.

Samstagabend: 200 g Weizen fein mahlen, mit dem Ansatz vom Morgen und 200 g Wasser verrühren. In einer Pengdose bis zum Abend stehen lassen.

Sonntagmorgen = Backtag: 100 g Weizen mit 100 g Einkorn fein mahlen und mit Salz und Sesam mischen. Mit dem Ansatz von Samstagabend erst mit einem Löffel verrühren, dann mit der Hand kneten. Insgesamt 15 Min. kneten, dabei weitere 5 g Wildhefewasser einarbeiten. In eine mittelgroße Pengdose geben und 2 Std. gehen lassen. Mehrmals durchkneten: nach 30, dann nach 45, dann nach 60 und nach nochmals 45 Min.

Nach dem letzten Kneten zu einer Kugel unter Spannung formen, dann einen Brotlaib zusammendrücken. Dreimal schräg einschneiden und mit etwas Mehl bestäuben. Auf dem Lochblech in den kalten Ofen schieben (meiner hatte allerdings bereits eine Temperatur von 147 °C vom Backen vorher) und mit Klimagaren backen: 35 Min, Dampfstoß auto, Temperatur 190 °C.

Wildhefeansatz 3:
- 150 g Hefewasser
- 1 EL grüne Rosinen (25 g)
- 1 TL Honig (20 g)
- Wasser auffüllen auf 1 Liter

Immer darauf achten, dass von dem alten Bodensatz etwas mitkommt, ich vermute, dass dort die Hefe sitzt.

6851. Herbes Bananenquartett, März 2015

2 x Frühstück.

- 2 EL Leinsamen
- 6 EL Nackthafer
- 1 Grapefruit (240 g netto)
- 4 Bananen (365 g netto)
- 1 kleine Kiwi (40 g netto)
- 1 Mandarine (55 g netto)
- 16 Haselnüsse

Leinsamen mit dem Getreide flocken, auf zwei Schüsselchen verteilen. Grapefruit, Banane und Kiwi schälen, in grobe Stücke teilen und im Hochleistungsmixer pürieren, über das Getreide geben. Mandarine schälen, Kerne entfernen und mit den Haselnüssen als Dekoration oben auf das Obst legen. Möglichst frisch servieren, damit der Bananenschaum nicht braun wird.

6852. Haselnusshauchkakao, März 2015

Im Hochleistungsmixer, je nach Gerät, 4,5 bis 8 Min auf höchster Stufe schlagen:

- 10 g Kakaonibs
- 1 TL Kakao (3 g)
- 8 g Haselnüsse
- 3 Datteln entsteint (42 g netto)
- 6 g frischer Ingwer
- 50 g gekochte weiße Bohnen
- auf 450 ml (Markierung im Becher) mit Wasser auffüllen = 300 g Wasser

Hinweis: *Haselnüsse sind sehr intensiv im Geschmack, dieselbe Menge anderer Nüsse hätte ich niemals so deutlich herausgeschmeckt.*

6853. Gebohnertes Knäcke glutenfrei, März 2015

Vorläufer: 6776

- 100 g Mais
- 100 g Kichererbsen
- 100 g Naturreis
- 1 TL Salz
- 1 TL Aioli-Gewürzmischung oder Pizzagewürz
- 100 g gekochte weiße Bohnen
- 300 g Wasser
- Schwarzkümmel
- Sesam ungeschält

Mais, Kichererbsen und Reis nacheinander fein mahlen und mit den Gewürzen mischen. Bohnen mit Wasser und Salz im kleinen Mixer, großer Becher, verquirlen und hinzufügen. Mit einem Löffel einrühren. Mit einer nassen Teigkarte auf dem Blech möglichst gleichmäßig verteilen und Vierecke vorzeichnen. Etwa zwei Bahnen mit Schwarzkümmel, zwei mit Sesam bestreuen und zwei leer lassen.

In den kalten Ofen schieben und 35 Min. bei 160 °C backen. 5 Min. bei ausgestelltem Ofen nachbacken.

6854. Schokopudding vegan, März 2015

2 Portionen

- 50 g Hirse
- 25 g Kakaonibs
- 5 entsteinte Datteln (65 g netto)
- 255 g Wasser
- 1 Banane (90 g netto)
- 2 Mandeln (oder Cashewnüsse)

Hirse, Nibs, Datteln und Wasser im Hochleistungsmixer schlagen, bis die Masse stockt und die Messer „durchdrehen". Die Banane schälen, in Scheiben geschnitten auf 2 Schüsselchen verteilen und mit dem Pudding abdecken. In die Mitte je eine Mandel als Dekoration stecken.

Meist gibt es bei mir Cremes. Ich habe aber als Kind schon so richtig feste Puddings geliebt und meine Mutter immer genervt, weil sie lieber Cremes (die hießen bei uns „Flammeries") machte. Heute habe ich mir richtigen Pudding gegönnt (obwohl das strenggenommen auch kein Pudding ist, sondern faktisch ein Flammerie, wie ich mal bei Dr. Oetker gelernt habe.

6855. Kartoffelbeilage, März 2015

Für 2 Personen als Beilage

- 60 g Wasser
- 10 g Sonnenblumenöl
- 420 g Kartoffeln (netto, d. h. ohne Schadstellen), meine waren vorwiegend festkochend

Wasser und Öl in eine Alugusspfanne (20 cm, Woll-Pfanne) geben. Kartoffeln unter fließendem Wasser abbürsten, in Scheiben schneiden und Schadstellen entfernen. Kartoffelscheiben in die Pfanne geben.. Als Gemüsepfanne 15 Min. dünsten.

Zum Schluss schauen, ob noch Wasser in der Pfanne steht.

Bei mir waren das wohl noch 2-3 EL (da würde ich beim nächsten Mal weniger nehmen). Auf höherer Stufe ohne Deckel etwas köcheln lassen. Oder das Wasser auffangen und für eine Soße weiterverwenden.

Abgeleitet ist das von den Bratdünstkartoffeln, die ich früher gerne gemacht habe, da ist mir aber der Fettanteil mittlerweile zu hoch.

6856. Mangold mit Gerste, März 2015

2 Portionen.

- 150 g Wasser (= 2 x die Gerstenmenge)
- 215 g Mangold (netto)
- 105 g Brokkolistrunk
- 75 g Nacktgerste

Soße:

- 1 TL Salz
- 1/4 TL Paprika edelsüß
- 1/4 TL gem. Kümmel
- 55 g gekochte weiße Bohnen
- 50 g Wasser

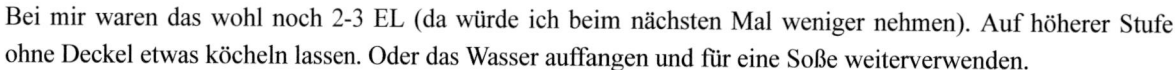

150 g Wasser in eine Pfanne (24 cm) gießen. Mangold waschen und in Streifen, Strunk in dünne Scheiben oder Halbscheiben schneiden, in die Pfanne geben. Gerste flocken und auf dem Gemüse verteilen. Deckel auflegen, auf höchster Einstellung zum Kochen bringen, bis Dampf unter dem Deckel austritt. Auf kleinste Einstellung drehen und 13 Min. dünsten, ohne den Deckel abzuheben.

Die Soßenzutaten in einem kleinen Becher mit dem kleinen Mixer pürieren, unter das Gemüse rühren, sodass alles mit Soße bedeckt ist. Aufkochen. Bei mir gab es dazu eine Kartoffelbeilage.

6857. Sahnebereichertes FKG, März 2015

2 x Frühstück

Abends

- 4 EL Sechskorngetreide, grob schroten & auf zwei Schüsseln verteilen. Mit insgesamt
- 130 g Wasser übergießen. Abgedeckt bei Raumtemperatur stehen lassen.

Morgens

- 2 EL Leinsamen
- 5 g Zitronenfleisch
- 1 Orange (165 g netto)
- 1 Mandarine (50 g netto)
- 2 Bananen (180 g netto)
- 1 Apfel (185 g)
- 20 g Sahne
- 2 EL Buchweizen
- 2 kleine Kiwi (90 g netto)

Leinsamen flocken, auf das eingeweichte Getreide geben. Das Obst ggf. schälen, außer den Kiwis in grobe Stücke teilen und mit der Sahne im Hochleistungsmixer pürieren. Über das Getreide gießen. Mit Buchweizen bestreuen. Kiwis schälen, jeweils in 5 Scheiben schneiden und als Dekoration auf den Buchweizen legen.

6858. Bohnenreichtum, März 2015

Ich hatte gedacht, ich hätte noch „eine kleine Portion Bohnen". In den Vitamix gekippt, waren es dann doch deutlich mehr als geplant. – Im Hochleistungsmixer, je nach Gerät, 4,5 bis 8 Min auf höchster Stufe schlagen:

- 10 g Kakaonibs
- 100 g gekochte weiße Bohnen
- 5 Datteln entsteint (52 g netto)
- 1 geh. TL Carob (7 g)
- 5 g frischer Ingwer
- auf 450 ml (Markierung im Becher) mit Wasser auffüllen = 300 g Wasser

6859. Kicherbananen, März 2015

Da im Moment wieder ständig schöne Bananen im Angebot sind (in der Billigecke), könnten wir uns fast von Bananen alleine ernähren. 2 x Dessert

Herstellung im kleinen Mixer. Wer die Deko anders gestaltet, erhält ein veganes Dessert

- 2 Bananen (205 g netto)
- 100 g gekochte Kichererbsen
- 5 g Zitronenfleisch
- 15 g Ahornsirup
- 20 g Tarpa-Pflaumenmus (nur Obst und Honig)
- 1/2 TL Cashewnussbruch

Bananen schälen, in Stücke brechen und in den großen Becher eines kleinen Mixers geben. Kichererbsen, Zitronenfleisch und Ahornsirup hinzufügen und mit dem hochstehenden Messer ca. 1 Min. schlagen. Auf 2 Schüsselchen verteilen, in die Mitte je einen Klecks Pflaumenmus setzen und ein paar Cashewnussstücke darüber streuen.

Anmerkung: *„Natürlich" ist der Ahornsirup nicht vollwertig. Zum nachträglichen Süßen eignet er sich einfach besser als Honig, in so winzigen Mengen und alle Jubeljahre in einem veganen Gebäck kann ich das aushalten.*

6860. Kokossierter Blumenkohl, März 2015

2 Portionen

Gemüse:	Soße:
• 10 g Kokosöl	• 35 g Kokosraspeln
• 100 g Wasser	• 5 g Essigpeperoni 7/4573
• 380 g Kartoffeln	• 50 g gekochte Kichererbsen
• 370 g Blumenkohl	• 1 TL Salz
•	• 1-2 Prisen gem. Cumin
	• 100 + 50 g Wasser

Kokosöl und Wasser in eine Pfanne (Woll, 24 cm Durchmesser) geben. Kartoffeln unter fließendem Wasser abbürsten, Schadstellen entfernen und in Scheiben schneiden. In die Pfanne geben. Blumenkohl in Stücke schneiden und auf die Kartoffeln legen. Als Gemüsepfanne 15 Min. dünsten.

Im kleinen Becher eines Mixers die Soßenzutaten (ohne 50 g Wasser) gut miteinander mischen, zu dem Gemüse geben. Wenn das Kochwasser fast vollständig verkocht ist, den Becher nun mit 50 g Wasser nachspülen und dieses Wasser ebenfalls zum Gemüse geben. Vorsichtig unterziehen und aufkochen.

6861. Alles kaufreundlich-FKG, März 2015

2 x Frühstück.

Abends: siehe 6842.

Morgens

- 2 EL Leinsamen
- 1 Orange geschält (140 g netto)
- 3 Bananen geschält (305 g netto)
- 1 Apfel (130 g)
- 1 Mandarine geschält (50 g netto)
- 20 g Cashewnussbruch
- 1 TL Kokosraspeln
- 2 MS Carob

Leinsamen flocken, auf das eingeweichte Getreide geben. Das Obst in grobe Stücke teilen und mit den Nüssen im Hochleistungsmixer pürieren. Obst auf dem Leinsamen verteilen, mit Raspeln und Carobpulver dekorieren.

6862. Kikokao, März 2015

Im Vitamix ca. 4,5 Min auf höchster Stufe schlagen:

- 10 g Kakaonibs
- 50 g gekochte Kichererbsen
- 3 Datteln entsteint (48 g netto)
- 5 g frischer Ingwer
- 30 g Kokosraspeln
- Auf 450 ml (Markierung im Becher) mit Kochwasser der Kichererbsen von gestern (350 g) oder Wasser auffüllen

6863. Kokosleckerli, März 2015

2 x Dessert

- 2 Bananen geschält (205 g netto)
- 50 g gekochte Kichererbsen
- 1 Mandarine geschält (50 g netto)
- 25 g Kokosraspeln
- 1 Kiwi geschält (65 g brutto)

Banane in Stücke brechen. Mit Kichererbsen, Mandarine und Raspeln in den großen Becher eines Magic „quetschen" und mit dem hochstehenden Messer zu einer Creme schlagen. Auf zwei Schüsselchen verteilen. Die Kiwi längs in Achtel schneiden, jeweils vier Stück als Dekoration auf den Nachtisch legen.

6864. Brokkoli unter Mandarindach

Mit Kartoffeln (500 g) zusammen Hauptmahlzeit für 2 Personen

Gemüse:
- 55 g Wasser
- 350 g Brokkoli

Soße:
- 30 g Cashewnussbruch
- 2 Mandarinen geschält (90 g netto)
- 1 TL Salz
- 1/2 TL Curry
- 50 g Wasser

Wasser in eine 24-cm-Pfanne (Keramik) geben, Brokkoli in essbare Stücke schneiden, aber nicht zu klein. Der große Strunk wird nicht mit verwendet. Als Gemüsepfanne 12 Min. dünsten.

Soßenzutaten im Mixer, kleiner Becher & flaches Messer, 1 Min. lang schlagen. Auf dem Teller die Soße über den Brokkoli geben. Bei mir gab es dazu Ofenkartoffeln.

6865. Banana mit Sahna, März 2015

2 x Frühstück.

Abends
- 6 EL Sechskorngetreide, grob schroten & auf zwei Schüsseln verteilen. Mit insgesamt
- 160 g Wasser übergießen. Abgedeckt bei Raumtemperatur stehen lassen.

Morgens
- 2 EL Leinsamen
- 10 g Zitronenfleisch
- 3 Bananen geschält (300 g netto)
- 1 Apfel (210 g)
- 1 Mandarine geschält (55 g netto)
- 40 g Sahne
- 1 Kiwi (65 g brutto)

Leinsamen flocken, auf das eingeweichte Getreide geben. Bananen, Apfel und Mandarine in grobe Stücke teilen und mit der Sahne im Hochleistungsmixer pürieren. Obstpüree auf den Leinsamen gießen. Kiwi schälen, würfeln und als Deko oben auf das Obst streuen.

6866. Unschmeckbare Sahne-Kakao, März 2015

Im Hochleistungsmixer, je nach Gerät, 4,5 bis 8 Min auf höchster Stufe schlagen:
- 20 g Kakaonibs
- 10 g Nackthafer
- 4 Datteln entsteint (55 g netto)
- 5 g frischer Ingwer
- 2 g Sahne (Rest in einem Becher)
- Auf 450 ml (Markierung im Becher) mit Wasser auffüllen = 350 g Wasser

Das mit den Kakaonibs war nicht geplant - daher auch mehr Datteln. War aber lecker.

6867. Brokkoli unter Banana, März 2015

Mit Basmatireis (200 g Rohgewicht) zusammen Hauptmahlzeit für 2 Personen.

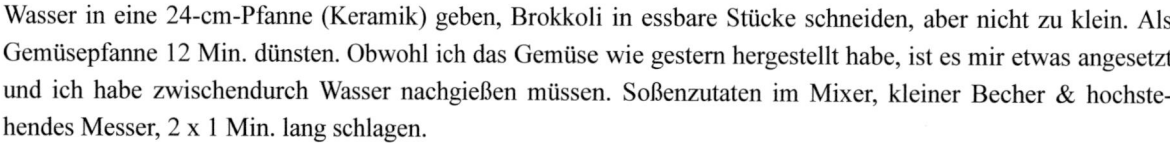

- Gemüse:
- 60 g Wasser
- 350 g Brokkoli

Soße

- 30 g Cashewnussbruch
- 1 Banane geschält (110 g netto)
- 1 TL Salz
- 1/2 TL Curry
- 50 g Wasser
- 68 g gekochte Kichererbsen
- 5 g Essigpeperoni 7/4573
- 15 g Zitronenfleisch

Wasser in eine 24-cm-Pfanne (Keramik) geben, Brokkoli in essbare Stücke schneiden, aber nicht zu klein. Als Gemüsepfanne 12 Min. dünsten. Obwohl ich das Gemüse wie gestern hergestellt habe, ist es mir etwas angesetzt und ich habe zwischendurch Wasser nachgießen müssen. Soßenzutaten im Mixer, kleiner Becher & hochstehendes Messer, 2 x 1 Min. lang schlagen.

Weil ich heute einen Gast hatte, habe ich den Reis in eine Schüssel und das Gemüse mit der Soße darüber in eine andere Schüssel gegeben. Da das Essen gestern so lecker war, ich aber nie identisch wiederhole (außerdem auch keine Mandarinen mehr hatte), gab es eine etwas andere Soße und Reis dazu. Mir hat's noch besser geschmeckt als gestern, bei meinem Gast ist das, glaube ich, umgekehrt, auch wenn er nichts gesagt hat. Geschmeckt hat ihm aber beides.

6868. Wild alkoholisierte Flocken, März 2015

2 x Frühstück.

- 2 EL Leinsamen
- 6 EL Nackthafer
- 2 EL Sonnenblumenkerne
- 25 g Rosinen, mit denen Wildhefewasser hergestellt worden war, d. h. fermentiert
- 15 g Zitronenfleisch
- 1 Kiwi geschält (45 g netto)
- 1 größere Birne (235 g)
- 3 Bananen geschält (310 g)
- 20 g Maulbeeren

Leinsamen mit Getreide und Sonnenblumenkernen mischen und flocken, auf zwei Schüsselchen verteilen. Das Obst in grobe Stücke teilen und mit den Rosinen im Hochleistungsmixer pürieren, über das Getreide geben. Mit Maulbeeren dekorieren.

Kollege war vom Frühstück total begeistert. Die Rosinen schmeckten ziemlich durch, also so ein dezenter Geschmack nach Alkohol (wenn man's weiß). Das werde ich wiederholen (können).

6869. Gesundmachkakao, März 2015

Wegen Halsschmerzen habe ich die Ingwerdosis verdoppelt.

Im Hochleistungsmixer, je nach Gerät, 4,5 bis 8 Min auf höchster Stufe schlagen:

- 10 g Kakaonibs
- 10 g Nackthafer
- 3 Datteln entsteint (42 g netto)
- 10 g frischer Ingwer
- 1 TL Kakao (3 g)
- auf 500 ml (Markierung im Becher) mit Wasser auffüllen (= 350 g Wasser)

6870. Schokocreme honigvegan, März 2015

2-3 Portionen.

- 60 g Nackthafer
- 10 g Kakaopulver
- 45 g getr. Maulbeeren
- 350 g Wasser
- 15 g Kokosstreifen
- 2 TL Orangeat (z. B. 6460)

Hafer, Kakao, Maulbeeren und Wasser im Hochleistungsmixer bis zum Stocken auf der höchsten Stufe schlagen. Auf zwei oder drei Schüsselchen verteilen, mit Kokosstreifen bestreuen und in die Mitte einen Klecks Orangeat setzen.

Da ich Hafer ausgesprochen gerne esse, wollte ich mal eine Creme mit Hafer machen. Das wird aber nicht so ganz fest. Macht nix, war lecker.

6871. Mangold + Knoblauch in Cremesoße, März 2015

Gemüsepfanne:

- 50 g Wasser
- 320 g Mangold (netto)
- 125 g Tomate (1 mittelgroße)
- 15 g Knoblauch (netto)

Soße:

- 30 g Cashewnussbruch
- 10 g Sonnenblumenöl
- 8 g Zitronenfleisch
- 1 TL Salz
- 1/2 TL Paprika edelsüß
- 50 g + 45 g Wasser

Wasser in eine Keramikpfanne (24 cm) geben. Vom Mangold das untere Ende (etwa 1,5 cm) abschneiden, die Blätter waschen und trockenschleudern, in feine Streifen schneiden und in die Pfanne legen. Tomate würfeln, über den Mangold legen. Knoblauch abziehen, in Scheiben schneiden und über das Gemüse streuen. Als Gemüsepfanne 12 Min. dünsten.

Die Soßenzutaten (45 g Wasser weglassen) im Mixer verquirlen. Zum Gemüse geben. Den Becher mit 45 g Wasser nachspülen. Dieses Wasser ebenfalls zum Gemüse geben, verrühren und aufkochen.

Ich habe Ofenkartoffeln dazu serviert.

6872. Mango-Grapefruit-FKG, März 2015

2 x Frühstück

Abends s. 6865.

Morgens

- 2 EL Leinsamen
- 40 g getr. Mango
- 30 g Cashewnüsse
- 2 cm Vanillestange
- 275 g Wasser
- 1 Grapefruit geschält (230 g netto)
- 2 Bananen geschält (215 g netto)
- 1 Kiwi ungeschält (35 g netto)
- 1 Mandarine geschält (45 g netto)

Leinsamen flocken, auf das eingeweichte Getreide geben. Mango in Stücke reißen, mit Cashewnüssen, Vanillestange und Wasser im Hochleistungsmixer solange laufen lassen, bis sich eine glatte, lauwarme Creme ergibt. Auf das Getreide verteilen. Grapefruit, Bananen und Kiwi (mit Schale, aber ohne Endstücke) in grobe Stücke teilen und im Hochleistungsmixer pürieren. Vorsichtig auf die Mangocreme gießen. Die geschälte Mandarine in Ecken schneiden und als Dekoration auflegen.

6873. Gesundmachkakao II, März 2015

Im Hochleistungsmixer, je nach Gerät, 4,5 bis 8 Min auf höchster
Stufe schlagen:

- 15 g Kakaonibs
- 15 g Nackthafer
- 3 Datteln entsteint (55 g netto)
- 11 g frischer Ingwer
- Auf 500 ml (Markierung im Becher) mit Wasser auffüllen (= 350 g Wasser)

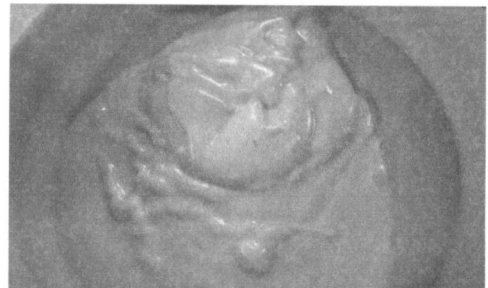

6874. Gerstencreme, März 2015

*Quasi ein Brühstück. Wird mir nicht fest genug, verglichen mit
Reis zum Beispiel.*

Im Hochleistungsmixer bis zum Stocken schlagen:

- 50 g Nacktgerste
- 50 g Cashewnussbruch
- 2 Datteln entsteint (35 g)
- 355 g Wasser

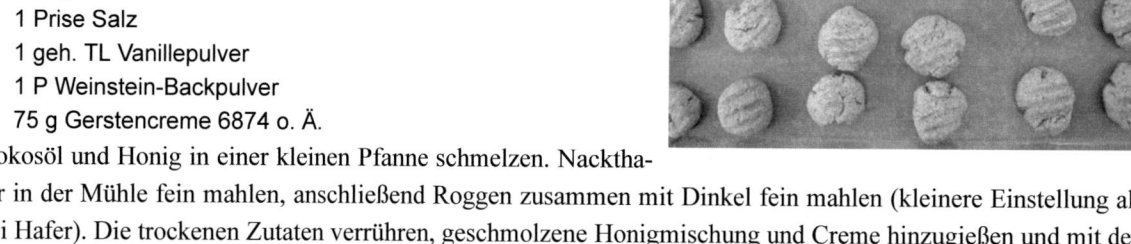

6875. Geröggelte Flöckchen, März 2015

Vorläufer 6846.

- 30 g Kokosöl
- 190 g Honig
- 200 g Nackthafer
- 50 g Roggen
- 250 g Dinkel
- 1 Prise Salz
- 1 geh. TL Vanillepulver
- 1 P Weinstein-Backpulver
- 75 g Gerstencreme 6874 o. Ä.

Kokosöl und Honig in einer kleinen Pfanne schmelzen. Nacktha-
fer in der Mühle fein mahlen, anschließend Roggen zusammen mit Dinkel fein mahlen (kleinere Einstellung als
bei Hafer). Die trockenen Zutaten verrühren, geschmolzene Honigmischung und Creme hinzugießen und mit den
Knethaken eines Handrührgeräts verkneten. Mit den angefeuchteten Händen Kugeln formen und nebeneinander
auf zwei Backbleche setzen. Mit einer nassen Gabel leicht flachdrücken. Ofen (Heißluft) auf 160 °C vorheizen
und 12 Min. backen.

6876. Anisflocken vegan, März 2015

Vorläufer 6875.

- 30 g Kokosöl
- 190 g Agavensirup
- 200 g Nackthafer
- 4 g Aniskörner (1 TL)
- 150 g Dinkel
- 150 g Einkorn
- 50 g Cashewnussbruch
- 1 Prise Salz
- 1 P. Weinstein-Backpulver
- 90 g Gerstencreme 6874 o. Ä.

Kokosöl in einer kleinen Pfanne schmelzen, Agavensirup hinzufügen (aber nicht mehr erhitzen). Nackthafer mit
dem Anis zuerst mahlen, Dinkel und Einkorn zusammen feiner mahlen. Cashewnüsse mahlen. Trockene Zutaten
verrühren, geschmolzenes Kokosöl mit Agavensirup und Creme hinzugießen und mit einem Handrührgerät verkneten. Mit den angefeuchteten Händen Kugeln formen und nebeneinander auf zwei Backbleche setzen. Mit
einer nassen Gabel leicht flachdrücken. Ofen (Heißluft) auf 160 °C vorheizen und 12 Min. backen.

6877. Gerste hoch Ingwer, März 2015

Im Hochleistungsmixer, je nach Gerät, 4,5 bis 8 Min auf höchster Stufe schlagen:

- 75 g Gerstencreme 6874 o. Ä.
- 15 g Nackthafer
- 20 g Honig (1 TL)
- 10 g frischer Ingwer
- Auf 450 ml (Markierung im Becher) mit Wasser auffüllen (= 350 g Wasser)

6878. Wildhefefocaccia, März 2015

Kaltgeführt, d. h. im Kühlschrank und langsam. – Die Focaccia war sehr lecker - aber wie oft bei der Wildhefe war der Teig so „läufig". Dennoch hatte der Fladen eine schöne Struktur. Vielleicht darf einfach die letzte Gehzeit nicht so lang sein?

1. Tag:
- 50 g Wildhefe + 50 g Weizen fein gemahlen, Pengdose, Kühlschrank

2. Tag:
- Ansatz von Tag 1 + 100 g Wasser + 100 g Weizen fein gemahlen, Pengdose, Kühlschrank

4. Tag:
- Ansatz von Tag 2 + 100 g Wasser + 100 g Weizen fein gemahlen, Pengdose, Kühlschrank

6. Tag = Backtag, morgen 7 Uhr

Ansatz von Tag 4:
- 25 g Wasser, 50 g Weizen fein gemahlen, 1 TL Salz, alles gut verrühren. Pengdose.
- 2 Std. im Kühlschrank, 2 Std. bei Raumtemperatur
- Ofen auf 230 °C vorheizen, wenn noch etwa 5 Min. übrig sind:
- Teig vorsichtig in eine 28 cm-Pizzaform (PerfectClean) gießen.

Belegen:
- 90 g Cocktailtomaten
- Hagelsalz
- 10 g Sonnenblumenöl

Tomaten halbieren, in den Teig stecken. Mit Hagelsalz bestreuen und dem Öl beträufeln. In den Ofen schieben, Temperatur auf 190 °C absenken. 25 Min. backen und 5 Min. bei ausgestelltem Ofen nachbacken.

(Ich habe die Focaccia leider nach 20 Min. schon aus dem Ofen genommen, weil ich dachte, sie ist fertig. Durchgeschnitten, nochmal eingeschoben - zum Glück hat es geklappt.)

6879. Champignons mit rotem Reis, März 2015

2 Portionen

- 200 g roter Reis
- 350 g Wasser
- 60 g Wasser
- 220 g große braune Champignons
- 20 g Cashewnüsse
- 1 TL Salz
- 1 MS Pfeffer
- 20 g Senf
- 75 g + 30 g Wasser
- 1 Banane (85 g netto)

Reis mit 350 g Wasser wie beschrieben (6448) im Schnellkochtopf kochen.

60 g Wasser in eine Keramikpfanne (24 cm) geben. Champignons in dünne Scheiben schneiden, in die Pfanne geben (wenn der Reis noch 4 Min. hat). Als Gemüsepfanne 12 Min. dünsten. Cashewnüsse, Salz, Pfeffer, Senf, 75 g Wasser und die geschälte, in Stücke geteilte Banane mit einem kleinen Mixer 45 Sek. lang mixen, bis es eine schöne gleichmäßige Soße ist. Unter das Gemüse rühren. Den Becher mit 30 g Wasser nachspülen.

6880. Smiling Fruit, März 2015

2 x Frühstück.

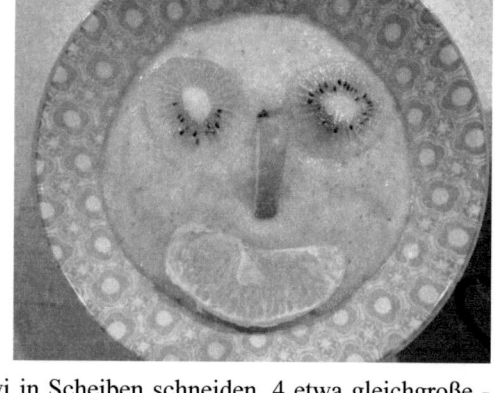

- 2 EL Leinsamen
- 6 EL Nackthafer
- 15 g Zitronenfleisch
- 1 geschälte Orange (190 g netto)
- 1 Apfel (165 g)
- 2 geschälte Bananen (185 g netto)
- 1 geschälte Kiwi 57 g brutto

Leinsamen mit dem Getreide flocken, auf zwei Schüsselchen verteilen. Von der Orange 2 Spalten beiseitelegen. Apfel vierteln, von einem Viertel eine 4-5 mm dicke Scheibe abschneiden. Kiwi in Scheiben schneiden, 4 etwa gleichgroße - aber kleine Scheiben ebenfalls beiseitelegen. Restliches Obst im Vitamix pürieren und über die Flocken gießen. Je 2 Kiwischeiben als Augen auf die obere Hälfte des Obstpürees geben. Die Apfelscheibe halbieren und so unterhalb der Kiwischeiben in die Mitte stecken, dass die Apfelschale nach außen guckt. Unter die Apfelstücke die Orangenspalten legen, mit der Rundung nach unten.

6881. Letztes Winken-Kakao, März 2015

Der Halsschmerz ist praktisch weg. Aber nochmal nachschieben kann nicht schaden.

Im Hochleistungsmixer, je nach Gerät, 4,5 bis 8 Min auf höchster Stufe schlagen:

- 15 g Kakaonibs
- 15 g Nacktgerste
- 2 Datteln entsteint (40 g netto)
- 10 g frischer Ingwer
- 3 g Plätzchenkrümel (nicht wirklich notwendig)
- Auf 500 ml (Markierung im Becher) mit Wasser auffüllen (= 390 g Wasser). In der Tasse
- 1 EL Sahne in den Kakao tropfen lassen.

6882. Mochireis, März 2015

- 100 g Mochireis
- 255 g Wasser

Beide Zutaten in den Schnellkochtopf geben. 11 Min. auf Stufe II garen, dann den Herd auf 2 (von 14) schalten und 10 Min., dann auf Stufe 1 nochmals 10 Min. langsam abdampfen lassen. Geschlossen 10 Min. stehen lassen, dann öffnen.

Er ist gut, aber für mich könnte er noch „matschiger" sein. 12 Min. Garen wären vermutlich noch schöner.

6883. Mochi auf Banani, März 2015

- Mochireis siehe 6882.
- 50 g Gerstencreme
- 50 g Rosinen
- 1 Banane geschält (114 g)
- 2 TL Ahornsirup oder flüssiger Honig

Unter den noch heißen Reis im Schnellkochtopf Gerstencreme und Rosinen unterrühren. Am besten mit einem Kunststofflöffel oder Silikonschaber. Banane in Scheiben schneiden, auf 2 Schüsselchen verteilen. Reis darüber geben. Ahornsirup auf den Reis träufeln. Abkühlen lassen und etwa eine halbe Stunde vor dem Essen in den Kühlschrank stellen.

6884. Kamutpizza mit Champignons, März 2015

Für 2 Personen.

Teig:

- 200 g Kamut
- 1 gestr. TL Salz
- 20 g frische Bio-Hefe (1/2 P)
- 100 g Wasser
- 50 g Gerstencreme 6874 o. Ä.
- 2 EL Streumehl

Roter Belag:

- 2 Tomaten aus der Dose (160 g)
- 40 g Saft aus der Dose (40 g)
- 15 g Wasser
- 5 g Sonnenblumenöl
- 1 TL Salz

Gemüse:

- 140 g Champignons
- 1 große Knoblauchzehe (10 g netto)
- 1 TL Pizzagewürz

Weiße Schicht

- 30 g Cashewnüsse
- 25 g Sonnenblumenöl
- 1 TL Salz
- 1 Prise Schabziegerklee
- 75 g Wasser
- 8 g Zitronenfleisch
- 45 g Gerstencreme 6874 o. Ä.

Teig: Kamut fein mahlen und mit Salz mischen. Hefe im Wasser auflösen, zum Kamut geben, ebenso die Gerstencreme. Gründlich verkneten, gibt einen weichen Teig, der an der Hand klebt, auch nach 7 Min. Kneten noch. Eine Kugel unter Spannung formen und in eine Pengdose legen. Deckel schließen. (Ich habe die Dose auf die Fensterbank über der Heizung gestellt.) Wenn die Dose „ploppt" (bei mir: 35 Min.) Teig nochmals kurz durchkneten, wieder in die Dose geben. Diesen Vorgang wiederholen (bis zum zweiten Plopp waren es 20 Min.) Und noch einmal wiederholen (bis zum dritten Plopp waren es 15 Min.). Jetzt die Dose schließen, ohne durchzukneten. Beim nächsten Plopp (etwa 10 Min.) den Teig mit Hilfe von Streumehl etwas größer als die Pizzaform (Durchmesser 28 cm) auseinanderdrücken. Dabei den Teig auf der Fläche drehen, dann merkt man sofort, wenn er am Untergrund kleben bleibt. Bestimmt 2 EL Mehl sind dafür erforderlich. Auf die Hälfte klappen (achten, dass keine Teigoberfläche klebt, also genug Mehl darauf ist) und in die Pizzaform legen. Auseinanderklappen. Einen Rand hochdrücken. Mit einer Gabel mehrmals einstechen. Stehen lassen. *Roter Belag:* Tomaten und Saft in ein Püriergefäß geben. Den Rest, der noch in der Dose ist, in einer Plastikdose in den Kühlschrank stellen. Dose mit 15 g Wasser nachspülen. Dieses Wasser ebenfalls zu den Tomaten geben. Pürieren (z. B. mit einem Pürierstab). Auf den Teig gießen.

Gemüse: Champignons in Scheiben von 4-5 mm Dicke schneiden. Dicht an dicht auf die Tomatenschicht legen. Knoblauch abziehen, in dünne Scheiben schneiden und auf den Pilzen verteilen. Pizzagewürz (zwischen den Handflächen verrieben) darüber streuen. *Weiße Schicht und Fertigstellung:* Alle Zutaten in den kleinen Becher des Mixers geben. 45 Sek. mischen. Ofen auf 225 °C vorheizen. Sobald der Ofen heiß ist, die weiße Soße auf die Pilze gießen. In den Ofen einschieben, auf 220 °C stellen und 20 Min. backen lassen. Bei ausgeschaltetem Ofen 5 Min. nachbacken.

Hinweis: Leider gibt es in PerfectCean nur Pizzaformen mit einem Durchmesser von 28 cm. Lieber wären mir zwei 20-cm-Formen. Hier ist relativ viel Fett enthalten. In Pizzabelägen, habe ich festgestellt, schmeckt mir das besser. Hätte ich gekochte Hülsenfrüchte gehabt, hätte ich auf die Nüsse verzichten können.

6885. Sahnespuren im Obst, März 2015

2 x Frühstück

Abends

- 6 EL Sechskorngetreide, grob schroten & auf zwei Schüsseln verteilen. Mit insgesamt
- 160 g Wasser übergießen. Abgedeckt bei Raumtemperatur stehen lassen.

Morgens

- 2 EL Leinsamen
- 5 g Zitronenfleisch
- 1 Orange geschält (115 g netto)
- 3 Bananen geschält (350 g netto)
- 1 Mandarine geschält (45 g netto)
- 4 EL Sahne

Leinsamen flocken, auf das eingeweichte Getreide geben. Das Obst in grobe Stücke teilen und im Hochleistungsmixer pürieren. Über den Leinsamen gießen. Jeweils 2 EL Sahne darüber tröpfeln lassen.

6886. Manweißjanie-Kakao, März 2015

Im Hochleistungsmixer, je nach Gerät, 4,5 bis 8 Min auf höchster Stufe schlagen:

- 15 g Kakaonibs
- 15 g Roter Reis
- 10 g Ingwer
- 1 TL Kakao (3 g)
- 30 g Honig
- auf 500 ml (Markierung im Becher) mit Wasser auffüllen (= 390 g Wasser)

6887. Mochicreme, März 2015

Im Hochleistungsmixer bis zum Stocken schlagen:

- 50 g Mochireis
- 50 g Cashewnussbruch
- 1 Dattel entsteint (20 g)
- 350 g Wasser

Das Stocken ist schwer zu erkennen, weil es nicht richtig fest wird. Das wundert mich, ich hatte gedacht, gerade der Mochireis klebt alles richtig zu.

6888. Fettreduzierte Schokolade Version 1, März 2015

Stufe 1

- 100 g Kakaonibs
- 100 g Cashewnüsse
- 1 Prise Salz

Stufe 2

- 75 g Mochicreme 6887 o. Ä.
- 3 g Kakaopulver (1 TL)
- 20 g Carobpulver
- 65 g Honig
- 60 g Kakaobutter

Im Vitamix herstellen, erst Stufe 1, dann Stufe 2 zugeben.

Ich habe vor zwei Jahren bereits versucht, die Fettmenge zu reduzieren. Jetzt möchte ich das doch noch einmal austesten. Immerhin: Die Kakaobutter ist nicht ausgeklumpt. Die warme Konsistenz ist wie Pudding, also zu dick. Die rohe Masse ist sehr wenig süß. Aus dem Kühlschrank kommt sie schnittfest und lecker.

6889. Doppelschicht, März 2015

2 Desserts

- 170 g Mochicreme 6887 o. Ä.
- 1 Kiwi (60 g netto)
- 75 g Gerstencreme 6874 o. Ä.
- 25 g Fettreduzierte Schokolade Version 1 6888

Die Hälfte der Mochicreme (etwa 4 EL) auf zwei Gläser verteilen. Kiwi schälen, würfeln und auf die Creme geben. Die Kiwiwürfel mit dem Rest der Mochicreme bedecken (wiederum 4 EL), darauf kommen etwa 4 EL Gerstencreme. Da sie flüssiger ist, „wiegt" sie weniger und die Schicht ist dünner. 25 g Schokolade in Streifen schneiden und auf die Oberfläche legen.

6890. Bananen-Tomaten-Dressing auf Vorrat, März 2015

- 40 g getr. Tomaten
- 200 g Wasser
- 40 g Sonnenblumenöl
- 2 Bananen (190 g netto)
- 75 g Wasser
- 125 g Apfelessig
- 20 g Tamari
- 20 g Salz
- 105 g Mandeln
- 20 g Senf

Tomaten einige Std. (etwa 5-6) in 200 g Wasser einweichen. Alle Zutaten zusammen im Vitamix gut durchschlagen, bis die Masse lauwarm, aber nicht heiß ist.

6891. Ras el Hanout-Linguine mit Hirse, März 2015

- 40 g Hirse
- 120 g Kamut
- 1 TL Ras el Hanout (Gewürzmischung)
- 80 g Wasser

Hirse und Kamut zusammen fein mahlen, mit dem Gewürz mischen. Mit dem Wasser 5-7 Min. kneten, in Haushaltsfolie wickeln und 4-5 Std. liegen lassen. Durch die Walzen drehen und auf ein Küchentuch ablegen: - 10 x Stufe 1; - Je 1 x Stufe 2-4. Ein anderes Küchentuch auf die Bahnen legen und 30 Min. ruhen lassen. Durch den Linguineaufsatz laufen lassen, die Linguine auf Küchentücher legen und bis zum Kochen offen liegen lassen. In reichlich Salzwasser ca. 2-3 Min. kochen.

6892. Brokkoli-Bolognese, März 2015

Soße:
- 200 g Bananen-Tomaten-Dressing auf Vorrat 6890 o. Ä.
- 2 Dosentomaten (120 g)
- 40 g Saft von den Dosentomaten
- 50 g Mochicreme 6887 o. Ä.
- 1 TL Salz
- 1 MS schwarzer Pfeffer
- 1/2 TL Paprika edelsüß
- 75 g Wasser

- 40 g Wasser
- 55 g von der Soße oben
- 65 g Champignons
- 235 Brokkolistrunk

Im Vitamix gut durchmischen.

Wasser und Soße in eine 24-cm-Pfanne geben. Champignons und Brokkoli würfeln. Ich habe mir sehr viel Mühe gegeben, dass die Stücke nicht zu riesig werden . Deckel auflegen, auf höchster Einstellung zum Kochen bringen, bis Dampf unter dem Deckel austritt. Auf kleinste Einstellung drehen und 10 Min. dünsten, ohne den Deckel abzuheben. 10 Min. reichen hier völlig, da es eine Bolognese werden soll, ist es schon besser, wenn der Brokkoli noch ein wenig bissfest ist. Restliche Soße hinzugeben und verrühren. Kurz aufkochen.

6893. Hidden Cream, März 2015

2 x Frühstück

Abends

- 6 EL Sechskorngetreide, grob schroten & auf zwei Schüsseln verteilen. Mit insgesamt
- 160 g Wasser übergießen. Abgedeckt bei Raumtemperatur stehen lassen.

Morgens

- 2 EL Leinsamen
- 1 Apfelsine geschält (130 g netto)
- 2 Bananen geschält (230 g netto)
- 1 Apfel (230 g)
- 40 g Sahne
- 1 Kiwi geschält (60 g brutto)

Leinsamen flocken, auf das eingeweichte Getreide geben. Obst außer Kiwi in grobe Stücke teilen und mit der Sahne im Hochleistungsmixer nicht zu fein pürieren. Auf die Schüsseln verteilen. Kiwi in Scheiben schneiden und als Dekoration auf das Obst legen.

6894. Grüner Kakao, März 2015

Im Hochleistungsmixer, je nach Gerät, 4,5 bis 8 Min auf höchster Stufe schlagen:

- 10 g Kakaonibs
- 10 g Nackthafer
- 2 Datteln entsteint (42 g netto)
- 2 Schoten grüner Kardamom
- 35 g Kochwasser von Adzukibohnen o. Ä.
- 5 g frischer Ingwer
- Auf 500 ml (Markierung im Becher) mit Wasser auffüllen (= 370 g Wasser)

Die grünen Kardamomschoten riechen an sich wunderbar, aber im Kakao habe ich sie überhaupt nicht geschmeckt.

6895. Möhren mit Brokkoli, März 2015

Gemüse:

- 60 g Wasser
- 260 g Möhren (netto)
- 140 g Brokkoli

Soße:

- 50 g Mochicreme 6887 o. Ä.
- 1 TL Salz
- 10 g Zitronenfleisch
- 20 g Sonnenblumenöl
- 50 + 20 g Wasser

Wasser in eine Pfanne (24 cm) geben. Möhren in Scheiben schneiden, Brokkoli in Röschen zerlegen und beides in die Pfanne geben. Als Gemüsepfanne 12 Min. dünsten.

Die Soßenzutaten (außer 20 g Wasser) im Mixer gut mixen, unter das Gemüse rühren. Den Becher mit 30 g Wasser nachspülen. Dieses Wasser ebenfalls zum Gemüse geben, verrühren und aufkochen. Dazu gab es Ofenkartoffel.

6896. Adzukidrink, März 2015

Im Hochleistungsmixer, je nach Gerät, 4,5 bis 8 Min auf höchster Stufe schlagen:

- 40 g gekochte Adzukibohnen
- 1 Dattel entsteint (20 g)
- 5 g Ingwer
- 3 grüne Kardamomschoten
- Auf 500 ml (Markierung im Becher) mit Wasser auffüllen

6897. Leinenrand, März 2015

2 x Frühstück

Abends

- 6 EL Sechskorngetreide grob schroten & auf zwei Schüsseln verteilen. Mit insgesamt
- 160 g Wasser übergießen. Abgedeckt bei Raumtemperatur stehen lassen.

Morgens

- 15 g Zitronenfleisch
- 2 Bananen geschält (185 g netto)
- 1 große Birne (275 g)
- 1 Apfel (115 g)
- 2 EL Leinsamen
- 2 Paranüsse

Obst in grobe Stücke teilen und im Hochleistungsmixer pürieren. Auf das Getreide gießen. Leinsamen geflockt auf den Rand geben. In die Mitte je eine Paranuss stecken.

6898. Ingwerschwächelnder Hirsekakao, März 2015

Im Hochleistungsmixer, je nach Gerät, 4,5 bis 8 Min auf höchster Stufe schlagen:

- 10 g Kakaonibs
- 5 g Carobpulver
- 20 g Hirse
- 2 Datteln entsteint (35 g netto)
- 3 g frischer Ingwer
- Auf 500 ml (Markierung im Becher) mit Wasser auffüllen

6899. Azzukki mit Träubli, März 2015

2 Desserts.

- 70 g gekochte Adzukibohnen
- 2 Bananen (250 g netto)
- 2 g Kakaopulver
- 100 g kernlose Trauben
- 2 geschälte Mandeln

Bohnen, Bananen und Kakao im Vitamix (0,9-L-Becher) pürieren und auf 2 Schüsselchen verteilen. Die Trauben am Rand auslegen, in die Mitte eine Mandel stecken.

6900. Möhren mit Kohlrabi, März 2015

2 Personen

Gemüse:
- 60 g Wasser
- 260 g Möhren
- 160 g Kohlrabi (netto)

Soße:
- 1 TL Salz
- 5 g in Salz eingelegter Bärlauch (Geschenk)
- 30 g Cashewnussbruch
- 75 g Wasser
- 10 g Zitronenfleisch
- 5 g Möchte-gern-Parmesan Nummer 2, optional, 6754 o. Ä
- 80 g + 25 g Wasser

Wasser in eine Pfanne (24 cm) geben. Möhren in Scheiben schneiden, in die Pfanne geben. Kohlrabi schälen, stifteln und ebenfalls hinzufügen. Als Gemüsepfanne 12 Min. garen.

Die Soßenzutaten - außer 25 g Wasser - in einem kleinen Mixer 45 Sek. lang schlagen. Zu dem Gemüse geben. Den Becher mit 25 g Wasser nachspülen. Dieses Wasser ebenfalls zum Gemüse geben, verrühren und aufkochen. Dazu habe ich schwarzen Reis serviert, gekocht wie roter Reis. Der ist schon alleine farblich ein echter Knaller. Als im Schnellkochtopf noch 3 Min. Garzeit anstanden für den Reis, habe ich das Gemüse aufgesetzt.

6901. Banaubenfrühstück, März 2015

2 x Frühstück.

Abends
- 6 EL Sechskorngetreide grob schroten & auf zwei Schüsseln verteilen. Mit insgesamt
- 160 g Wasser übergießen. Abgedeckt bei Raumtemperatur stehen lassen.

Morgens
- 2 EL Leinsamen
- 20 g Sahne
- 200 g Trauben (kernlos, netto)
- 2 Bananen geschält (250 g netto)
- 1 Orange geschält (135 g netto)
- 15 g getr. Maulbeeren

Leinsamen flocken, auf das eingeweichte Getreide geben. Das Obst in grobe Stücke teilen und mit der Sahne im Hochleistungsmixer pürieren. Auf das Getreide gießen. Mit Maulbeeren dekorieren.

6902. Grünschotiger Erdmandelkakao, März 2015

Im Hochleistungsmixer, je nach Gerät, 4,5 bis 8 Min auf höchster Stufe schlagen:

- 10 g Kakaonibs
- 30 g Erdmandeln
- 2 Datteln entsteint (40 g netto)
- 5 g frischer Ingwer
- 2 Schoten grüner Karda-mom
- Auf 450 ml (Markierung im Becher) mit Wasser auffüllen (= 350 g Wasser)

6903. Erdbeeren mit Kicherdeckchen, März 2015

2 Desserts.

- 160 g Erdbeeren netto
- 100 g gekochte Kichererbsen
- 100 g Trauben (netto)
- 30 g Honig
- 20 g Cashewnüsse
- 2 TL Orangeat (z. B. 6460)

Erdbeeren putzen, in Stücke schneiden und auf 2 Schüsselchen verteilen. Die restlichen Zutaten mit einem Pürierstab zu einer dickflüssigen Soße verarbeiten und über die Erdbeeren gießen. Mit Orangeat dekorieren. Vor dem Servieren 30-60 Min. kaltstellen.

6904. Kicherklöße, März 2015

2 Portionen. – Ich kann die Klößchen empfehlen.

- 50 g Weizen
- 1 gestr. TL Salz
- 2-3 Prisen Cumin
- 200 g gekochte Kichererbsen
- Wasser zum Kochen
- Salz zum Kochen

Weizen fein mahlen. Mit den restlichen Zutaten zu einem halbfesten Teig verarbeiten: ich habe zuerst die trockenen Zutaten gemischt, die Kichererbsen mit dem Pürierstab püriert und zum Schluss das Mehl eingerührt. Etwa 10-15 Min. quellen lassen.

Genügend Salzwasser zum Kochen bringen (erst im Wasserkocher). Aus dem Teig 10 Klößchen (etwas größer als Walnüsse) formen, die kleben überhaupt nicht. Auf einem feuchten Brett bereit halten.

Wenn das Wasser kocht, die Klößchen hineingleiten lassen. Wasser auf dem Siedepunkt halten, d.h. Bläschen steigen auf, aber es kocht nicht (bei mir Stufe 8-9 von 14, Induktion). Sobald alle aufgestiegen sind, noch etwa 5 Min. schwimmen lassen.

Mit einem Schaumlöffel aus dem Wasser nehmen, abtropfen lassen und direkt auf die Teller verteilen. Ich habe das Kochwasser leider weggeschüttet, das ließe sich aber bestimmt noch weiter verwenden.

6905. Kohlrabi mit MM, März 2015

2 Portionen.

Gemüse:

- 75 g Wasser (bei mir: Kichererbsenkochwasser)
- 1 Kohlrabi (230 g netto)
- 2 Möhren (145 g netto)
- 100 g tiefgekühlter Mais

Soße:

- 20 g Weintrauben
- 30 g Sonnenblumenkerne
- 1 TL Salz
- 4 g Essigpeperoni 7/4573
- 100 g Wasser

Wasser in eine Pfanne (24 cm) geben. Kohlrabi schälen und stifteln, Möhren in Scheiben schneiden. Als Gemüsepfanne 11 Min. dünsten. Soßenzutaten außer den 25 g Wasser im Mixer 45 Sek. mixen. Unter das Gemüse rühren. Den Becher mit den 25 g Wasser nachspülen.

6906. Erdbeercreme, März 2015

2 x Frühstück.

Abends

- 6 EL Sechskorngetreide grob schroten & auf zwei Schüsseln verteilen. Mit insgesamt
- 160 g Wasser übergießen. Abgedeckt bei Raumtemperatur stehen lassen.

Morgens

- 2 EL Leinsamen
- 10 g Zitronenfleisch
- 35 g Sahne
- 300 g Erdbeeren geputzt, Gewicht netto
- 2 Bananen geschält (170 g netto)
- 1/2 großer Apfel (125 g)

Leinsamen flocken, auf das eingeweichte Getreide geben. Eine dunkle (= aromatisch(er)e) Erdbeere beiseitelegen. Das Obst ggf. in grobe Stücke teilen und mit der Sahne im Hochleistungsmixer pürieren. Auf das Getreide gießen und jeweils mit einer halben Erdbeere dekorieren.

6907. Spiegelkakao, März 2015

Die Oberfläche des Kakaos war wunderbar „smooth", glatt, wie ein Spiegel.

Im Hochleistungsmixer, je nach Gerät, 4,5 bis 8 Min auf höchster Stufe schlagen:

- 10 g Kakaonibs
- 10 g Nackthafer
- 20 g Erdmandeln
- 3 Datteln entsteint (45 g netto)
- 5 g frischer Ingwer
- Auf 450 ml (Markierung im Becher) mit Wasser auffüllen (= 320 ml)

6908. Hirse geputscht, März 2015

2 Portionen. – Geputscht wurde die Hirse mit Rosinen. Wer sie nicht wie ich richtig weich und etwas „formlos" mag, sollte Hirse und Wasser im Verhältnis 1 Teil Hirse zu 2,5 Teilen Wasser nehmen. Oder sich langsam „herunterarbeiten".

- 150 g Hirse
- 20 g Rosinen
- 450 g Wasser

Alle Zutaten in einen Topf (20 cm) geben. Zum Kochen bringen, dann soweit herunterstellen, dass das Wasser nur noch leise köchelt, ohne hochzusteigen oder überzulaufen. Uhr auf 20 Min. stellen. Wenn die Oberfläche wasserlos ist und „Löcher" hat, den Herd soweit herunterstellen, dass die Hirse nur noch quillt. Vor dem Servieren einmal durchrühren, damit die Rosinen gleichmäßig verteilt sind.

Passt sehr gut zu orientalischen Gerichten.

6909. Blumenkohlgrün mit Tomaten, März 2015

2 Personen

Gemüse:

- 100 g Wasser
- 1 Dose Tomatenstücke (350 g netto)
- 350 g Blumenkohlgrün (nicht das ganz Schlimme von außen)
- 15 g Knoblauch (netto)

Soße:

- 75 g gekochte Kichererbsen
- 1 TL Salz
- 5 g Essigpeperoni 7/4573
- 10 g Peperoniessig
- 45 g Apfel

Wasser und Inhalt der Dose in eine Pfanne (24 cm) geben. Vom Blumenkohlgrün die ganz äußeren Blätter wegtun, die mag ich nicht gekocht. (Gehen aber noch in ein Pesto oder eine Gemüsebrühe.) Die anderen Blätter gründlich waschen und in feine Streifen schneiden. Auch in die Pfanne geben. Knoblauchzehen schälen, in Scheiben schneiden und auf das Blumenkohlgrün streuen. Als Gemüsepfanne 20 Min. dünsten. *Die lange Kochzeit ist nötig, die Blattrippen werden sonst nicht gar.*

Die Soßenzutaten mit einem kleinen Mixer, hochstehendes Messer, gründlich mischen (45 Sek-) und zum Gemüse geben. 30-50 g vom Gemüsekochwasser in den Becher geben, mixen und dieses Wasser ebenfalls zum Gemüse geben, verrühren und aufkochen. *Bei mir gab es dazu „Hirse Geputscht".*

6910. Frischer Freitag, März 2015

2 x Frühstück. Üblicherweise gibt es freitags ein FKG mit Mangocreme aus getrockneten Mangostücken. Ich hatte aber eine Riesenmango zur Verfügung, da konnte ich auch die Creme frisch machen.

- 2 EL Leinsamen
- 6 EL Einkorn
- 1 Mango (625 g brutto)
- 25 g Cashewnüsse
- 255 g Wasser
- 1 Stück Apfel 55 g
- 250 g Erdbeeren (netto)
- 2 Bananen geschält (205 g netto)
- 30 g Sahne
- 1 Erdbeere als Dekoration

Leinsamen mit dem Getreide flocken, auf zwei Schüsselchen verteilen. 200 g Mango mit Cashewnüssen und Wasser im Hochleistungsmixer zu einer lauwarmen Creme verarbeiten, auf die Flocken gießen. Apfel, geputzte Erdbeeren, geschälte und grob zerteilte Bananen mit der Sahne im Hochleistungsmixer pürieren, über die Mangocreme geben. Die Erdbeere längs durchschneiden und als Dekoration auf die Creme legen.

6911. Sanfter Kicherkakao, März 2015

Im Vitamix 4,5 Min. auf höchster Stufe schlagen:

- 10 g Kakaonibs
- 20 g Erdmandeln
- 45 g gekochte Kichererbsen
- 2 Datteln entsteint (40 g netto)
- 5 g frischer Ingwer
- ca. 350 g Wasser, um auf 450 ml aufzufüllen

6912. Hafercreme, März 2015

Im Hochleistungsmixer bis zum Stocken schlagen:

- 70 g Nackthafer
- 2 Feigen (40 g)
- 50 g Cashewnüsse
- 2 cm Vanillestange
- 350 g Wasser

Wurde bei mir bitter!

6913. Erdbeerhafercreme, März 2015

2 Desserts

- 200 g Hafercreme
- 20 g flüssiger Honig
- 225 g Erdbeeren
- 1 Erdbeere zur Dekoration

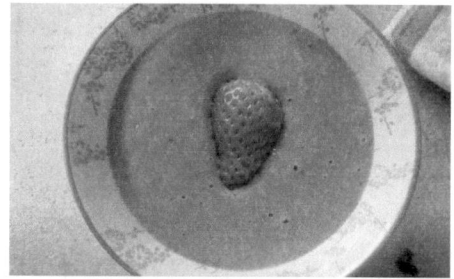

Hafercreme, Honig und Erdbeeren im Vitamix gut durchmischen. Auf 2 Schüsselchen verteilen. Die Erdbeeren längs durchschneiden und als Dekoration auf die Creme legen.

6914. Kartoffeln überbacken, März 2015

2 Portionen

- 500 g Kartoffeln netto (also ohne Schadstellen, aber mit Schale natürlich)
- 1 Zwiebel (55 g netto)
- 2 Knoblauchzehen (10 g netto)
- 150 g Hafercreme 6912 o. Ä.
- 1 TL Salz
- 1 Stück Essigpeperoni (5 g) 7/4573
- 20 g Cashewnüsse
- 100 g Wasser
- 1 MS Kümmel
- 1 Prise Schabziegerklee
- 30 g Sonnenblumenkerne

Kartoffeln wie für Ofenkartoffeln vorbereiten (abbürsten unter fließendem Wasser, in 1-cm-dicke Scheiben schneiden) und eine 28-cm-Pizzaform (PerfectClean) damit auslegen. Zwiebel und Knoblauch schälen, in dünne Scheiben schneiden und auf den Kartoffeln verteilen. Die restlichen Zutaten außer den Sonnenblumenkernen mit einem Pürierstab pürieren und mit einem Esslöffel über den Kartoffeln verteilen. Mit Sonnenblumenkernen bestreuen. In den kalten Ofen auf den Gitterrost stellen. Schnell aufheizen auf 225 °C. Bei Heißluft Plus 15 Min. backen und 5 Min. nachbacken.

6915. Erdbeergriesel, März 2015

Abends

- 3 EL Sechskorngetreide grob schroten und in eine Schüssel geben. Mit insgesamt
- 80 g Wasser übergießen. Abgedeckt bei Raumtemperatur stehen lassen.

Morgens

- 1 EL Leinsamen
- 160 g Erdbeeren (geputzt)
- 1 Banane geschält (105 g netto)
- 1 Orange geschält (140 g netto)
- 1 EL Sahne

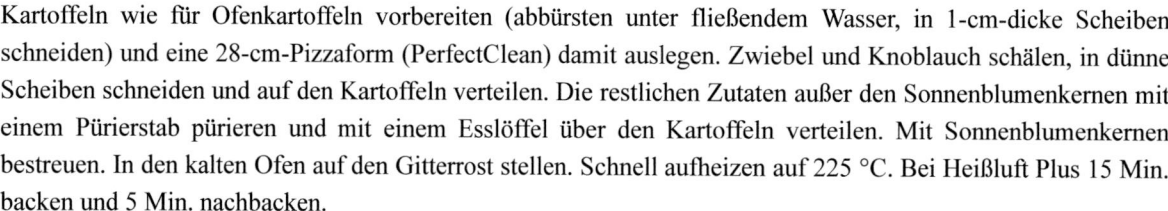

Leinsamen flocken, auf das eingeweichte Getreide geben. Eine schöne Erdbeere beiseite egen. Das Obst in grobe Stücke teilen und mit dem Pürierstab zerkleinern. Auf den Leinsamen gießen, die Erdbeere halbiert darauf legen und die Sahne dazu gießen.

6916. Grapefruitspiegel, März

Abends siehe 6915; morgens:

- 1 EL Leinsamen
- 1 Grapefruit geschält (225 g netto)
- 1 Banane geschält (125 g netto)
- 1 EL Sahne

Leinsamen flocken, auf das eingeweichte Getreide geben. Obst in grobe Stücke teilen und mit dem Pürierstab zerkleinern. Auf den Leinsamen gießen und die Sahne darüber gießen.

6917. Gleichgewichtscreme, März 2015

Im Hochleistungsmixer bis zum Stocken schlagen:

- 35 g Mais
- 35 g Rundkorn-Naturreis
- 35 g Cashewnüsse
- 1 Prise Salz
- 350 g Wasser

6918. Double-Creme-Kakao, März 2015

Im Hochleistungsmixer, je nach Gerät, 4,5 bis 8 Min auf höchster Stufe schlagen:

- 10 g Kakaonibs
- 40 g Hafercreme 6912 o. Ä.
- 35 g Gleichgewichtscreme 6917 o. Ä.
- 2 Datteln entsteint (40 g netto)
- 5 g frischer Ingwer
- 350 g Wasser auffüllen.

6919. Kicher-Schokoflocken vegan, März 2015

Vorläufer 6875

- 40 g Kokosöl
- 190 g Agavensirup
- 200 g Nackthafer
- 200 g Kichererbsen
- 100 g Einkorn
- 50 g Cashewnussbruch
- 1 Prise Salz
- 1 P. Weinstein-Backpulver
- 50 g Kakaonibs
- 1 geh. TL gem. Vanille
- 35 g Hafercreme 6912 o. Ä.
- 65 g Gleichgewichtscreme 6917

Kokosöl in einer kleinen Pfanne schmelzen. Kichererbsen zuerst mahlen, dann Hafer und Einkorn zusammen möglichst fein mahlen. Cashewnüsse mit dem Pürierstab mahlen, Kakaonibs mit dem Pürierstab hacken (im Zerkleinerungsteil). Die trockenen Zutaten verrühren, geschmolzenes Kokosöl, Agavensirup und die Cremes hinzugießen und mit den Knethaken eines Handrührgeräts verkneten. Mit den angefeuchteten Händen Kugeln formen und nebeneinander auf zwei Backbleche setzen. Mit einer nassen Gabel leicht flach drücken. Ofen (Heißluft) auf 160 °C vorheizen und 12 Min. backen.

6920. Marions Schokoflocken, März 2015

- 40 g Kokosöl
- 190 g Honig
- 200 g Nackthafer
- 250 g Dinkel
- 50 g Gerste
- 50 g geschälte Mandeln
- 1 Prise Salz
- 1 P Weinstein-Backpulver
- 50 g Kakaonibs
- 1 geh. TL gem. Vanille
- 100 g Gleichgewichtscreme

Kokosöl in einer kleinen Pfanne schmelzen. Hafer zuerst mahlen, bei feinerer Einstellung Dinkel und Gerste zusammen fein mahlen. Mandeln mit dem Pürierstab mahlen, Kakaonibs mit dem Pürierstab hacken (im Zerkleinerungsteil). Die trockenen Zutaten verrühren, die heiße Kokosöl-Honigmischung und die Cremes hinzugießen und mit den Knethaken eines Handrührgeräts verkneten. Mit den angefeuchteten Händen Kugeln formen und nebeneinander auf zwei Backbleche setzen. Mit einer nassen Gabel leicht flach drücken. Ofen (Heißluft) auf 160 °C vorheizen und 12 Min. backen.

6921. Feinleinknäcke, März 2015

- 125 g Nackthafer
- 125 g Nacktgerste
- 25 g Leinsamen
- 1 TL Salz
- 1/2 TL Natron
- 40 g Hafercreme 6912 o. Ä.
- 60 g Gleichgewichtscreme 6917 o. Ä.
- 155 g Wasser

Getreide und Leinsamen zusammen fein mahlen und mit den trockenen Zutaten mischen. Cremes und Wasser hinzugeben, mit dem Handrührgerät (Rührbesen) verrühren. Mit einer nassen Teigkarte auf dem Blech möglichst gleichmäßig verteilen und Vierecke vorzeichnen.

Ofen (Heißluft) auf 160 °C vorheizen, Blech einschieben und 25 Min. bei 160 °C backen. 5 Min. bei ausgestelltem Ofen nachbacken.

6922. Obstwürfel mit Cremedeckel, März 2015

- 90 g Erdbeeren (brutto)
- 80 g Mango (netto)
- 65 g Gleichgewichtscreme 6917 o. Ä.
- 20 g Sahne
- 15 g Honig

Erdbeeren putzen, würfeln. Mango würfeln, 2-4 Würfel zur Seite legen. Das Obst mischen und auf 2 Schüsselchen verteilen. Creme, Sahne und Honig mit einem Löffel oder Schneebesen verrühren, über das Obst gießen. Mit den Mangowürfeln dekorieren.

6923. Linsen-Kokos-Curry mit Blumenkohl, März 2015

2 Portionen.

- 3-10 EL Wasser
- 1 TL Currypulver
- 1/4 - 1/2 TL gem. Koriander
- 1 Zwiebel (60 g brutto)
- 1 große Knoblauchzehe (8 g netto)
- 1/2 rote Paprikaschote (80 g netto)
- 1/2 Blumenkohl (535 g netto)
- 175 g rote Linsen
- 50 g Kokosraspeln
- 555 g Wasser
- 1,5 TL Salz
- schwarzer gem. Pfeffer
- 55 g Gemüsegurke

3 EL Wasser in einer Pfanne stark erhitzen, Curry und Koriander einrühren. Zwiebel schälen und würfeln, Knoblauch abziehen und in dünne Scheiben schneiden. Zum Curry geben und gelegentlich umrühren. Wasser esslöffelweise immer wieder „nachfüllen", bis die ersten Zwiebelstücke beginnen, durchsichtig („glasig") zu werden. Paprikaschote entkernen, in 1-2 cm große Stücke schneiden. Blumenkohl in nicht zu kleine Stücke schneiden. Beides in die Pfanne geben, kurz mit anschwitzen. Linsen darüber streuen. Raspeln im Wasser pürieren (bei mir: Vitamix) und die so entstandene Kokosmilch in die Pfanne gießen.

Auf großer Einstellung zum Kochen bringen und 15 Min. kochen lassen. Mit Salz und Pfeffer abschmecken. Auf zwei entsprechend große Schüsseln oder tiefe Teller verteilen. Gurke in feine Streifen schneiden und als Dekoration darüber streuen (ich hatte vergessen, Petersilie zu kaufen.)

Tipp: *Die angegebene Kochzeit von 10-12 Min. ist zu kurz, die Linsen waren nach dieser Zeit bei mir noch nicht weich.*

6924. Sonntagscreme, März 2015

2 x Frühstück.

- 6 EL Hafer
- 2 EL Leinsamen
- 1 Mango (netto 330 g)
- 15 g Zitronenfleisch
- 1 Banane (90 g netto)
- 1 Apfel (150 g)
- 165 g Erdbeeren (netto)
- 20 g Cashewnussbruch

Hafer mit dem Leinsamen fein mahlen. Mango und Banane schälen, Erdbeeren putzen. 2 mittelgroße Erdbeeren beiseitelegen. Hafermehl mit dem grob vorgeschnittenen Obst im Vitamix pürieren und auf zwei Schüsselchen verteilen. Die verbliebenen Erdbeeren in Scheiben schneiden. In die Mitte jeweils eine leicht gefächerte Erdbeere legen, am Rand mit Cashewnüssen bestreuen.

6925. Kakao mit 75 g Creme, März 2015

Im Hochleistungsmixer, je nach Gerät, 4,5 bis 8 Min auf höchster Stufe schlagen:

- 15 g Kakaonibs
- 75 g Gleichgewichtscreme 6917 o. Ä.
- 2 Datteln entsteint (40 g netto)
- 5 g frischer Ingwer
- 20 g Cashewnüsse (weil Sonntag ist :-))
- auf 450 ml (Markierung im Becher) mit Wasser auffüllen (= 350 g)

6926. Wildhefebrot mit Sauerteig 2015/11, März 2015

Stufe 1 (12 Std. vorher):

Sauerteig:

- 350 g Roggen
- 350 g Wasser
- 150 g Sauerteig

Wildhefeteig:

- 150 g Wildhefewasser (3. Ansatz)
- 150 g Dinkel

Roggen fein mahlen, mit Wasser und 150 g Sauerteig mischen. In einer ausreichend großen Pengdose über Nacht stehen lassen. 150 g vom Sauerteig abnehmen und in einem gut schließenden Schraubglas in den Kühlschrank stellen für das nächste Backen. – Dinkel fein mahlen, mit Wildhefewasser verrühren und getrennt in einer Pengdose über Nacht stehen lassen. Der Deckel war morgens gewölbt, großartig Blasen waren nicht zu sehen.

Stufe 2 (Backen, bei mir am Morgen):

- 700 g Sauerteig (siehe oben)
- 300 g Wildhefeansatz (siehe oben)
- 150 g Dinkel *(falsch! Da habe ich mich vertan, hätten eigentlich 250 g sein sollen)*
- 65 g Wasser
- 1 EL Salz
- 75 g Leinsamen
- 20 g Butter für die Form

Alle Zutaten der Stufe 2 mit einem großen Löffel gründlich verrühren, bis kein Mehl mehr sichtbar ist. Eine 30-cm-Brotform, Profi-Email von Dr. Oetker, einfetten. Teig hineingeben, mit der nassen Hand herunterdrücken und glatt streichen. Da ich zu wenig Dinkel genommen hatte, war die Form nicht einmal halb voll. Form in eine Plastiktüte geben und 3 Std. bei Raumtemperatur gehen lassen. Die Brotform war dann fast voll!

Ofen auf 250 °C (Heißluft / Klimagaren) vorheizen, 50 Min. bei 190 °C backen und 5 Min. im ausgestellten Ofen nachbacken (ich lasse sonst 10 Min. nachbacken, aber das Brot ist ja relativ flach).

6927. Pinkmochi-Dessert, März 2015

- 5 g Rote Bete
- 295 g Wasser
- 1 Dattel (netto 20 g)
- 100 g Mochireis
- 15 g Rundkornnaturreis
- 20 g Wasser
- 10 g flüssiger Honig (oder Agavensirup)
- 1-2 TL Cashewnussbruch

Rote Bete mit Wasser und entsteinter Dattel im Vitamix zu einem gefärbten Wasser verarbeiten. Mit dem Reis in den Schnellkochtopf geben. 13 Min. auf Stufe II garen, dann den Herd auf 2 (von 14) schalten und 10 Min., dann auf Stufe 1 nochmals 10 Min. langsam abdampfen lassen. Geschlossen 10 Min. stehen lassen, dann öffnen. Rundkornreis fein mahlen, mit Wasser und Honig verquirlen. Unter den Mochireis, der noch recht flüssig ist, rühren und einmal aufkochen. Auf zwei Schüsselchen verteilen und mit Cashewnüssen dekorieren.

Fazit: Ich war etwas enttäuscht - die Rote-Bete-Farbe war nach dem Kochen nicht so rosa wie gedacht, sondern (eigentlich klar) eher bräunlich. Auch war ich enttäuscht, dass der Reis nicht weiter gequollen war, dabei hatte ich ihn 2 Min. länger gekocht. Da muss ich mal Rundkorn-Naturreis auf die gleiche Art und Weise zubereiten.

6928. Bandnudeln mit Reis, März 2015

- 40 g Rundkorn-Naturreis
- 120 g Kamut
- 80 g Wasser

Reis und Kamut zusammen fein mahlen. Mit dem Wasser 5-7 Min. kneten, in Haushaltsfolie wickeln und 4-5 Std. liegen lassen. Durch die Walzen drehen und auf ein Küchentuch ablegen: 10 x Stufe 1; je 1 x Stufe 2-5.

Stufe 6 reißt die Bahnen kaputt. Wenn ich den Reisanteil steigere, muss ich wohl etwas weniger Wasser nehmen.

Ein anderes Küchentuch auf die Bahnen legen und 30 Min. ruhen lassen. Durch den Bandnudelvorsatz laufen lassen, die Bandnudeln auf Küchentücher legen und bis zum Kochen offen liegen lassen. In reichlich Salzwasser ca. 2-3 Min. kochen.

Ging gut mit dem Reis, den Anteil würde ich gerne noch steigern.

6929. Blumenkohl mit Erdnusssoße, März 2015

Gemüsepfanne:
- 55 g Wasser
- 385 g Blumenkohl
- 1 Zwiebel (50 g netto)
- 1 große Knoblauchzehe (8 g netto)

Soße:
- 50 g Erdnüsse (geröstet & gesalzen)
- 1 TL Salz
- 5 g Essigpeperoni 7/4573
- 10 g Zitronenfleisch
- 150 g Wasser
- 1 geh. TL Salz
- 1/2 TL Paprika edelsüß
- 1 TL Mehl

Gemüse: Wasser in eine 20-cm-Alugusspfanne geben. Blumenkohl in Stücke schneiden, in die Pfanne geben. Zwiebel und Knoblauch schälen, klein schneiden und auf den Blumenkohl schütten. Als Gemüsepfanne 11 Min. dünsten. *Soße:* Die Soßenzutaten im Mixer 30-40 Sek. mixen. Zum Gemüse geben. Verrühren und aufkochen.

6930. Feige Erdmandel, März 2015

Im Hochleistungsmixer, je nach Gerät, 4,5 bis 8 Min auf höchster Stufe schlagen:

- 20 g Erdmandel
- 10 g Nackthafer
- 1 Feige
- 20 g Cashewnüsse
- auf 450 ml (Markierung im Becher) mit Wasser auffüllen

6931. Sahne für Kokossamurai, März 2015

2 x Frühstück.

Abends

- 6 EL Sechskorngetreide grob schroten & auf zwei Schüsseln verteilen. Mit insgesamt
- 160 g Wasser übergießen. Abgedeckt bei Raumtemperatur stehen lassen.

Morgens

- 2 EL Leinsamen
- 10 g Zitronenfleisch
- 2 Bananen geschält (155 g netto)
- 1 großer Apfel (215 g)
- 1 Birne (260 g)
- 25 g getr. Kokosstreifen
- 2 knappe EL Sahne

Leinsamen flocken, auf das eingeweichte Getreide geben. Das Obst in grobe Stücke teilen und im Hochleistungsmixer pürieren. Auf das Getreide gießen. Kokosstreifen auf das Obst legen, die Sahne am Rand entlang gießen.

6932. Feige-Erdmandel-Kakao, März 2015

Im Hochleistungsmixer, je nach Gerät, 4,5 bis 8 Min auf höchster Stufe schlagen:

- 10 g Kakaonibs
- 25 g Erdmandeln
- 10 g Nackthafer
- 2 Feigen (33 g)
- 5 g frischer Ingwer
- auf 500 ml (Markierung im Becher) mit Wasser auffüllen (= 390 g Wasser)

6933. Obst unter Schaum, März 2015

- 65 g frische Erdbeeren
- 80 g frische Mango
- 100 g gekochte Sojabohnen
- 1 Banane geschält (85 g)
- 15 g Kakaonibs
- 2 TL Ahornsirup

Erdbeeren und Mango würfeln, auf zwei Schüsselchen verteilen. Sojabohnen, Banane und Kakaonibs mit dem Pürierstab pürieren - wenn man das lange genug macht und die Sojabohnen nicht ganz trocken sind, wird diese Masse sehr schön schaumig. Bananenschaum auf dem Obst verteilen, eine Mulde hineindrücken. Je 1 TL Ahornsirup in die Mulde geben.

6934. Kohlrabi peruanisch, März 2015

- 5 EL Wasser (oder Sojabohnen-Kochflüssigkeit)
- 1 Kohlrabi (400 g brutto)
- 2 EL gekochte Sojabohnen
- 75 ml Wasser
- 1 TL Salz
- 1/2 TL Paprika edelsüß
- 1 MS schwarzer Pfeffer
- 1 Scheibe Zitronenfleisch (geschätzt 10 g)
- 100 g Mango (aus Peru kam diese)
- 1 Handvoll klein geschnittene Petersilie

Wasser in eine 20-cm-Pfanne geben. Kohlrabi schälen und stifteln, in die Pfanne geben. Als Gemüsepfanne 11 Min. dünsten.

Sojabohnen, Wasser, Gewürze und Zitronenfleisch im Magic mixen. Zum Gemüse geben und aufkochen. Mango würfeln und mit der Petersilie zum Gemüse geben. Unterrühren und ohne Kochen ziehen lassen, bis die Mango von innen heiß ist. Dazu gab es bei mir Basmatireis aus dem Schnellkochtopf.

Hinweis: Während der Essensvorbereitung hat sich meine Waage ausgeklinkt. Daher konnte ich nicht wie sonst alles in Gramm angeben.

6935. Zwei einsame Erdbeeren, März 2015

2 x Frühstück

Abends

- 6 EL Sechskorngetreide grob schroten & auf zwei Schüsseln verteilen. Mit insgesamt
- 160 g Wasser übergießen. Abgedeckt bei Raumtemperatur stehen lassen.

Morgens

- 2 EL Leinsamen
- 10 g Zitronenfleisch
- 230 g Mango netto
- 2 Bananen (215 g netto)
- 1/2 Apfel (80 g)
- 2 schöne Erdbeeren
- 8 geschälte Mandeln

Leinsamen flocken, auf das eingeweichte Getreide geben. Mango schälen und vom Stein schneiden, Bananen schälen. Beides mit Zitronenfleisch und Apfel in grobe Stücke teilen und im Hochleistungsmixer pürieren. Auf das Getreide gießen. In die Mitte je eine Erdbeere mit der Spitze nach oben stecken. Die Mandeln in die „vier Himmelsrichtungen" legen.

6936. Doppelt geerdeter Kakao, März 2015

Im Hochleistungsmixer, je nach Gerät, 4,5 bis 8 Min auf höchster Stufe schlagen:

- 15 g Kakaonibs
- 20 g Erdmandeln
- 20 g Erdnüsse, gesalzen und geröstet
- 1 Dattel entsteint (25 g netto)
- 1 getr. Feige (25 g)
- 5 g frischer Ingwer
- Auf 500 ml (Markierung im Becher) mit Wasser auffüllen (= 380 g Wasser)

6937. Rundkornreis im Schnellkochtopf, März 2015

- 100 g Rundkorn-Naturreis
- 300 g Wasser
- 1 Prise Salz
- 2 TL Ahornsirup, Agavensirup oder flüssiger Honig

Reis mit Wasser und Salz im Schnellkochtopf 12 Min. auf Stufe II kochen. Langsam abdampfen: 10 Min. Platte auf 2 (von 14), 10 Min. auf 1 (von 14) und 10 Min. geschlossen stehen lassen. Topf öffnen und Süßungsmittel unterrühren.

6938. Reis mit Erdbeeren, März 2015

2-3 Desserts

- 120 g Rundkornreis im Schnellkochtopf (fertig gegart)
- 200 g Erdbeeren brutto
- 2 TL Agavensirup, Ahornsirup oder flüssiger Honig

Reis kochen und im Kühlschrank relativ fest werden lassen. Mit einem Esslöffel jeweils eine Noppe in die Mitte eines Glastellers setzen. Erdbeeren putzen, klein schneiden und um den Reis legen. Süßungsmittel auf die Erdbeeren tropfen lassen.

6939. Radieschen-Bärlauch-Dressing, März 2015

- 150 g Apfelessig
- 250 g Wasser
- 75 g Agavensirup
- 30 g Tamari (Sojasoße)
- 100 g Sonnenblumenkerne
- 75 g geschälte Mandeln
- 20 g Salz
- 20 g Senf
- 1 g schwarzer gem. Pfeffer
- 130 g Radieschengrün
- 75 g Bärlauch (frisch)

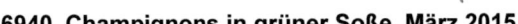

Zutaten der Reihenfolge nach in den 1,4-Liter-Becher des Vitamix geben. Mit dem Stopfer zusammendrücken und langsam auf Hochgeschwindigkeit bringen. Lauwarm mixen. In Schraubgläser abfüllen. Den Rest auswiegen (der Becher wiegt netto 750 g), das Doppelte an Wasser hinzugeben und den Becher einigermaßen „saubermixen". Das so verdünnte Dressing kann für den nächsten Salat ohne weitere Verdünnung verwendet werden.

6940. Champignons in grüner Soße, März 2015

- 60 g Wasser
- 335 g Champignons
- 50 g Kräuter für grüne Soße
- 10 g Senf
- 1 TL Salz
- 1 MS schwarzer gem. Pfeffer
- 15 g Zitronenfleisch
- 50 g gekochte Sojabohnen
- 75 g Wasser
- 10 g Mehl
- 5 g Agavensirup

Wasser in eine Pfanne (24 cm) geben. Champignons in dünne Scheiben schneiden, in die Pfanne geben. Deckel auflegen, auf höchster Einstellung zum Kochen bringen, bis Dampf unter dem Deckel austritt. Auf kleinste Einstellung drehen und 13 Min.
dünsten, ohne den Deckel außer für die Zugabe der Kräuter abzuheben. Die Kräuter klein schneiden (leider bin ich da nicht sehr geduldig, kleiner wäre feiner gewesen). Aus 10 g Kräutern, Senf, Salz, Pfeffer, Zitronenfleisch, Sojabohnen, Wasser und Mehl mit dem Mixer im kleinen Becher eine grünliche Soße mixen. In den letzten zwei Min. der Kochzeit die restlichen Kräuter zu den Champignons geben und mitgaren. Soße unterrühren und aufkochen, gut verrühren. Ich habe dazu Ofenkartoffeln serviert. *Wird nicht mein Lieblingsgericht.*

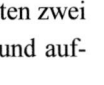

6941. Erdbeerstreuwiese, August 2014

2 x Frühstück.

Abends

- 6 EL Sechskorngetreide grob schroten & auf zwei Schüsseln verteilen. Mit insgesamt
- 160 g Wasser übergießen. Abgedeckt bei Raumtemperatur stehen lassen.

Morgens

- 2 EL Leinsamen
- 15 g Zitronenfleisch
- 3 Bananen (305 g netto)
- 1 Apfel (200 g)
- 160 g Erdbeeren (netto)
- 10 g Cashewnussbruch

Leinsamen flocken, auf das eingeweichte Getreide geben. Bananen schälen, mit Zitronenfleisch und Apfel grob vorschneiden und im Hochleistungsmixer auf mittlerer Stufe zerkleinern. Ist dann nicht ganz glatt. Auf dem Getreide verteilen. Die Erdbeeren in unregelmäßige Stücke schneiden und auf die Obstfläche streuen. In die Mitte ein paar Cashewstücke legen.

6942. Maislicher Erdkakao, April 2015

Im Hochleistungsmixer, je nach Gerät, 4,5 bis 8 Min auf höchster Stufe schlagen:

- 10 g Kakaonibs
- 20 g Erdmandeln
- 20 g Mais
- 1 Feige (20 g)
- 1 Dattel (18 g)
- 10 g frischer Ingwer
- auf 500 ml (Markierung im Becher) mit Wasser auffüllen (= 370 g)

6943. Doppelreisstütze, April 2015

Im Hochleistungsmixer bis zum Stocken schlagen:

- 30 g Mochireis
- 30 g Rundkornnaturreis
- 30 g geschälte Mandeln
- 1 Feige (30 g)
- 350 g Wasser

6944. Banana Multiple Split, April 2015

2 Desserts.

- 100 g Rundkornreis im Schnellkochtopf 6937 o. Ä.
- 135 g Doppelreisstütze 6943 o. Ä.
- 5 g Kakao (Rohkostqualität)
- 15 g Agavensirup oder dünnflüssiger Honig
- 1 Banane (125 g netto)
- 1 Erdbeere

Reis zwischen den Händen zu zwei Kugeln formen, auf einen Teller mit höherem Rand legen. Doppelreisstütze mit Kakao und Agavensirup gut vermixen (bei mir im Vitamix, war Rest von der Cremeherstellung). Banane in Scheiben schneiden, auf die Teller vor die Reiskugeln legen, mit Schokoceme bedecken. Mit einer in 4 Scheiben geschnittenen Erdbeere dekorieren (zwei Scheiben jeweils übereinander-gelegt).

6945. Möhren im Hirsebett 2015, April 2015

Vorläufer 2/795 – Hauptmahlzeit für 2 Personen

- 125 g Hirse
- 375 g Möhre
- 1 große Knoblauchzehe (10 g netto)
- 1 gestr. TL Kreuzkümmel („Cumin")
- 500 g Wasser
- 2 EL grüne Rosinen (30-35 g)
- 15 g Cashewnussbruch
- 10 g Zitronenfleisch
- 100 g Doppelreisstütze 6943 o. Ä.
- 1 geh. TL Salz
- 1 MS gem. schwarzer Pfeffer
- 1 gestr. TL Curry (z. B. selbstgemacht)
- 100 g Wasser
- 1 EL geh. Petersilie

Möhren von Schadstellen befreien, in Scheiben schneiden. Hirse in einer gusseisernen Pfanne auf dem Boden verteilen. Mit den Möhrenscheiben belegen. Knoblauch schälen und in dünne Scheiben schneiden, auf die Möhren streuen. Kreuzkümmel darüber sieben. Rosinen ebenfalls auf der Oberfläche verteilen. Vorsichtig Wasser zugießen. Als Gemüsepfanne 20 Min. dünsten.

Cashewnussbruch mit einem kleinen Mixer mahlen, Zitronenfleisch, Stützcreme, Salz, Gewürze und Wasser hinzufügen und 45 Sek. lang mixen. Bevor das Essen serviert wird, die Soße gleichmäßig auf der Oberfläche verteilen, in die Mitte etwas Petersilie legen. In der Pfanne servieren.

Hauptunterschied zum Originalrezept: Ich habe für 2 Personen nicht alle Zutaten verdoppelt. Die Soße hat kein Fett, kein tierisches Produkt und nur wenige Nüsse. Es hat lecker geschmeckt!

6946. Versteckte Erdbeeren, April 2015

2 x Frühstück

Abends
- 6 EL Sechskorngetreide grob schroten & auf zwei Schüsseln verteilen. Mit insgesamt
- 160 g Wasser übergießen. Abgedeckt bei Raumtemperatur stehen lassen.

Morgens
- 2 EL Leinsamen
- 200 g Erdbeeren (brutto)
- 10 g Zitronenfleisch
- 2 Bananen geschält (245 g netto)
- 2 Äpfel (290 g)
- 20 g Maulbeeren

Leinsamen flocken, auf das eingeweichte Getreide geben. Erdbeeren putzen (Stiel und Blätter entfernen), in Stücke schneiden und auf dem Getreide verteilen. Das restliche Obst in grobe Stücke teilen und im Hochleistungsmixer pürieren, über die Erdbeeren gießen. In die Mitte einige Maulbeeren streuen.

6947. Erster Braunhirsekakao, April 2015

Im Hochleistungsmixer, je nach Gerät, 4,5 bis 8 Min auf höchster Stufe schlagen:
- 10 g Kakaonibs
- 20 g Braunhirse
- 5 g Erdmandeln
- 1 Feige (23 g)
- 1 Dattel entsteint (18 g netto)
- 5 g frischer Ingwer
- auf 500 ml (Markierung im Becher) mit Wasser auffüllen

6948. Erdbeerknusper, April 2015 aaa

2 x Dessert

- 30 g Braunhirse
- 85 g Rundkornreis im Schnellkochtopf 6937
- 85 g Doppelreisstütze 6943 o. Ä.
- 185 g Erdbeeren, ohne Stiele und Blätter (netto)
- 1 Banane geschält (105 g netto)

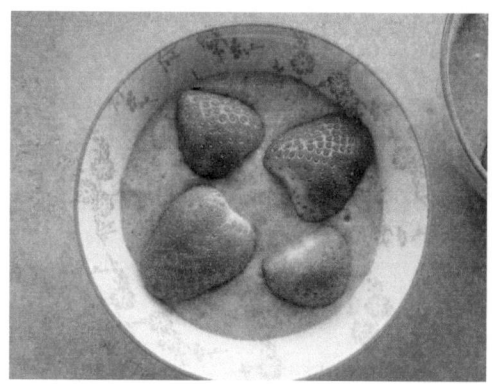

Braunhirse im Vitamix mahlen, nicht ganz fein. Reis, Reisstütze, 120 g Erdbeeren (es sollten 4 nicht zu große übrig bleiben) und die Banane pürieren. Auf zwei Schüsselchen verteilen. Die restlichen Erdbeeren halbieren und mit der Spitze nach außen auf die Creme legen. Durch die Braunhirse ist die Creme ein wenig knusprig im Biss.

6949. Blumenkohlgrün in fruchtig-meeriger Soße, April 2015

Gemüse:

- 55 g Wasser
- 375 g Blumenkohlgrün
- 115 g Möhre

Soße:

- 1 Mandarine (75 g netto)
- 8 g Meerrettich (selbst eingelegt in Salz und etwas Öl)
- 20 g geschälte Mandeln
- 1 TL Salz
- 75 g Wasser
- 1 Banane (85 g netto)

Wasser in eine 24-cm-Pfanne geben. Blumenkohlgrün in feine Streifen, Möhre in Scheiben schneiden und in die Pfanne geben. Als Gemüsepfanne 15 Min. dünsten. Soße: Alle Zutaten im kleinen Becher des kleinen Mixers pürieren. Zum Gemüse geben, verrühren und erhitzen, es muss nicht kochen. Dazu gab es Ofenkartoffeln.

6950. Haferschrot freitäglich, April 2015

2 x Frühstück.

- 2 EL Leinsamen
- 6 EL Nackthafer
- 1 Mango geschält (330 g netto)
- 30 g Cashewnüsse
- 10 g Zitronenfleisch
- 250 g Erdbeeren netto
- 2 Bananen geschält (240 g)

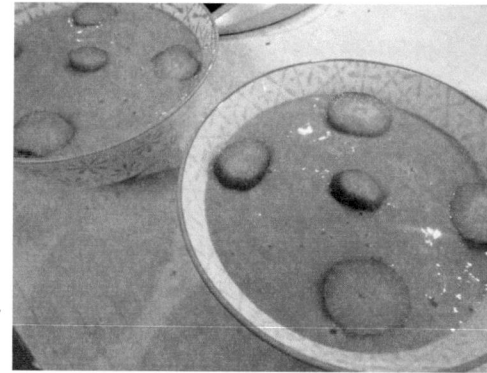

Leinsamen mit dem Getreide schroten (Hawos Novum, 5/9, auf zwei Schüsselchen verteilen. Mango in Stücken vom Kern abschneiden, mit den Cashewnüssen im Hochleistungsmixer zu einer Creme schlagen. Creme auf den Hafer geben. Stiel, Blätter und Schadstellen von den Erdbeeren abschneiden (zwei Früchte beiseitelegen) und mit Zitronenfleisch und geschälten Bananen pürieren. Obstpüree auf der Creme verteilen. Die beiden Erdbeeren in je 5 Querscheiben schneiden und auf das Frühstück legen.

6951. Kakao mit Braunhirse II, April 2015

Vorläufer 6947

Im Vitamix ca. 4,5 bis 5 Min auf höchster Stufe schlagen:

- 10 g Kakaonibs
- 30 g Braunhirse
- 1 Dattel entsteint (20 g netto)
- 1 getr. Feige (20 g)
- 5 g frischer Ingwer
- auf 500 ml mit Wasser auffüllen.

6952. Hirse-Hirse-Creme, April 2015

Im Hochleistungsmixer bis zum Stocken schlagen:

- 30 g Hirse
- 30 g Braunhirse
- 1 Prise Salz
- 310 g Wasser

6953. Erdbeeren Under Cover, April 2015

2 Desserts.

- 140 g Erdbeeren (netto)
- 70 g Hirse-Hirse-Creme 6952 o. Ä.
- 1 größere Mandarine geschält (100 g netto)
- 1 Banane geschält (115 g netto)
- 2 g Kakaonibs

Erdbeeren putzen, in Stücke schneiden und auf 2 Schüsselchen verteilen. Die restlichen Zutaten im Vitamix gut durchschlagen, über die Erdbeeren gießen. Mit Kakaonibs dekorieren.

6954. Linsen im Schnellkochtopf, April 2015

2 Portionen

- 190 g Tellerlinsen
- 380 g Wasser

Linsen und Wasser in den Schnellkochtopf geben. 10 Min. auf Stufe II garen. Langsam abdampfen lassen.

6955. Blumenkohlgrün mit frischen Tomaten, April 2015

2 Portionen. Vorläufer 6949.

Gemüse:

- 50 g Wasser
- 250 g Blumenkohlgrün
- 2 Tomaten (255 g)
- 15 g Knoblauch (netto)
-

Soße:

- 7 g Zitronenfleisch
- 1 TL Salz
- 1/4 TL Kümmel gem.
- 1/2 TL Paprika edelsüß
- 5 g Essigpeperoni 7/4573
- 50 g Hirse-Hirse-Creme 6952
- 50 g Wasser
- 20 g geschälte Mandeln

Wasser in eine 24-cm-Pfanne geben. Blumenkohlgrün in feine Streifen schneiden, Tomate grob würfeln, Knoblauch abziehen und in dünne Scheiben schneiden. In der angegebenen Reihenfolge in die Pfanne geben. Als Gemüsepfanne 12-13 Min. dünsten. Die Soßenzutaten im Mixer 30 Sek. mixen. Unter das Gemüse rühren und aufkochen. Bei mir gab es dazu Tellerlinsen.

6956. Einkornige Erdbeere, April 2015

2 x Frühstück

- 2 EL Leinsamen
- 6 EL Einkorn
- 20 g Zitronenfleisch
- 1 Mandarine geschält (75 g netto)
- 220 g Erdbeeren (netto)
- 1 Apfel (120 g)
- 30 g Pekannüsse

Leinsamen mit dem Getreide flocken, auf zwei Schüsselchen verteilen. Einen halben Apfel würfeln, auf das Getreide legen. Das restliche Obst in grobe Stücke teilen und im Hochleistungsmixer pürieren, über die Apfelstücke gießen. Mit Pekannüssen dekorieren.

6957. Kakao mit Braunhirse III, April 2015

Vorläufer 6951.

Im Hochleistungsmixer, je nach Gerät, 4,5 bis 8 Min auf höchster Stufe schlagen:

- 10 g Kakaonibs
- 30 g Braunhirse
- 2 Datteln entsteint (38 g netto)
- 5 g frischer Ingwer
- 50 g Doppelreisstütze 6943 o. Ä.
- Auf 450 ml (Markierung im Becher) mit Wasser auffüllen

6958. Apfeltarte FoK, April 2015

- 15 g frische Hefe (2 Wochen übers Mindeshaltbarkeitsdatum und an zwei Ecken „verdächtig")
- 110 g Wasser
- 200 g Dinkel
- 50 g Nackthafer
- 1 Prise Salz
- 1-2 TL Trockenhefe
- 40 g Stützcreme (hier: Doppelreisstütze 6943)
- 1 Banane (95 g netto)
- 3 Äpfel (ca. 465 g)
- 50 g Hirse
- 115 g Stützcreme (hier: Hirse-Hirse-Creme 6952)
- 100 g Agavensirup

Hefe in 110 g Wasser auflösen. Dinkel und Nackthafer fein mahlen, eine Kuhle hineindrücken, das Hefewasser hineingießen und mit so viel Mehl verrühren, dass sich ein Brei ergibt. 15 Min. warten. Ist der Brei dann „schaumig", ist keine weitere Hefe erforderlich. Salz und Trockenhefe hinzugeben. Stützcreme mit der geschälten Banane pürieren, zum Mehl geben und verkneten. Der Teig ist sehr klebrig! Da hatte ich mindestens 30-50 g Schwund nach dem Kneten. In einer Pengdose stehen lassen, bis der Deckel abspringt (bei mir etwa 1 Std.). Mit der nassen Hand durchkneten, Deckel wieder schließen und stehen lassen, bis der Rest fertig ist. Äpfel grob zerkleinern und im Speedy (oder einem anderen Zerkleinerer) grob raspeln. Hirse fein mahlen und mit Stützcreme, Agavensirup und geraspelten Äpfeln verrühren.

Teig mit den nassen Händen in einer 28-cm-Pizzaform (PerfectClean, Dauerbackfolie oder Backpapier) gleichmäßig ausstreichen und einen Rand hochziehen. Apfelgemisch darauf verteilen.

Auf dem Gitterrost in den kalten Ofen (Heißluft) schieben, 40 Min. bei 175 °C backen und 5 Min. nachbacken. Nochmals 5 Min. könnten gut sein.

Zwei Dinge sind hier schief gelaufen: (1) Die frische Hefe hat nicht mehr richtig gearbeitet, also habe ich noch einen Rest Trockenhefe hinzugegeben, ich weiß aber nicht genau, wie viel; (2) ich hätte den Kuchen doch in den vorgeheizten Ofen geben sollen, ich denke, dann wäre der Teig etwas fester geworden. Fazit jedoch: Hat uns gut geschmeckt, schon mal lauwarm-

6959. Hirse im Schnellkochtopf, April 2015

- 100 g Hirse
- 250 g Wasser

Hirse und Wasser im Schnellkochtopf mischen und kochen wie folgt:

- 5 Min. Schnellkochtopf auf Stufe II
- 5 Min. Herd Stufe 2 von 14
- 5 Min. Herd Stufe 1 von 14
- 10 Min. geschlossen halten.

6960. Erdbeerhirse, April 2015

- 16 g Zitronenfleisch
- 1 Banane geschält (140 g netto)
- 180 g Erdbeeren geputzt (netto)
- 120 g Hirse im Schnellkochtopf 6959 o. Ä.

Zitronenfleisch, in Stücke gebrochene Banane und 65 g Erdbeeren im Zerkleinerer des Pürierstabs zu einer glatten Creme verarbeiten. Hirse als zwei Noppen in Schüsselchen setzen, Creme darüber gießen. Die restlichen Erdbeeren in Stücke schneiden und auf der Creme verteilen. Bis zum Essen kalt stellen.

6961. Brokkoli-Gnocchi, April 2015

Nach einem Rezept aus „Meine Familie & Ich", 4/2015, Seite 68, halbe Menge für 2 Personen

- 125 g Brokkoli
- 40 g Wasser
- 1 TL Salz
- 125 g Hirse im Schnellkochtopf 6959 o. Ä.
- 40 g Hirse-Hirse-Creme 6952 o. Ä.
- 100 g Kamut
- 150 g Einkorn
- 15 g Dinkel

Brokkoli klein schneiden, im Wasser als Gemüsepfanne 11 Min. dünsten, bis er weich ist, das Wasser ist verdampft. Salz hinzufügen und mit dem Pürierstab pürieren. Hirse und Stützcreme mit einem Löffel unterrühren. Getreide fein mahlen, verkneten und 30 Min. ruhen lassen.

Teig in vier Teile teilen, daraus Rollen machen. Mit reichlich Streumehl arbeiten. Die Rollen in Stücke schneiden und mit einer Gabel eindrücken. In kochendem Salzwasser sieden lassen, bis sie nach oben steigen. Ging bei mir in zwei Portionen.

Hinweis: *Sie waren nicht schlecht, aber die Rezeptvorlage ist eine Katastrophe! Ich glaube nicht, dass die mit Ei besser werden mit nur 100 g Getreide. Und wie Brokkoli in 5 Min. so weich werden soll, dass ich ihn pürieren kann, ist auch nur für Außerirdische möglich. Und wo soll denn die quietschgrüne Farbe herkommen? So grün ist Brokkoli nicht einmal roh.*

6962. Blumenkohl in Zitronensoße, April 2015

- 50 g Wasser
- 350 g Blumenkohl

Soße:
- 35 g Zitronenfleisch
- 1 TL Salz
- 40 g geschälte Mandeln
- 75 g Wasser
- 5 g Petersilie

Wasser in eine 20-cm-Pfanne geben. Blumenkohl in „essbare" Stücke schneiden. Als Gemüsepfanne 11 Min. dünsten. *Soße:* Zitrone, Salz, Mandeln und Wasser 2 x 30 Sek. mit dem Mixer mixen, bis die Soße ganz glatt ist. Petersilie hinzugeben und ein- bis zweimal drehen, damit er zerkleinert, aber nicht „aufgelöst" ist. Unter das Gemüse geben, verrühren und einmal kurz aufkochen.

Bei mir gab es dazu Brokkoli-Gnocchi.

6963. Sweet Easter FKG, April 2015

Abends

- 3 EL Sechskorngetreide grob schroten. Mit
- 80 g Wasser übergießen. Abgedeckt bei Raumtemperatur stehen lassen.

Morgens

- 10 g Zitronenfleisch
- 1 Orange geschält (235 g netto)
- 1 Banane geschält (140 g netto)
- 1 Birne (155 g netto, d.h. ohne Stiel, sonst alles dran)
- 10 g getr. Maulbeeren

Obst in grobe Stücke teilen und im Hochleistungsmixer pürieren, über das Getreide gießen. Auf der Oberfläche mit den Maulbeeren dekorieren. *Da sowohl Orange, Banane und Birne sehr reif waren, ergab sich ein besonders süßes Frühstück.*

6964. Herbes Oster-FKG, April 2015

Abends

- 2 EL Sechskorngetreide grob schroten. Mit
- 50 g Wasser übergießen. Abgedeckt bei Raumtemperatur stehen lassen.

Morgens

- 15 g Zitronenfleisch
- 1 Mandarine geschält (70 g netto)
- 1 Grapefruit geschält (235 g netto)
- 1 Banane geschält (105 g netto)
- 5 g Ingwer ungeschält
- 1 EL Buchweizen

Obst in grobe Stücke teilen und mit dem Ingwer im Hochleistungsmixer pürieren, über das Getreide gießen. Buchweizen auf die Oberfläche streuen.

6965. Wildhefebrot mit Hafer 2015/12, April 2015

Samstagmorgen: 200 g Dinkel / 200 g Hefewasser
Samstagabend: 200 g Dinkel / 200 g Wasser + Ansatz vom Morgen
Sonntagmorgen (Backtag):

- 200 g Dinkel
- 100 g Nackthafer
- 1 EL Salz (15 g)
- 50 g Sonnenblumenkerne
- 95 g Wasser
- Ansatz vom Vorabend
- 20 g Butter für die Form

Getreide fein mahlen. Mit Salz und Sonnenblumenkernen verrühren. 60 g Wasser und den Ansatz vom Vorabend hinzufügen, mit der Hand 15 Min. kneten, dabei weitere 30 g Wasser einarbeiten.

- 1 Std. gehen lassen, gründlich durchkneten.

- 1 Std. gehen lassen, gründlich durchkneten.

Ewig gehen lassen. Es tut sich nichts :-(

Nach ca. 7 Std. bei 40 °C Ober-/Unterhitze in den Ofen für 30 Min, backen 40 Min. bei 190 °C (nicht vorheizen).

Fazit: Ich war ordentlich gefrustet. Heute Morgen habe ich dann das Brot probiert - wenn zu schlimm, würde ich es teils in dünnen Scheiben rösten und als Knäcke essen oder auch in Kakao und anderen Mahlzeiten verarbeiten. Es ist jetzt nicht ein Brot der Marke „Hausfrauenstolz" geworden, aber von innen zumindest am Anfang nicht so schlimm, wie ich dachte, und der Geschmack ist gut.

6966. Oatmeal Buns (Haferbrötchen), April 2015

- 150 g Nackthafer
- 350 g Dinkel
- 2 TL Salz
- 1 P Trockenhefe
- 50 g Hirse-Hirse-Creme 6952 o. Ä.
- 260 g Wasser

Hafer fein mahlen (Stufe 2/9, Hawos Novum), Dinkel fein mahlen (Stufe 1/9) und beides mit Salz und Trockenhefe mischen. Stützcreme und 250 g Wasser hinzufügen, mit der Hand 10-15 Min. kneten, dabei weitere 10 g Wasser einarbeiten. Der Teig ist extrem klebrig und sollte nicht auf der Tischfläche geknetet werden.

Ich habe mich von der Klebrigkeit täuschen lassen und 10-15 g Dinkel eingearbeitet. Das war nicht nötig, denn der Teig quillt in der Gehzeit stark!

- 45 Min. gehen lassen in einer Pengdose (ist nicht geploppt), erneut kneten.

- 45 Min. gehen lassen in einer Pengdose (ist nicht geploppt), erneut kneten.

Zu einer Kugel unter Spannung formen. Neun Brötchen zu je 90-93 g formen und nebeneinander auf ein Lochblech (PerfectClean) setzen. Mit der Schere einmal einschneiden. Ofen (Klimagaren, 250 °C) vorheizen, das dauert etwa 17 Min.. Brötchen einschieben, Temperatur auf 190 °C einstellen. Dampfstoß abgeben und 20 Min. bei 190 °C backen.

6967. Cashewreiche Stützcreme, April 2015

Im Hochleistungsmixer bis zum Stocken schlagen:

- 50 g Rundkornnaturreis
- 100 g Cashewnüsse
- 350 g Wasser

Wird recht fest. Ist gedacht für einen Pizzabelag ohne Öl.

6968. Dünner Kakao, April 2015

Im Hochleistungsmixer, je nach Gerät, 4,5 bis 8 Min auf höchster Stufe schlagen:

- 15 g Kakaonibs
- 35 g Cashewreiche Stützcreme 6967 o. Ä.
- 2 Datteln entsteint (40 g netto)
- 5 g frischer Ingwer
- 30 g gekochte Hirse
- Auf 450 ml (Markierung im Becher) mit Wasser auffüllen

6969. Erdbeeren in Zitronencreme, April 2015

- 60 g Zitronenfleisch
- 40 g Cashewreiche Stützcreme 6967 o. Ä.
- 1 Banane geschält (95 g netto)
- 10 g Agavensirup
- 210 g Erdbeeren geputzt und in Stücke geschnitten

Zitrone, Creme, in Stücke geteilte Banane und Sirup im Zerkleinerer des Pürierstabs zu einer Creme schlagen. Zwei Schüsseln mit je 100 g Erdbeeren füllen, die Zitronencreme (recht dünn) darübergießen. Mit den restlichen Erdbeerstücken dekorieren.

6970. Mexikanische Haferpizza, April 2015

Für 2 Personen; angelehnt an die Kamutpizza 6884, aber diesmal habe ich kein Öl verwendet und auch nur Nüsse in der Stützcreme.

Teig:
- 25 g Kamut
- 50 g Nackthafer
- 125 g Dinkel
- 1 gestr. TL Salz
- 20 g frische Bio-Hefe (1/2 Würfel)
- 100 g Wasser
- 50 g Cashewreiche Stützcreme 6967 o. Ä.
- 2 EL Streumehl

Roter Belag:
- 1 Tomate (95 g)
- 40 g Wasser
- 1 TL Salz
- 1/2 TL Paprika edelsüß
- 20 g Cashewreiche Stützcreme o. Ä.

Gemüse:
- 110 g gekochte Kidneybohnen
- 1 Zwiebel (100 g netto)
- 1 große Knoblauchzehe (10 g brutto)
- 1 Tomate (95 g)
- 1 TL Pizzagewürz
- 40 g Tiefkühlmais

Weiße Schicht:
- 100 g Cashewreiche Stützcreme o. Ä.
- 1 TL Salz
- 1 Prise Schabziegerklee
- 75 g Wasser
- 13 g Zitronenfleisch

Teig: Getreide mischen und fein mahlen und mit Salz mischen. Hefe im Wasser auflösen, zum Mehl geben, ebenso die Stützcreme. Gründlich verkneten, was aber nicht so einfach ist, der Teig ist sehr klebrig. Es hilft nur, die Hände immer wieder unter Wasser zu halten, dadurch erhält der Teig aber natürlich noch mehr Wasser. Eine Kugel unter Spannung zu formen ist nicht wirklich möglich. Teig in eine Pengdose legen. Deckel schließen. (Ich habe die Dose auf die Fensterbank über der Heizung gestellt.) Wenn die Dose „ploppt" (bei mir: 60 Min., ich war spazieren, genau weiß ich es nicht) Teig nochmals kurz durchkneten, wieder in die Dose geben. Diesen Vorgang wiederholen (bis zum zweiten Plopp waren es 15 Min.) Und noch einmal wiederholen (bis zum dritten Plopp waren es 10 Min.). Jetzt die Dose schließen, ohne durchzukneten. Beim nächsten Plopp (etwa 10 Min.). Teig mit Hilfe von Streumehl in der Pizzaform (Durchmesser 28 cm) auseinanderdrücken. Einen Rand hochdrücken. Mit einer Gabel mehrmals einstechen. Stehen lassen. *Roter Belag:* Tomate in Stücke schneiden und mit den anderen Zutaten im Zerkleinerer des Pürierstabs gut mixen. Bei Wiederholung würde ich doch den kleinen Mixer nehmen, es war noch etwas Paprika am Boden. Auf den Teig gießen und verteilen. *Gemüse:* Kidneybohnen gleichmäßig über dem Tomatenbelag verteilen. Zwiebel und Knoblauch abziehen und in möglichst dünne Scheiben schneiden. Über die Bohnen legen. Die Tomate so dünn wie möglich schneiden, auf der Pizza verteilen und mit Pizzagewürz (zwischen den Fingern zerreiben, damit das Aroma freigesetzt wird) bestreuen. Den Mais gleichmäßig darauf verteilen. *Weißer Belag und Fertigstellung:* Alle Zutaten in den kleinen Becher des Magic geben. 45 Sek. mischen. Ofen auf 225 °C vorheizen. Sobald der Ofen heiß ist, die weiße Soße auf das Gemüse gießen. In den Ofen einschieben, auf 220 °C stellen und 20 Min. backen lassen. Bei ausgeschaltetem Ofen 5 Min. nachbacken.

6971. Dreierlei Reis-FKG, April 2015

2 x Frühstück

- 2 EL Leinsamen
- 2 EL Rundkorn-Naturreis
- 2 EL Roter Vollkornreis
- 2 EL Schwarzer Vollkornreis
- 17 g Zitronenfleisch
- 315 g Erdbeeren ohne Blätter oder Stiel (netto)
- 2 Bananen geschält (265 g netto)
- 1 Mandarine (80 g netto)

Leinsamen mit dem Getreide flocken, auf zwei Schüsselchen verteilen. Das Obst außer der Mandarine in grobe Stücke teilen und im Hochleistungsmixer pürieren, über das Getreide geben. Mandarine schälen, in Stücke teilen und als Dekoration auf die Fruchtcreme legen.

Ich fand das mit diesem Reis sehr lecker. Das hat einen ganz eigenen Geschmack, der sich vom normalen Getreide unterscheidet. Ich zum Beispiel kann im FKG Weizen von Dinkel nicht unterscheiden, wie manche das können.

6972. Kidneykakao, April 2015

Im Hochleistungsmixer, je nach Gerät, 4,5 bis 8 Min auf höchster Stufe schlagen:

- 10 g Kakaonibs
- 1 TL Carob (4-5 g)
- 2 Datteln entsteint (40 g netto)
- 5 g frischer Ingwer
- 50 g gekochte Kidneybohnen
- auf 500 ml (Markierung im Becher) mit Wasser auffüllen

Hinweis: *Nicht sooo der Brüller, an gekochten Hülsenfrüchten eignen sich eher Sojabohnen (Lex) oder Kichererbsen.*

6973. Marzipansonne, April 2015

Teig:
- 125 g Einkorn
- 125 g Dinkel
- 1 TL Anissamen
- 1 Prise Salz
- 1 P Trockenhefe (9 g)
- 100 g Cashewreiche Stützcreme 6967 o. Ä.
- 100 g Agavensirup
- 20 g Wasser (+ ca. 10 g)

Belag:
- 100 g Cashewreiche Stützcreme o. Ä.
- 75 g Haselnüsse, im Zerkleinerer gehackt
- 20 g Agavensirup
- 1 Banane (100 g netto)
- 250 g Honigmarzipan

Teig: Getreide mit Anis mahlen und mit Salz und Trockenhefe verrühren. Mit Creme, Sirup und 20 g Wasser vermischen. Das wird sehr klebrig! Das heißt Kneten (7 Min.) funktioniert nur, wenn man die Hand immer wieder nass macht, und das sind mindestens 10 g Wasser zusätzlich. In eine Pengdose geben, 2 Std. gehen lassen (ploppt nicht). Mit nasser Hand durchkneten, 1 Stunde gehen lassen (ploppt). Deckel aufsetzen und 30 Min. stehen lassen. Mit nasser Hand in einer 28-cm-Pizzaform auseinanderdrücken.

Belag: Creme, Nüsse und Sirup mit einem Löffel verrühren. Einen Esslöffel dieser Masse im Magic mit der geschälten Banane pürieren. Mischen. Auf den Teig streichen. Marzipan in Streifen schneiden und am Rand strahlenförmig entlang legen.

Fertigstellung: Ofen auf 175 °C vorheizen (Heißluft). Einschieben, 25 Min. backen und 5 Min. im Ofen nachbacken lassen. Form auf ein Drahtgitter stellen und abkühlen lassen. Kuchen mit einer Metalltortenschaufel vom Boden lösen (selbst bei PerfectClean nicht so einfach!), auf Alufolie ziehen und abkühlen lassen.

6974. Blumenkohl-Kartoffel-Auflauf, April 2015

- 300 g Kartoffeln (ohne Schadstellen)
- 1 Zwiebel (100 g netto)
- 400 g Blumenkohl
- 10 g Zitronenfleisch
- 10 g Meerrettich (selbst mit Salz und etwas Öl haltbar gemacht)
- 50 g Rundkornnaturreis
- 1 geh. TL Salz
- 1 Prise schwarzer gem. Pfeffer
- 1/2 TL Ras-el-Hanout (kann wegfallen, wenn nicht vorhanden)
- 15 g Cashewnüsse
- 325 g Wasser
- 50 g Sonnenblumenkerne

Kartoffeln unter fließendem Wasser abbürsten und in ca. 3-4 mm dicke Scheiben schneiden. In eine ofenfeste Pfanne legen. Die Zwiebel in Ringe schneiden, auf den Kartoffeln verteilen. Blumenkohl klein schneiden und über die Zwiebeln streuen. Zitrone, Meerrettich, Reis, Salz, Pfeffer, Ras-el-Hanout, Nüsse und Wasser im Vitamix (geht sicher auch im großen Becher eines kleinen Mixers) mischen, bis keine Körnchen mehr vorhanden sind. Über das Gemüse gießen und mit Sonnenblumenkernen bestreuen.

In den kalten Ofen schieben, Deckel auflegen und 10 Min. bei 175 °C, 45 Min. bei 190 °C backen. Die letzten 10 Min. auf Grillen (240 °C) umstellen.

Hinweis: Prinzipiell sehr lecker. Aber verbesserungswürdig: Flüssigkeit sollte 400 g Wasser sein. Garzeit bei 190 °C von Anfang an für 55 Min. PLUS Grillen, aber Umluftgrillen.

6975. Braunhirseschrot, April 2015

2 x Frühstück

Abends

- 6 EL Sechskorngetreide grob schroten & auf zwei Schüsseln verteilen. Mit insgesamt
- 160 g Wasser übergießen. Abgedeckt bei Raumtemperatur stehen lassen.

Morgens

- 2 EL Leinsamen
- 2 EL Braunhirse
- 25 g Zitronenfleisch
- 1 Mandarine geschält (70 g netto)
- 490 g Erdbeeren, Stiel, Blätter & Schadstellen entfernt (netto, von einer Packung zu 500 g)
- 1 Banane geschält (120 g netto)
- 25 g getr. Kokosstreifen

Leinsamen mit Braunhirse im Mixer zerkleinern, aber nicht mahlen. Auf das eingeweichte Getreide geben. Zwei Erdbeeren zur Seite legen. Das restliche Obst in grobe Stücke teilen und im Hochleistungsmixer pürieren, über den Schrot gießen. Die Kokosstreifen auf der Oberseite verteilen. Die beiden Erdbeeren längs in 3 bis 4 Scheiben schneiden, fächerartig auf eine Seite des Frühstücks legen.

6976. Braunhirsekakao gewürzt, April 2015

Im Hochleistungsmixer, je nach Gerät, 4,5 bis 8 Min auf höchster Stufe schlagen:

- 10 g Kakaonibs
- 15 g Nackthafer
- 20 g Braunhirse
- 2 Datteln entsteint (40 g netto)
- 5 g frischer Ingwer
- 2 grüne Kardamomschoten
- auf 500 ml (Markierung im Becher) mit Wasser auffüllen = 395 g Wasser

6977. Blumenkohl-Kartoffel-Auflauf anders, April 2015

- 300 g Kartoffeln (ohne Schadstellen)
- 2 Zwiebeln (130 g netto)
- 340 g Blumenkohl
- 15 g Zitronenfleisch
- 50 g Rundkornnaturreis
- 1 geh. TL Salz
- 1 Prise schw. gem. Pfeffer
- 1/4 TL Kreuzkümmel (Cumin)
- 15 g Cashewnüsse
- 400 g Wasser
- 40 g Sonnenblumenkerne

Kartoffeln unter fließendem Wasser abbürsten und in ca. 3-4 mm dicke Scheiben schneiden. In eine ofenfeste Pfanne legen. Die Zwiebeln halbieren, die Hälften in dünne Scheiben schneiden, auf den Kartoffeln verteilen. Blumenkohl klein schneiden und über die Zwiebeln streuen. Zitrone, Reis, Salz, Pfeffer, Cumin, Nüsse und Wasser im Vitamix (geht sicher auch im großen Becher eines kleinen Mixers) mischen, bis keine Körnchen mehr vorhanden sind. Über das Gemüse gießen und mit Sonnenblumenkernen bestreuen.

In den kalten Ofen schieben, Deckel auflegen und 55 Min. bei 190 °C backen, in den letzten 10 Min. ohne Deckel. 5 Min. bei 240 °C auf „Umluftgrillen".

6978. Melone auf Schaum, April 2015

2 Desserts

- 25 g Zitronenfleisch
- 2 reife Bananen geschält (215 g netto)
- 1 Mandarine geschält (60 g)
- 225 g Honigmelone (ohne Kerne, aber mit Schale gewogen)
- 2 Haselnüsse

Zitronenfleisch, vorzerkleinerte Banane und Mandarine im großen Becher eines Mixers mit dem hochstehenden Messer schaumig schlagen. Auf zwei Teller mit Rand verteilen. Melonenfleisch mit einem Löffel aus der Schale lösen, Stücke auf den Bananenschaum legen. In die Mitte je eine Haselnuss stecken.

6979. Melonenaufgang, April 2015

2 x Frühstück.

- 2 EL Leinsamen
- 2 EL Sonnenblumenkerne
- 6 EL Nackthafer
- 20 g Zitronenfleisch
- 1 Orange geschält (230 g netto)
- 2 Bananen (190 g netto)
- 215 g Melone (netto)

Leinsamen mit Sonnenblumenkernen und Hafer flocken, auf zwei Schüsselchen verteilen. Das Obst in grobe Stücke teilen (2 Melonenecken für die Dekoration zur Seite legen) und im Hoch-

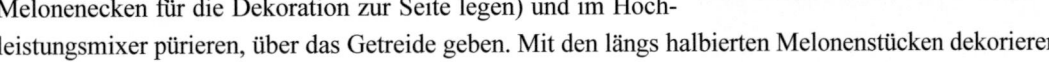

leistungsmixer pürieren, über das Getreide geben. Mit den längs halbierten Melonenstücken dekorieren.

6980. Braunmandelkakao, April 2015

Im Vitamix 4,5 Min. auf höchster Stufe schlagen:

- 10 g Kakaonibs
- 20 g Braunhirse
- 20 g Erdmandeln
- 10 g Rundkornnaturreis
- 2 Datteln entsteint (40 g netto)
- 5 g frischer Ingwer
- auf 500 ml (Markierung im Becher) mit Wasser auffüllen

6981. Melone Helene, April 2015

2 Portionen.

- 135 g Honigmelone (netto)
- 2 Bananen geschält (260 g netto)
- 3 Datteln entsteint (60 g netto)
- 1 geh. TL Carob (7 g)
- 1 TL Kakao Rohkostqualität (3 g)
- 10 g Cashewnüsse

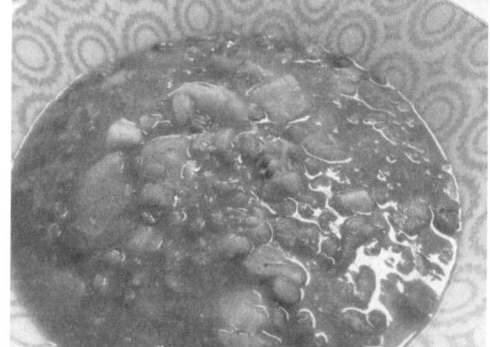

Melone entkernen und schälen. In Stücke schneiden. Zwei Stücke zur Seite legen, den Rest auf zwei Schüsselchen verteilen.

Banane grob zerkleinern und mit den restlichen Zutaten im Mixer zu einer glatten Creme verarbeiten und über die Melonenstücke gießen. Mit dem Rest Melone dekorieren.

6982. Linseneintopf, April 2015

4 Portionen

- 200 g Tellerlinsen (vom Biohof Lex, garen super!)
- 200 g Kartoffeln (netto, d.h. ohne Schadstellen)
- Etwa 400 g Suppengemüse, hier: 90 g Sellerie, 55 g Petersilienwurzel, 95 g Porree (weißer Teil), 160 g Möhre
- 85 g Brokkolistrunk
- 1 Zwiebel (80 g netto)
- 1155 g Wasser
- 2 Lorbeerblätter
- 2 TL Salz
- 1-2 EL Apfelessig
- 1 LS gem. schwarzer Pfeffer
- 1 LS gem. Kümmel

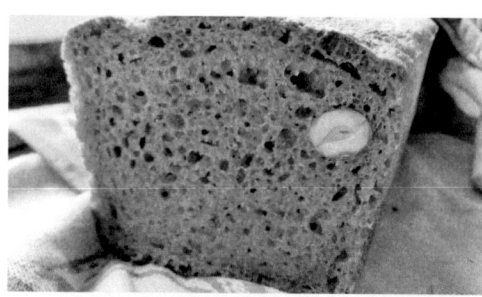

Linsen in einen 6-Liter-Schnellkochtopf geben. Kartoffeln unter fließendem Wasser abbürsten, Schadstellen entfernen und nicht zu fein würfeln. Restliches Gemüse wenn nötig putzen, in Stücke schneiden. Zwiebel schälen und klein schneiden. Zu den Linsen geben. Wasser darübergießen und Lorbeerblätter hinzufügen. Auf Stufe II des Schnellkochtopfs 10 Min. kochen, dann langsam abdampfen lassen.

Lorbeerblätter herausnehmen, Salz, Essig und Gewürze unterrühren.

6983. 350 g-Sauerteigbrot mit Gerste für M.

Vorläufer: 6863. Zum Verschenken.

Stufe 1 (12 Std. vorher):

- 350 g Roggen
- 350 g Wasser
- 150 g Sauerteig

Abends schon vorbereiten:

- 200 g Dinkel
- 100 g Nacktgerste
- 100 g Roggen
- 1 EL Salz
- 80 g Haselnüsse

Stufe 2 (Backen, bei mir am Morgen)

- 1 P Trockenhefe (9 g)
- Getreidemischung vom Vorabend
- 2 EL Kiwi-Essig (oder Apfelessig)
- 700 g Sauerteigansatz
- 270 g Wasser
- 20 g Butter für die Form

Stufe 1: Roggen fein mahlen, mit Wasser und altem Sauerteig mischen. In einer ausreichend großen (für den ganzen Teig passenden) Pengdose über Nacht stehen lassen. 150 g von der Stufe 1 abnehmen und in einem gut schließenden Schraubglas in den Kühlschrank stellen für das nächste Backen.

Abends: Getreide mischen und fein mahlen, mit den restlichen Zutaten mischen und in einer gut schließenden Plastikdose verwahren.

Stufe 2 etc. Hefe zu der Mehlmischung geben. Restliche Zutaten (außer der Butter) hinzufügen und mit einem großen Löffel gründlich verrühren, bis kein Mehl mehr sichtbar ist. Eine 30-cm-Brotform, Profi-Email von Dr. Oetker, gut einfetten. Teig hineingeben, mit der nassen Hand herunterdrücken und glattstreichen. Mit einem scharfen Messer dreimal schräg einschneiden. Form in eine Plastiktüte geben und 90 Min. bei Raumtemperatur gehen lassen. Ofen auf 250 °C (Heißluft) vorheizen, 50 Min. bei 190 °C backen und 5 Min. im ausgestellten Ofen nachbacken.

6984. Haselnüsse für Melonenputtel, April 2015

2 x Frühstück.

Abends

- 6 EL Sechskorngetreide schroten & auf zwei Schüsseln verteilen. Mit insgesamt
- 160 g Wasser übergießen. Bei RT stehen lassen.
- 25 g Haselnüsse getrennt in reichlich Wasser über Nacht einweichen.

Morgens

- 2 EL Leinsamen
- 20 g Zitronenfleisch
- 1 Mandarine geschält (60 g netto)
- 2 Bananen geschält (240 g)
- 145 g Honigmelone in Stücken (ohne Kerne, geschält)

Leinsamen flocken, auf das eingeweichte Getreide geben. Das Obst in grobe Stücke teilen und im Hochleistungsmixer pürieren. Obstpüree auf das Getreide gießen. Haselnüsse abtropfen lassen und im Kreis und in der Mitte auf das Obst legen.

6985. MORDskakao, April 2015

Im Hochleistungsmixer, je nach Gerät, 4,5 bis 8 Min auf höchster Stufe schlagen:

- 15 g *MO*chi-Reis
- 15 g E*RD*mandeln
- 10 g Kakaonibs
- 15 g Braunhirse
- 2 Datteln entsteint (40 g netto)
- 5 g frischer Ingwer
- auf 450 ml Markierung mit Wasser auffüllen

6986. Erdbeerige Freitagsflocken, April 2015

2 x Frühstück.

- 6 EL Nackthafer
- 2 EL Leinsamen
- 40 g getr. Mango
- 30 g Cashewnüsse
- 3-4 cm Vanillestange
- 250 g Wasser
- 15 g Zitronenfleisch
- 500 g Erdbeeren (brutto, gute Qualität, wenig Abfall)
- 2 Bananen geschält (180 g netto)
- 20 g wilde Erdnüsse

Leinsamen mit Getreide flocken, auf zwei Schüsselchen verteilen. Mango in Stücke reißen, mit Cashewnüssen, Vanille und Wasser im Vitamix zu einer glatten Creme schlagen, über das Getreide geben. Erdbeeren putzen, etwa 1/3 klein schneiden und auf die Mangocreme legen. Die restlichen Erdbeeren mit Zitrone und Bananen im Mixer pürieren, über die Erdbeeren gießen. In die Mitte der Erdbeercreme die Erdnüsse verteilen.

6987. Braunhirsekakao dezent, April 2015

Im Hochleistungsmixer, je nach Gerät, 4,5 bis 8 Min auf höchster Stufe schlagen:

- 10 g Kakaonibs
- 15 g Nackthafer
- 15 g Braunhirse
- 7 g frischer Ingwer
- 2 Datteln entsteint (40 g netto)
- 1 geh. TL Carob (7 g)
- auf 500 ml (Markierung im Becher) mit Wasser auffüllen

6988. Quarkcreme vegan, April 2015

Im Hochleistungsmixer bis zum Stocken schlagen:

- 60 g Zitronenfleisch
- Etwa 3 cm Zitronenschale (5 g)
- 40 g Cashewnüsse
- 50 g Rundkorn-Naturreis
- 10 g Vollkorn-Mochireis
- 4 Datteln entsteint (75 g netto)
- 400 g Wasser

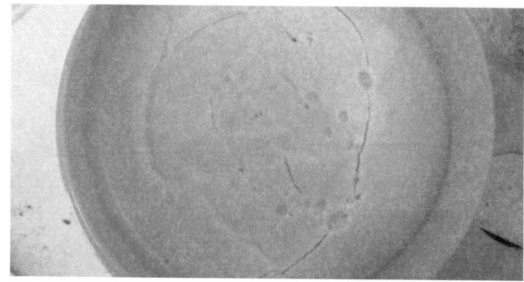

6989. Erdbeerscheiben mit Quaaksoße, April 2015

2 Desserts

- Ca. 200 g Erdbeeren (netto), geputzt, aber unzerschnitten
- 130 g Quarkcreme vegan 6988 o. Ä.
- 1 Stück Honigmelone geschält und Kerne entfernt (80 g netto)
- 1 Banane geschält (95 g)

150 g Erdbeeren in runde Scheiben schneiden und auf zwei Schüsselchen verteilen. Quarkcreme, Honigmelone und Banane mixen (die Creme war ein Rest im Vitamix von der Herstellung). Soße über die Erdbeeren gießen. Die restlichen Erdbeeren (bei mir waren es zwei) ebenfalls quer in runde Scheiben schneiden und die Scheiben versetzt-fächerartig oben auf den Nachtisch legen.

Tipp: *Wegen der Banane in der Soße sollte man den Nachtisch vor dem Servieren nicht zu lange stehen lassen.*

6990. Kohlrabi gepunktet, April 2015

2 Portionen.

Gemüse

- 75 g Wasser
- 345 g Kohlrabi (netto)
- 80 g Zwiebel (netto)
- 20 g Kürbiskerne
- 20 g grüne Rosinen o. Ä.

Soße

- 20 g Cashewnüsse
- 10 g Zitronenfleisch
- 1 TL Salz
- 1 Prise gem. schwarzer Pfeffer
- 75 g Wasser

Gemüse: Wasser in eine 24-cm-Pfanne geben. Kohlrabi und Zwiebeln schälen. Kohlrabi in Stifte schneiden, Zwiebel würfeln. In die Pfanne geben und mit Kürbiskernen und Rosinen bestreuen. Als Gemüsepfanne 12-13 Min. dünsten. *Soße:* Die Soßenzutaten in einem kleinen Mixer zu einer glatten Soße mixen und etwas stehen lassen. Unter das Gemüse rühren und kurz aufkochen lassen. Bei mir gab es dazu Ofenkartoffeln.

6991. Zweierlei Hirse, April 2015

2 x Frühstück.

- 3 EL Goldhirse
- 3 EL Braunhirse
- 2 EL Leinsamen
- 15 g Zitronenfleisch
- 200 g Erdbeeren ohne Blätter und Stiele (netto gewogen)
- 1 Birne (170 g)
- 2 Bananen geschält (210 g netto)
- 25 g Pekannüsse
- 15 g Cashewnüsse
- 1 Erdbeere

Hirsesorten mischen und fein mahlen. Leinsamen flocken, mit dem Hirsemehl mischen und auf zwei Schüsselchen verteilen. Erdbeeren halbieren, Birne und Bananen in Stücke schneiden und mit dem Zitronenfleisch im Hochleistungsmixer pürieren, über das Getreide geben. Die Nüsse am Rand auslegen, die Erdbeere halbieren und je eine Hälfte in die Mitte legen.

6992. Hirsemix-Kakao, April 2015

Im Hochleistungsmixer, je nach Gerät, 4,5 bis 8 Min auf höchster Stufe schlagen:

- 15 g Kakaonibs
- 15 g Goldhirse
- 15 g Braunhirse
- 2 Datteln entsteint (40 g netto)
- 5 g frischer Ingwer
- Auf 500 ml (Markierung im Becher) mit Wasser auffüllen.

6993. Feldsalat fruchtig, April 2015

Gemüse und Frucht für *2 Portionen*

- 2 Tomaten (190 g)
- 75 g Brokkoli
- 75 g Feldsalat
- 3 Erdbeeren (85 g netto)

Dressing:

- 1 Mandarine, geschält und ohne Kerne (70 g netto)
- 10 g geschälte Mandeln
- 7 g Zitronenfleisch
- 4-5 g Salz
- 1 MS gem. schwarzer Pfeffer
- 60 g Wasser

Tomaten würfeln, auf zwei Schüsseln verteilen. Brokkoli klein schneiden, zu den Tomaten geben. Feldsalat klein schneiden, darüberlegen. Die Erdbeeren in Stücke geschnitten in die Mitte geben. Dressingzutaten im Mixer mit dem hochstehenden Messer 30-45 Sek. schlagen, am Rand der Schüssel entlang gießen.

6994. Erdbeer-O-Salat, April 2015

- 225 g Erdbeeren ohne Stiel und Blätter (netto)
- 1 Orange geschält (200 g netto)
- 15 g Zitronenfleisch
- 30 g Wasser
- 20 g Ahornsirup

Erdbeeren putzen, klein schneiden. Orange würfeln, 35 g beiseite legen. Das Obst mischen und auf zwei Schüsseln verteilen. Rest Orange, Zitronenfleisch, Wasser und Ahornsirup pürieren (kleiner Mixer 30 Sek.) und über das Obst gießen. Kalt stellen.

6995. Übernachtpizza mit Brokkoli, April 2015

2 Portionen.

Teig:
- 25 g Kamut
- 50 g Einkorn
- 25 g Weizen
- 100 g Dinkel
- 1 gestr. TL Salz
- 20 g frische Bio-Hefe (1/2 Würfel)
- 75 g Wasser
- 50 g Quarkcreme vegan 6988 o. Ä.
- 2 EL Streumehl

Roter Belag:
- 1 Tomate (90 g)
- 40 g Wasser
- 1 TL Salz (1/2 TL wäre besser!)
- 1/2 TL Paprika edelsüß
- 20 g Quarkcreme vegan 6988

Weiße Schicht:
- 100 g Quarkcreme vegan (oder 100 g „normale" Stützcreme + ca. 10 g Zitronenfleisch)
- 1 TL Salz
- 1 Prise Schabziegerklee
- 10 g Cashewnüsse
- 75 g Wasser

Gemüse:
- Brokkoli (80 g)
- 1 Zwiebel (90 g netto)
- 1 große Knoblauchzehe (10 g brutto)
- 2 Tomaten (150 g)
- 1 TL Pizzagewürz o. Ä.

Teig: Getreide mischen und fein mahlen und mit Salz mischen. Hefe im Wasser auflösen, zum Mehl geben, ebenso die Stützcreme. Gründlich verkneten. Eine Kugel unter Spannung formen und den Teig in eine Pengdose legen. Deckel schließen und die Dose über Nacht in den Kühlschrank stellen. Morgens (das waren etwa 15 Std. später) war der Deckel noch nicht abgesprungen, aber gewölbt. Ich habe den Teig um 9.30 Uhr nochmals gründlich geknetet, was nicht ganz einfach war, weil eben sehr kalt (mein Kühlschrank steht auf 5 °C). Wieder in der Pengdose in den Kühlschrank gegeben. Um 14 Uhr aus dem Kühlschrank genommen, geknetet. Um 15 Uhr sprang der Deckel ab, erneut geknetet. Um 15.45 Uhr erneut Deckel ab / Kneten. Um 16.15 Uhr, Deckel ab, schließen ohne neues Kneten. Um 16.45 Uhr war der Deckel kurz vorm Abspringen, ich habe aber dann weitergemacht (siehe unten). ***Roter Belag:*** Tomate in Stücke schneiden und mit den anderen Zutaten im Magic gut verquirlen. Bis zum Abend in den Kühlschrank stellen. ***Weiße Schicht:*** Alle Zutaten in den kleinen Becher des Mixers geben. 45 Sek. mischen. Becher in den Kühlschrank stellen. ***Gemüse:*** Brokkoli in kleine Röschen teilen und auf die Tomatenschicht legen. Zwiebel und Knoblauch abziehen und in möglichst dünne Scheiben schneiden. Zwischen dem Brokkoli verteilen.

Teig mit Hilfe von Streumehl in Größe der Pizzaform (Durchmesser 28 cm) ausrollen, das geht recht gut. Mit Mehl bestreuen, halb auf halb legen, dann auf Viertel falten. In die Form legen und wieder auseinanderfalten. Einen Rand hochdrücken. Mit einer Gabel mehrmals einstechen. Roten Belag auf den Teig gießen und verteilen. Die Tomate so dünn wie möglich schneiden, auf der Pizza so verteilen, dass die Brokkolistücke abgedeckt sind, und mit Pizzagewürz (zwischen den Fingern zerreiben, damit das Aroma freigesetzt wird) bestreuen. Stehen lassen. Ofen auf 230 °C vorheizen. Sobald der Ofen heiß ist, die weiße Soße auf das Gemüse gießen. In den Ofen einschieben, auf 220 °C stellen und 20 Min. backen lassen. Bei ausgeschaltetem Ofen 5 Min. nachbacken.

6996. Bärlauch-Porree-Dressing vegan, April 2015

- 255 g Wasser
- 125 g Apfelessig
- 20 g Tamari oder Sojasoße
- 20 g Salz
- 1 g gem. schwarzer Pfeffer
- 150 g Kürbiskerne, geröstet
- 25 g Senf
- 15 g Petersilienstängel
- 110 g Porreegrün
- 4 Datteln entsteint (90 g netto)

Alle Zutaten zusammen im Vitamix gut durchschlagen, bis die Masse lauwarm, aber nicht heiß ist. In ein großes Schraubglas füllen und im Kühlschrank aufbewahren. Den Rest im Vitamix habe ich mit der 4-fachen Wassermenge verschlagen und als Dressing direkt zur Verwendung in Gläser gefüllt.

6997. Erdbeerorientierung Nr. 1, April 2015

1 Frühstück.

Abends
- 3 EL Sechskorngetreide grob schroten. Mit
- 80 g Wasser übergießen. Abgedeckt bei Raumtemperatur stehen lassen.

Morgens
- 10 g Zitronenfleisch
- 125 g Erdbeeren ohne Blätter etc. (netto)
- 1 Banane geschält (105 g netto)
- 1 Birne (130 g)
- 40 g Orangeat (z. B. 6460)

Das Obst (etwa 100 g Erdbeeren, 1 Frucht überlassen) in grobe Stücke teilen und im Hochleistungsmixer pürieren. Obstpüree über das Getreide gießen. Die übrig gebliebene Erdbeere längs vierteln und mit der Spitze nach außen in die vier Himmelsrichtungen legen. Das Orangeat in die Mitte häufeln.

6998. Erdbeerorientierung Nr. 2, April 2015

1 Frühstück.

Abends
- 2 EL Sechskorngetreide grob schroten. Mit
- 50 g Wasser übergießen. Abgedeckt bei Raumtemperatur stehen lassen.

Morgens
- 10 g Zitronenfleisch
- 1 Grapefruit geschält und ohne Kerne (195 g netto)
- 1 Banane geschält (110 g)
- 1 Erdbeere ohne Blätter (ca. 25 g)
- 15 g Pekannüsse

Obst ohne die Erdbeeren in grobe Stücke teilen, im Hochleistungsmixer pürieren, auf das Getreide gießen. Erdbeere längs vierteln, mit Spitze nach außen in die vier Richtungen legen. Pekannüsse in die Mitte häufeln.

6999. Süßer schokoladiger Sonntagskakao, April 2015

Im Vitamix ca. 4,5 Min. auf höchster Stufe schlagen:
- 17 g Kakaonibs
- 3 g Kakaopulver
- 20 g Nackthafer
- 3 Datteln entsteint (57 g netto)
- 4 g frischer Ingwer
- auf 500 ml (Markierung im Becher) mit Wasser auffüllen

7000. Zitronenfalter vegan, Februar 2015

Vorläufer: 6699.

- 30 g Kokosöl
- 200 g Nackthafer
- 150 g Gerste
- 150 g Einkorn
- 1 Prise Salz
- 1 P. Weinstein-Backpulver
- 50 g geschälte Mandeln

- 150 g Ahornsirup
- 90 g Quarkcreme vegan 6988 o. Ä.
- 25 g Zitronenfleisch
- 40 Agavensirup
- 20 g Wasser
- 50 g Zitronat

Kokosöl in einer kleinen Pfanne schmelzen. Nackthafer zuerst mahlen, bei feinerer Einstellung Gerste und Einkorn zusammen fein mahlen. Getreide mischen und mit Salz und Backpulver verrühren. Mandeln im Magic fein mahlen, 100 g Ahornsirup, Quarkcreme und Zitronenfleisch zu den Mandeln geben und zu einer glatten Creme schlagen. Zum Mehl geben. 50 g Ahornsirup, Agavensirup, Wasser und flüssiges Kokosöl ebenfalls hinzufügen und mit den Knethaken eines Handrührgeräts verkneten. Zitronat im kleinen Mixer zerkleinern (es sollte noch ein wenig bröselig sein) und ebenfalls unterkneten. Kurz ruhen lassen. Mit den angefeuchteten Händen Kugeln formen und nebeneinander auf zwei Backbleche setzen. Mit einer nassen Gabel leicht flachdrücken. Ofen (Heißluft) auf 160 °C vorheizen und Kekse 12 Min. backen.

7001. Feldsalat fruchtig Variation, April 2015

Gemüse und Frucht:
- 2 Tomaten (190 g)
- 1 Banane geschält (190 g brutto)
- 125 g Kohlrabi geschält (netto)
- 75 g Feldsalat

Dressing:
- 15 g Zitronenfleisch
- 75 g Erdbeeren ohne Blätter/Stiel (netto)
- 10 g Sonnenblumenkerne
- 3 g Salz
- 1 MS gem. schwarzer Pfeffer
- 1 MS gem. Ingwer
- 50 g Wasser
- 5 g Ahornsirup

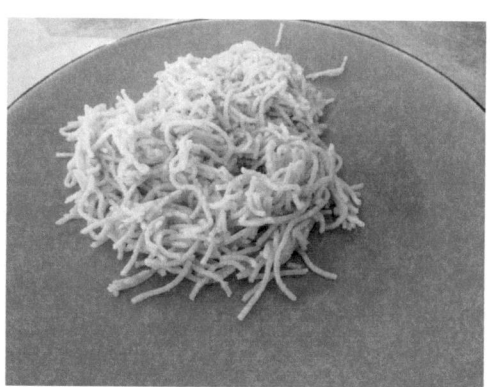

Tomaten in Scheiben schneiden, auf zwei Schüsseln verteilen. Banane in Scheiben schneiden und über die Tomaten legen. Kohlrabi in feine Stifte schneiden, die Bananen möglichst damit bedecken. Den Feldsalat klein geschnitten obenauf legen. Dressingzutaten im Mixer mit dem hochstehenden Messer 30-45 Sek. schlagen, in die Mitte auf den Salat gießen.

7002. Spaghetti mit Reis, April 2015

2 Portionen

- 60 g Vollkorn-Basmatireis
- 100 g Kamut
- 70 g Wasser

Reis und Kamut zusammen fein mahlen. Mit dem Wasser 5-7 Min. kneten, in Haushaltsfolie wickeln und 4-5 Std. liegen lassen. Durch die Walzen drehen und auf ein Küchentuch ablegen: 10 x Stufe 1; je 1 x Stufe 2-4.

Ein anderes Küchentuch auf die Bahnen legen und 30 Min. ruhen lassen. Durch den Spaghettivorsatz laufen lassen, die Spaghetti auf Küchentücher legen und bis zum Kochen offen liegen lassen. In reichlich Salzwasser ca. 2-3 Min. kochen.

7003. Wildhefebrot mit Haselnüssen 2015/13, April 2015

Samstagmorgen:

- 200 g Weizen / 200 g Hefewasser

Ich habe tagsüber den Ansatz (in der Pengdose) ca. 3 x mit einem Löffel durchgerührt, und zwar immer dann, wenn der Deckel hochploppte.

Samstagabend, ca. 18 oder 19 Uhr:

- 200 g Weizen / 150 g Wasser + Ansatz vom Morgen

Eigentlich sollte dieser Ansatz über Nacht gehen, aber der Deckel war schon um 22 Uhr, als ich wieder in die Küche kam, abgesprungen. Also habe ich die Dose in den Kühlschrank gestellt.

Sonntagmorgen (Backtag):

- 200 g Weizen
- 200 g Einkorn
- 1 EL Salz (15 g)
- 200 g Wasser
- 100 g Haselnüsse
- Ansatz vom Vorabend
- 20 g Butter für die Form

Morgens war der Deckel stark gewölbt, aber nicht offen.

Getreide mischen und fein mahlen. Mit Salz verrühren. 150 g Wasser und den Ansatz vom Vorabend hinzufügen, mit der Hand 10 Min. kneten, dabei weitere 50 g Wasser einarbeiten. Form (30 cm Dr. Oetker Profi-Emaille-Brotform) mit Butter einfetten. Den Teig hineingeben, mit der nassen Hand in der Form glatt verteilen. In die Mitte mit einem Teigspatel eine Kerbe ziehen. Die Form in eine große Plastiktüte geben und auf der warmen Fensterbank 4 Std. gehen lassen. Der Teig war richtig in der Form hochgegangen!

In den letzten 15 Min. den Ofen (Heißluft) auf 230 °C vorheizen. Brot mit Wasser einsprühen, einschieben und 50 Min. bei 190 °C backen. Ofen abstellen und 10 Min. nachbacken.

Fazit: Was habe ich diesmal richtig gemacht? Ich weiß es nicht ;-) Ein möglicher Grund könnte sein, dass ich durch die Pengdosen weiß, wann der Teig „ausreichend" gegangen ist, und ich ihn dann bewegt und nicht einfach habe stehen lassen. Hefeteige können zu viel gehen, vielleicht lag es bei den vorherigen Backwerken daran? Im Zweifelsfalle kann man den Teig, wenn er schneller geht als erwartet, offensichtlich in den Kühlschrank stellen. Die Konsequenz aber wäre, dass ich, wenn ich an einem Samstag verreise, den Ansatz gleich morgens in den Kühlschrank stellen muss. So ein Samstag kommt bestimmt.

7004. Lagenoptik, April 2015

2 Desserts.

Lage 1

- 1 Banane geschält und in Stücke geschnitten (140 g netto)
- 1 TL Kakao (Rohkostqualität)
- 10 g Ahornsirup

Lage 2

- 90 g Quarkcreme vegan 6988 o. Ä.
- 120 g Erdbeeren (ohne Blätter & Stiel)
- 5-10 g Ahornsirup
- 1 Erdbeere

Jede Lage in einem kleinen Becher des Mixers herstellen (größere Mengen im Vitamix): einfach die Zutaten in den Becher geben und mit dem hochstehenden Messer schlagen. Lage 1 zuerst in Sektgläser füllen, mit Lage 2 übergießen. Erdbeere längs halbieren und auf die obere Creme legen. Bis zur Mahlzeit kalt stellen.

7005. Brokkoli-Zwiebel-Gemüse, April 2015

2 Portionen

Gemüse:

- 55 g Wasser
- 145 g Zwiebel (netto)
- 270 g Brokkoli

Soße:

- 75 g Quarkcreme vegan 6988 o. Ä.
- 1 Stück Essigpeperoni (3 g) 7/4573
- 1 geh. TL Senf (13 g)
- 2 g Kekskrümel (Resteverwertung, kann entfallen)
- 15 g geschälte Mandeln
- 75 g + 50 g Wasser

Gemüse: Wasser in eine 20-cm-Pfanne (Woll) geben. Zwiebeln abziehen, halbieren und in dünne Scheiben oder Halbscheiben schneiden, in die Pfanne legen. Brokkoli klein schneiden, über die Zwiebeln geben. Als Gemüsepfanne 13 Min. garen. *Soße:* Soßenzutaten im Mixer (flaches Messer) 2 x 30 Sekunden schlagen. Unter das Gemüse rühren. Den Becher mit 50 g Wasser nachspülen. Dieses Wasser ebenfalls zum Gemüse geben, verrühren und aufkochen.

Tipp: Bei mir gab es dazu „Spaghetti mit Reis" 7002.

7006. Pickelhaube, April 2015

2 x Frühstück.

Abends

- 6 EL Sechskorngetreide grob schroten & auf zwei Schüsseln verteilen. Mit insgesamt
- 160 g Wasser übergießen. Abgedeckt bei Raumtemperatur stehen lassen.

Morgens

- 2 EL Leinsamen
- 15 g Zitronenfleisch
- 340 g Erdbeeren ohne Blätter usw. (netto)
- 1 Banane geschält (125 g netto)
- 1/2 Apfel (80 g)
- 20 g Kokosraspeln

Leinsamen flocken, auf das eingeweichte Getreide geben. Zwei mittelgroße schöne Erdbeeren zur Seite legen. Das restliche Obst in grobe Stücke teilen und im Hochleistungsmixer pürieren. Obstpüree auf das Getreide gießen. Mit Kokosraspeln bestreuen und in die Mitte je eine Erdbeere mit der Spitze nach oben setzen.

7007. Buchweizenkakao, April 2015

Im Hochleistungsmixer, je nach Gerät, 4,5 bis 8 Min auf höchster Stufe schlagen:

- 15 g Kakaonibs
- 15 g Buchweizen
- 20 g Braunhirse
- 2 Datteln entsteint (40 g netto)
- 5 g frischer Ingwer
- auf 450 ml (Markierung im Becher) mit Wasser auffüllen

7008. BraBa-BraBa, April 2015

2 x Frühstück

- 40 g Braunhirse
- 2 größere Bananen (260 g netto)
- 40 g Quarkcreme vegan 6988 o. Ä.
- 1 LS gem. Vanille
- 1 geh. TL Carob (5 g)
- 15 g Kokosstreifen
- 2 TL Orangeat (z. B. 6460)

Braunhirse in der Mühle fein mahlen. Bananen schälen, in Stücke teilen und im Zerkleinerer (Speedy) etwas „an-"schlagen. Braunhirse, Quarkcreme, Vanille und Carob hinzufügen. Gründlich miteinander mixen und auf zwei Schüsselchen verteilen. Mit Kokosstreifen belegen und Orangeat in die Mitte setzen.

7009. Batakkoli, April 2015

2 Portionen.

Gemüse:

- 55 g Wasser
- 1 Zwiebel (60 g netto)
- 1 Süßkartoffel = Batate (290 g netto)
- 205 g Brokkoli

Soße:

- 20 g weißer Mohn *
- 15 g Cashewnüsse
- 5 g Salz
- 1 EL Peperoniessig 7/4573
- 1 Stück Essigpeperoni (4 g)
- 75 g + 60 g Wasser

Gemüse: Wasser in eine 24-cm-Pfanne gießen. Zwiebel schälen und klein schneiden, in die Pfanne geben. Schlechte Stellen von der Süßkartoffel abschneiden, die Kartoffel grob würfeln und über der Zwiebel verteilen. Brokkoli (mit Strunk) klein schneiden, Röschen teilweise intakt lassen und auf die Kartoffelwürfel streuen. Als Gemüsepfanne 12 Min. dünsten. *Soße:* Mohn mit dem flachen Messer des Mixers mahlen. Nüsse, Salz, Peperoni, Essig und 75 g Wasser hinzufügen und 2 x 25 Sekunden mixen. Zum Gemüse gießen. Den Becher mit 60 g Wasser nachspülen. Dieses Wasser ebenfalls zum Gemüse geben, verrühren und aufkochen.

* weißer Mohn wird in der indischen Küche häufig zum Dicken von Soßen verwendet. Dazu Ofenkartoffeln.

7010. HBHSBKLF, April 2015

Haferbraunhirsesonnenblumenkernleinsamenflocken;
2 x Frühstück.

- 2 EL Leinsamen
- 4 EL Nackthafer
- 2 EL Braunhirse
- 2 EL Sonnenblumenkerne
- 15 g Zitronenfleisch
- 2 Bananen geschält (265 g netto)
- 1 Orange geschält (255 g netto)
- 20 g Pekannüsse
- 10 g getr. Maulbeeren

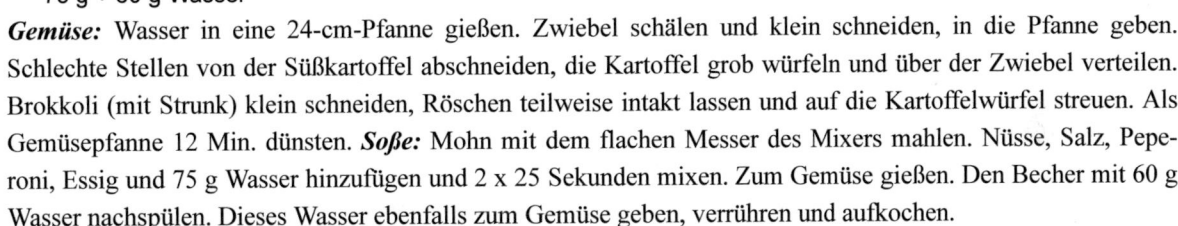

Leinsamen mit Hafer, Hirse und Samen flocken, auf zwei Schüsselchen verteilen. Das Obst in grobe Stücke teilen und im Hochleistungsmixer pürieren, über das Getreide geben. Mit Pekannüssen und Maulbeeren dekorieren.

7011. Süßkartoffelkakao, April 2015

Im Hochleistungsmixer, je nach Gerät, 4,5 bis 8 Min auf höchster Stufe schlagen:

- 10 g Kakaonibs
- 40 g Süßkartoffel
- 15 g Nackthafer
- 2 Datteln entsteint (40 g netto)
- 5 g frischer Ingwer
- auf 450 ml (Markierung im Becher) mit Wasser auffüllen (= 350 g Wasser)

7012. Banana Non Rama, April 2015

2 Desserts. Rohkost.

- 20 g Erdmandeln
- 20 g Kokosrapseln
- 2 Bananen (260 g netto)
- 1 Dattel (20 g netto)
- 5 g Kakaonibs

Erdmandeln und Kokosraspeln im Vitamix mahlen, die feste Masse mit einem Löffel aus den Ecken kratzen. Bananen schälen, in Stücke brechen und mit der entsteinten Dattel in den Vitamix geben. Alles zusammen zu einer glatten Creme mixen. Auf zwei Schüsselchen verteilen, mit Kakaonibs dekorieren.

7013. Sonnenreis, April 2015

2-3 Portionen

- 200 g Basmatireis
- 20 g Sonnenblumenkerne
- 340 g Wasser

Im Schnellkochtopf 12 Min. auf Stufe II kochen, dann sehr langsam auf niedrigster Stufe (2 und 1 von 14 Induktion) abdampfen lassen. Ich mache das mittlerweile so, dass ich das Gemüse vorbereite, während der Reis kocht.

Erst wenn die Reiskochzeit abgelaufen ist oder noch 4-5 Minuten beträgt, stelle ich das Gemüse an.

7014. Shiitake mit Süßkartoffel, April 2015

2 Portionen.

Pfanne:

- 55 g Wasser
- 1 Zwiebel (110 g netto)
- 250 g Süßkartoffel
- 245 g Shiitakepilze

Soße:

- 20 g weißer Mohn (zum Dicken)
- 15 g Sonnenblumenkerne
- 13 g Zitronenfleisch
- 5 g Salz
- 1 Stück Essigpeperoni (4 g) 7/4573
- 75 g + 70 g Wasser

Gemüse: Wasser in eine 24-cm-Pfanne gießen. Zwiebel schälen und klein schneiden, in die Pfanne geben. Schlechte Stellen von der Süßkartoffel abschneiden, die Kartoffel grob würfeln und über der Zwiebel verteilen. Pilze klein schneiden und auf die Kartoffelwürfel streuen. 12 Min. als Gemüsepfanne dünsten. *Soße:* Mohn, Kerne, Salz, Peperoni, Essig und 75 g Wasser hinzufügen und 2 x 25 Sekunden mixen. Zum Gemüse gießen. Den Becher mit 70 g Wasser nachspülen. Dieses Wasser ebenfalls zum Gemüse geben, verrühren und aufkochen.

Meine Bücher

Ratgeber

- Spiele mit ChatGPT und Bard: Zeitvertreib mit künstlicher Intelligenz. Norderstedt (BoD) 2023.
- Wie erkenne ich KI-generierte Texte? – Ein Ratgeber. Norderstedt (BoD) 2023.
- Rette dein Seelenheil mit ChatGPT: Ein Ratgeber. Norderstedt (BoD) 2023.

Belletristik

- Torge ist verschwunden: Lost Places und Urban Vanishing (mit Janina Schmiedel). Norderstedt (BoD) 2024.
- Iphorismen II: Nachfolger der Iphorismen. Norderstedt (BoD) 2024.
- Iphorismen: Kritische Ausgabe unter Mitwirkung der Professoren Ptaček, Bardeloni und Sibingskin. Norderstedt (BoD) 2024.
- Zitatezirkus: Erkenne den Fake. 2. Bd. der Reihe Textcollagen. Norderstedt (BoD) 2023.
- Wilkesmann von A bis Z – Ein Leben in 26 Buchstaben. Norderstedt (BoD) 2023.
- Freundschaft als Installation. Norderstedt (BoD) 2023.
- Fantastisches Tagebuch. (mit Janina Schmiedel). Norderstedt (BoD) 2023.
- Kriminalalphabet. Norderstedt (BoD) 2023.
- Bernadette K. – Das Leben einer Königin. 1. Bd. Der Reihe Textcollagen. Norderstedt (BoD) 2023.
- Die Iden des Jumi: Ein archäologischer Bestseller. Norderstedt (BoD) 2023.
- Gedanken zum Gedenken: Gedenk-, Aktions- und Feiertage. Norderstedt (BoD) 2023.
- Wer steckt hinter Spam? Ein Roman. Norderstedt (BoD) 2023.
- Chimären: Was Menschen bisher nicht wussten. Norderstedt (BoD) 2023.
- Seite 22, Zeile 22 (mit Janina Schmiedel.) Norderstedt (BoD) 2022.
- Märchen von heute: 61 wundersame Geschichten. Norderstedt (BoD) 2022.
- Präpositionen. Norderstedt (BoD) 2022.
- Eine Hand greift die andere. Norderstedt (BoD) 2022.
- Iphorismische Short Stories. Norderstedt (BoD) 2022.
- Iphorismen. Norderstedt (BoD) 2021.
- OneBBO's Castle lädt ein. Schau uns über die Schulter. Norderstedt (BoD) 2007.

Ernährung

- Am besten vegetarisch mit der Thermo-Küchenmaschine. Potsdam (Dort-Hagenhausen) 2016.
- Hartz IV in aller Munde. Norderstedt (BoD) 2013.
- Indisch inspiriert. München (Dort-Hagenhausen) 2013.
- Jetzt wird gesnackt! Norderstedt (BoD) 2013.
- Immer öfter vegetarisch. München (Dort-Hagenhausen) 2012.
- Rohkost statt Fasten Teil 2: Rezepte für ein Rohkostjahr. Norderstedt (BoD) 2011.
- Mein Kollege kocht Vollwert. Norderstedt (BoD) 2010.
- Schokolade. Norderstedt (BoD) 2010.
- Gemüse in aller Munde. Norderstedt (BoD) 2009.
- Hartz IV in aller Munde. Norderstedt (BoD) 2009.
- Schrot statt Schrott. Norderstedt (BoD) 2008.
- Vollwert? Gold wert! Norderstedt (BoD) 2008.
- Brötchen statt Brot. Norderstedt (BoD) 2007.
- Konfekt statt Sünde. Norderstedt (BoD) 2007.
- Rohkost statt Fasten. Norderstedt (BoD) 2007.

Reihe: Meine Rezeptebibliothek:

- Band 1: 1998 bis März 2006, Rezepte 1-769. Norderstedt (BoD) 2024
- Band 2: März 2006 bis April 2007, Rezepte 770-1503. Norderstedt (BoD) 2024
- Band 3: April bis November 2007, Rezepte 1504-2163. Norderstedt (BoD) 2024.
- Band 4: November 2007 bis September 2008, Rezepte 2164-2913. Norderstedt (BoD) 2024.
- Band 5: September 2008 bis August 2009, Rezepte 2914-3676. Norderstedt (BoD) 2024.
- Band 6: August 2009 bis Dezember 2010, Rezepte 3677-4404. Norderstedt (BoD) 2024.
- Band 7: Januar 2011 bis Dezember 2012, Rezepte 4405-5290. Norderstedt (BoD) 2024.
- Band 8: Dezember 2012 bis Juni 2014, Rezepte 5291-6138. Norderstedt (BoD) 2024.

Stichwortverzeichnis